Ullstein Sachbuch

Ullstein Sachbuch
Ullstein Buch Nr. 34098
im Verlag Ullstein GmbH,
Frankfurt/M. – Berlin – Wien

Ungekürzte Ausgabe

Titel der amerikanischen
Originalausgabe
»Scientists under Hitler«
Übersetzt von Erica und Peter Fischer
Umschlagentwurf:
Hans-Joachim Reich

Printed in Germany 1982

Druck und Verarbeitung:
Mohndruck Graphische Betriebe GmbH,
Gütersloh
ISBN 3 548 34098 9

September 1982

CIP-Kurztitelaufnahme
der Deutschen Bibliothek

Beyerchen, Alan D.:
Wissenschaftler unter Hitler: Physiker im
Dritten Reich / Alan D. Beyerchen. Mit e. Vorw.
von K. D. Bracher. [Übers. von Erica u. Peter
Fischer]. – Ungekürzte Ausg. – Frankfurt/M;
Berlin; Wien: Ullstein, 1982.
(Ullstein-Buch; Nr. 34098: Ullstein-Sachbuch)
Einheitssacht.: Scientists under Hitler ‹dt.›
ISBN 3-548-34098-9
NE: GT

Alan D.
Beyerchen

Wissenschaftler unter Hitler

Physiker im Dritten Reich

mit einem Vorwort von
Professor K. D. Bracher

Ullstein Sachbuch

Inhalt

Karl Dietrich Bracher
Wissenschaft und Diktatur

Über die gesellschaftliche und politische Bedeutung der Wissenschaft in unserem so betont wissenschaftlichen Zeitalter wird heutzutage engagierter denn je gesprochen und gestritten. Aber die tatsächliche Erforschung dieses Zusammenhangs ist noch bemerkenswert wenig entwickelt. Das gilt selbst für jene Perioden, in denen der wissenschaftliche Fortschritt ruckartig in das Leben der Menschen und Staaten eingreift, und für jene politischen Systeme, die dem Machtanspruch des Staates einen unbedingten Vorrang zusprechen, ja die Wissenschaft als Magd der Politik behandeln möchten. In modernen Diktaturen ist das Verhältnis zwischen Wissenschaft und Politik besonders spannungsreich. Unter den Bedingungen totalitärer Politik und angesichts der stürmischen Entwicklung der Naturwissenschaften spitzt sich im 20. Jahrhundert jenes Spannungsverhältnis dramatisch zu. Die neue Physik und der Weg zur Atombombe bringen es seit den dreißiger Jahren auf einen ersten Höhepunkt. Er fällt zusammen mit dem Aufstieg der Diktaturen in Europa und in Deutschland.

In diesen zeitgeschichtlichen und politischen Zusammenhang gehört das vorliegende Buch. Es ist eine Pionierstudie zur Stellung der Physik und der Physiker in einer hochentwickelten Gesellschaft, doch unter den Verhältnissen einer totalitär verstandenen und gehandhabten Diktatur. Wir blicken auf die komplizierten Umstände und Konsequenzen einer teils von oben gesteuerten, teils chaotisch zufälligen Wissenschaftspolitik und auf das ambivalente Verhalten zumal der führenden Forscher im Widerstreit zwischen wissenschaftlichen und politischen Interessen. Ein scharfes Licht fällt zugleich auf das tatsächliche Funktionieren des nationalsozialistischen Herrschaftssystems. Es zeigt sich, wie unentbehrlich für ein Verständnis der Möglichkeiten und Grenzen totalitärer Diktaturpolitik die sorgfältige Analyse der Innenstruktur eines solchen Systems ist. Unterhalb oder auch außerhalb der großen politischen Entscheidungen vollziehen sich die täglichen Maßnahmen häufig in Formen widersprüchlicher Willkür und Kompetenzkonflikte, treten allzumenschliche Aspekte in einem derart verwirrenden Gegeneinander von Wünschen und Plänen, Ambitionen und Illusionen hervor, daß sich der Eindruck einer »autoritären Anarchie« (W. Petwaidic) aufdrängt. Gleichwohl ist der Druck der Macht im Führerstaat Hitlers, sind die doktrinären Zwänge des Dritten Reiches stets präsent, mögen sie für die rationale Effizienz des Systems noch so nachteilig sein: so vor allem die furchtbaren Auswirkungen der Rassenpolitik, die eine Mehrzahl der führenden Physiker und Nobelpreisträger aus Deutschland treibt. Das Verhalten der Verbleibenden angesichts der unmenschlichen und nicht nur antiwissenschaftlichen Maßnahmen ist eine Prüfung, auf die wenige vorbereitet sind, die nicht alle bestehen.

In der Geschichte des Nationalsozialismus und des »Dritten Reiches« ist diese grundlegende Problematik, zu der sich gewiß auch in der Geschichte der Sowjetunion Parallelen finden – von den großen Säuberungen über die Lyssenko-Affäre bis in unsere Tage der Sacharow-Proteste und der Dissidentenbewegung von Wissenschaftlern und Intellektuellen –, besonders augenfällig. Die eminente Bedeutung der modernen Physik wird erstmals in den dreißiger Jahren unmittelbar politisch wirksam. Sie verlangt nach gesteigerter Förderung durch den Staat, stößt auf die Interessen des Regimes. Unvermeidbar wird damit der Konflikt zwischen wissenschaftlicher Forschung, die auf objektiver Wahrheitssuche und geistiger Freiheit beruht, und den totalitären Forderungen einer Machtideologie, deren monokratische Ansprüche scheinbar kontrastieren mit den »polykratischen« Verhältnissen diktatorischer Willkürpolitik.

Es wäre aber falsch, über den Widersprüchen und Fehlentscheidungen des NS-Regimes mit den großen Lücken und kleinen Freiheiten, die nicht zuletzt der Wissenschaft in Universitäten und Forschungsinstituten zugute kamen, die grundlegenden Tatsachen der Einschüchterungs- und Verfolgungspolitik zu verharmlosen und den Nationalsozialismus etwa als plebejischen Konservatismus abzutun, seine totalitäre Grundnatur zu verkennen. Das führte gerade bei Nichtnationalsozialisten zu jenen fatalen Fehlerwartungen und Selbsttäuschungen, die dem Regime die Gleichschaltung wesentlich erleichtert, effektiven Widerstand verringert hat. Dazu gehörte auch die weitverbreitete Einstellung des Mitmachens, »um Schlimmeres zu verhüten«, in Wahrheit eine wichtige Voraussetzung für das Funktionieren eines solchen Regimes, das gerade der nichtpolitischen Fachleute bedurfte.

Ein umfassenderer Aspekt der nationalsozialistischen Diktatur wird hier sichtbar: das fatale Verhältnis von scheinbar unpolitischem Fachmannstum und einseitig politisierter Staatsführung, die illusionsreiche Unterscheidung von bloßem Sachverstand und nationalsozialistischer Weltanschauung. In der jahrelangen Diskussion über die Rolle Speers im Dritten Reich ist die Verführbarkeit des »Fachmanns«, seine Selbsttäuschung angesichts der Erfolge und Opportunitäten des neuen Regimes deutlich geworden. Auch in den Reihen der Wissenschaft zeigte sich jener fachverengte, unpolitische Sachidealismus der traditionellen Eliten, den der Nationalsozialismus mit seinem sozialgetönten Nationalpathos und seiner ambivalenten Mischung von autoritären Ordnungs- und Fortschrittsparolen, von völkischen Einheits- und technokratischen Effizienzverheißungen zu engagieren oder zu beschwichtigen vermochte. So finden wir auch im Wissenschaftsbetrieb die charakteristische Doppelgleisigkeit nationalsozialistischer Politik: Versuche radikaler Politisierung und zugleich entpolitisierte Spezialisierung, rückwärts gewandte politische Romantik und Verherrlichung technisch-wissenschaftlicher Modernität.

Dieser Widerspruch, die Inkonsistenz von Theorie und Praxis, von Führerprinzip und Planungschaos, von Monokratie und Ämterwillkür in Staat und Partei – und zwischen diesen – war aber nicht einfach eine Schwäche des Regimes, auf die man damals baute, wenn man mit Anpassungen das eigene Arbeits- und Berufsinteresse zu schützen und zu fördern hoffte: eine solche Verkennung oder Unterschätzung der totalitären Konsequenz des Systems ist auch heute wieder im Zeichen der modischen Kritik am Totalitarismusbegriff anzutreffen. In Wahrheit wirkten jene Widersprüche nationalsozialistischer Politik, die man damals ausnützte und heute allzu betont wieder hervorhebt, zugleich als probates Herrschaftsmittel; sie lieferten konservativen *und* radikalen, emotionalen *und* rationalen Bedürfnissen gleichermaßen Raum und Bezugspunkte und verschleierten die unmenschliche Wirklichkeit und äußerste Konsequenz dieser Politik. So war es möglich, daß gerade auch in einem kulturell und wissenschaftlich hoch entwickelten Land die Durchsetzung eines so barbarischen Regimes noch nachhaltiger geschehen konnte als in anderen, weniger entwickelten Diktaturen.

Das vorliegende Buch zeigt in sorgfältiger Darstellung der persönlichen und organisatorischen Zusammenhänge beide Seiten der Wissenschaft im Dritten Reich: ihre Anfälligkeit und Hilflosigkeit gegenüber dem Einbruch der neuen Barbarei – und zugleich ihre Unentbehrlichkeit, mit der Möglichkeit zur Nutzung der Freiräume und der Förderung, die auch die Diktatur bietet. Es gibt Chancen der »Nichtgleichschaltung« (H. Rothfels) und der Behauptung nichtideologischer Forschung gegen eine ideologisierte »deutsche« oder gar »arische Physik«. Aber freilich: der Möglichkeit, das wissenschaftliche Ethos zu bewahren und sich von direkten oder indirekten Verstrickungen freizuhalten, wenn das Regime einmal im Sattel sitzt, bleiben enge Grenzen gezogen. Der Wissenschaft, zumal den lebenswichtigen Naturwissenschaften, erwächst aus der geschichtlichen Erfahrung die Verantwortung, sich *rechtzeitig* der Gefahr bewußt zu sein, die ihrer freien Entfaltung und Betätigung von radikalen Ideologien und totalitären diktatorischen Bewegungen drohen, mögen sie im Namen noch so großer Ziele und utopischer Verheißungen kommen.

Bonn, im April 1980

Vorwort

In unserem Zeitalter der elektronischen und atomaren Kriegführung scheint es selbstverständlich, Politik und Physik miteinander verknüpft zu sehen. Vor dem Aufkommen der hochentwickelten Waffentechnik des Zweiten Weltkriegs wurde dieser Zusammenhang jedoch selten wahrgenommen. Obwohl sie die Bedeutung der Technik erkannten, neigten die Politiker dazu, die Physik als esoterisches Fach zu betrachten, das nur wenig mit den wesentlichen Dingen des Lebens zu tun hatte. Die Physiker ihrerseits sahen die Politik in ähnlichem Licht. Diese Anschauungen beeinflußten bis vor kurzem auch die Arbeit der Historiker: Einerseits beschäftigte sich die politische Geschichtsschreibung, wenn überhaupt, nur oberflächlich mit den Naturwissenschaften, andererseits ließ man bei der Betrachtung der Geschichte der Naturwissenschaften die politischen und sozialen Zusammenhänge außer acht.

In Hinblick auf das Dritte Reich wird diese Lücke besonders deutlich. Wissenschaftshistoriker beschäftigten sich intensiv mit den wissenschaftlichen Entwicklungen im Deutschland des 20. Jahrhunderts, vermieden es aber weitgehend, sich dem politischen Umfeld der Forschung zur Zeit des Dritten Reiches zu widmen. Die Historiker Hitlerdeutschlands beschäftigten sich mit anderen Berufsgruppen, wie zum Beispiel den Staatsbeamten, dem Klerus und der Armee, nahmen jedoch selten von den Wissenschaftlern Notiz. Das vorliegende Buch versucht, diese Lücke zu schließen und unser Wissen und unser Bewußtsein in beiden Bereichen der Geschichte zu erweitern.

Das Thema des Buches behandelt die Reaktionen prominenter Wissenschaftler und namentlich der Physiker auf das politische Klima im Dritten Reich. Die meisten dieser Männer waren führende Persönlichkeiten ihrer Berufsgemeinschaft; einige waren Renegaten. Ich habe es vorgezogen, mich auf die Physiker an den Universitäten und an den staatlich unterstützten Forschungseinrichtungen zu konzentrieren; im wesentlichen deshalb, weil sie den Kern jener begabten Gruppe deutscher Wissenschaftler bildeten, deren Atomforschung schließlich dazu beitrug, die politische Bedeutung der »reinen« Wissenschaft aufzudecken. Außerdem bekleideten die Physiker an den Universitäten als führende Männer der organisierten deutschen Wissenschaft und als Staatsbeamte mit Verantwortung und Ansehen verbundene Stellungen, deren Einfluß sich auf die gesamte Gemeinschaft der Physiker auswirkte. Sie konnten sich politischem Druck nicht entziehen.

Dieser Druck kam im wesentlichen aus zwei Quellen, dem Staat und der Partei. Es ist ausführlich belegt, daß die Politik der staatlichen Behörden und der Parteistellen oft miteinander im Streit lag und daß miteinander konkurrierende politische und ideologische Fraktionen innerhalb der Partei die Sachlage noch mehr verwirrten. Das von den Nationalsozialisten entworfene Bild eines monolithischen Blocks löste sich in nichts auf; heute zeichnet sich immer deutlicher das Bild einer Rivalität zwischen antagonistischen bürokratischen Strukturen ab.

Inmitten des Wirrwarrs konkurrierender Einflüsse und Mächte waren die Physiker gezwungen, sich in erster Linie mit zwei besonderen Erscheinungen auseinanderzusetzen. Die erste bestand in dem Versuch der Regierung, die deutschen Akademiker mit dem Nationalsozialismus gleichzuschalten, dessen dramatischster Aspekt die Entlassung der Juden aus dem Staatsdienst war. Die zweite war der erfolglose Versuch einer kleinen Gruppe politisch aktiver Wissenschaftler, die Rassenfrage als Inhalt und Ziel des Faches Physik einzuführen. Bei der Erwägung dieser Entwicklungen ergeben sich im Rahmen dieser Arbeit folgende Fragen: Wie wirkte sich die Entlassungspolitik auf die Gemeinschaft der deutschen Physiker aus? Warum scheiterte schließlich der Versuch der Schaffung einer »arischen Physik«? Und in welchem Umfang konnte die Aufrechterhaltung des Berufsethos als Opposition gegen den Nationalsozialismus verstanden werden?

In meinem Bemühen, diese Fragen zu beantworten, stützte ich mich vorwiegend auf unveröffentlichte Dokumente, Tonbandinterviews und auf Korrespondenz mit den Beteiligten. Eine Reihe von Personen haben in großzügiger Weise in ihrem Besitz befindliche private Unterlagen zur Verfügung gestellt. In diesem Zusammenhang schulde ich folgenden Personen Dank: Frau Nina Courant, Frau Eleonore Finkelnburg, Frau Elisabeth Lisco und Frau Dagmar von Hippel (den Töchtern von James Franck), Professor Walther Gerlach, Professor Samuel Goudsmit, Professor Werner Heisenberg sowie Professor Theodore H. von Laue. Die Mitarbeiter zahlreicher historischer Forschungseinrichtungen, wie z.B. des Instituts für Zeitgeschichte und des Deutschen Museums in München, des Bundesarchivs in Koblenz, des Berlin Document Center und der Hoover Institution on War, Revolution and Peace in Stanford, zeigten große Hilfsbereitschaft. Außerdem möchte ich folgenden Personen für ihre Hilfe und Unterstützung meinen Dank aussprechen: Professor Charles Weiner, vormals am Center for History of Physics of the American Institute of Physics in New York; Dr. Judith Goodstein am Archiv des California Institute of Technology; Professor Armin Hermann, Lehrstuhl für die Geschichte der Naturwissenschaften und Technik in Stuttgart, und Dr. Hermann Weisert vom Heidelberger Universitätsarchiv. Die in den Anmerkungen verwendeten abgekürzten Bezeichnungen dieser und anderer Institutionen werden in der Bibliographie aufgeführt.

Die Unterlagen eines Forschungszentrums bedürfen einer genaueren Erklärung. Das Archive for History of Quantum Physics wurde ursprünglich in der Bibliothek der University of California in Berkeley als Teil des Projektes »Sources for History of Quantum Physics (SHQP)« eingerichtet. [Für eine Diskussion des Umfangs dieses Projekts siehe Thomas Kuhn et al., *Sources for History of Quantum Physics, An Inventory and Report* (Philadelphia: American Philosophical Society, 1967)]. Die 85 Mikrofilmrollen und Tausende Seiten transkribierter Interviews aus den Beständen des SHQP bilden das Herzstück des Archivs, das auch die wissenschaftliche Korrespondenz von Niels Bohr (BSC) und andere Sammlungen privater Dokumente beherbergt. Die Signatur eines Briefes im Archiv wird durch den Autor, den Empfänger, das Datum, die Abkürzung SHQP oder BSC und zwei Zahlen in Klammer gekennzeichnet. Die erste Zahl verweist auf die Rolle und die zweite auf den Rollenabschnitt, in welchem der Brief katalogisiert ist; zum Beispiel: Werner Heisenberg an Niels Bohr, 14. Juni 1938, BSC (20,2).

Besonderen Dank schulde ich Frau Leslie Clark und Professor John Heilbron für ihre Hilfe beim Umgang mit dem Archivmaterial. Da diese Untersuchung ein Versuch ist, die Lücke zwischen politischer Geschichte und Wissenschaftsgeschichte zu füllen, ist zu hoffen, daß in Zukunft Politikgeschichtsschreiber die Reichhaltigkeit des Archivs zur Kenntnis nehmen werden. Seine zahllosen Dokumente bieten Einblick in das Leben zahlreicher prominenter und scharfsichtiger Männer und Frauen, die ihre Fragestellungen keineswegs strikt auf Fachliches beschränkten.

Eine Reihe von Einzelpersonen stellten in Interviews und Korrespondenz wertvolle Informationen zur Verfügung. Ihre Mühe wurde mit Dankbarkeit vermerkt. Professor P.P. Ewald, Frau Eleonore Finkelnburg, die Professoren Paul Forman, Walther Gerlach, Werner Heisenberg, Friedrich Hund, Theodore H. von Laue, Frau Elisabeth Lisco, Professor Lothar Nordheim, Frau Constance Reid und Professor Otto Scherzer waren so freundlich, Teile einer früheren Fassung des Manuskripts zu lesen und zu kommentieren. Besonders erwähnen möchte ich die Professoren Forman und Hund für ihre Hilfe und ihr ermutigendes Interesse.

Darüber hinaus möchte ich mich für die Unterstützung und die nützliche Kritik seitens der Fakultätsmitglieder der University of California in Santa Barbara bedanken, insbesondere bei Professor Lawrence Badash und Professor Joachim Remak. Seit dem Jahre 1967, als Badash mich erstmals mit der Thematik der Naturwissenschaftler in Hitlerdeutschland vertraut machte, bis zum gegenwärtigen Tag waren mir Rat und Freundschaft von Professor Badash eine ständige Quelle der Ermutigung. Beiden Professoren verdanke ich zum größten Teil mein Bestreben, Männer und Frauen der Vergangenheit im Rahmen ihrer eigenen Wertvorstellungen verstehen zu wollen. Wir müssen ihre Darstellung der Wahrheit nicht gelten lassen, aber wir müssen ihre Maßstäbe und Vorstellungen begreifen, wenn wir jenen Einblick gewinnen wollen, der uns befähigt, ihnen auf einer anderen Basis als einer polemischen zu widersprechen.

Es gibt keine angemessene Art, den Dank auszudrücken, den ich meinen vielen Freunden, Verwandten und Mitarbeitern schulde, die meine langjährige Beschäftigung mit dieser Thematik geduldig ertragen haben. Ohne ihre Unterstützung hätte dieses Buch nicht geschrieben werden können. Zu besonderem Dank verpflichtet bin ich Herrn Frank Smith, dessen Unterstützung die Vollendung der endgültigen Fassung des Manuskripts ermöglichte. Mehr als allen anderen und aus verschiedenen Gründen, die hier nicht erläutert werden sollen, möchte ich meiner Frau Marila danken.

Während der Forschungsarbeiten und der Niederschrift früherer Fassungen dieser Untersuchung genoß ich finanzielle Unterstützung, die mir durch das National Defense Education Act Title IV, die National Science Foundation sowie durch den akademischen Senat der University of California in Santa Barbara zuteil wurde. Der unentbehrlichen Hilfe der Inter-Library Loan Department der UCSB-Bibliothek gedenke ich in Dankbarkeit.

1. Der Hintergrund

In den ersten Jahren des Dritten Reiches sollte Max Planck, der Nestor der deutschen Physik und Präsident der angesehenen Kaiser-Wilhelm-Gesellschaft, anläßlich der Eröffnung eines neuen Instituts eine kurze Ansprache halten. Die Fragen, die sich dabei für ihn ergaben, sind charakteristisch für die Lage, in der sich die Wissenschaftler in der Hitler-Zeit befanden. P.P. Ewald, ein bekannter Physiker, berichtete später, sich erinnernd:

> ... Ich glaube, es war anläßlich der Eröffnung des Kaiser-Wilhelm-Instituts für Metallforschung in Stuttgart, und Planck war als Präsident der Kaiser-Wilhelm-Gesellschaft zu der Veranstaltung erschienen. Er mußte eine Rede halten – das muß wohl 1934 gewesen sein –, und wir starrten alle auf Planck und warteten, was er tun würde, denn damals war es offiziell vorgeschrieben, öffentliche Ansprachen mit »Heil Hitler« einzuleiten. Nun, Planck stand am Rednerpult und hob die Hand hoch, ließ sie dann aber wieder sinken. Er tat es noch einmal. Dann schließlich ging seine Hand in die Höhe, und er sagte »Heil Hitler«. ... Im Rückblick war es das einzige, was er damals tun konnte, und man wollte ja schließlich nicht die gesamte Kaiser-Wilhelm-Gesellschaft in Gefahr bringen.[1]

Rückblickend erscheint dieser Vorfall geringfügig. Dennoch veranschaulicht er die Hunderte von tagtäglichen Entscheidungen, denen sich Physiker, und insbesondere Männer in angesehenen und verantwortlichen Stellungen, im Dritten Reich gegenüber sahen, wenn sie ihr Fach soweit wie möglich aus der Politik heraushalten wollten. Das grundlegende Problem war, das Ausmaß zu bestimmen, in welchem Kompromisse mit dem Regime notwendig waren, um sich ein Höchstmaß an beruflicher Autonomie zu bewahren. Wie die überwiegende Mehrheit der Professorenschaft, waren die deutschen Physiker mit Nachdruck bestrebt, sich von der Politik fernzuhalten, aber das gelang ihnen so wenig wie den meisten ihrer Kollegen.

Die Organisation und die kulturelle Einstellung der deutschen Akademiker

Deutsche Universitäten – wie Universitäten in anderen Ländern – waren ursprünglich Ausbildungsstätten für Mittelstandsberufe des Rechts, der Medizin und der Theologie. Mit der Entwicklung des modernen Staates im deutschen Kulturbereich im 17. und 18. Jahrhundert übernahmen die höheren Bildungsanstalten – besonders in Preußen – außerdem die Ausbildung der Berufe des Staats- und Verwaltungsbeamten.

Der Verwaltungsapparat setzte sich ursprünglich aus Angehörigen des Geburtsadels zusammen, die eigentlich die persönlichen Adjutanten des Königs waren. Seit dem Ende des 18. Jahrhunderts jedoch wurde der Staatsdienst von einer gebildeten bürgerlichen Elite beherrscht, die sich mehr dem Staat als der Monarchie verpflichtet fühlte.[2]

Bildung bedeutete viel mehr als höhere Ausbildung und Schulung. Sie schloß auch Charakter- und Persönlichkeitsbildung innerhalb der kulturellen Umwelt ein, die auf Pflichterfüllung, Prinzipientreue sowie auf innerliche und geistige Werte ausgerichtet war. Diese Werte fanden ihren höchsten Ausdruck im Begriff der Kultur. Im 18. Jahrhundert bedeutete Kultur Kultivierung von Geist und Seele; im Laufe des 19. Jahrhunderts wurde der Begriff weiter gefaßt und schloß allmählich alle humanistischen Wertvorstellungen ein. Ihm wurde die Zivilisation gegenübergestellt, die mit dem abendländischen, dekadenten, utilitaristischen Interesse an den materiellen Lebensbedingungen und dem technischen Fortschritt gleichgesetzt wurde.[3]

Das ideologische Umfeld des Bildungsbegriffes verleitete leicht zu Gefühlen sittlicher Überlegenheit unter der gebildeten Elite, die sich auch gegen den Adel richteten.[4] Zu den Angehörigen dieser Elite, die der bekannte Gelehrte Fritz Ringer als die deutschen »Mandarine« bezeichnet, zählten Regierungsbeamte, Ärzte, Rechtsanwälte, Geistliche, Gymnasiallehrer, Universitätsprofessoren sowie alle jene, die eine Universitätsausbildung genossen hatten.[5] Der Staat finanzierte die Hochschulen und übte die absolute Verwaltungshoheit aus, doch jede Universität hatte das Recht, ihre akademischen Angelegenheiten selbst zu regeln. Die Professoren waren den höheren Staatsbeamten gleichgestellt und genossen ein besonderes Ansehen als Träger der Bildung und als Vermittler der Bildungswerte an die künftigen Staatsbeamten. Die »Mandarine« zogen daraus den Schluß, daß der Staat der Wahrung und dem Schutz der Kultur dient und daß sie als eine Art Bildungsaristokratie diese treuhänderisch verwalteten.

Während der Reformbewegung, die sich im Gefolge der napoleonischen Eroberungen über Deutschland verbreitete, verdrängte die philosophische Fakultät die Medizin, die Rechtswissenschaften und die Theologie als wichtigste Bereiche der Universität.[6] Die geisteswissenschaftlichen Disziplinen mußten sich jedoch der wachsenden Herausforderung der Naturwissenschaften stellen, als diese im Laufe des 19. Jahrhunderts aufgrund des technischen Fortschritts in Deutschland an Bedeutung und Einfluß gewannen. Ein großer Teil der älteren Professorenschaft betrachtete die empirischen Fächer eher als Zivilisations- denn als Kulturerscheinungen und widersetzte sich ihrer Anerkennung an den Universitäten. Dennoch waren gegen Ende des Jahrhunderts die Naturwissenschaften ein fester und dynamischer Bestandteil des akademischen Lebens in Deutschland. Wie der Soziologe Joseph Ben-David gezeigt hat, erweckten sie ein allgemeines Interesse an schöpferischer Forschung, das sich in der Schaffung des Dr. phil. als akademischem Grad niederschlug sowie in der Gründung von Forschungsinstituten, die ursprünglich jeweils um ein Laboratorium eingerichtet wurden. Damit wurden Forschung und Lehre in der deutschen akademischen Ausbildung eng miteinander verknüpft.[7]

Zudem entstanden im späten 19. und zu Beginn des 20. Jahrhunderts infolge der wachsenden Anforderungen an die Forschung immer mehr staatliche und industrielle Forschungsinstitute. Die Errichtung chemischer Laboratorien ging dieser Entwicklung voran. Erst im Jahre 1887 wurde die Physikalisch-Technische Reichsanstalt (PTR) in Berlin als eine staatliche Anstalt für Eich- und Vermessungswesen gegründet.[8] Die Kaiser-Wilhelm-Gesellschaft zur Förderung der Wissenschaften (KWG) wurde 1911 gegründet und verwaltete in den zwanziger Jahren ein wachsendes Netz von

Forschungsinstituten.[9] Die Finanzierung der KWG erfolgte teilweise durch den Staat und teilweise durch die Privatindustrie. In diesem Zeitraum errichtete auch die Industrie physikalische Laboratorien, die enge Beziehungen zwischen Physik und Industrie herstellten.

Die Puristen unter den Universitätsgelehrten betrachteten diese Entwicklungen mit einer Mischung aus Verachtung und Besorgnis. Sie unterschieden scharf zwischen dem allumfassenden Begriff »Wissenschaft« und dem viel engeren der Naturwissenschaft.[10] Die Naturwissenschaften wurden als eine weniger würdige Betätigung wie die »reine Wissenschaft« betrachtet. Ringer hat nachgewiesen, daß das, was er als die »orthodoxe« Haltung bezeichnet, unter den Geisteswissenschaftlern um 1900 auf der Besorgnis beruhte, daß sie infolge des Heraufziehens des industriellen Massenzeitalters ihr Ansehen und ihre Privilegien verlieren könnten. Sie befürchteten insbesondere eine Nivellierung der Gesellschaft, wie sie sie in den Zielen des internationalen Sozialismus verkörpert sahen. Sie lehnten Parteipolitik als zersetzend und schwächend ab und verteidigten energisch die »nationalen Belange«. Später glaubten viele Akademiker auch, daß eine Verbindung zwischen der wachsenden Bedeutung der Juden in der deutschen Gesellschaft und dem Übel der Parteipolitik in der Weimarer Zeit bestünde.[11] Die meisten Gelehrten betrachteten die Weimarer Republik mit eisiger Zurückhaltung: Sie waren bereit, dem deutschen Staat zu dienen, nicht aber einer sozialdemokratischen Regierung. Sie hielten den Parlamentarismus für entwürdigend und vom Parteigeist zersetzt und sahen nicht, daß ihre eigene Haltung, die sie für »unpolitisch« hielten, ebenso Uneinigkeit schuf, wie sie es den verhaßten Parteien vorhielten.[12] Die Nationalsozialistische Deutsche Arbeiterpartei Hitlers war zu sehr Massenbewegung, um für sie Anziehungskraft zu besitzen. Aber die Phrasen der Nationalsozialisten, die die Rolle einer bloßen politischen Partei ablehnten, fanden Anklang. Hitler erklärte, daß seine Bewegung auch unpolitisch sei. Der Nationalsozialismus versprach einen nationalen Aufschwung anstelle einer internationalen Nivellierung der Gesellschaft.

Ringer übergeht in seiner Untersuchung über die politische Einstellung der Akademiker die Naturwissenschaftler, die ebenso überwiegend national eingestellt waren wie andere Akademiker-Gruppen. Paul Forman legte dar, daß diese Einstellung von den Physikern, wie von den Akademikern insgesamt, als völlig unpolitisch betrachtet wurde.[13] Forman wies auch darauf hin, daß die tief verwurzelte Überzeugung der Physiker, daß Wissenschaft und Politik a priori miteinander unvereinbar wären, sie daran hinderte, den politischen Charakter ihrer Haltung zu erkennen.[14]

Obwohl ein breites Spektrum »nationalen« Verhaltens von den Wissenschaftlern als unpolitisch eingestuft wurde, war die offene Unterstützung der Weimarer Republik verpönt. So überschritten die Auslandsreisen Albert Einsteins in den ersten Nachkriegsjahren, in denen er als Instrument der Außenpolitik der Weimarer Republik fungierte, die Grenzen akzeptabler unpolitischer Betätigung.[15] Einsteins erklärter Pazifismus, sein Internationalismus und seine Unterstützung des Zionismus in den zwanziger Jahren trugen in den meisten wissenschaftlichen Kreisen Deutschlands zu seinem Status als Außenseiter bei.

Andererseits wurde auch die offene Opposition gegen die Weimarer Republik als eine Übertretung des Berufskodex gewertet. Die zwei prominentesten Physiker, deren rechtsextremistische Betätigung von ihren Kollegen mißbilligt wurde, waren die Nobelpreisträger Philipp Lenard und Johannes Stark. Ihre unverhohlene Unterstützung des Nationalsozialismus war unter Akademikern unüblich und unter Physikern in der Tat außergewöhnlich. Ihr weithin vernehmbares Eintreten für völkische Ideen – nicht nur in der Politik, sondern auch in ihren Anschauungen über die Natur und selbst über die Praxis der Physik – brandmarkte sie sowohl in der Weimarer als auch in der nationalsozialistischen Zeit als Renegaten unter ihren wissenschaftlichen Kollegen.

Auch der laut hinausposaunte Antisemitismus von Lenard und Stark war in deutschen Akademikerkreisen ungewöhnlich, wenngleich eine mildere Form durchaus verbreitet war. Diese Spielart kam hauptsächlich bei der Berufung von Professoren zum Ausdruck. In den Jahren 1909-10 zum Beispiel waren 19 Prozent der Dozenten an deutschen Universitäten jüdischer Abstammung, während der Anteil der Juden bei den ordentlichen Professoren auf 7 Prozent abfiel. Der Antisemitismus war jedoch auf einigen Gebieten schwächer als auf anderen; die Medizin und die Naturwissenschaften hatten einen erheblich größeren Anteil an Juden als andere Disziplinen.[16] Bis 1933 nahm der Anteil der jüdischen Beteiligung in diesen Fächern stetig zu, so daß die antisemitischen Maßnahmen der Nationalsozialisten eine merkliche Auswirkung auf die Universitätswissenschaft hatte.

Neben ihrer Überzeugung, daß nationalistische Erwägungen über bloße Politik erhaben wären, und neben der Praxis des stillschweigenden Antisemitismus bei der Berufung von Professoren billigte die überwiegende Mehrheit der Wissenschaftler der Weimarer Republik die Ablehnung eines verschwommenen Konzepts von »Materialismus«. Sie verwendeten diesen Begriff als ein unklares Schlagwort, um den Ursprung aller Übel der deutschen Gesellschaft zu benennen. Materialismus bedeutete zu viel Krämergeist, zu viel Interesse für Geld, Industrie und Technik. Er bezeichnete zugleich eine allgemeine Moral, gesellschaftlichen Zerfall sowie mangelnden Respekt vor geistigen und seelischen Werten. Der Materialismus nähre die vulgären Neigungen der Massen und sei die Ursache ihres Mangels an nationalem Empfinden (der angeblich durch ihre Stimmabgabe für die sozialdemokratische und kommunistische Partei bewiesen wurde).[17] Der Materialismus stand stellvertretend für die negativen Aspekte der Zivilisation, die über die Werte der Kultur gestellt werden.

Die Ablehnung der modernen Industriegesellschaft war selbstverständlich nicht allein auf die Universitäten beschränkt. Große Teile der deutschen Intelligenz, die von dem, was Fritz Stern »Kulturpessimismus« nannte, erfaßt wurden, lancierten Angriffe auf alles Moderne und seine negativen Begleitumstände (Verstädterung, Materialismus, Liberalismus, Sozialismus, Parlamentarismus, Rationalismus etc.). Ihre feindselige Haltung gegenüber der modernen Welt war mit einer romantischen Sehnsucht nach schwindenden traditionellen Werten gepaart. Die übliche Verdammung der Naturwissenschaft fand in den Überzeugungen von Julius Langbehn, einem der führenden Kulturpessimisten Sterns, ihre Verkörperung; für ihn bedeutete Naturwissenschaft folgendes:

> Positivismus, Rationalismus, Empirismus, mechanistischer Materialismus, Technik, Skeptizismus, Dogmatismus und Speziali-

sierung, eigentlich alles außer dem interesselosen und hingebungsvollen Streben nach Wissen. Er verabscheute die Naturwissenschaft sowohl dafür, was sie war, als auch dafür, was sie tat.[18]

Physiker und Mathematiker sahen sich in Deutschland einer äußerst feindseligen geistigen Umwelt gegenüber. Insbesondere wurden sie in akademischen Kreisen für die Idee des mechanistischen Determinismus verantwortlich gemacht, der von vielen Professoren mit einem verabscheuten Materialismus in Verbindung gebracht wurde. Forman wies darauf hin, daß eine Reihe von Physikern und Mathematikern der Weimarer Republik sich von dieser Kritik so beeinflussen ließen, daß sie sie in ihren eigenen Arbeiten berücksichtigten. Sie billigten rasch die Zurückweisung der Kausalität, die das in der Mitte der zwanziger Jahre entwickelte neue Gebäude der Quantentheorie mit sich brachte, und befreiten sich so von der Last des Determinismus. Die moderne Physik war laut Forman »in erster Linie ein Versuch der deutschen Physiker, den Inhalt ihrer Wissenschaft den Werten ihrer geistigen Umwelt anzupassen«.[19]

Die Zentren der modernen Physik in der Weimarer Republik

In Deutschland spielten drei geistige Zentren bei der Entwicklung der neuen Theorien der modernen Physik zwischen 1900 und 1930 eine hervorragende Rolle. Die kleine Universitätsstadt Göttingen war die Stätte einer alten, umfassenden mathematisch-physikalischen Tradition, die in der statistischen Mechanik besondere Bedeutung erlangte. Berlin war sowohl das Organisationszentrum der deutschen Physik als auch der Standort einer Universität mit ausgezeichneten Physikern unter den Hochschullehrern. Und München war die Ausbildungsstätte für viele der brillantesten jungen Wissenschaftler, die zur Entwicklung neuer Ideen in der Physik beitrugen. Die Form, in der sich der Nationalsozialismus auf jedes dieser kreativen Zentren auswirkte, offenbart grundlegende Elemente seines Einflusses auf die Gemeinschaft der Physiker insgesamt.

Göttingen war unter den deutschen Universitäten untypisch, und zwar in dem Sinne, daß dort ein relativ hoher Grad an interdisziplinärer Zusammenarbeit zwischen Physik und Mathematik bestand. Unter den Mathematikern war David Hilbert die herausragende Gestalt. Er hatte der mathematisch-physikalischen Tradition in Göttingen, die bis in die erste Hälfte des neunzehnten Jahrhunderts zurückreichte, entscheidende Impulse verliehen, aber er war den größten Teil des hier betrachteten Zeitabschnitts (Weimarer Zeit) über krank. Obwohl er seine frühere überragende Rolle nicht mehr spielen konnte, war sein Sinn für interdisziplinäre Zusammenarbeit während der zwanziger Jahre weiterhin spürbar.[20] Sein jüngerer Kollege Richard Courant pflegte lebhaften Kontakt mit den Physikern, und sein 1924 erschienenes Buch *Methoden der mathematischen Physik* wurde ein einflußreiches Lehrbuch. Göttingen erhielt im wesentlichen auf Grund der Bemühungen Courants von der Rockefeller Foundation finanzielle Mittel für neue und vergrößerte physikalische und mathematische Institute in der Bunsenstraße.[21]

Neben Hilbert und Courant gab es eine beachtliche Reihe mathematischer Talente im Göttingen der Weimarer Republik. Edmund Landau in der Zahlentheorie, Emmy Noether auf dem Gebiet der Algebra und Hermann Weyl im Bereich der Relativitätstheorie sowie der Grundlagen der Mathematik – sie alle waren hervorragende Persönlichkeiten. Emmy Noethers Arbeiten zur axiomatischen Erfassung der Algebra veranlaßte Weyl, ihrer als der größten Mathematikerin der Geschichte zu gedenken.[22]

Göttingens Physiker standen den Mathematikern an Talent in nichts nach. Max Born stand im Bereich der theoretischen Physik in engem Kontakt mit Kopenhagen, München und Berlin und erwies sich als eine Schlüsselfigur in der Entwicklung der modernen Physik. Unter den jungen Physikern, die in der Weimarer Zeit mit ihm gemeinsam arbeiteten, befanden sich Werner Heisenberg, Wolfgang Pauli, Eugene Wigner und Maria Goeppert-Mayer, alle ebenso wie Born spätere Nobelpreisträger.

In Göttingen arbeiteten auch zwei hervorragende Professoren der Experimentalphysik. Robert Pohl hielt die großen allgemeinen Vorlesungen und stand dem I. Physikalischen Institut vor, während James Franck die kleinen Laboratoriumsseminare abhielt und das II. Physikalische Institut leitete. Pohl war sehr um die Qualität der physikalischen Grundausbildung bemüht (seine Vorlesungen waren bekannt hierfür) und forschte im Bereich der Optik.[23] Für seine mit Gustav Hertz vor dem Krieg geleisteten Arbeiten über die Anregungspotentiale erhielt Franck den Nobelpreis des Jahres 1925. Sein scharfsinniger intuitiver Einblick in die grundlegenden Probleme der modernen Physik bildete eine Ergänzung zu Borns Hang zum Formalismus.[24]

Das hohe Maß an Kommunikation und geistiger Spannung in Göttingen während der zwanziger Jahre ließ es zum Symbol der »schönen Jahre« vor dem Aufkommen des Nationalsozialismus werden.[25] Wenn es auch weit vom republikanischen Getriebe Berlins und der konservativen Mentalität Münchens entfernt war, so konnte Göttingen doch nicht den politischen Umwälzungen der dreißiger Jahre entgehen. Da viele seiner Physiker und Mathematiker jüdischer Abstammung waren, war Göttingen 1933 von der nationalsozialistischen Politik der Entlassung von »Nichtariern« aus dem Staatsdienst besonders stark betroffen.

Eine eindrucksvolle Anhäufung wissenschaftlicher Talente hatte sich auch in Berlin gebildet, einer Stadt, die von vielen Physikern als die Hochburg der deutschen Physik betrachtet wurde.[26] Als Professor der theoretischen Physik an der Universität Berlin hatte Max Planck die Quantentheorie begründet, die die Grundlage eines großen Teils der modernen Physik bildete. Dort hatte auch Max von Laue, ein für seine Arbeiten auf dem Gebiet der Röntgenkristallographie berühmter Schüler Plancks, eine außerordentliche Professur für theoretische Physik inne. Auch Einstein stand mit der Universität in Verbindung, obgleich er meist allein arbeitete. Im Jahre 1924 stieß Walter Nernst, der den dritten Hauptsatz der Thermodynamik formuliert hatte, zu diesen berühmten Physikern. Als Planck 1927 in den Ruhestand trat, wurde Erwin Schrödinger, einer der Väter der neuen Quantenphysik, zu seinem Nachfolger ernannt. Das Zentrum des wissenschaftlichen Lebens der Universität bildete das wöchentliche Kolloquium, wo diese Männer – alles Nobelpreisträger – mit Forschern aus den Laboratorien der Industrie und der Physikalisch-Technischen Reichsanstalt zusammentrafen.[27]

Berlin war auch durch die Arbeit berühmt, die an der Technischen Hochschule (TH) insbesondere in den zwanziger Jahren geleistet wurde, als der Nobelpreisträger Gustav Hertz Professor für Experimentalphysik war und Richard Becker den Lehrstuhl für die theoretische Arbeit innehatte.[28] Das Niveau der Physik in der Hauptstadt wurde durch die Forschung in verwandten Gebieten wie z.B. der physikalischen Chemie und der Radiochemie weiter gehoben. In dieser Hinsicht besonders beachtenswert waren das Kaiser-Wilhelm-Institut für physikalische Chemie und Elektrochemie, an dessen Spitze der Nobelpreisträger Fritz Haber stand, sowie das Kaiser-Wilhelm-Institut für Chemie, das von Otto Hahn und Lise Meitner geleitet wurde. Als Anerkennung für seine Entdeckung der Kernspaltung Ende des Jahres 1938 wurde auch Hahn der Nobelpreis verliehen.

Zumindest ebenso bedeutend wie sein wissenschaftlicher Ruf war die Rolle Berlins als Zentrum der organisierten deutschen Wissenschaft. Die Berliner Physiker beherrschten weitgehend die Politik der Deutschen Physikalischen Gesellschaft, die sich kurz nach dem Ersten Weltkrieg zu einer nationalen Organisation entwickelt hatte. Gemeinsam mit anderen Berliner Persönlichkeiten, wie z.B. Haber, spielten sie Schlüsselrollen in der Kaiser-Wilhelm-Gesellschaft, der Preußischen Akademie der Wissenschaften und in der Notgemeinschaft der deutschen Wissenschaft, die über die Vergabe finanzieller Mittel verfügte.

Die Auswirkungen des Nationalsozialismus auf die Physik in Berlin blieben nicht auf die Opfer der Entlassungspolitik beschränkt, obgleich jene schwerwiegend waren. Die nationalsozialistische Machtergreifung hatte auch für Berlins führende Stellung in moralischen und organisatorischen Fragen der deutschen Physik Konsequenzen. Da Berlin sowohl das kulturelle und geistige Nervenzentrum der Weimarer Republik als auch ihre politische Hauptstadt war, neigten jene Deutschen, die die politische Führung Berlins ablehnten, auch dazu, seine kulturelle Führungsposition zurückzuweisen.[29] Diese Erscheinung zeigte sich in allen Bereichen des geistigen Lebens der Weimarer Republik, einschließlich der Physik. Lenard und Stark beispielsweise zeigten seit dem Ersten Weltkrieg eine konsequente Abneigung gegenüber der führenden Rolle Berlins in der Wissenschaft. Starks Gegnerschaft führte zu seinem Versuch, die deutsche Wissenschaft in der Zeit des Nationalsozialismus unter neuer Führung zu reorganisieren.

München war in den Weimarer Jahren die Keimstätte der Konterrevolution und des Antisemitismus. Der maßgebende Vertreter der modernen Physik in der bayerischen Hauptstadt war Arnold Sommerfeld, seit 1906 Professor für theoretische Physik an der Universität. Im Gegensatz zu Wilhelm Wien, seinem Kollegen in der Experimentalphysik, der der führenden Stellung Berlins und der modernen Physik fast ebenso feindlich gegenüberstand wie Lenard und Stark, arbeitete Sommerfeld eng mit seinen Kollegen im Norden zusammen. Seine Arbeiten auf den Gebieten der klassischen Physik und der Quantentheorie waren sicher bedeutend, aber wahrscheinlich ist sein wesentlichster Beitrag zur neuen Physik die Ausbildung einer ganzen Generation der besten theoretischen Physiker Deutschlands, worunter sich nicht weniger als vier Nobelpreisträger befanden.[30] Sommerfelds Wort hatte bei Berufungen von Professoren ein großes Gewicht. Im Jahre 1928 waren fast ein Drittel aller ordentlichen Professoren der theoretischen Physik in der deutschsprachigen Welt Schüler Sommerfelds.[31]

Obwohl Sommerfeld eine Reihe jüdischer Studenten hatte, ließ die ausgeprägt katholische Universität nicht viele Juden an akademische Stellungen heran.[32] Der Einfluß des Nationalsozialismus auf die Münchner Physik machte sich wesentlich stärker durch die Politisierung der akademischen Berufungen bemerkbar. Die politischen Kriterien waren im wesentlichen Parteimitgliedschaft sowie die Identifikation mit dem Versuch von Lenard und Stark, die Rassenideologie in die Physik einzuführen. Obgleich diese Männer ihren Anschauungen das Etikett »Deutsche Physik« verliehen, die den Anspruch hatte, echten nationalen Geist zu verkörpern, blieben sie eine Minderheit, die klein genug war, um für ihre Bewegung die Anwendung eines angemessenen Synonyms – »arische Physik« – zu rechtfertigen.

Die Nationalsozialisten kommen an die Macht

Obwohl die Befürworter der arischen Physik behaupteten, Hitlers Unterstützung zu besitzen, nahm Hitler nie direkten Einfluß auf die

Angelegenheiten der Physiker. In den Jahren vor seiner Machtergreifung jedoch hatte er die grundlegenden Standpunkte über Bildung und Staatsdienst zur Führung der nationalsozialistischen Bewegung formuliert. Hitler erklärte in *Mein Kampf*, daß, so nötig Chemie, Physik, Mathematik und ähnliche reale Fächer in einer »vermaterialisierten« Zeit der Technik auch wären, es gefährlich sei, wenn die allgemeine Bildung einer Nation ausschließlich darauf ausgerichtet wird. Was Deutschland brauche, sei eine Bildung, die sich nicht auf den materialistischen Egoismus, wie er von den Naturwissenschaften gefördert wird, stütze, sondern auf das der Gemeinschaft gebrachte Opfer des einzelnen.[33] Die Geschichte und einige andere Fächer könnten dazu beitragen, diese Aufgabe zu erfüllen, aber sie reichten nicht aus. Hitler erklärte, daß die Heranbildung gesunder Körper in der Ausbildung absoluten Vorrang hätte. An zweiter Stelle käme die Charakterbildung. Von geringster Bedeutung wäre die wissenschaftliche Ausbildung, denn, so erklärte er:

> Der völkische Staat muß . . . von der Voraussetzung ausgehen, daß ein zwar wissenschaftlich wenig gebildeter, aber körperlich gesunder Mensch mit gutem, festem Charakter, erfüllt von Entschlußfreudigkeit und Willenskraft, für die Volksgemeinschaft wertvoller ist als ein geistreicher Schwächling.[34]

Offensichtlich hatte Hitler keine Vorliebe für Intellektuelle. Der Historiker-Journalist Joachim Fest wagte sogar die Bemerkung: »Der Nationalsozialismus war im Grunde die politisch organisierte Geistesverachtung.«[35]

Hitlers Einstellung gegenüber dem Berufsbeamtentum war ebenso verächtlich. Es ist behauptet worden, daß in einem privaten Gespräch mit Richard Breiting, dem Herausgeber einer nationalistischen Zeitung, im Jahre 1931 Hitler gefragt wurde, woher er die qualifizierten Kräfte nehmen würde, um den Verwaltungsapparat des Staates nach seiner Machtergreifung in Gang zu halten. Wo würde er die notwendigen Köpfe hernehmen? *Er* sei der Kopf, antwortete Hitler mit Nachdruck. Im übrigen, fragte er,

> glauben Sie etwa, daß bei einer siegreichen Revolution im Sinne meiner Partei uns die Köpfe nicht haufenweise zufallen? Glauben Sie, daß das deutsche Bürgertum (höhnisch), diese Blüte der Intel-

ligenz, sich weigern wird, uns Gefolgschaft zu leisten und uns seine Köpfe zur Verfügung zu stellen? Das deutsche Bürgertum stellt sich doch dann auf den berühmten Boden der vollzogenen Tatsachen, mit dem deutschen Bürgertum machen wir, was wir wollen.[36]

Und die Juden? Richard Breiting bemerkte in einem zweiten Gespräch, daß es unter ihnen tüchtige und fähige Leute gäbe – Männer, denen während des Krieges das Eiserne Kreuz verliehen wurde, große Geister wie Einstein. Hitlers Antwort war folgende:

Alles, was sie geschafft haben, ist von uns gestohlen. Alles, was sie wissen, wird gegen uns eingesetzt. Sie sollen ruhig bei anderen Völkern Unruhe stiften. Wir brauchen sie nicht.[37]

Der Herausgeber ging weg und wunderte sich, daß der Führer sogar Einstein als einen Fremdkörper betrachtete, den er zur Auswanderung zwingen würde.[38]

Die wachsende Wirtschaftskrise und die damit verbundene Arbeitslosigkeit und Verzweiflung beschleunigte das Wachstum von Hitlers Bewegung. Hitler wurde am 30. Januar 1933 offiziell zum Kanzler ernannt, und danach konsolidierten die Nationalsozialisten ihre Macht.[39]

Ein wesentlicher Faktor, was den Staatsdienst, einschließlich der deutschen Professorenschaft, betrifft, war die augenscheinliche Legalität der Machtergreifung der Nationalsozialisten. Die technische Korrektheit des Vorgehens unterminierte den Widerstand gegen das Regime und lieferte die Grundlage für die Hoffnung, daß Hitler, sobald er in verantwortlicher Stellung wäre, lernen würde, sich weniger radikal zu gebärden. Das Mäntelchen der Legalität brachte Hitler einen gewaltigen psychologischen Vorteil gegenüber der gesetzestreuen Mittelklasse.[40]

Eines der grundlegenden Ziele des Nationalsozialismus war die formelle Legalisierung des Antisemitismus. »Die Lehre vom ›Rassenfeind‹ gehört so wesensnotwendig zum Nationalsozialismus wie die Lehre vom ›Klassenfeind‹ zum Bolschewismus.«[41] Schon im Jahre 1920 hatte die Partei mit ihrem 25-Punkte-Programm darauf hingewiesen, daß nur Volksgenossen Staatsbürger sein könnten und daß Juden nicht unter diese Kategorie fielen. Ferner hielt das Programm fest, daß nur Volksgenossen öffentliche Ämter, gleichgültig welchen Ranges, bekleiden sollten.[42] Mitte der zwanziger Jahre hatten die Nazis in dieser Frage Konsequenz und Eifer bewiesen, indem sie ein Gesetz in den Reichstag einbrachten, auf Grund dessen Juden aus dem Staatsdienst entfernt werden können sollten.[43]

Die ersten deutlichen Anzeichen der Kontinuität der antisemitischen Maßnahmen der Nazis zeigten sich den meisten Deutschen im Jahre 1933, am Ende des zweiten Monats nach Hitlers Machtergreifung. Hunderte von Personen im öffentlichen Dienst hatten bereits ihre Stellungen verloren, weil sie Nazigegner waren. Am 31. März jedoch wurden jüdische Richter in Preußen allein deshalb ihres Amtes enthoben, weil sie Juden waren.[44] Am nächsten Tag fand ein von der Regierung geförderter nationaler Boykott statt. Wiewohl offiziell als »relativ friedlich« beschrieben, wurden jüdische Läden mit Plakaten beklebt, während Braunhemden die Zugänge blockierten, wurden Fenster zerbrochen, Juden auf der Straße zusammengeschlagen und am Betreten ihrer Büros, öffentlicher Bibliotheken usw. gehindert. Die Polizei stand dabei und sah zu oder war einfach nicht vorhanden, aber die Polizei-»Verstärkung« der Nazis patrouillierte überall. Die gesamte Operation lag in den Händen des wütenden Antisemiten und Nazi Julius Streicher und wurde vom Propagandaminister Joseph Goebbels überwacht.[45]

Eine gleichzeitige, stark propagierte Kampagne gegen Albert Einstein warf bezeichnendes Licht auf die Zielsetzungen der Nationalsozialisten. Obwohl er einer der bekanntesten und angesehensten Wissenschaftler der Welt war, hatte er sich durch seinen freimütigen Pazifismus, seinen Internationalismus und Zionismus in Deutschland viel Haß zugezogen. Er befand sich in Amerika, als Hitler an die Macht kam, und reagierte auf die gegen ihn gerichteten Angriffe in der Nazi-Presse durch seine Erklärung, nicht mehr in ein von den Nazis regiertes Deutschland zurückkehren zu wollen. Außerdem vertrat er die Ansicht, daß die Welt auf die Gefahren des Nationalsozialismus aufmerksam gemacht werden sollte.[46] Als er Ende März in Europa ankam, mied er Deutschland und ließ sich in einem Badeort in der Nähe von Ostende in Belgien nieder, um die weitere Entwicklung abzuwarten. Die Nazis reagierten auf seine Erklärungen und Schritte, indem sie sein Eigentum beschlagnahmten und später einen Preis auf seinen Kopf aussetzten.[47]

Am Tage der Landung seines Schiffes, dem 28. März 1933, richtete Einstein ein Rücktrittsschreiben an die Preußische Akademie der Wissenschaften, die exklusivste und angesehenste gelehrte Gesellschaft Deutschlands.[48] Anscheinend wollte er alle Verbindungen zum deutschen Staat in Würde lösen und seinen Freunden in der Akademie ersparen, sich mit seiner offiziellen Entlassung abmühen zu müssen.

Aber der Druck nahm schon zu. Der von den Nazis ernannte Preußische Minister für Wissenschaft, Kunst und Volksbildung, Bernhard Rust, dem die Akademie formell verantwortlich war, forderte am 29. März die Akademie auf, zu prüfen, ob sich Einstein tatsächlich an der »Deutschland-Hetze« im Ausland beteiligt habe.[49] Als Einsteins Rücktrittsgesuch am nächsten Tag eintraf und angenommen wurde, schien die Angelegenheit erledigt. Am Abend des 31. März jedoch, nur wenige Stunden vor dem Beginn des sogenannten »Tags des Judenboykotts«, richtete der Reichskommissar Dr. Rust an die Akademie den »dringenden Wunsch«, sie möge eine öffentliche Erklärung über Einstein abgeben.[50]

Max Planck, Einsteins Freund und Stütze, befand sich auf Urlaub in Sizilien. Ein anderer ständiger Sekretär der Akademie, der Jurist Ernst Heymann, kam Rusts Wunsch geflissentlich nach und verfaßte eine Presseerklärung, in der Einsteins Beteiligung an der »Greuelhetze« im Ausland bestätigt wird. Aus diesem Grund habe die Akademie »keinen Anlaß, den Austritt Einsteins zu bedauern«.[51] Die Erklärung erschien am 1. April. Einsteins Name tauchte am selben Tag auch in einer Propagandarede von Joseph Goebbels auf:

> »Wir hatten dem internationalen Judentum eine Gnade widerfahren lassen, die es gar nicht verdiente. Und was war der Dank der Juden? Im Lande krochen sie zu Kreuze und draußen in der Welt entfachten sie eine Lügen- und Greuelpropaganda, die noch die des Weltkriegs übertrifft. Die Juden in Deutschland können sich bei Landesflüchtigen wie Einstein dafür bedanken, daß sie heute selbst dafür – durchaus gesetzmäßig und legal – zur Rechenschaft gezogen werden.«[52]

Der offene Widerstand des Wissenschaftlers gegen den Nationalsozialismus machte seinen Namen in Deutschland, solange das Dritte Reich existierte, zum Synonym für Verrat.

Trotz der Ereignisse des 1. April kam das Gesetz zur Wiederherstellung des Berufsbeamtentums vom 7. April 1933 überraschend – sogar manche Parteimitglieder waren darauf nicht vorbereitet.[53] Es wurde vom Reichsministerium des Inneren (damals unter der Leitung des Nationalsozialisten und ehemaligen Beamten Wilhelm Frick) ausgearbeitet, um die ursprüngliche Zusammensetzung des Verwaltungsapparates zu verändern, ohne ihre Wirksamkeit zu zerstören.[54] Die Maßnahmen waren einfach, hatten aber verheerende Auswirkungen: gewisse Staatsbeamte sollten zwecks Wiederherstellung eines »nationalen« Berufsbeamtentums und Vereinfachung der Verwaltung ihrer Ämter enthoben werden. Betroffen waren (1) Beamte ohne geeignete Qualifikationen, die seit dem 9. November 1918 in das Beamtenverhältnis eintraten (d.h. Parteibuch-Beamte); (2) Beamte, deren bisherige politische Betätigung nicht die Gewähr dafür bot, daß sie jederzeit rückhaltlos für den nationalen Staat eintreten würden; (3) Beamte »nichtarischer« Herkunft. Zur Vereinfachung der Verwaltung konnten Beamte in den Ruhestand versetzt werden, auch wenn sie noch dienstfähig waren. Desgleichen mußte jeder Beamte, der in ein anderes Amt versetzt wurde, auch in ein solches von geringerem Rang und Einkommen, dies entweder akzeptieren oder um seine Versetzung in den Ruhestand ersuchen.

Der Wortlaut des Gesetzes ließ einige Lücken offen. Es sollte ein provisorisches Gesetz sein, dessen Bestimmungen nur bis zum 30. September 1933 rechtswirksam waren. Außerdem gab es Ausnahmen für Nichtarier als Konzession an Reichspräsident Paul von Hindenburg, der darauf bestand, daß Kriegsveteranen besonders behandelt werden sollten.[55] Ein nichtarischer Beamter konnte im Amt bleiben, wenn er 1. seit dem 1. August 1914 Beamter war; 2. im Weltkrieg Frontkämpfer war; 3. sein Vater oder Sohn im Weltkrieg gefallen waren.

Am 11. April wurde die Schlüsselfrage, wer als Nichtarier zu gelten hätte, durch die erste Durchführungsverordnung des Gesetzes beantwortet. Ein Beamter galt als Nichtarier, wenn ein Eltern- bzw. Großelternteil nicht arisch war, und diese Personen galten ihrerseits als Juden, wenn sie der jüdischen Religion angehörten.[56]

Zahlreiche Durchführungsverordnungen des Beamtengesetzes erläuterten seine Anwendung. Am 6. Mai unterstrich die dritte

Durchführungsverordnung deutlich, daß alle Dozenten an den Hochschulen als Staatsbeamte eingestuft wurden, sogar jene, die nicht vom Staat entlohnt wurden, wie z.B. Privatdozenten. Die Bestimmung, die sich auf »politisch unzuverlässige« Personen bezog, wurde erweitert. »Zu entlassen ist, wer sich im kommunistischen Sinne betätigt hat, auch wenn er nicht mehr der Kommunistischen Partei, ihren Hilfs- oder Ersatzorganisationen angehört.« Bei der Wiederbesetzung von Stellen ». . . sind Beamte, die wegen ihres nationalen Verhaltens benachteiligt worden sind, . . .in erster Linie zu berücksichtigen«.[57] Das Gesetz wurde noch mehrere Male novelliert, und der Prozeß der Wiederherstellung des Verwaltungsapparates war erst 1937 abgeschlossen.[58]

Ein bleibendes Problem bildeten jene Personen, die nur teilweise jüdischer Abstammung waren. Es entstand ein Konflikt zwischen der Partei, die sie als Juden behandeln, und dem Staat (d.h. der Verwaltung), der sie als Deutsche betrachten wollte. Die Nürnberger Gesetze vom 15. September 1935 sowie die Durchführungsverordnung vom 14. November 1935 stellten gewissermaßen einen Sieg der Bürokraten dar.[59] Personen gemischter Abstammung wurden als jüdisch eingestuft, wenn zumindest drei Großeltern Juden oder wenn zwei Großeltern jüdischer Herkunft waren und sie selbst praktizierende Juden bzw. mit solchen verheiratet waren. Von diesen Gesetzen waren alle Juden in Deutschland, einschließlich der Universitätsdozenten, betroffen. Vierteljuden waren daher nicht mehr von Entlassung bedroht. Die Nürnberger Gesetze sahen jedoch keine Ausnahmebestimmungen für Kriegsteilnehmer vor.[60]

Die Durchführung des Beamtengesetzes von 1933 und die Anwendung seiner Durchführungsverordnungen hatte unmittelbare und weitreichende Folgen für alle Wissenschaftler.[61] Die Physik erwies sich als eine der am stärksten betroffenen Disziplinen, die 1932-33 einen Verlust von mindestens 25 Prozent ihres Personalstandes hinnehmen mußte. Göttingen, der Schauplatz der »schönen Jahre« der Weimarer Republik, bildete eine besonders aufschlußreiche Fallstudie für den Einfluß der Entlassungspolitik auf die Physik an den deutschen Universitäten.

2. Göttingen – 1933

Da sich Naturwissenschaftler selten politisch betätigten, hatte in erster Linie die Nichtarier-Klausel des Beamtengesetzes die größten Auswirkungen auf die Physiker und Mathematiker. Der Einfluß des neuen Gesetzes war in Göttingen besonders schlimm, da die Vorstände von drei der vier Institute für Mathematik und Physik Juden waren – James Franck, Max Born und Richard Courant. Das unterschiedliche Vorgehen dieser Männer und ihr gemeinsames Schicksal liefern einen Einblick in die Durchführung der Entlassungspolitik in ganz Deutschland. Die Reaktionen ihrer Kollegen und Schüler spiegeln ebenfalls weitverbreitete Reaktionen wider. Das Ergebnis war ein in der jüngsten Geschichte bisher beispielloser Exodus wissenschaftlicher Talente, da Männer wie Franck, Born und Courant in Deutschland zu den besten ihres Fachs zählten, und zu jener Zeit zählte die deutsche Naturwissenschaft zu den besten der Welt.

Öffentlicher Protest: James Franck

Da das akademische Jahr in deutschen Universitäten von November bis Februar und von Mai bis Juli dauerte, wurde das Beamtengesetz vom 7. April mitten in den Semesterferien in Göttingen bekanntgemacht. Die meisten Studenten und ein großer Teil des Lehrkörpers befanden sich in den Ferien. Der Direktor des II. Physikalischen Instituts jedoch war noch in der Stadt und somit in der Lage, unverzüglich die Konsequenzen der Verordnung zu überdenken.

James Franck wurde ebensooft für seine Freundlichkeit, Integrität und Prinzipientreue gerühmt wie für seine wissenschaftlichen Fähigkeiten. Zu Beginn des Krieges hatte er seine Forschungstätigkeit aufgegeben und sich als Freiwilliger an die Front gemeldet. Diese Entscheidung erfolgte aus einem strengen Pflichtgefühl, da militaristisches Denken ihm völlig fremd war – man erzählt sich, daß ihm einmal die Leitung einer Kolonne übertragen wurde und er den

Befehl gab: »Stillgestanden – bitte.«[1] Wenn auch das Befehlen seinem Wesen fremd war, so mangelte es ihm nicht an persönlichem Mut. Er wurde mit beiden Eisernen Kreuzen ausgezeichnet und wurde trotz seiner jüdischen Abstammung Offizier.

Seine Prinzipientreue wurde im Zuge der Ereignisse des Frühlings 1933 immer mehr verletzt. Die Titelgeschichte im nationalistischen *Göttinger Tageblatt* begrüßte enthusiastisch, daß jetzt unqualifizierte Parteibuch-Beamte entfernt würden[2], aber das Wesen des Tags des Judenboykotts ließ keinen Zweifel darüber, daß die antisemitischen Maßnahmen einen wesentlichen Aspekt des Beamtengesetzes bildeten. Franck war zweifellos über die am 1. April in Berlin erzwungenen Maßnahmen der Nazis gut informiert, da viele seiner engsten Freunde und seine Tochter Elisabeth in dieser Stadt wohnten. Außerdem hatten die Zeitungen am 1. April über die Geschichte von Einsteins Austritt aus der Preußischen Akademie der Wissenschaften und die überstürzte Antwort der Akademie berichtet.[3] In Gesprächen mit seinen engsten Freunden und Mitarbeitern kam Franck immer mehr zu dem Entschluß, daß etwas unternommen werden müßte. Unter den Ausnahmebestimmungen würde er geschont werden. Aber würde nicht die Anerkennung einer Ausnahmeregelung einer Sanktionierung der staatlichen Maßnahmen gleichkommen? Als Direktor des Instituts würde er sicherlich einige seiner Mitarbeiter entlassen müssen und der Entlassung seiner Kollegen in anderen Instituten tatenlos zusehen müssen. Sein Entschluß wurde durch Aktionen der von den Nationalsozialisten beherrschten Führung der deutschen Studentenschaft bestärkt.

Die Studenten zählten zu den lautstärksten Kräften der nationalsozialistischen Hochschulpolitik. Am 13. April eröffnete die Deutsche Studentenschaft ihre »Aktion wider den undeutschen Geist«, die am 10. Mai in öffentlichen Bücherverbrennungen ihren Höhepunkt fand. In dem Zwölf-Punkte-Programm waren folgende Erklärungen enthalten: Die Studenten sollten Juden als Fremde betrachten, und jüdische Werke sollten in hebräischer Sprache erscheinen oder, wenn sie deutsch gedruckt werden, zumindest als Übersetzung gekennzeichnet werden; Studenten und Professoren sollten » . . . nach der Sicherheit des Denkens im deutschen Geiste« ausgewählt werden.[4] Das am gleichen Tag vom Preußischen

Minister für Wissenschaft veröffentlichte Studentengesetz führte die studentische Selbstverwaltung wieder ein, die vom Ministerium der Weimarer Republik abgeschafft worden war, und beschränkte die Mitgliedschaft in Studentenorganisationen ausschließlich auf Arier. Bald folgten Quoten für Nichtarier an den deutschen Schulen.[5] Ebenfalls am dreizehnten wurden die ersten Entlassungen nach dem Beamtengesetz an mehreren Universitäten bekanntgegeben.[6]

Die Abende bei den Francks waren von heftigen Diskussionen erfüllt. Freunde und Kollegen brachten wohlmeinende Argumente vor, um ihn vor übereilten Schritten abzuhalten.[7] Mit der für ihn typischen Einsicht sah Franck jedoch, daß es sich um eine Prinzipienfrage handelte. Während der Osterfeiertage entschloß er sich, sein Amt aus Protest niederzulegen. Es war ein einsamer und mutiger Schritt. Seine Familie erinnert sich heute noch gut daran, daß er die endgültige Entscheidung »ganz für sich allein und unbeeinflußt« getroffen hatte.[8]

Am Abend seines Protests half hinter den verschlossenen Türen seines Arbeitszimmers eine kleine Gruppe Franck, den Text seines Rücktrittsschreibens aufzusetzen. Seine Familie erinnert sich an einige der an jenem Abend anwesenden engen Freunde und Assistenten: Hertha Sponer, die Oberassistentin an Francks Institut; Arthur von Hippel, Assistent und Ehemann von Francks Tochter Dagmar; und möglicherweise Heinrich Kuhn, ein Assistent, der vom Nichtarier-Paragraphen des Beamtengesetzes betroffen war.[9]

Die Gruppe verfaßte zwei Schriftstücke. Eines war an den von den Nazis eingesetzten Preußischen Minister für Wissenschaft gerichtet und lautete schlicht:

Herr Minister! 17. April

Durch diese Zeilen bitte ich Sie, Herr Minister, mich von meinen Pflichten als ordentlicher Professor an der Universität Göttingen und Direktor des II. Physikalischen Institutes dieser Universität zu entbinden.

Der Entschluß ist mir innere Notwendigkeit wegen der Einstellung der Regierung dem Deutschen Judentum gegenüber.

Ergebenst [10]

Das andere Schriftstück war eine an den Rektor gerichtete Erklärung. Noch im Laufe des Abends rief Franck die *Göttinger Zeitung* an, das zweitgrößte Blatt der Stadt, und übermittelte ihr einen Ausschnitt dieses Briefes. Ein derartiger öffentlicher Protest erscheint rückblickend ziemlich vernünftig, damals jedoch galt er als höchst ungewöhnlich, und man erhoffte sich einen starken Widerhall. »Die ganze Sache wurde zeitlich genau abgestimmt«, erinnert sich seine Familie, »so daß der Empfang des Briefes genau mit der Veröffentlichung in den Zeitungen zusammenfiel.«[11]

Am nächsten Tag brachte die Zeitung folgenden Ausschnitt aus Francks Brief an den Rektor:

> Ich habe meine vorgesetzte Behörde gebeten, mich von meinem Amte zu entbinden. Ich werde versuchen, in Deutschland weiter wissenschaftlich zu arbeiten.
>
> Wir Deutsche jüdischer Abstammung werden als Fremde und Feinde des Vaterlandes behandelt. Man fordert, daß unsere Kinder in dem Bewußtsein aufwachsen, sich nie als Deutsche bewähren zu dürfen.
>
> Wer im Kriege war, soll die Erlaubnis erhalten, weiter dem Staate zu dienen. Ich lehne es ab, von dieser Vergünstigung Gebrauch zu machen, wenn ich auch Verständnis für den Standpunkt derer habe, die es heute für ihre Pflicht halten, auf ihrem Posten auszuharren.[12]

Die Zeitung unterstrich, daß Franck nicht die Absicht hätte, einer eventuellen Berufung ins Ausland zu folgen, solange ihm als Experimentalphysiker die Möglichkeit wissenschaftlicher Betätigung in Deutschland bliebe. Der Artikel erwähnte die Ehrungen, die Franck zuteil wurden, seine Leistungen im Krieg, die Achtung, die Göttingen durch ihn erlangt hatte, und die wirtschaftlichen Vorteile, in deren Genuß die Stadt aufgrund seines Ansehens gekommen war (höhere Studentenzahlen, Zuwendungen aus der Rockefeller-Stiftung für den Ausbau der Institutsgebäude). Der Verfasser des Artikels schloß folgendermaßen:

> Der Entschluß Professor Francks ist wesentlich, ja allein moralisch zu werten. Wir wollen hoffen und wünschen, daß dieser Schritt, durch den Franck sein Lebenswerk und seinen Lebensinhalt selbst zerschlägt, die eine Wirkung hat, daß andere Forscher,

die nach den gesetzlichen Bestimmungen zum Rücktritt gezwungen werden, unserem wissenschaftlichen Leben erhalten bleiben. Es könnten sonst Verluste eintreten, die gar nicht oder nur nach langen Zeiträumen wieder gut zu machen sind.[13]

Leider blieb die Warnung unbeachtet.

Der Tenor des Artikels in der *Göttinger Zeitung* fand am selben Tag einen Widerhall in der Abendausgabe der liberalen *Vossischen Zeitung* in Berlin. Ein Artikel in dieser Zeitung gab auch der Hoffnung Ausdruck, daß Francks Schritt zu einem Überdenken der Folgen der jüngsten Ereignisse für die Zukunft führen möge. Die Auslandspresse griff die Geschichte unverzüglich auf.[14]

Das *Berliner Tageblatt* jedoch vertrat den Standpunkt, daß Franck besser daran getan hätte, in seinem Amt am Institut zu verbleiben, wenn er gegen die Politik der Nazis protestieren wollte.[15] Andere in Göttingen meinten Franck gegenüber, daß die Lage in Wirklichkeit nicht so schlimm sei.

Rudolf Hilsch, Robert Pohls Oberassistent, erinnert sich, daß er, als Franck kam, um sich von jedem zu verabschieden, dem Professor mit einer Volksweisheit entgegnete: »Es wird nichts so heiß gegessen, wie es gekocht wird.« Er hatte sich geirrt, wie Hilsch bald erkennen mußte.[16]

Franck dachte zu diesem Zeitpunkt nicht an Emigration. In seinem Standpunkt wurde er von den führenden Berliner Physikern Max Planck und Max von Laue bestätigt.[17] Als Heinrich Rubens 1922 starb, wurde Franck der Berliner Lehrstuhl für Physik angeboten, den er jedoch ablehnte, um in Göttingen bleiben zu können. An seiner Stelle wurde Walther Nernst nach Berlin berufen. 1931 waren bereits Pläne im Gange, Franck neuerlich zur Berufung vorzuschlagen, da Nernst knapp vor der Pensionierung stand. Fritz Haber deutete Franck gegenüber an, daß er auch das Kaiser-Wilhelm-Institut für Physik übernehmen könnte, wenn er Nernsts Nachfolger an der Universität würde. Schließlich könnte er Habers eigenes Institut nach dessen 1936 bevorstehenden Pensionierung leiten.[18] Ende 1932 war Franck der Hauptkandidat für die Berliner Professur. Im Jahre 1933 setzte sich das Wissenschaftsministerium mit ihm in Verbindung und forderte ihn auf, zu Verhandlungen nach Berlin zu kommen[19], doch der Verlauf dieser Gespräche wurde von den politischen Umwälzungen unterbrochen. Dennoch bestand noch immer realistischer Grund zur Annahme, daß Franck seine wissenschaftliche Arbeit in Deutschland in irgendeiner Stellung außerhalb des Staatsdienstes fortführen könnte – oder so muß es ihm wenigstens erschienen sein.

Sofort nach der Veröffentlichung von Francks Brief jedoch wurden in Göttingen Gerüchte in Umlauf gesetzt. Es wurde berichtet, daß Franck und jene, die an den Diskussionen mit ihm teilgenommen hatten, eine Verschwörung zur Vereitelung der nationalen Revolution gebildet hätten. Mit dem Argument, daß die Auslandspresse seinen Protest in antideutsche Propaganda ummünzen würde, veröffentlichten 42 Universitätsdozenten eine Verurteilung von Francks Schritt. Die medizinische Fakultät und das Landwirtschaftliche Institut waren in dieser Gruppe besonders stark vertreten, während nur ein Unterzeichner Mathematiker oder Physiker war.[20] Der Vorwurf bestand darin, daß Francks öffentliches Rücktrittsgesuch sowohl die Innen- als auch die Außenpolitik der neuen Regierung geschädigt hätte. Die Unterzeichner erklärten:

> Wir sind uns einig darin, daß die Form der obigen Rücktrittserklärung einem *Sabotageakt* gleichkommt, und hoffen, daß die Regierung die *notwendigen Reinigungsmaßnahmen* daher beschleunigt durchführen wird.[21]

Zwei Tage später meldete die Göttinger Presse mit knappen Worten, daß am 25. April sechs Universitätsprofessoren vom Preußischen Ministerium für Wissenschaft beurlaubt wurden: die Professoren Honig (Strafrecht), Bondy (Sozialpsychologie), Bernstein (Statistik), Born, Courant und Noether. Der Untertitel des Artikels war unheilverheißend: »Weitere werden folgen.«[22]

Passiver Protest: Max Born

Im Gegensatz zu Franck wollte Born nicht in Deutschland bleiben. »Wir hatten uns nach meiner ›Beurlaubung‹ entschlossen, Deutschland sofort zu verlassen.«[23] Anfang Mai reisten er und seine Frau mit ihrem Sohn in die Berge Norditaliens ab, wo sie beabsichtigten, eine Wohnung für die Sommerferien zu mieten. Die Gründe für

Borns rasche Abreise können auf seine Persönlichkeit, seine Gesundheit und die Ereignisse in der Weimarer Zeit zurückgeführt werden.

Der Briefwechsel zwischen Einstein und Born zeigt, daß Born selbst dann den Zeitströmungen gegenüber aufgeschlossen war, als er sich ihnen zu entziehen suchte. In seinen politischen Anschauungen und seiner Einstellung gegenüber menschlichen Beziehungen weist er auf eine Übereinstimmung mit seinem Freund Einstein hin.[24] Aber seine Abneigung gegen Publicity und öffentliche Debatten war sogar stärker als jene Einsteins. Seine Persönlichkeit, die seine Assistenten rückblickend als »hochherzig und zurückhaltend« bezeichnen, war in hohem Maße verantwortungsbewußt.[25] Born selbst erklärte, daß sie noch immer an den ›stillen Tempel der Wissenschaft‹ glaubten.[26]

In der ersten Zeit der Weimarer Republik war Born bereit, Einstein offen gegen die antisemitischen Widersacher der Relativitätstheorie zu unterstützen, insbesondere bei der Nauheimer Tagung deutscher Naturwissenschaftler und Ärzte im Jahre 1920.[27] Aber dieses Verhalten widersprach seinem Wesen. Und als sich im Jahre 1922 eine Möglichkeit ergab, seinen alten Zimmerkameraden und Freund Theodor von Kármán nach Göttingen zu holen, setzte er sich nicht für seine Kandidatur ein. Es war nicht leicht gewesen, Francks Berufung im vorangegangenen Jahr durchzusetzen. Nun zählte Born einerseits die Juden, die schon Professoren an der mathematischen und naturwissenschaftlichen Fakultät waren (Courant, Edmund Landau, Felix Bernstein, Franck und er selbst), warf andererseits einen Blick auf die Opposition (in erster Linie Leute aus dem Landwirtschaftlichen Institut) und entschied, daß er nicht in der Lage war, den Kampf durchzustehen, der notwendig wäre, um dem Lehrkörper einen weiteren Juden hinzuzufügen.[28]

Außerdem war Born von schwächlicher Gesundheit. Im Herbst schien er immer unter Erkältung und Asthma zu leiden.[29] Das berühmte Foto der Teilnehmer an der Solvay-Konferenz in Brüssel (Oktober 1927) zeigt ihn als einzigen unter viele Jahre älteren Männern mit einem dicken Überzieher und Schal bekleidet. In dem aufreibenden Zeitraum von 1925-27 hatte er sich erschöpft, und der darauffolgende Nervenzusammenbruch im Jahre 1928 unterbrach seine Arbeit für etwa ein Jahr.[30] Er verbrachte einige Zeit in einem Sanatorium am Ufer des Bodensees. Zunächst war er ans Bett gefesselt, aber sobald er aufgestanden war, stellte er fest, daß die anderen Patienten – alle Vertreter des »guten Bürgertums« – über nichts anderes sprachen als über Hitler und ihre an ihn geknüpften Hoffnungen, gewürzt mit antisemitischen Bemerkungen hinter vorgehaltener Hand. »Das«, schrieb Born, »trieb mich wieder in mein Zimmer zurück.«[31]

Er fürchtete sich vor dem Jahr als Dekan der Fakultät von 1931-32. Noch vor Beginn seiner Amtszeit schmiedete er Pläne für seine notwendige spätere Erholung. Er hoffte, im Winter 1932-33 an das California Institute of Technology in Pasadena zu gehen, wenngleich er zugab, daß sich die Situation in der Physik in den letzten fünf Jahren verändert hatte und er den Amerikanern nicht mehr etwas »wirklich Neues« bieten könnte.[32] Die Reise kam nie zustande.

In diesem Jahr bestätigten sich seine düsteren Erwartungen. Das schlimmste Problem war, daß die Regierung unter dem starken Druck der Wirtschaftskrise versuchte, durch Entlassung eines Teils der Assistenten Mittel einzusparen. Born leitete eine erfolgreiche Initiative mit dem Ziel, den naturwissenschaftlichen Lehrkörper zu veranlassen, freiwillig etwa 10 Prozent des Einkommens jedes Professors abzuzweigen, um den Lebensunterhalt der jungen Leute zu sichern. Der größte Teil des Lehrkörpers willigte sofort ein, aber eine Minderheit, die sich hauptsächlich aus dem Lehrkörper des Landwirtschaftlichen Instituts zusammensetzte, protestierte mit derart anhaltender Gehässigkeit, wie er sie – schrieb Born – bisher noch nie erlebt hatte.[33] Zweifellos fanden sie keinen Geschmack daran, einen Teil ihres Gehalts einer, wie sie es nannten, jüdischen Clique an den mathematischen und physikalischen Instituten zu spenden.

Mit seiner festen Meinung über den Antisemitismus hatte Born nichts für die Nazis übrig. Im Jahre 1932 fuhren der Theoretiker Friedrich Hund und Born mit der Bahn von Göttingen nach Norden. Der Zug hielt kurz in einer kleineren Stadt vor Braunschweig, einem Gebiet, wo die Nazis schon ziemlich früh Unterstützung fanden. Die Hakenkreuzfahnen waren bereits an den Flaggenmasten der Station gehißt. Hund erinnert sich, daß Born ihnen zunickte und verkündete, daß er das Land verlassen werde, wenn diese Fahnen über ganz Deutschland wehten.[34] In dieser allgemeinen Verfassung nach den Auswirkungen des einjährigen Dekanats auf Borns seelischen und körperlichen Gesundheitszustand wird verständlich, daß er dem offenen Kampf um sein Amt kaum gewachsen gewesen wäre.

Nachdem er sich einigermaßen von den Asthmaanfällen erholt hatte, die durch die nervöse Spannung und Unruhe der seiner Abreise vorangegangenen Wochen verursacht worden waren, informierte Born den Kurator der Universität, daß er Francks Standpunkt völlig teile und keine Sonderbehandlung wünsche. Was Franck in seinem Rücktrittsschreiben gesagt hätte, hätte auch für Born als deutschen Juden Gültigkeit, auch dann, wenn er, wie es ihm in einem Brief angedeutet wurde, wiedereingesetzt werden sollte.[35] In einem Brief an Einstein wies Born eine Woche später darauf hin, daß er jetzt entdecke, wie sehr er sein Judentum empfinde, ein Gefühl, das bei ihm früher nicht besonders ausgeprägt war. Bedrängnis und Ungerechtigkeit hätten in ihm Wut und Widerstand geweckt.[36]

Obwohl Born kurze Zeit erwogen hatte, in seinem Amt zu verbleiben, war seine Entscheidung, nachdem er sich erst einmal zum Rücktritt entschlossen hatte, endgültig. Er versuchte nie, nach Hitler-Deutschland zurückzukehren und für seinen Weiterverbleib in Göttingen zu kämpfen. Statt dessen kehrte er einem Vaterland, das seine Dienste nicht mehr begehrte, den Rücken. Er schrieb an Einstein, daß Franck in Göttingen bleibe, um den unmöglichen Versuch zu unternehmen, eine Tätigkeit in Deutschland zu finden. Was ihn selbst betraf: »Ich hätte nicht die Nerven dazu, sehe auch den Sinn nicht ein.«[37]

Born begann nach einer Stellung im Ausland zu suchen, um seine wissenschaftliche Arbeit fortsetzen zu können. Im Juli, als der englische Physiker F.A. Lindemann (später Lord Cherwell, Churchills wissenschaftlicher Berater) nach Italien kam, um ihn für Oxford zu gewinnen, hatte Born bereits eine Stelle in Cambridge angenommen.[38] Er war prominent genug, um sogar mitten in der Wirtschaftskrise an einer Reihe von Universitäten Angebote zu erhalten. Für Emigranten, die nicht dieses Ansehen besaßen, sah die Zukunft trübe aus. Die Lage überblickend, schrieb Einstein an Born: »Es blutet mir aber das Herz, wenn ich an die Jungen denke.«[39]

Stiller Protest: Richard Courant

Franck war öffentlich zurückgetreten, und Born war im stillen emigriert: jeder dieser Männer spielte bis zu einem gewissen Grad den Nazis in die Hände und entfernte sich selbst von der Szene. Courant jedoch war entschlossen, seine Stellung nicht ohne einen harten Kampf aufzugeben. Er wurde von vielen Freunden, Schülern und Kollegen unterstützt. Vor allem sein Verleger, Ferdinand Springer, stand Courants Absicht durchzuhalten, positiv gegenüber.[40]

Zwei Tage nach dem Erscheinen seines Namens in der Zeitung, am 28. April 1933, schrieb Courant einen Brief an seinen ehemaligen Assistenten Hellmuth Kneser. Es ist ein äußerst aufschlußreiches Dokument, da ersichtlich wird, daß Courant noch immer wie betäubt war, als er zu ergründen suchte, was geschehen und warum es geschehen war. Zu Francks Rücktritt erklärte er:

> Franck hatte, bevor ich aus den Ferien zurückkam, fester und fester den Entschluß zum freiwilligen Rücktritt gefaßt. Neugebauer und ich, aber auch andere Freunde, haben ihn dann immer wieder zurückgehalten und zum Aufschub gedrängt. Eines Tages, ich glaube am Ostersonntag, wurde Francks Entschluß aber entgegen unseren Wünschen endgültig gefaßt. Wir, d.h. Born und ich, überlegten kurze Zeit, ob wir nicht moralisch verpflichtet wären, Franck zu folgen. Wir entschieden uns aber dazu, das nicht zu tun, sondern zu versuchen zu bleiben und mit allen Kräften unsere Einrichtungen hier aufrecht zu erhalten.
>
> Durch Gerüchte und entstellende Redereien wurde eine völlig verkehrte Auffassung dieser Angelegenheit verbreitet, nämlich die, daß Francks Rücktritt das Ergebnis eines gemeinsamen Sabotagebeschlusses gewesen wäre und daß wir lediglich aus rein taktischen Gründen Franck vorgeschickt hätten. Diese groteske Auffassung hat eine verhältnismäßig kleine Gruppe von Göttinger Kollegen zu einer öffentlichen Erklärung gegen Francks Rücktrittsschreiben und für eine rasche Säuberung der Universität ver-

anlaßt. Am Tag nach der Veröffentlichung dieser Erklärung erfolgte unsere Beurlaubung.

Ich könnte mir denken, daß die geschilderte Sachlage das Vorgehen des Ministeriums ausgelöst hat.[41]

Mitglieder des Courant-Instituts erinnern sich, daß die Möglichkeit eines Massenrücktritts erwogen wurde. Otto Neugebauer entsinnt sich, daß bei den Diskussionen in Francks Wohnung ein gemeinschaftliches Vorgehen von Franck, Born, Courant und Weyl in Betracht gezogen wurde. (Weyl war kein Jude, aber seine Frau war jüdischer Abstammung). Ein so dramatischer Schritt hätte Erinnerungen an die berühmten »Göttinger Sieben« wachgerufen, einer Gruppe von Professoren, die im 19. Jahrhundert akademische Privilegien gegen den Staat verteidigten.[42] Herbert Busemann, der nicht direkt an den Diskussionen beteiligt war, erinnert sich, daß ein Grund für das Nichtzustandekommen des Massenrücktritts darin bestand, daß sich die Direktoren nicht auf ein spezifisches Ereignis als Schwerpunkt ihres Protests einigen konnten.[43] Dieser Mangel an Entschlossenheit war eine der entscheidendsten Folgen der Nazi-Taktik der Legalität, die jeden Widerstand in die Rolle der Ungesetzlichkeit und des moralischen Unrechts drängte und Einigkeit unter den Göttinger Professoren fast unmöglich machte. Und Uneinigkeit war angesichts der Entschlossenheit der Nationalsozialisten verhängnisvoll.

Trotz Courants Vermutung erscheint es zweifelhaft, daß Francks Rücktritt für die Entlassung Borns und Courants direkt verantwortlich war. Bestenfalls löste der Rücktritt vermutlich Maßnahmen aus, die schon geplant waren. Kurt Daluege (der von den Nationalsozialisten eingesetzte Reichspolizeiminister) hatte schon am 12. März die Liste der Professoren jüdischer Abstammung erhalten, die aller Wahrscheinlichkeit nach die Basis für die Göttinger Entlassungsmeldung vom 25. April bildete. Born, Courant und Noether befanden sich darunter, nicht jedoch Franck, den die Nazis anscheinend in seinem Amt belassen wollten.[44]

Courants Brief an Kneser vom 28. April hielt fest, daß er bisher keine offizielle schriftliche Information über seinen Status erhalten hatte. Aber als ein aktiver Kriegsteilnehmer, schrieb er, als ein schwer verwundeter Frontoffizier der Infanterie hätte er keinen

Grund zu erwarten, daß er vom Beamtengesetz betroffen sein würde. Vielleicht würden politische Anschuldigungen gegen ihn gerichtet werden, da er unmittelbar nach dem Krieg kurze Zeit sozialdemokratischer Gemeinderat in Göttingen gewesen war. Aber seine Auffassungen waren überhaupt nicht marxistisch, und er hatte kurze Zeit danach die Partei wieder verlassen. Vielleicht bezogen sich die Anschuldigungen auf die Tatsache, daß er ganz am Ende des Krieges von seinem kleinen Kommando in einen Soldatenrat gewählt wurde (der jenen der russischen Revolution nachgebildet war). Aber er hatte seine Abteilung nur im Sinne ihres Auftrages veranlaßt, sich in geordneter Weise aufzulösen.

In den vergangenen Monaten, fuhr er fort, hätte man allerhand Geschichten ausgegraben, um völlig entstellte Gerüchte über seine Vergangenheit in Umlauf zu setzen. Überdies hegten viele Gruppen in Göttingen »rein instinktiv« eine Abneigung gegen die naturwissenschaftliche Fakultät – insbesondere gegen das mathematische Institut. Man war auch neidisch, daß er die mathematischen und physikalischen Institute mit ausländischen Geldern so auffällig vergrößert hatte. Die Bekämpfung dieser Einstellungen und Lügengeschichten war schwierig. »Es entstand eine Atmosphäre von Gerüchten, Behauptungen, die nie klar bis zu uns drangen und welche in dem Schlagwort ›Hochburg des Marxismus‹ gipfelten.«[45]

Was beabsichtigte er zu tun? Er spürte, daß er nicht der Verbitterung erliegen dürfe, daß er versuchen müßte, solange als möglich zu bleiben und zu versuchen, seine wissenschaftliche Arbeit weiterzuführen. Er hoffte noch immer, daß ihm die Gelegenheit gegeben würde, die gegen ihn gerichteten Anschuldigungen, worin sie auch bestehen mochten, entkräften zu können.[46]

Die Ereignisse überstürzten sich förmlich, und am nächsten Tag, dem 29. April, schrieb Courant wieder an Kneser. Der Deutsche Studentenbund hindere nicht nur Landau sowie Hilberts jüdischen Assistenten Paul Bernays und andere an ihrer Vorlesungstätigkeit, sondern seine Kampagne erstrecke sich auch auf Neugebauer, der beschuldigt wurde, Kommunist zu sein. Die Studentenschaft drohte mit einem Boykott, und Courant befürchtete, Neugebauer könnte die geschäftsführende Leitung des Instituts aufgeben, auch wenn die Drohung zurückgezogen würde. Weyl schien nicht bereit, sie zu übernehmen, so blieb nur der Professor für angewandte Mathematik, Gustav Herglotz. Persönlichkeitskonflikte und Spannungen wuchsen auch innerhalb des Instituts selbst. Und die Gerüchte vermehrten sich weiter. Jetzt beschuldigte man Courant, er sei während der Revolution mit einer roten Fahne umhergezogen oder er habe gegen Ende des Krieges auf der Heimreise befindliche Regimenter entwaffnet oder er sei Mitglied der Unabhängigen Sozialdemokratischen Partei Deutschlands (USPD) gewesen. Die gesamte Arbeit der vergangenen Jahrzehnte – und noch mehr – schien zu nichts zu zerrinnen. Courant bemerkte bekümmert: »Jedenfalls fürchte ich sehr, daß – auch abgesehen von meiner Person – Irreversibles geschieht.«[47]

Am 2. Mai sandte Courant einen Brief an Abraham Flexner vom Institute for Advanced Study über seine Befürchtungen wegen des Göttinger Instituts. Neugebauer hatte bereits seine Entlassungspapiere erhalten – wenn auch nur vom Dekan und nicht vom Ministerium. Vielleicht, erkundigte sich Courant, wäre es möglich, für ihn und seinen Oberassistenten Stellungen in Amerika ausfindig zu machen? Inzwischen würden beide versuchen, ihre wissenschaftliche Arbeit weiterzuführen.[48]

Was sonst hätte man tun können? Selbst als die amtliche schriftliche Benachrichtigung am 5. Mai eintraf, nannte sie keine formalen Gründe für Courants Entlassung aus seinem Amt. Darin hieß es lediglich, daß er mit Wirkung vom 2. Mai laut Gesetz vom 7. April beurlaubt war, daß diese Beurlaubung in jeder mit der Universität in Beziehung stehenden Tätigkeit einzuhalten sei und daß sein Gehalt bis auf weiteres weiterlaufe.[49]

Bei einem Gespräch mit dem Leiter der naturwissenschaftlichen Abteilung des Preußischen Reichsministeriums für Wissenschaft, dem Mathematiker Theodor Vahlen, zeigte sich Kneser bestürzt, Vahlen in dem Glauben anzutreffen, daß Courant ausgerechnet ein Zionist sei.[50] Es gab dort noch andere Anwürfe. Eine Reihe von ehemaligen Schülern Courants versuchten bei der Bekämpfung der Vorwürfe zu helfen, indem sie von sich aus Briefe an das Ministerium richteten, worin sie hervorhoben, daß er in seinem Institut Juden nicht bevorzuge (eine der Anschuldigungen), daß er außerordentlich patriotisch sei, daß er in schweren Zeiten Deutschland finanzielle Vorteile gebracht hätte und so weiter.[51] Andere, insbesondere Neugebauer und Kurt Friedrichs, der an der Technischen Hochschule in Braunschweig tätig war, beschlossen, eine Eingabe zugunsten Courants einzureichen. Der Text unterstrich die finanziellen Vorteile, die Courant Göttingen und Deutschland gebracht hatte, sein Ansehen als Gelehrter, seinen außergewöhnlichen Erfolg als Lehrer sowie seine durch die Weigerung bewiesene Korrektheit, sich selbst durch die öffentliche Widerlegung der in Göttingen zirkulierenden Gerüchte zu demütigen: » ... Getreu dem alten Gesetz des preußischen Beamtentums, daß ein preußischer Beamter sich nur durch die Korrektheit seines Handelns, nicht durch Worte, zu verteidigen hat ... «[52] Zu den Unterzeichnern zählten Planck, von Laue und Schrödinger aus Berlin; Sommerfeld aus München; Heisenberg und Hund aus Leipzig; die ehemaligen Assistenten und Kollegen Emil Artin, Erich Bessel-Hagen, Franz Rellich, Helmut Hasse. Insgesamt waren es 28 Namen. Die Eingabe wurde etwa Mitte Juni eingereicht. Bezeichnenderweise war der Mann, der gebeten wurde, das Dokument dem Kurator zu überreichen, kein reiner Naturwissenschaftler oder Mathematiker, sondern der Göttinger Fachmann für Aerodynamik, Ludwig Prandtl.[53]

Prandtls Institut für angewandte Mechanik mit seinem berühmten Windkanal war ganz anders als die mathematischen und physikalischen Institute in der Bunsenstraße. In den letztgenannten Instituten gab es Leute, die über jenes Institut die Nase rümpften, obgleich jeder um die Bedeutung der Pionierarbeit Prandtls auf dem Gebiet der Aerodynamik und der Strömungslehre wußte. Courant, zum Beispiel, erzählt eine Geschichte über Landau, der eine bleibende Verachtung für alles nur im entferntesten Praktische hatte. Prandtl hatte einmal eine Abhandlung über Fette und Öle und deren Schmierfunktion bei gewissen technischen Problemen verfaßt. Landau war stets bemüht, solche unsauberen Themen zu vermeiden, und sooft jemand etwas erwähnte, das ihn an angewandte Arbeit erinnerte, rief er »Ah, Schmieröl!« aus.[54] Jetzt und für die Dauer des Dritten Reiches jedoch bedurften die Theoretiker dringend der Unterstützung von Männern, die auf diesen praktischen Gebieten arbeiteten.

Noch vor Überreichung der Eingabe für Courant hatte Prandtl offiziell mit dem Kurator über die Entlassung von Wissenschaftlern in Göttingen gesprochen.[55] Auch er war in seinem Institut mit den Nationalsozialisten in Konflikt geraten. In einem 1934 über ihn verfaßten politischen Bericht wurde behauptet, daß er nicht nur einen seiner Mitarbeiter allein wegen seiner nazistischen und antisemitischen Ansichten benachteiligt hatte, sondern daß er auch im April 1933 einen Juden vorsätzlich zum Assistenten beförderte, obwohl ein gleich qualifizierter Nationalsozialist zur Verfügung stand.[56] Aber die höchsten Naziführer erkannten die Bedeutung der Luftfahrt, und Prandtl war ein bekannter Fachmann auf seinem Gebiet. Seine Position in Göttingen war gesichert. Das *Göttinger Tageblatt* hatte im Juni 1933 einen größeren Artikel veröffentlicht, in welchem dargelegt wurde, wie günstig es war, daß Prandtl im Jahr 1922 einen Ruf nach München abgelehnt hatte.[57] Schließlich wurde der Verfasser des Berichts von 1934 gezwungen, klein beizugeben, obwohl seine Anschuldigungen gegen Prandtl unbestritten blieben.[58]

Auch Prandtls Bemühungen blieben vergeblich. Es half auch nichts, als Prandtl, Friedrichs und Kneser direkt an Berlin das Ansuchen richteten, wegen Courant dort vorstellig zu werden.[59] Obwohl seine ehemaligen Assistenten sich den ganzen Sommer lang bemühten, jemanden zu veranlassen, ihrer Widerlegung der Gerüchte Gehör zu schenken, war Courant des Kampfes müde. Er hatte anfangs ausländische Angebote ausgeschlagen und dem Kurator gegenüber erklärt, daß er nichts unternehmen wolle, was als eine politische Demonstration eines entlassenen deutschen Professors ausgelegt werden könnte.[60] Alles sollte unauffällig über Kanäle erledigt werden, auch die Eingabe. Friedrichs erinnert sich:

> Als die Eingabe eingereicht wurde, erwarteten alle, die mit ihr befaßt waren – auch Courant selbst – daß Courant bleiben würde, wenn er wiedereingesetzt würde. Inzwischen war er zur Einsicht gelangt, daß diese Wiedereinsetzung zwecklos war, da er als Jude Deutschland ohnehin würde verlassen müssen.[61]

Courant erläuterte einmal seinen Sinneswandel voller Bitterkeit: »Ich sah, daß es nun nichts Vernünftiges mehr gab als auszuwandern. Mein jüngster Sohn wollte gar nicht begreifen, warum er nicht auch in der Hitlerjugend sein sollte.«[62]

Ende August 1933 nahm Courant eine Stelle in Cambridge an. Um die Reichsfluchtsteuer zu umgehen, die ursprünglich im Jahre 1931 geschaffen wurde, um den Abfluß der Mark aus Deutschland während der Wirtschaftskrise einzudämmen, führte er einen mühsamen Papierkrieg um die Anerkennung als ein während seiner »Beurlaubung« »im deutschen Interesse« im Ausland Arbeitender.[63] Auf diese Weise hoffte er, einen Teil seines Vermögens und Eigentums zu behalten. Die Situation wurde durch die Tatsache kompliziert, daß am 20. Oktober Courant endgültig amtlich mitgeteilt wurde, daß sein Fall nicht unter das Beamtengesetz fiel. Seine Beurlaubung wurde daher aufgehoben.[64] Zu diesem Zeitpunkt packte er bereits die Koffer für England und mußte – Ironie des Schicksals – in aller Eile eine freiwillige Beurlaubung beantragen, um sich in der ersten Novemberwoche einschiffen zu können.[65]

Borns Beurlaubung wurde ebenfalls im Oktober aufgehoben, gleichzeitig wurde ihm die Beurlaubung für Cambridge gewährt.[66] Es war offensichtlich, daß die Regierungspolitik dahin ging, jeden zu beurlauben, der potentiell vom Beamtengesetz betroffen war, und die Ausnahmen erst später auszusondern. Aber zu diesem Zeitpunkt hatten schon viele das Land verlassen, wie Born, oder beabsichtigten, es zu verlassen, wie Courant. Dieser Exodus scheint von Anfang an das Ziel der Nazis gewesen zu sein. Also war Courants Einschätzung der Situation richtig gewesen, es war aber dennoch unendlich viel schwerer, in seinem Amt auszuharren, als er erwartet hatte. Die stumme, unergründliche Maschinerie der Bürokratie wurde ein unschlagbarer Gegner. Am Ende war ein öffentlicher Rücktritt vielleicht also doch am wirksamsten.

Die weitverbreitete Anerkennung der Legalität der nationalsozialistischen Revolution erstickte jeden Protest innerhalb des Staatsdienstes im Keim. Man geriet in die widersprüchliche Lage, gegen die Ungesetzlichkeit des Gesetzes zu protestieren, eine Vorstellung, die in angelsächsischen Ländern sinnvoll erscheinen mag, nicht aber in Deutschland. Den Schlüssel zur gesamten Entlassungspolitik bildete die Beamtenschaft als solche, insbesondere Männer wie der Kurator der Universität Göttingen. Beim Durchlesen der Korrespondenz zwischen ihm und Franck, Born und Courant gewinnt man den sehr deutlichen Eindruck, daß er gefühlsmäßig auf ihrer Seite war und ihnen wohlwollend gegenüberstand. Dennoch wahrte er die berufliche Distanz und führte die Aktion für die Nazis durch. »Glauben Sie, daß das deutsche Bürgertum ... sich weigern wird, uns Gefolgschaft zu leisten und uns seine Köpfe zur Verfügung zu stellen?« fragte Hitler, als er 1931 interviewt wurde. Er hat recht behalten.

Die Institute

Der Verlust Francks, Borns und Courants war für Göttingen eine Katastrophe. Aber so schwer dieser Verlust auch war, es blieb nicht dabei. Viele weitere Institutsmitglieder wurden ihrer Ämter enthoben, während andere aus eigenem Entschluß aufgaben. Da die Funktion des Direktors von entscheidender Bedeutung war, konnten die verwaisten Institute nur wenig Arbeit leisten, obwohl ein Teil des Personals noch geblieben war. Und der gesamte Verlauf der Entlassungen erzeugte ein bedrückendes Gefühl der Hoffnungslosigkeit. Borns Assistent Lothar Nordheim erinnert sich, daß es offensichtlich war, daß die Entlassenen Deutschland den Rücken kehren mußten und daß ihre Hauptsorge einfach darin bestand, wie dies vor sich gehen sollte: »In all das mischte sich Verzweiflung über das Ende der Freiheit und der geistigen und künstlerischen Blütezeit des Deutschlands der zwanziger Jahre.«[67] Die »schönen Jahre« waren zu Ende gegangen.

Robert Pohl, dessen Institut keine Juden beschäftigte und daher nicht von Entlassungen betroffen war, versuchte auszuführen, was vom Göttinger Physikprogramm noch übrig war. Franck kehrte nach seinem Rücktritt nie in sein Institut zurück, und seine Assistenten – Sponer, von Hippel, Kuhn, Kroebel und Günther Cario – kümmerten sich um die Studenten und die Laboratoriumsarbeit.[68]

Einer der wenigen Lichtblicke in dieser Zeit war das Seminar, das Franck in seiner Wohnung abhielt. Nordheim entsinnt sich, daß der Zweck der Sitzungen im wesentlichen darin bestand, »uns mit unseren Gedanken über Physik zu trösten und unsere Fortschritte bei der Suche von Arbeitsplätzen außerhalb Deutschlands zu besprechen«.[69] Kroebel schrieb, daß diese Zusammenkünfte zu einer noch engeren Verbundenheit führten, »weil sich die einzelnen damals viel Unwägbares, aber menschlich Bedeutsames zu geben hatten«.[70] Dieses Ergebnis war für den Einfluß der Persönlichkeit Francks typisch.

Der erste Mitarbeiter Francks, der das Land verlassen mußte, war Eugene Rabinowitch, sein persönlicher Assistent. Als frisch eingebürgerter russischer Jude verlor Rabinowitch unverzüglich sein Stipendium von der Notgemeinschaft der Deutschen Wissenschaft und seine Staatsbürgerschaft. Kurz nach Francks Rücktritt reiste er nach Kopenhagen, um dort auf Einladung Bohrs ein Jahr zu arbeiten.[71] Dann ging er nach England, und 1938 kam er nach Amerika. Während des Krieges arbeitete er am Manhattan Project, und später trat er als einer der führenden Kräfte des *Bulletin of the Atomic Scientists* hervor, eine Zeitschrift, die sich mit den Beziehungen zwischen Wissenschaft und Politik und zwischen Wissenschaft und Gesellschaft beschäftigt.

Auch Kuhn war gezwungen, Göttingen zu verlassen. Er nahm ein Angebot Lindemanns an, nach Oxford zu gehen, und Pohl bewilligte sein Gesuch um Entbindung von seinem Amt als Assistent Ende Juli.[72] Während des Krieges wirkte er bei der Entwicklung der Atombombe in Großbritannien mit. Von Hippel war vom Beamtengesetz nicht betroffen, aber als Schwiegersohn Francks zog er es vor, ebenfalls Göttingen zu verlassen. Er reiste Mitte Oktober nach Istanbul ab, wo fast hundert deutsche Techniker, Physiker, Ökonomen und andere Fachleute Stellungen an Atatürks neu gegründeter Universität fanden.[73] Anfang 1935 kehrte er nach Nordeuropa zurück, um in Kopenhagen zu arbeiten, und ließ sich schließlich 1936 am Massachusetts Institute of Technology nieder. Auch Hertha Sponer war vom Gesetz nicht betroffen, aber ihre fachlichen Bindungen waren auf den Kreis um Franck konzentriert, der damals in Auflösung begriffen war. Außerdem verkörperte sie als Universitätsdozentin zweifellos nicht die Vorstellung der Nazis von Weiblichkeit, und ihre akademische Zukunft in Deutschland erschien düster. Im Jahre 1934 nahm sie eine Stelle in Oslo an, und 1936 ging sie an die Duke University. Nur Günther Cario und Werner Kroebel blieben am II. Physikalischen Institut in Göttingen.

Borns Institut mußte noch mehr Verluste hinnehmen als das Institut Francks, da sein Mitarbeiterstab durch das neue Gesetz total zersplittert wurde. Man beschuldigte Born, sein Institut kommunistisch verseucht zu haben.[74] Diese Anschuldigung war unwahr. Es hatte jedoch der russische Physiker Georg Rumer einige Zeit am Institut gearbeitet, und sowohl Walter Heitler als auch Nordheim, die beiden Assistenten, hatten kurze Zeit davor die Sowjetunion besucht. Genau genommen hatte sich Nordheim dort vom Herbst 1932 bis Januar 1933 aufgehalten. Für ihn war es eine traumatische Erfahrung, frisch aus einer Diktatur zurückzukehren und mit dem Anbruch einer anderen konfrontiert zu werden.[75]

Nordheims Erfahrungen zur Zeit seiner Entlassung waren für die jüngeren Mitglieder des Lehrkörpers wahrscheinlich sehr typisch. Am 28. April 1933, zwei Tage nachdem Born und Courant ihre Namen in der Zeitung fanden, erhielt Nordheim vom Dekan der Fakultät (nicht vom Kurator oder vom Wissenschaftsministerium) eine höfliche Mitteilung mit der »Empfehlung«, sein Lehramt so lange nicht auszuüben, bis sein Fall vom Ministerium entschieden worden wäre.[76] Zusätzlich zur Teilnahme an Francks Seminar konnte er während des Sommers seine Forschungsarbeiten fortsetzen. Er und die anderen Theoretiker brauchten kein Laboratorium.[77] Am 11. September setzte ihn ein knapp abgefaßter Brief des Ministeriums in Kenntnis, daß seine Lehrberechtigung aufgehoben worden war. Am 20. kam ein Bescheid vom Büro des Kurators, daß seine Assistentenstelle am 31. Oktober gekündigt würde. Anfang Oktober verließ er Göttingen, um einen Forschungslehrauftrag in Paris zu übernehmen, wo seine Zusammenarbeit mit Léon Brillouin von Rockefeller-Geldern finanziert wurde.[78] Schließlich ging er, wie Sponer, an die Duke University und lebt heute in Kalifornien.

Edward Teller hatte eine Stelle an Arnold Euckens Institut für Physikalische Chemie in Göttingen und arbeitete gemeinsam mit Born an dessen Buch über Optik.[79] Obwohl Eucken ihn nicht entließ, empfahl er Teller, das Land bald zu verlassen. Nach einem durch ein Rockefeller-Stipendium ermöglichten einjährigen Aufenthalt in Kopenhagen ging er für ein weiteres Jahr an das University College nach London, um bei F.G. Donnan zu arbeiten. Er gedenkt immer noch mit besonderer Dankbarkeit der Rücksichtnahme, die den Flüchtlingen in Großbritannien entgegengebracht wurde.[80] Im Jahre 1935 zog er nach Amerika, wo sowohl er als auch Nordheim aktiv am Manhattan Project beteiligt waren.

Heitler, Borns Oberassistent, verließ ebenfalls im Herbst 1933 das Land. Es gab eine ständige Einrichtung für jeweils einen graduierten Schüler Borns, ein Jahr am Laboratorium von Lennard-Jones in Bristol zu verbringen. Im Jahr 1932/33 war Martin Stobbe in Bristol und da er kein Jude war, tauschten er und Heitler im nächsten Jahr die Plätze.[81] Später ging Heitler mit Erwin Schrödinger an das neue Advanced Institute in Dublin und ließ sich schließlich in Zürich nieder.

Da Heitler und Nordheim als Nichtariern nicht gestattet war, Vorlesungen zu halten, bat Pohl den jungen Astronomen Otto Heckmann, den theoretischen Unterricht im Sommersemester zu übernehmen. Mit der Zustimmung Borns übernahm Heckmann die Aufgabe.[82] Nach seiner Rückkehr aus Bristol hielt Stobbe die Vorlesungen des Wintersemesters. Sein Gewissen konnte sich jedoch mit den Forderungen des Regimes nicht abfinden. Er trat zurück, zerstörte dadurch seine akademische Laufbahn in Deutschland und ging nach Amerika. Hermann Weyl, zu welchem Stobbe nach Princeton gekommen war, versuchte vergeblich, dem jungen Mann eine Stellung zu verschaffen. Weyl faßte zusammen:

> Unter schwierigsten Umständen bewies er ungewöhnliche Charakterstärke und Mut, ohne im geringsten eine herausfordernde Haltung einzunehmen, und errang die Achtung und Bewunderung aller Männer in Göttingen, die ihre geistige Unabhängigkeit bewahrt hatten.[83]

Es waren nur wenige Stellen vorhanden, und Stobbe hatte zu wenig Zeit gehabt, sich einen Namen zu schaffen. Im Jahre 1936 ging er auf ein Jahr nach England und fand schließlich eine provisorische Stellung in Oslo. In dieser Ungewißheit und bei diesem häufigen Wechsel des Aufenthalts konnte er sein Buch über Aspekte der Quantenmechanik nie vollenden. Er starb vermutlich während des Zweiten Weltkrieges.[84]

Drei Mitglieder des mathematischen Instituts waren eben von ihren Studien in Italien zurückgekehrt und hatten keine Lust, unter den dem Mussolinifaschismus so ähnlichen deutschen Verhältnissen zu leben. Alle drei waren Juden, und obwohl der Antisemitismus damals noch kein Bestandteil des italienischen Faschismus war, hatten sie einen Vorgeschmack bekommen, wie das Leben unter dem Nationalsozialismus aussehen würde.[85] Zwei von ihnen, Hans Lewy und Herbert Busemann, machten nach der Machtergreifung Hitlers eine Reise nach Italien. Dort riet Busemann Lewy, der Assistent von Courant war, Deutschland zu verlassen, da Lewy nicht imstande sein würde, sich still zu verhalten. Gegen Anfang der Semesterferien verließ Lewy Göttingen und machte zuerst in Paris halt, wo er von seinen geringen Ersparnissen lebte. Dort erreichte ihn auch die Nachricht, daß er seines Lehramts enthoben worden war. Es gelang ihm, für den Herbst eine Stelle an der Brown University zu erhalten, und er traf praktisch mittellos in Rhode Island ein.[86] Später ging er an die University of California in Berkeley.

Werner Fenchel, der dritte im Bunde, hatte vor 1933 einige Zeit in Kopenhagen verbracht und konnte sich einen Arbeitsplatz in Dänemark sichern. Von dort verhalf er seinem Freund Busemann zur Emigration. Da Busemanns Familie vermögend war, hatte Courant ihn dazu gebracht, ohne Bezug am Institut zu arbeiten. Für Busemann stand daher während der Entlassungskrise kein Arbeitsplatz auf dem Spiel. Obwohl Weyl, der dachte, daß noch etwas zu retten war, ihn zum Bleiben bewegen wollte, reiste Busemann Anfang Mai nach Kopenhagen.[87] Obgleich Fenchel in Dänemark blieb, folgte Busemann später dem Weg so vieler anderer nach Amerika.

Paul Bernays, mehr als ein Jahrzehnt lang Hilberts persönlicher Assistent, wurde entlassen, da er nichtarischer Abstammung war, aber Hilbert behielt ihn einige Zeit auf eigene Kosten.[88] Im Jahr 1934 fand Bernays eine Stellung in Zürich. Ebenfalls als Nichtarier entlassen wurde Paul Hertz, ein nicht beamteter außerordentlicher Professor für theoretische Physik. Er hatte sein Gehalt durch einen buchhalterischen Trick bezogen: man hatte ein »mathematisch-physikalisches Seminar« erfunden, das nie zusammentraf, aber einige Assistenten beschäftigte. Hertz kehrte gemeinsam mit seiner Frau in seine Heimatstadt Hamburg zurück und setzte seine Arbeit über statistische Mechanik fort. Bevor er 1938 nach Amerika emigrierte (er starb dort 1940), gelang es ihm durch die Hilfe eines amerikanischen Komitees zur Unterstützung entlassener Akademiker, einige kürzere Vorlesungsreihen in Genf und Prag abzuhalten.[89]

Wie schon erwähnt, wurde Neugebauer, der kein Jude war, als angeblicher Kommunist scharf angegriffen. Da er sich weigerte, seine Loyalität gegenüber der neuen Regierung zu bezeugen, blieb er nur einen Tag lang Institutsdirektor.[90] Zweifellos ermöglichte es ihm die Hilfe des Bruders von Niels Bohr, Harald, eines Mathematikers, Kopenhagen zu erreichen, wo er die nächsten vier Jahre bis zu seiner Emigration nach Amerika verbrachte.

Neugebauer hatte keinerlei Verbindung zu Kommunisten, aber ein anderer Assistent, Rudolf Lüneburg, wurde mit dem linksgerichteten philosophischen Kreis um Leonhard Nelson in Verbindung gebracht. Mit Hilfe eines Freundes verließ er Deutschland, um bei der American Optical Company zu arbeiten.[91] Von den ihrer Ämter enthobenen Mitarbeitern der drei hier erörterten Institute waren nur Neugebauer, Lüneburg und Lüneburgs Freund und Assistentenkollege Heinrich Heesch sogenannte Arier.

Es ist unklar, welche Anschuldigungen gegen den von Erhard Tornier entlassenen Heesch erhoben wurden, jenem Nazifunktionär, der nach dem Weggang der meisten Institutsangehörigen im Herbst 1933 das Institut vorübergehend leitete.[92] Ein Bericht von 1934 prangerte seine Freundschaft mit Lüneburg sowie mit Prandtls entlassenen Assistenten Willy Prager und Kurt-Heinrich Hohenemser an. Forschungsmittel, mit denen er zu arbeiten hoffte, wurden ihm verweigert, da das Ministerium die Fortsetzung seiner akademischen Laufbahn im voraus für unmöglich erklärte.[93] Bis nach Kriegsende kehrte er nicht in den Universitätsbetrieb zurück.

Emmy Noether war sowohl Jüdin als auch überzeugte Pazifistin, die in der Anfangszeit der Weimarer Republik für die Sozialdemokraten Partei ergriffen hatte.[94] Sie verlor sofort ihre Lehrberechtigung und ihr kleines Gehalt. Weyl wies später auf ihren sanften und rechtschaffenen Charakter in dieser Zeit hin, als er schrieb: »Ihr Mut, ihre Offenheit, ihre Unbekümmertheit um ihr eigenes Schicksal, ihre versöhnliche Haltung bildeten inmitten des uns umgebenden Hasses und der Niedertracht, der Verzweiflung und des Schmerzes einen moralischen Trost.« Nachdem Neugebauer die Leitung des Instituts abgelehnt hatte, übernahm Weyl diese für kurze Zeit. »Ich vermute«, fuhr er fort, daß es wohl kaum einen anderen Fall gegeben hat, bei dem ein solcher Berg an begeisterten Zeugnissen zu ihren Gunsten beim Ministerium einlangte. Damals führten wir einen echten Kampf; es bestand noch Hoffnung, daß wir das Schlimmste abwenden könnten. Das erwies sich als trügerisch.[95]

Auch nach ihrer Abreise von Göttingen nach Bryn Mawr zeigte Emmy Noether nicht die geringste Spur von Bitterkeit oder Groll. Sie kehrte sogar nach Göttingen zurück, um im Sommer 1934 einige Zeit selbständig zu arbeiten. (Sie starb im Jahre 1935.[96])

Weyl selbst, dessen Frau Jüdin war, zog es schließlich vor, Göttingen zu verlassen. Am Ende des Sommersemesters fuhr er auf Erholung in die Schweiz. Während seines Aufenthalts entschloß er sich, mit Einstein am Institute for Advanced Study zusammenzuarbeiten. Sein Rücktritt in Göttingen wurde Ende des Jahres wirksam.[97]

In Göttingen gab es kaum mehr jemanden, um die Vorlesungen im Wintersemester halten zu können. Landau, der schon vor dem Stichtag 1. August 1914 Staatsbeamter gewesen war, wurde nicht entlassen. Im Gegensatz zu fast allen, die ihn umgaben, war er zunächst sehr optimistisch, was die Zukunft der Juden unter den Nazis betraf.[98] Er hatte lange Zeit den zionistischen Standpunkt vertreten, daß es für Deutsche und Juden besser wäre, als zwei in ihrer jeweiligen Besonderheit erkennbare Völker zu leben.[99] Obwohl seine Lehrveranstaltungen am Beginn des Sommersemesters gesprengt worden waren, begann er im Herbst zu lesen. Es gab jedoch einen Aufruhr unter den nationalsozialistischen Studenten, und die von ihnen angestifteten Demonstrationen und Boykottaktionen zwangen auch Landau zum Rücktritt.[100] Er kehrte nach Berlin zurück, wo er 1938 starb.

Das mathematische Institut war verlassen. Lediglich Gustav Herglotz und Courants Assistent Franz Rellich waren da, um die Göttinger Tradition fortzusetzen. Während seiner langen Erkrankung in den zwanziger Jahren hatte Hilbert von Courant eine Bluttransfusion erhalten; der Witz machte die Runde, daß es nur einen arischen Mathematiker in ganz Göttingen gäbe, und auch in dessen Adern floß jüdisches Blut. Ende 1933 war dieser Witz nicht mehr komisch.

Wie aus Tabelle 1 ersichtlich, waren jene Institute, die in der Weimarer Republik einen so großen Beitrag zur Physik und Mathematik geleistet hatten, am Ende des ersten Jahres der Naziherrschaft weitgehend zerstört. Während das I. Physikalische Institut völlig unversehrt geblieben war, hatte das II. seinen Direktor und die Hälfte seiner Mitarbeiter eingebüßt. Von Borns Institut für theoretische Physik war nichts übrig geblieben. Drei der vier Professoren für Mathematik und nahezu alle jüngeren Lehrkräfte hatten Göttingen verlassen. Andere mit Physik und Mathematik verbundene Institute in Göttingen hatten ebenfalls Verluste erlitten, wie z.B. durch Edward Tellers Abgang von Euckens Institut für physikalische Chemie sowie den Rücktritt Willy Pragers und Kurt-Heinrich Hohenemsers von Prandtls Institut für Aerodynamik. Felix Bernstein, zum Beispiel, wurde aus seinem Institut für Statistik gedrängt, und der weltbekannte Mineraloge Viktor M. Goldschmidt sah sich ebenfalls zur Emigration genötigt.

Obwohl die endgültige Zerstörung mehrere Monate dauerte, wurde der größte Teil des Gebäudes von Tradition und Leistung in Göttingen binnen weniger Wochen im April und Mai vernichtet. Alles andere waren nur mehr Nachwehen: die rasche Abfolge der Ereignisse am Frühlingsanfang unterschied sich völlig von der Gangart der frustrierenden Sommermonate. Obgleich ihre Motive und Taten sehr verschieden waren, führten alle Wege, die von den Göttinger Professoren eingeschlagen wurden – sei es der öffentliche, der passive oder der stille Protest – zum selben Resultat: Emigration. Die jüngeren jüdischen Gelehrten hatten keine andere Wahl, als nach einem Arbeitsplatz zu suchen und den älteren Professoren ins Exil zu folgen.

Es gibt eine bekannte Geschichte, derzufolge Hilbert einmal bei einem Bankett kurz nach der Zerstörung der Göttinger Institute neben den Wissenschaftsminister der Nazis zu sitzen kam. »Und wie steht es jetzt um die Mathematik in Göttingen, da sie vom jüdischen Einfluß befreit ist?« fragte der Minister. Hilberts Antwort offenbarte den Zustand nach dem Ende einer mehr als ein halbes Jahrhundert währenden mathematisch-physikalischen Tradition: »Mathematik in Göttingen? Gibt's nicht mehr.«[101]

Die Frage, wie die Behörden die vakanten Dienstposten besetzen würden, erhob sich unmittelbar nach der Auflösung des Lehrkörpers der physikalischen und mathematischen Institute. Die Institutsleitungen waren besonders wichtig, da der Direktor eines Instituts alles regelte, angefangen vom Bereich, auf dem seine Mitarbeiter forschen würden, bis zur Anschaffung der Fachzeitschriften durch die Bibliothek. Der Direktor war auch bei der Vergabe von Forschungsmitteln von entscheidender Bedeutung, da sie großteils auf der Grundlage seines Ansehens gewährt wurden.

Die Bürokratie reagierte streng legalistisch und verschlimmerte dabei den desolaten Zustand der Forschung in Göttingen noch mehr. Die Beamten der Universität und des Wissenschaftsministeriums entschieden, daß Franck, Born und Courant nicht unter das Beamtengesetz fielen und daß ihre Dienstposten nicht wieder besetzt werden könnten, ehe sie formal auf sie verzichtet hätten. Diese Entscheidung hatte die günstige Wirkung, daß die Berufung fachlich unqualifizierter Nationalsozialisten zur ständigen Leitung der Institute verhindert werden konnte. Aber sie bedeutete auch eine lange, unfruchtbare Zeitspanne bis zur Wiederbesetzung der Stellen.

Courants Posten war der erste, welcher mit einem bleibenden Nachfolger besetzt wurde. Einige Zeit zögerte der Mathematiker, seine Stellung aufzugeben. Weihnachten 1933 kehrte er von Cambridge nach Göttingen zurück und sprach mit dem Kurator sowie mit Freunden und Kollegen. Im Februar beschloß er im »Interesse aller Betroffenen«, eine Verlängerung seiner Beurlaubung zu beantragen, um eine Gastprofessur in New York anzunehmen.[102]

Es war für Courant eine schwere Entscheidung. Er schrieb einem Kollegen in Deutschland, daß ihm der Gedanke nicht leicht fiel, sich von Deutschland und dem Institut in Göttingen, wo er einen so großen Teil seines Berufslebens verbracht hatte, zu trennen.[103] Dieses Gefühl teilte er freilich mit den meisten Emigranten. Der vertriebene Soziologe Franz Neumann erinnert sich zum Beispiel, daß er die ersten drei Jahre in England verbrachte, »um Deutschland nahe zu sein und den Kontakt mit dem Land nicht zu verlieren«.[104] Unter den im Exil Lebenden herrschte die feste Hoffnung, daß der Nationalsozialismus eine vorübergehende Erscheinung sei oder daß mindestens seine schlimmsten Übel sich mit der Zeit mäßigen würden. Dann könnten sie wieder heimkehren.

Die Übersiedelung nach Amerika erschien Courant erschreckend endgültig. Durch die Verlängerung des Status seiner »Beurlaubung« bewahrte er sich einen letzten Zipfel von Kontakt mit Deutschland. Er wußte, daß für ihn wenig Chance bestand, jemals für immer nach Göttingen zurückkehren zu können, aber er konnte diese Möglichkeit nicht aufgeben, wie klein sie auch immer war.[105]

Als das englische Semester im Mai 1934 zu Ende ging, suchte Courant neuerlich Deutschland auf. Jene, die geblieben waren, überzeugten ihn, daß er dem Druck nachgeben und sich ohne Widerstand pensionieren lassen sollte. Wenn er bereit wäre, nachzugeben, könnte das zum Wiederaufbau des Instituts beitragen, da dann einige seiner ehemaligen Schüler nach Göttingen berufen werden könnten. Deshalb erklärte er sich am 23. Juni bereit, die Direktion des Instituts offiziell niederzulegen (er war im Vorlesungsverzeichnis noch immer als »beurlaubt« eingetragen) und sich emeritieren zu lassen.[106] Mit Wirkung vom 1. Oktober 1934 trat Courant von der Leitung des Instituts zurück; sein Nachfolger wurde Helmut Hasse, der mit Emmy Noether zusammengearbeitet hatte. Courant wurde formell nach den Nürnberger Gesetzen mit Wirkung vom 31. Dezember 1935 pensioniert.[107]

Im Gegensatz dazu hatte Franck sein Amt ziemlich früh aufgegeben, aber es blieb einige Zeit unbesetzt. Zunächst wurde sein Rücktritt einfach nicht angenommen, und er wurde wie alle anderen beurlaubt.[108] Seine Hoffnungen auf einen Arbeitsplatz in Deutschland außerhalb des Staatsdienstes schwanden jedoch rasch dahin. Die Industrie reizte ihn nicht, und es wurde ihm, soweit das feststellbar ist, auch nie ein derartiger Posten angeboten.[109] Auch am Kaiser-Wilhelm-Institut stand keine Stelle in Aussicht. Haber, der am 30. April 1933 von seinem Direktorposten zurückgetreten war, schrieb Franck, daß Planck und von Laue unermüdlich auf eine Änderung jener Gesetze hinarbeiteten, die Francks und seine eigene Abdankung bewirkt hatten. Planck hoffte noch immer, Franck eine Institutsleitung beschaffen zu können, aber Haber war nicht optimistisch.[110] Interne Probleme der Kaiser-Wilhelm-Gesellschaft machten bald alle Hoffnungen zunichte, und im Juni 1933 akzeptierte Franck versuchsweise das Angebot einer Gastdozentur an der John Hopkins Universität in Baltimore für den kommenden Winter. Die Stelle wurde im Juli bestätigt.[111]

Im September kam Niels Bohr nach Lübeck, um ihn zu treffen. Es wurde vereinbart, daß Franck nach seinem Amerikaaufenthalt nach Kopenhagen kommen sollte.[112] Franck, der erste Göttinger Professor, der seinen Posten aufgab, war zugleich der letzte, der die Stadt verließ, nämlich am 27. November 1933.[113] Einer seiner Assistenten, Werner Kroebel, erinnerte sich, daß der Bahnsteig kaum alle Menschen fassen konnte, die zu seiner Verabschiedung gekommen waren.[114] Sie war » . . . ein eindrucksvolles, unvergeßliches Erlebnis eines schweigenden Protestes . . .«[115]

Franck verbrachte das Jahr 1934/35 bei Bohr, arbeitete dann wieder von 1935 bis 1938 an der John Hopkins Universität, bevor er sich als Professor für physikalische Chemie an der Universität Chikago niederließ. In Chikago war er später am Manhattan Project beteiligt, dem amerikanischen Versuch, die erste Atombombe zu entwickeln. Sein Name ist insbesondere mit der weitblickenden Empfehlung eines Komitees gegen die Anwendung der ersten Atomwaffen verbunden, die in der Regel Franck Report genannt wird.

Kurz nach seiner Abreise teilte das Ministerium Franck mit, daß das Beamtengesetz ihn nicht tangierte und er deshalb im Falle einer Abdankung seine Pension sowie andere Rechte aufgeben müßte. Franck willigte am 1. Januar ein, und am 8. Februar 1934 wurde sein Rücktritt rückwirkend mit dem Datum seiner Einwilligung angenommen.[116]

Francks geregelter Status gestattete der Fakultät, für ihn einen Nachfolger zu suchen. Das Angebot erging zuerst an Walther Bothe in Heidelberg, einen späteren Nobelpreisträger. Einige Monate jedoch blieb unklar, ob Bothe für die Göttinger Professur zur Verfügung stehen würde. Schließlich lehnte er ab, um in Heidelberg bleiben zu können, wo er Direktor des physikalischen Instituts des Kaiser-Wilhelm-Instituts für medizinische Forschung wurde.[117] Die Fakultät berief Georg Joos aus Jena, der mit Wirkung vom 1.

April 1935 Direktor des II. Physikalischen Instituts wurde.[118] Borns Professur blieb noch viel länger vakant. Er hatte am 1. Juli 1933 um dienstliche Beurlaubung ersucht, um seine Berufung nach Cambridge anzunehmen. Später hatte er sein Ansuchen zurückgezogen und seinen Rücktritt am 10. August beantragt.[119] Im Oktober wurde ihm von den Behörden mitgeteilt, daß das Beamtengesetz auf ihn nicht anwendbar wäre, daß aber seine am 1. Juli beantragte Beurlaubung weiterhin aufrecht bliebe.[120] Sein Rücktritt wurde ignoriert. Wie Courant rechnete er in absentia weiterhin zum Lehrkörper.

Als Robert Pohl die administrative Leitung aller drei physikalischen Institute übernahm, vereinbarte er zunächst mit dem Astronomen Otto Heckmann und später mit dem Born-Schüler Martin Stobbe, Borns Lehrveranstaltungen abzuhalten. Nachdem Stobbe aus Protest gegen die Nazis zurückgetreten war, pendelte Erwin Fues regelmäßig von der TH Hannover, um die Vorlesungen in theoretischer Physik zu halten. Fues wurde 1934 nach Breslau berufen. In den folgenden zweieinhalb Jahren wurde das theoretische Institut von Fritz Sauter, einem jungen Privatdozenten aus Berlin, geleitet. Born wurde unter den Nürnberger Gesetzen am 31. Dezember 1935 offiziell in Pension geschickt, und 1936 suchte man einen Nachfolger. Schließlich wurde Richard Becker im Jahre 1937 zum Direktor ernannt; Beckers Lehrstuhl an der TH Berlin wurde aufgelöst.[121]

Die zeitliche Verzögerung bei der Bestellung der neuen Direktoren für die Institute in Göttingen verstärkte, wenn auch nicht auf so dramatische Weise wie der Exodus von 1933, die Auswirkungen der Entlassungspolitik gewaltig. Die geistige Blütezeit der Weimarer Jahre mochte zu Ende gegangen sein, aber fähige, hochgeschätzte Männer wie Hasse, Joos und Becker vermochten einigermaßen einen Normalzustand wiederherzustellen, sobald sie endlich einmal im Amt waren. Behelfsmäßige Vorkehrungen, Stagnation und Unsicherheit in dem Zeitraum zwischen den Entlassungen und der Bestellung der neuen Direktoren kennzeichneten einen unfruchtbaren Zustand, der die Forschung nicht nur in Göttingen, sondern auch in anderen Zentren der Physik, mit welchen Göttingen in Verbindung gestanden hatte, in Mitleidenschaft zog.

Tabelle 1

Die Auswirkungen der Entlassungspolitik

Mathematisches Institut		*Mathematisches Institut*	
Geschäftsführender Direktor:	Richard Courant*)	Geschäftsführender Direktor:	
Direktoren:	David Hilbert	Direktoren:	David Hilbert
	Edmund Landau*)		
	Gustav Herglotz		Gustav Herglotz
	Hermann Weyl		
Oberassistent:	Otto Neugebauer	Oberassistent:	
Planmäßiger Assistent:	Hans Lewy*)	Planmäßiger Assistent:	
Außerplanmäßige Assistenten:	Franz Rellich	Außerplanmäßige Assistenten:	Franz Rellich
	Werner Weber		Werner Weber
	Heinrich Heesch		
	Rudolf Lüneburg		
Mathematisch-Physikalisches Seminar		*Mathematisch-Physikalisches Seminar*	
Außerplanmäßige Assistenten:	Paul Bernays*)	Außerplanmäßige Assistenten:	
	Paul Hertz*)		
	Wilhelm Cauer		Wilhelm Cauer
	Werner Fenchel*)		
	(Herbert Busemann*))		
(Lehrvertrag für Algebra:	Emmy Noether*))		
I. Physikalisches Institut		*I. Physikalisches Institut*	
Direktor:	Robert W. Pohl	Direktor:	Robert W. Pohl
Oberassistent:	Rudolf Hilsch	Oberassistent:	Rudolf Hilsch
Planmäßiger Assistent:	Gerhard Bauer	Planmäßiger Assistent:	Gerhard Bauer
Außerplanmäßiger Assistent:	Rudolf Fleischmann	Außerplanmäßiger Assistent:	Rudolf Fleischmann

II. Physikalisches Institut		*II. Physikalisches Institut*	
Direktor:	James Franck*)	Direktor:	
Oberassistentin:	Hertha Sponer	Oberassistent:	
Planmäßige Assistenten:	Günther Cario	Planmäßige Assistenten:	Günther Cario
	Arthur von Hippel		
Außerplanmäßige Assistenten:	Heinrich Kuhn*)	Außerplanmäßige Assistenten:	
	Werner Kroebel		Werner Kroebel
Persönlicher Assistent von Franck:	Eugene Rabinowitch*)	Persönlicher Assistent von Franck:	
Institut für Theoretische Physik		*Institut für Theoretische Physik*	
Direktor:	Max Born*)	Direktor:	
Planmäßiger Assistent:	Walter Heitler*)	Planmäßiger Assistent:	
Außerplanmäßiger Assistent:	Lothar Nordheim*)	Außerplanmäßige Assistenten:	
(In Bristol, England, von 1932 bis 33:	Martin Stobbe)		
(Assistent am Institut für Physikalische Chemie,			
Zusammenarbeit mit Born von 1932 bis 33:	Edward Teller*))		

Quelle: Zum Teil aus: *Amtliches Namensverzeichnis und Verzeichnis der Vorlesungen für das Winter-Semester* 1932/33 (Göttingen: Druck Dieterichsche Universitäts-Buchdruckerei, 1932), pp. 28–30.

*) Jude

3. Der Preis der Entlassungspolitik

Die Ereignisse in Göttingen im Jahre 1933 waren kennzeichnend für die Durchführung der nationalsozialistischen Säuberungswelle unter der Beamtenschaft an den Universitäten und technischen Hochschulen in ganz Deutschland. Aber auch andere akademische Institutionen waren davon betroffen. In Berlin waren wahrscheinlich die zwei berühmtesten Wissenschaftler, die vom Exodus der wissenschaftlichen Intelligenz betroffen waren, Albert Einstein, der aus der Preußischen Akademie der Wissenschaften ausgeschlossen wurde, und Fritz Haber, der sein Amt in der Kaiser-Wilhelm-Gesellschaft niederlegte.

1935 hatte etwa einer von fünf Wissenschaftlern seinen Arbeitsplatz verloren. Bei den Physikern war dieser Prozentsatz noch höher – ungefähr 25 Prozent. Bis zum Ausbruch des Krieges entriß der staatliche Druck den Forschern weiterhin ihre Arbeitsplätze, verglichen mit der Flut von 1933 bildete aber die Abwanderung in der Mitte der dreißiger Jahre nur ein schwaches Rinnsal. Der Anschluß Österreichs brachte im Jahre 1938 eine weitere Flüchtlingswelle sowohl aus Österreich als auch aus Deutschland, wo österreichische Juden noch immer arbeiten durften. Zumindest ebenso bedeutsam wie die Zahl der Wissenschaftler, die genötigt waren, die deutsche Gelehrtenwelt zu verlassen, war ihr bemerkenswert hohes Niveau.

Albert Einstein und Fritz Haber

Im Gefolge der Presseverlautbarung vom 1. April 1933, die meldete, daß die Preußische Akademie der Wissenschaften keine Veranlassung habe, Einsteins Ausscheiden zu bedauern, entspann sich ein heftiger Briefwechsel zwischen dem Physiker und Vertretern der Akademie. Einige Mitglieder unterstützten entschlossen Einstein. Walther Nernst, emeritierter Professor für Physik an der Universität Berlin, äußerte sarkastisch, daß es keine Veranlassung gäbe, von einem Akademiemitglied zu verlangen, sowohl ein bedeutender Mathematiker als auch ein national gesinnter Deutscher zu sein. Maupertius, d'Alembert und Voltaire waren Mitglieder gewesen, und die waren sogar Franzosen![1] Max von Laue protestierte am 6. April, daß kein einziges Mitglied der mathematisch-physikalischen Abteilung der Akademie bezüglich der Verlautbarung vom 1. April zu Rate gezogen worden war. Die Plenarsitzung, vor der er sprach, stimmte jedoch für die Billigung der Vorgangsweise des Sekretariats.[2]

Endlich kehrte Planck Anfang Mai von seinem Urlaub in Italien zurück. In die Akademiesitzung vom 11. Mai, einen Tag nachdem unter anderen auch Einsteins Bücher als Machwerke des »undeutschen Geistes« öffentlich verbrannt worden waren, scheute sich Planck nicht, Einsteins Größe mit jener Keplers und Newtons zu vergleichen. Es sei wichtig, betonte er, daß die Nachwelt nicht denken möge, daß Einsteins Kollegen in der Akademie unfähig gewesen wären, die Bedeutung des großen Denkers für die Wissenschaft zu erfassen.[3] Aber während des ganzen Frühlings 1933 war es Plancks Taktik, zu versuchen, die Leidenschaften in Schach zu halten und zwischen den gegnerischen Parteien zu vermitteln. Er nahm daher seine Äußerungen über Einsteins Größe durch die Bemerkung etwas zurück, daß es Einstein selbst durch seine politische Tätigkeit der Akademie unmöglich gemacht habe, ihn zu behalten.[4]

Der Nestor der Physik Deutschlands gab sich jedoch keinen Illusionen darüber hin, was die Verantwortung der Akademie anbetraf. Noch vor seiner Rückkehr aus Italien schrieb Planck, daß »der Fall Einstein einst in der Geschichte der Akademie ... nicht zu den Ruhmesblättern der Akademie gezählt werden wird«.[5]

Als einer staatlichen Institution wurde von der Preußischen Akademie verlangt, die antisemitischen Verordnungen durch die Annahme »freiwilliger« Amtsniederlegungen sowie durch die Verhinderung der Wahl neuer jüdischer Mitglieder anzuwenden.[6] Wäre Einstein nicht zurückgetreten, so wäre er zweifellos in Anwendung der »Politischen Unzuverlässigkeits«-Klausel des Beamtengesetzes entlassen worden. In einem Schreiben vom 7. April wurde Einstein in der Tat von der Akademie mitgeteilt, daß er sich zum Werkzeug der Feinde der neuen deutschen Regierung, ja des gesamten deutschen Volkes habe machen lassen. Das war, so schloß das Schreiben, ». . . uns eine schmerzliche Enttäuschung, die zur Trennung wohl auch dann hätte führen müssen, auch wenn wir nicht Ihr Resignationsschreiben erhalten hätten«.[7]

Habers Situation war gänzlich verschieden. Niemand konnte ihn des Pazifismus oder des Mangels an nationalem Empfinden bezichtigen, da seine energischen Bemühungen im Ersten Weltkrieg zur Einführung und Entwicklung des Gaskrieges geführt hatten, was ihn fast auf die Kriegsverbrecherliste der Alliierten gebracht hätte.[8] Außerdem wurde der von ihm entdeckte Prozeß der synthetischen Herstellung von Ammoniak aus dem Stickstoff der Luft auf sein Betreiben dazu verwendet, die für die Kriegsmunition unentbehrlichen Nitrate zu erzeugen. Das von ihm geleitete Kaiser-Wilhelm-Institut für Physikalische Chemie und Elektrochemie in Berlin-Dahlem war, in der Tat, das einzige Kaiser-Wilhelm-Institut, das sich völlig auf die Kriegserfordernisse einstellte.[9] Haber war Jude, aber er war als Kriegsteilnehmer und aufgrund der Tatsache, daß er seine akademische Stellung schon vor 1914 erlangt hatte, vom Gesetz vom 7. April ausgenommen.

Die meisten Kaiser-Wilhelm-Institute wurden aus industriellen oder privaten Quellen finanziert, obwohl die Mitglieder des akademischen Personals oft Stellungen bekleideten, die das Recht einschlossen (aber in der Regel nicht die Pflicht), an der Universität zu unterrichten und Doktoranden auszubilden. Daher waren wenige Kaiser-Wilhelm-Institute vom Beamtengesetz betroffen. Habers Institut jedoch arbeitete mit staatlicher Finanzierung, und seine Mitarbeiter hatten Beamtenstatus. Außerdem war ein großer Teil des Personals jüdischer Abstammung – eine Tatsache, auf die der damalige Generaldirektor der KWG, Friedrich Glum, Haber schon aufmerksam gemacht hatte. Da die Verwaltung der KWG sich nicht in die Vorrechte der Institutsdirektoren einmischte, konnte Glum Haber nur nahelegen, den Anteil des jüdischen Personals an seinem Institut zu reduzieren. Der Generaldirektor erwähnte jedoch, daß nach diesen Grundsätzen sehr wenig getan werden konnte, da Vorurteile die Universitäten oft veranlaßten, die Einstellung auch hervorragender jüdischer Chemiker abzulehnen. Fähige jüdische Forscher, die nirgendwo anders unterkommen konnten, wurden daher von der KWG angezogen.[10] Habers Institut wurde daher durch die Entlassungspolitik des Jahres 1933 schwer in Mitleidenschaft gezogen.

Am 30. April (mit Wirkung vom 1. Oktober) gab Haber in einem Protestbrief an das Preußische Reichsministerium für Wissenschaft seinen Rücktritt bekannt. Er protestierte gegen die Entlassungsmaßnahmen, die ihn begabter Mitarbeiter beraubten, und lehnte eine privilegierte Stellung in bezug auf das Beamtengesetz ab. Der Abschluß seines Briefes erregte im Ministerium Aufsehen:

> Meine Tradition verlangt von mir in einem wissenschaftlichen Amte, daß ich bei der Auswahl von Mitarbeitern nur die fachlichen und charakterlichen Eigenschaften der Bewerber berücksichtige, ohne nach ihrer rassenmäßigen Beschaffenheit zu fragen. Sie werden von einem Mann, der im 65. Lebensjahr steht, keine Änderung der Denkweise erwarten, die ihn in den vergangenen 39 Jahren seines Hochschullebens geleitet hat, und Sie werden verstehen, daß ihm der Stolz, mit dem er seinem deutschen Heimatlande sein Leben lang gedient hat, jetzt diese Bitte um Versetzung in den Ruhestand vorschreibt.[11]

Eine Woche später reagierte Rust in einer Rede in Berlin verärgert und gab bekannt, daß die Privilegien der Institutsdirektoren nicht mehr unantastbar sein würden – ein schwerer Schlag für das deutsche Hochschulsystem.[12] Einige Tage später wurde Haber mitgeteilt, daß sein Rücktritt angenommen worden war.[13]

Die Gesamtsituation erschien noch kritischer, nachdem Planck in seiner Eigenschaft als Präsident der KWG Hitler einen Besuch abstattete. Nach dem Ende des Zweiten Weltkrieges erinnerte sich Planck, daß er während der Audienz versucht hatte, ein Wort zugunsten Habers einzulegen. In einer Antwort, die an sein Gespräch mit Breiting im Jahre 1931 erinnerte, erklärte Hitler: »Gegen die Juden an sich habe ich gar nichts. Aber die Juden sind alle Kommunisten, und diese sind meine Feinde, gegen sie geht mein Kampf.« Als Planck einwandte, daß man zwischen den Juden unterscheiden müßte, erwiderte Hitler: »Das ist nicht richtig. Jud ist Jud; alle Juden hängen wie Kletten zusammen. Wo ein Jude ist, sammeln sich sofort andere Juden aller Art an.« Die Juden selbst hätten Unterschiede machen sollen, erklärte er. Da das nicht geschehen sei, müßte er gegen alle in gleicher Weise vorgehen. Als Planck versuchte, der Frage weiter nachzugehen, wechselte Hitler plötzlich das Thema und sprach mit ständig wachsender Erregung, bis er sich in solche Wut hinaufschaukelte, daß »mir nichts übrig blieb, als zu verstummen und mich zu verabschieden«.[14]

Die Tatsache, daß Hitler unfähig war, zwischen einzelnen Juden Unterschiede zu machen, machte es unmöglich, ihn auf die Entlassungen hin anzusprechen. Wie Karl Schleunes gezeigt hat, neigte die Nazihierarchie dazu, sich mit dem Juden zu befassen, wie ihn die Nazipropaganda geschaffen hatte.[15] Juden, deren Anschauungen so gegensätzlich waren wie jene Einsteins und Habers, wurden alle als eine Horde von Feinden in einen Topf geworfen.

Kein Wunder, daß Mitte der dreißiger Jahre die Geschichte verbreitet wurde, daß Hitler in seinem Gespräch mit Planck noch eindeutiger gewesen sei. In weiten Kreisen glaubt man, daß er folgendes gesagt hätte:

> Unsere völkische Politik wird weder rückgängig gemacht noch abgeändert werden, auch nicht für die Wissenschaftler. Wenn die Entlassung jüdischer Wissenschaftler die Vernichtung der zeitgenössischen deutschen Wissenschaft bedeutet, dann werden wir eben einige Jahre lang ohne Wissenschaft auskommen![16]

Der schier endlose Strom wissenschaftlicher Flüchtlinge aus Deutschland ließ eine solche drastische Erklärung nur allzu glaubwürdig erscheinen.

Der quantitative Preis

Edward Hartshorne, ein amerikanischer Soziologe, der Mitte der dreißiger Jahre nach Deutschland ging, um die Auswirkungen der Entlassungspolitik zu studieren, trug die noch bis heute ausführlichste und zuverlässigste Sammlung von Statistiken über Personen zusammen, die durch ihre Entlassung aus dem Wissenschaftsbetrieb entfernt wurden. Er gewann die Zahlen hauptsächlich durch einen Vergleich des *Kalenders der reichsdeutschen Universitäten und Hochschulen* und der *Deutschen Hochschulstatistik* mit den Unterlagen des britischen Flüchtlingshilfswerkes (Academic Assistance Council).

Bei der Gegenüberstellung des Personalstandes des Wintersemesters 1932–33 mit jenen von 1933–34 und 1934–35 ließ Hartshorne die Unterschiede zwischen »freiwilligen« Rücktritten, »Pensionierungen«, Amtsniederlegungen aus Protest und regelrechten Entlassungen außer acht. Er berücksichtigte jedoch den normalen Abgang durch Verwendung der Sterbe- und Pensionierungsquoten der zwanziger Jahre. Er kam zu dem Schluß, daß eine Gesamtsumme von 1145 Hochschullehrern (ohne Assistenten) aus allen Disziplinen aus ihren Stellungen vertrieben wurden. Mit den Assistenten und anderen (wie z.B. frisch Promovierte, Angestellte der Kaiser-Wilhelm-Institute, Museumsdirektoren usw.) stieg die Gesamtsumme auf 1684 entlassene Wissenschaftler.[17] Jüdische Quellen sprechen von 800 entlassenen Hochschulprofessoren und Dozenten, eine Ziffer, die Hartshorne als mit seiner Gesamtrechnung übereinstimmend bezeichnete. Hartshornes Zahl von 1145 repräsentierte ungefähr 14 Prozent des Personals an deutschen Institutionen für höhere Studien im Jahre 1932-33.[18]

Eine Aufschlüsselung der Prozentsätze der Einbußen gab einen Hinweis darauf, welche Institutionen vor der Machtergreifung der Nazis eher bereit waren, Juden, Liberale und Marxisten anzustellen. Im allgemeinen erlitten die Universitäten größere Verluste als die technischen Hochschulen – 17 Prozent gegenüber 11 Prozent (ohne Assistenten). Bei den Universitäten lag die höchste Verlustrate, die in Berlin und Frankfurt verzeichnet wurde, bei 32 Prozent. Göttingen hatte mit 45 Entlassungen eine niedrigere Rate von 19 Prozent, während die Entlassungen im streng konservativen München nur 8 Prozent des Personalstandes vor 1932-33 betrugen.[19]

Solche allgemeinen Statistiken liefern keine Information über die Anzahl der in den einzelnen Institutionen entlassenen Wissenschaftler. Aus dem Kapitel über Göttingen geht deutlich hervor, daß es dort eine große Zahl von Entlassungen in den Fächern Physik und Mathematik gab und daß daher diese Verlustrate von 19 Prozent bei diesen Disziplinen völlig irreführend ist. Leider gibt es noch keine genaueren Zahlen. Hartshorne konnte jedoch zeigen, daß 406 im Bereich der Physik und der Biologie tätige Wissenschaftler (einschließlich Assistenten) aus Deutschland vertrieben wurden, von denen 106 Physiker und 60 Mathematiker waren. Aus anderen Quellen kann geschätzt werden, daß diese Zahlen ungefähr 18 Prozent des Personalstandes der Naturwissenschaften, 26 Prozent der Physik und 20 Prozent der Mathematik darstellten. Im Vergleich dazu hatte das Fach Chemie mit 86 Entlassungen einen Verlust von weniger als 13 Prozent erlitten. Die Medizin (die damals gewöhnlich als ein Fach mit einem besonders hohen jüdischen Anteil galt), hatte 423 Entlassungen bei einem Verlust von 18 Prozent zu beklagen – etwa gleich viel wie die gesamten Naturwissenschaften.[20]

Nach der ersten Entlassungswelle war das wissenschaftliche Leben in Deutschland weiterhin durch eine bedenkliche Abwanderung gekennzeichnet. Die Gründe waren mannigfaltig und oft persönlicher Natur, doch war nach wie vor die stillschweigende Anwendung der Entlassungspolitik auf jene, die den anfänglichen Säuberungen entgangen waren, dafür verantwortlich, daß eine Reihe von Wissenschaftlern Mitte und Ende der dreißiger Jahre ihres Amtes enthoben wurde.

Ein prominentes Beispiel war Gustav Hertz von der TH Berlin, der 1925 gemeinsam mit Franck den Nobelpreis für Physik erhielt. Hertz war Jude, hatte aber im Ersten Weltkrieg gedient und war von der Entlassung ausgenommen. Eines Tages (wahrscheinlich Ende 1934 oder Anfang 1935) wurde ihm mitgeteilt, daß er keine Prüfungen mehr abhalten dürfe – nur arische Professoren wären dazu berechtigt. Daraufhin trat er in der Absicht zurück, für die Firma Phillips in Holland zu arbeiten, bei der er Anfang der zwanziger Jahre angestellt gewesen war. Die Firma Siemens in Berlin bot ihm jedoch die Leitung ihrer Forschungseinrichtungen an, weshalb er in Deutschland blieb. Durch die Bemühungen einiger seiner Studenten erhielt er 1935 den Rang eines Honorarprofessors und war noch bei manchen Prüfungen als Beisitzer tätig. Er wurde nicht belästigt und blieb bis 1945 in Deutschland, wo er von den Russen nach dem Osten verschleppt wurde.[21]

Am Beispiel des Experimentalphysikers Heinrich Konen wird deutlich, wie jene wenigen Wissenschaftler behandelt wurden, die für die Weimarer Republik politisch aktiv waren. Konen war ein bekannter Spektroskopiker und hatte in der Zentrumspartei tatkräftig gewirkt. Er war eine sehr aktive und einflußreiche Persönlichkeit in der organisierten Wissenschaft.[22] Im Frühjahr 1933 bildeten die Kommunisten und Sozialisten die Hauptzielscheibe der Politik der Nazis; die Zentrumspartei wurde umworben, die Opposition zu spalten. Aber im Juli 1933 wurden alle Parteien mit Ausnahme der NSDAP verboten, und bald war es ein Nachteil, auf eine Vergangenheit als ehemaliger Politiker der Zentrumspartei hinweisen zu können.

Anfang 1934 wurde Konen auf Betreiben einer seiner ehemaligen Assistenten in den Ruhestand gedrängt.[23] Seine politische Tätigkeit in der Weimarer Republik bildete die direkte Ursache für seine Entlassung, aber seine Feinde beschuldigten ihn auch zwielichtiger Geldgeschäfte und deuteten an, daß er vielleicht nicht zur Gänze arischer Abstammung sei. Beide Strategien wurden gewöhnlich angewendet, um einen Gegner in Hitler-Deutschland unschädlich zu machen.[24] Konen zog sich in die Isolation seines Heimes in Bad Godesberg zurück, wo man ihn bis zum Ende der Nazizeit in Frieden ließ.[25] Er starb im Juli 1948.

Da die Entlassungspolitik weiterhin unbemerkt ihre Opfer forderte, zogen es einige Wissenschaftler, die von den Gesetzen nicht betroffen waren, vor, die immer beengendere geistige Atmosphäre Hitler-Deutschlands zu verlassen. Ein Beispiel dafür war P.P. Ewald, einer der ersten Schüler Sommerfelds, der die Leitung des Instituts für theoretische Physik an der Technischen Hochschule in Stuttgart innehatte. Obwohl er Halbjude war, verhinderte zunächst sein Kriegseinsatz und dann die Neudefinition des »Halbjuden« in den Nürnberger Gesetzen die Entlassung des bekannten Kristallographen.[26] Eine Reihe konservativer Rektoren, die mehr nominelle Nazis waren, ermöglichte es ihm, einige Jahre lang ungestört an der Technischen Hochschule zu arbeiten. Im Jahre 1936 wurde jedoch ein begeisterter Nationalsozialist berufen.[27]

Ewald reiste im Sommer 1936 nach Amerika. Er spielte mit dem Gedanken an eine Emigration, da sich die Lage der Juden in Deutschland laufend verschlechterte. Ewald erinnert sich, daß die Angst vor einem europäischen Krieg seine Entscheidung noch maßgeblich beeinflußte, da er durch ihn gezwungen worden wäre, für Hitler gegen seine Freunde in England zu arbeiten. Nach Stuttgart zurückgekehrt, empfand er die Atmosphäre an der Hochschule unter dem neuen Rektor als bedrückend und trostlos.[28] Der verpflichtende Besuch eines Vortrages, wo der junge nationalsozialistische Führer der Dozentenschaft ein Pamphlet der Regierung verlas, das den Wert der »objektiven« Wissenschaft bestritt, war mehr, als der freimütige Ewald ertragen konnte – er erhob sich und verließ die in Schweigen erstarrte Versammlung.[29] Die Folge war seine vorzeitige Pensionierung von der Technischen Hochschule. Ein Jahr später fuhr er mit einem Stipendium des britischen Flüchtlingshilfswerks nach England. Im Jahre 1939 ging er nach Belfast und nach dem Krieg nach Amerika.

Max Delbrück verließ Deutschland aus anderen Gründen. Der in Göttingen ausgebildete Physiker wurde Biologe und war 1932-37 Assistent bei Lise Meitner, Otto Hahns Mitarbeiterin am Kaiser-Wilhelm-Institut für Chemie in Berlin-Dahlem. Zum Teil infolge der unsicheren Arbeitsbedingungen in Deutschland verließ Delbrück das Land zur selben Zeit wie Ewald im September 1937. Im Gegensatz zu Ewald jedoch dachte er noch nicht an Emigration. Er nahm ein Rockefeller-Stipendium am California Institute of Technology an, um einfach Zeit zu gewinnen und die Entwicklung aus der Ferne zu beobachten.[30] Der Krieg brach vor Ablauf seines Stipendiums aus, und er entschloß sich, in Amerika zu bleiben, wo er für seine bahnbrechenden Arbeiten auf dem Gebiet der Molekularbiologie 1969 den Nobelpreis für Medizin erhielt.

Im März 1938 wurde Österreich von Hitler-Deutschland annektiert. Politische und rassische Kriterien wurden unverzüglich auf die österreichische akademische Intelligenz angewandt, und die darauf folgende Flüchtlingswelle erfaßte auch drei Nobelpreisträger – Otto Loewi (Medizin, 1936), Victor Hess (Physik, 1936) und Erwin Schrödinger (Physik, 1933). Schrödinger hatte 1933 mit seinem Rücktritt in Berlin seinen klaren Protest gegen die Nationalsozialisten zum Ausdruck gebracht, war nach England gegangen und hatte 1936 unklugerweise einen Ruf nach Graz angenommen. Loewi wurde aus rassischen Gründen entlassen, Hess und Schrödinger, die beide keine Juden waren, mußten wegen ihrer politischen Tätigkeit flüchten.[31] In Deutschland fielen nun ehemalige österreichische Staatsbürger auch unter das deutsche Gesetz. Delbrücks Abteilungsleiterin Lise Meitner durfte seit 1933 ihrer jüdischen Abstammung wegen keine Vorlesungen an der Universität halten, aber es wurde ihr gestattet, weiter an Hahns Kaiser-Wilhelm-Institut zu bleiben.[32] Mit Hilfe holländischer Kollegen konnte Frau Meitner, die von Einstein »unsere Madame Curie« genannt wurde, im Sommer 1938 nach Holland entkommen.[33] Sechs Monate später waren sie und ihr Neffe Otto Frisch, (der aus Otto Sterns Institut in Hamburg entlassen worden war) die ersten Physiker, die sich mit Hahns Entdeckung einer speziellen Eigenart des Urans beschäftigten, der sie den Namen »Kernspaltung« gaben.

Zieht man die stetige Zermürbung der deutschen Wissenschaftler in Betracht, so sollte Hartshornes Zahl von 106 entlassenen Physikern nach oben hin revidiert werden. Ein Forscher hat kürzlich berichtet, daß allein zwischen 1933 und 1941 über einhundert Physiker nach Amerika auswanderten.[34] Im Jahre 1938 überprüfte Hartshorne seine eigenen Statistiken, und eine seiner Korrekturen bestand darin, bei der Schätzung des Gesamtanteils der entlassenen Gelehrten den Prozentsatz von 14 auf 20 zu erhöhen.[35] Ohne genauere Daten kann man bestenfalls zu dem vorsichtigen Schluß gelangen, daß mindestens 25 Prozent der Physiker, die im Jahre 1932/33 in Deutschland Stellungen bekleideten, während der NS-Zeit entlassen wurden.

Der qualitative Preis

Selbstverständlich ist das quantitative Ausmaß des durch die Entlassungspolitik entstandenen Schadens nur ein Teil der Geschichte. Die Zahl von 25 Prozent läßt nicht erkennen, ob es sich vorwiegend um das oberste oder das unterste Viertel der deutschen Physiker handelt. Hartshorne registrierte bloß drei Entlassungen in Tübingen, was weniger als 2 Prozent – die niedrigste Rate aller Universitäten – ausmacht. Doch unter den drei Wissenschaftlern, die das Land verlassen mußten, befand sich der bekannte junge Theoretiker Hans Bethe, ein späterer Nobelpreisträger für Physik.

Zieht man den Nobelpreis als Qualitätsmaßstab heran, dann hatten jene Wissenschaftler, die ihre Stellungen in Deutschland aufgeben mußten, in der Tat ganz außerordentliches Format. Zwanzig Nobelpreisträger wurden von ihren Arbeitsplätzen vertrieben; darunter hatten viele den Preis vor ihrer Emigration erhalten.[36] Bis auf Gustav Hertz gingen alle in die Emigration. Die Einbuße erstklassiger Wissenschaftler war in der Physik besonders deutlich. Elf von zwanzig entlassenen Nobelpreisträgern waren Physiker (siehe Tabelle 2).

Wie ist der bemerkenswert hohe Anteil führender Forscher unter den im Dritten Reich entlassenen Physikern zu erklären? Großteils läßt sich das auf die Tatsache zurückführen, daß begabte jüdische Forscher in der Physik größere Erfolgschancen hatten als in vielen anderen Disziplinen, z.B. in der Chemie.

Die Juden fanden erst gegen Ende des 19. Jahrhunderts im deutschen Wissenschaftsbetrieb allmählich größere Anerkennung.[37] Einige Fachgebiete waren ihnen leichter zugänglich als andere, was teils von der Anzahl der in einem bestimmten Fach verfügbaren neuen Dienstposten und teils von Vorurteilen abhängig war. Chemie war ein etabliertes Fach, und für einen Juden war es oft schwer, in dieser Disziplin einen wissenschaftlichen Posten zu bekommen. Fähige jüdische Forscher wurden nicht ermutigt, eine akademische Laufbahn auf dem Gebiet der Chemie einzuschlagen, und jene, die durchhielten, fanden nur wenige Aufstiegsmöglichkeiten, wie etwa in Fritz Habers Institut auf dem relativ neuen interdisziplinären Gebiet der physikalischen Chemie.[38]

Auf dem Gebiet der Physik fanden jüdische Forscher mehr Möglichkeiten vor, insbesondere in der modernen Physik, die durch die Beschäftigung mit dem Quantenphänomenen gekennzeichnet war. Gegen Ende des 19. und Anfang des 20. Jahrhunderts wurden neue akademische Posten in weit größerem Ausmaß in der Physik (insbesondere der theoretischen Physik) als in der Chemie geschaffen.[39] Zwei Männer, deren Urteil bei der Besetzung dieser Posten großes Gewicht hatte, waren Planck und Arnold Sommerfeld – und keiner von beiden schreckte davor zurück, einen Juden zu befürworten, wenn der Kandidat hochbegabt war. Zur Zeit der Weimarer Republik trugen auch Niels Bohr und der Göttinger Kreis dazu bei, das Fach jüdischen Forschern zu öffnen.[40] Spätestens in den zwanziger Jahren begegneten die Juden einem wesentlich geringeren Wider-

Tabelle 2

Nobelpreisträger, die ihre Stellungen in Deutschland aufgaben, 1933–45

Name	Nobelpreis		Jahr der Abreise	Geburtsland	Institution
Albert Einstein	Physik	1921	1933	Deutschland	Preußische Akademie
James Franck		1925	1933	Deutschland	Göttingen
Gustav Hertz*)		1925	1935	Deutschland	TH Berlin
Erwin Schrödinger		1933	1933	Österreich	Berlin
			1938	Österreich	Graz
Viktor Hess		1936	1938	Österreich	Graz
Otto Stern		1943	1933	Deutschland	Hamburg
Felix Bloch		1952	1933	Schweiz	Leipzig
Max Born		1954	1933	Deutschland	Göttingen
Eugene Wigner		1963	1933	Ungarn	TH Berlin
Hans Bethe		1967	1933	Deutschland	Tübingen
Dennis Gábor		1971	1933	Ungarn	Fa. Siemens, Berlin
Fritz Haber	Chemie	1918	1933	Deutschland	KW Institut für Physikalische Chemie, Berlin
Peter Debye**)		1936	1940	Niederlande	KW Institut für Physik, Berlin
George de Hevesy		1943	1934	Ungarn	Freiburg
Gerhard Herzberg**)		1971	1935	Deutschland	TH Darmstadt
Otto Meyerhof	Medizin	1922	1938	Deutschland	KW Institut für Medizin, Heidelberg
Otto Loewi		1936	1938	Deutschland	Graz
Boris Chain		1945	1933	Deutschland	Charité Krankenhaus, Berlin
Hans A. Krebs		1953	1933	Deutschland	Thannhauser Klinik, Freiburg
Max Delbrück**)		1969	1937	Deutschland	KW Institut für Chemie, Berlin

Quelle: Vom Autor vorwiegend zusammengetragen aus Eintragungen in *American Men of Science*, aus Nachrufen, Briefen von einigen dieser Männer selbst an den Autor und aus einem Briefwechsel mit der Research Foundation for Jewish Immigration in New York.

*) Hertz wanderte nicht aus, sondern nahm eine Stelle bei der Firma Siemens in Berlin an.
**) Keine Juden. Hess und Herzberg hatten jüdische Frauen.

stand gegen ihren Erfolg im Bereich der Universitätsphysik als in der Chemie. Da der Einfluß von Planck, Sommerfeld, Bohr und der Göttinger Schule auf dem sehr ergiebigen Gebiet der modernen Physik am größten war, hatten viele begabte jüdische Physiker Gelegenheit, Forschungen von grundlegender Bedeutung zu betreiben. Daher war die Zahl der führenden Forscher bei den geflüchteten Physikern unverhältnismäßig hoch.[41]

Während die meisten heimatvertriebenen Wissenschaftler ihre Arbeit im Ausland fortsetzen konnten und den qualitativen Preis, den Deutschland für die Entlassungspolitik zu zahlen hatte, gegenüber anderen Ländern vergrößerten, waren einige dazu nicht in der Lage.[42] Otto Stern, der die Raumquantelung mitentdeckte und die Molekularstrahlmethode der Atomforschung entwickelte, verließ Hamburg, als Mitglieder seines Instituts von den Maßnahmen der Regierung betroffen waren.[43] Der spätere Nobelpreisträger war Jude, aber er war lang genug im Amt gewesen, um der Entlassung zu entgehen. Nach seiner Rückkehr im Jahre 1933 ging er an das Carnegie Institute, aber, wie sein Schüler Isidor Rabi schrieb, »Sterns Aufenthalt in Pittsburgh war kein glücklicher, und er trat vorzeitig in den Ruhestand, zu einer Zeit, als er noch im Vollbesitz seiner Kräfte war«.[44] Ein ähnlicher Fall war Martin Stobbe, dessen Rücktritt aus Protest in Göttingen seine akademische Laufbahn beendete.[45] Glücklicherweise waren Stern und Stobbe Ausnahmen, und zwar großteils dank der Bemühungen der Flüchtlingshilfsorganisationen, die unverzüglich ins Leben gerufen wurden, um entlassene Gelehrte zu unterstützen.[46]

Auf allen Ebenen des öffentlichen und akademischen Lebens bildete die Entlassungspolitik einen Grundzug der nationalsozialistischen Machtergreifung und deren Festigung. Ihr ungeschminktes Ziel war die Säuberung der Staatsbürokratie von aktiven Nazigegnern und Juden. Da aber diese Politik und ihre Nachwirkungen größeren Einfluß auf die akademische Wissenschaft hatte als jede andere Maßnahme der Nazis, ist die Erkenntnis beunruhigend, daß der der Wissenschaft zugefügte Schaden nur ein Nebeneffekt war. Wenn die Nationalsozialisten mit Personen konfrontiert wurden, die sowohl jüdischer Abstammung als auch begabte Wissenschaftler waren, hatte der Antisemitismus Vorrang, welche Folgen das auch immer für die Wissenschaft haben mochte. Nie wurde der Inhalt oder die Bedeutung der wissenschaftlichen Arbeit eines Forschers bei der Entlassung berücksichtigt – eine Tatsache mit weitreichenden Konsequenzen, deren augenscheinlichste die dramatische Abwanderung der wissenschaftlichen Intelligenz war. Einige andere Folgen werden in einer Untersuchung der Beziehungen zwischen dem NS-Staat und den im Lande verbliebenen Wissenschaftlern dargelegt.

4. Der Staat und die Physikprofessoren

Wissenschaftler, die in Deutschland blieben, waren gezwungen, inmitten großer Verwirrung und vieler Konflikte in der Universitätspolitik zu leben, die Ausdruck der im Dritten Reich häufigen mörderischen bürokratischen Machtkämpfe war. Nach ihrer Machtergreifung entzweiten sich die Nationalsozialisten nach administrativen Richtlinien in ihren Ansichten über Personalpolitik. Jene, die Staatsämter innehatten, hielten an akademischen und fachlichen Grundsätzen fest, und jene, die Parteistellen leiteten, folgten gewöhnlich ideologischen Richtlinien. Über die auf diese Weise verursachte Rivalität hinaus war die Partei selbst in vielen Fragen in zwei Fraktionen aufgespalten – in eine ideologisch kompromißlose und eine ideologisch flexible. Die NS-Staatsbeamten waren im allgemeinen Gegner der strengen Ideologen und waren eher zur Zusammenarbeit bereit, wenn sie mit Pragmatikern zu tun hatten.[1]

Einflußreiche Führer brachten die Physikprofessoren zu einer vorsichtigen Anerkennung des NS-Staates. Es gab jedoch auch Ausnahmen von der allgemeinen Fügsamkeit, und die wachsende Entfremdung vom Regime führte zu öffentlichem und privatem Protest, der die Verteidigung traditioneller Standeswerte zum Inhalt hatte. Gleichzeitig waren die Wissenschaftler einer wachsenden Entfremdung von ihren Kollegen im Ausland unterworfen. Diese Isolierung wurde besonders stark von jenen Physikern empfunden, die an der intensiven Forschung in den zwanziger Jahren aktiv mitgewirkt hatten.

Das Reichserziehungsministerium

Während des Jahres 1933 und Anfang 1934 durften die regionalen Wissenschaftsministerien so arbeiten wie in der Vergangenheit, während Parteimitglieder die Schlüsselstellungen übernahmen. Hans Schemm und Bernhard Rust waren die beiden wichtigsten

Persönlichkeiten in diesen Positionen. Eine Untersuchung ihrer Ansichten über die Entlassungspolitik sowie über die Frage der wissenschaftlichen Objektivität ist besonders nützlich, da Schemm eine streng ideologische Linie vertrat, während Rust in der Regel fachliche Erwägungen berücksichtigte.

Hans Schemm war ein energischer, ehemaliger Volksschullehrer, der 1929 den Nationalsozialistischen Lehrerbund gegründet hatte. Ende 1932 wurde er Ortsgruppenleiter seines Heimatbezirks in Nordostbayern. Er blieb weiterhin an der Spitze des Nationalsozialistischen Lehrerbundes und betätigte inzwischen seinen feinen Instinkt für extremistische Phrasendrescherei als Herausgeber der Nationalsozialistischen Lehrerzeitung. Im März 1933 war er einer der Nazis, die ein Amt in der bayerischen Regierung übernahmen, als sie in nationalsozialistische Hände fiel, und wurde bayerischer Kultusminister.

Schemms Standpunkt in so gut wie jeder Frage war radikal ideologisch. Sein Standpunkt bezüglich der Rolle der Juden im deutschen Bildungswesen und der kategorische Ton seiner Reden werden in folgendem Ausschnitt deutlich:

> Es ist lächerlich zu glauben, man könnte Fremdrassige deutsche Kinder erziehen lassen. Es fehlt beim Fremdrassigen die instinktive rassische Sicherheit in der Nahrungsauswahl ... Nur deutsche Menschen können im deutschen Volke Erzieher sein.[2]

Seine Ansichten über wissenschaftliche Objektivität waren nicht weniger radikal. Er wollte alle Versuche, die verschiedenen Seiten eines Problems im Hörsaal vernünftig gegeneinander abzuwägen, ausschalten, da er glaubte, daß die nationalsozialistischen Richtlinien Rasse, Volk, Gemeinschaft und die Befehle der Partei die einzigen Kriterien für wissenschaftliche Arbeit wären. Er legte den Kern seines Standpunktes in dieser Frage in einer auf einer Tagung Münchener Professoren gehaltenen Rede dar, in der er erklärt haben soll:

> Von jetzt an kommt es für Sie nicht darauf an, festzustellen, ob etwas wahr ist, sondern ob es im Sinne der nationalsozialistischen Bewegung ist.[3]

Solche Ansichten waren für die ideologischen Puristen in der NSDAP typisch.

Der gemäßigte Bernhard Rust war ebenfalls Lehrer gewesen. Er hatte sich an den rechtsradikalen völkischen Umtrieben Anfang der zwanziger Jahre beteiligt, und seine unerschütterliche Loyalität gegenüber Hitler als dem auserwählten Führer der völkischen Bewegung bildete eine wertvolle Unterstützung aus Norddeutschland, als Hitler ihrer bedurfte.[4] Ab März 1925 war Rust Gauleiter von Süd-Hannover-Braunschweig, einem Gebiet, in dem die Nazis bei Wahlen vor 1933 sehr gute Resultate erzielt hatten. Die Belohnung kam nur wenige Tage nach Hitlers Machtergreifung. Am 4. Februar wurde er zum Preußischen Minister für Wissenschaft, Kunst und Volksbildung ernannt.

Rust äußerte seine Ansichten über wissenschaftliche Objektivität und die Entlassungspolitik in einer Rede an der Universität Berlin am 6. Mai 1933.[5] Obwohl er erklärte, daß alles geistige Streben in einem nationalen Rahmen bleiben müßte, machte er auch die zweideutige Bemerkung: »Ohne geistige Freiheit und ohne die Möglichkeit einer freien geistigen Konkurrenz werden wir den Aufstieg Deutschlands nicht freilegen, sondern abriegeln.«[6] Jene, die eine strenge Kontrolle der Wissenschaft durch die Nationalsozialisten befürchteten, konnten aus dieser Erklärung einen Hoffnungsschimmer herauslesen. Andererseits konnten Nationalsozialisten wie Schemm, die glaubten, daß der freie Wettbewerb von den Nazigegnern zur Zeit der Weimarer Republik unterdrückt worden war, Rusts Erklärung als eine Anklage gegen den jüdischen Einfluß auf das akademische Leben interpretieren. Solche zweideutigen Stellungnahmen waren für Rust typisch.

Andere Aussagen in dieser Rede machten deutlich, daß Rust der Rolle der Lehre mehr Gewicht beilegen wollte als der Forschung. Wie Schemm und andere Nazis verstand Rust unter »Lehre« das Führungsprinzip im Hörsaal und im Laboratorium im Namen des neuen Deutschen Reiches. Rust vertrat jedoch die Ansicht, daß sowohl Lehre als auch Forschung die grundlegenden Aufgaben der Universität wären. Er erklärte, daß die Zahl wissenschaftlicher Publikationen nicht mehr der ausschließliche Maßstab sei, an dem eine Institution zu messen wäre[7], aber er ließ den Schluß zu, daß sie *eines* der Kriterien bleiben würde.

In seiner Betonung der Lehre galt Rusts größte Sorge der Kluft zwischen der Einstellung der Professoren und jener der nationalsozialistischen Studentenschaft:

> Meine Herren Professoren, in diesen Jahren, wo dieser undeutsche Staat und seine undeutsche Führung der deutschen Jugend den Weg verlegten, da haben Sie in professoraler Einsamkeit und in Hingabe an Ihre große Forschungsarbeit übersehen, daß die Jugend in Ihnen die Führer der Zukunft der deutschen Nation suchte. Die Jugend marschierte, aber, meine Herren, Sie waren nicht vorn.[8]

Die Notwendigkeit der Überbrückung dieser Kluft bildete eine der Rechtfertigungen der Nationalsozialisten für die Beseitigung der jüdischen und der nazifeindlich eingestellten Professoren.

Rust brachte seine Billigung der Entlassungspolitik zum Ausdruck und kritisierte speziell Habers Rücktrittsschreiben:

> Ich mache es den Herren nichtarischer Abstammung keineswegs zum Vorwurf, daß sie in ihrem Blutinstinkt versuchten, den blutmäßig ihnen näher stehenden Privatdozenten und Assistenten heranzuziehen. Aber ich kann es nicht zulassen. Und wenn mir ein bekannter Professor des Kaiser-Wilhelm-Instituts gestern geschrieben hat, er könne sich auf keinen Fall darauf einlassen, über die Zusammensetzung der Arbeitsgemeinschaft, die er begründet, sich Vorschriften machen zu lassen, so muß ich erklären: Ich bin nicht berechtigt, die Gesetze des deutschen Volkes, die es sich durch die Reichsregierung gegeben hat, nicht auszuführen ... Wir müssen in Zukunft einen arischen Nachwuchs auf den Universitäten haben, sonst werden wir den Anschluß verlieren.[9]

Die an dieser Stelle geäußerten völkischen Ansichten bestimmten alle Gedankengänge Rusts. Es war klar, daß er mit der Entlassungspolitik als einer Taktik zur Erneuerung der Universitäten und Institute einverstanden war. Dennoch zeigt seine Reaktion auf Haber, daß er abgeneigt war, die Verantwortung für diese Politik zu übernehmen. Es war für Rust sehr bezeichnend, zu sagen, daß er »nicht berechtigt« war, die Durchführung der verordneten Maßnahmen »nicht auszuführen«, anstatt sie angriffslustig zu verteidigen oder für sie Anerkennung zu beanspruchen. Dieser charakteristische Mangel an Eindringlichkeit war weitgehend dafür verantwortlich, daß er einer der am wenigsten mächtigen Nazis in hoher Stellung im Dritten Reich blieb. Eine weitere Folge war, daß Rusts Wissenschaftsministerium ein verwirrendes Schlachtfeld rivalisierender Fraktionen der Nazis wurde. Seine Ambivalenz wurde durch seine nächste Äußerung noch deutlicher:

Ich empfinde persönlich tief die Tragik von Menschen, die innerlich zur deutschen Volksgemeinschaft sich rechnen wollen und an ihr mitgearbeitet haben. Nichts ist mir saurer, als wenn ich meinen Namen unter eine Beurlaubung von Männern setzen muß, die als Einzelpersönlichkeiten mir oft gar keinen Anlaß dazu gegeben hätten. Aber das Prinzip muß durchgeführt werden um der Zukunft willen.[10]

Eine solche Entschuldigung war bei hochgestellten Nazifunktionären im Frühling 1933 in der Tat ungewöhnlich.

Bis zur Einrichtung des Reichserziehungsministeriums im Jahre 1934 empfingen alle Wissenschaftsminister ihre Anweisungen zum Teil vom Reichsminister des Inneren, Wilhelm Frick, von dessen Ministerium die Entlassungspolitik ihren Ausgang genommen hatte, und der alle Maßnahmen, die die Beamten betrafen, überwachte. Während Schemm hauptsächlich mit den Grund- und höheren Schulen beschäftigt war und Rust mit den Universitäten, versuchte Frick die Zielsetzungen für die gesamte formelle Ausbildung zu bestimmen. Mitte Mai 1933 äußerte sich Frick mehrmals über die Bildungspolitik der Nazis. In einer Rede vor der Kaiser-Wilhelm-Gesellschaft trug er ein geflügeltes Wort vor, dem alle Nationalsozialisten zustimmen konnten:

Es liegt im wissenschaftlichen Denken und Forschen etwas Souveränes, das den ganzen Menschen in Anspruch nimmt und alle anderen nicht erfassen will; es liegt darin die Gefahr der Absonderung vom großen Ganzen, ja der Ablehnung oder Verkennung der Pflicht, dem *Ganzen zu dienen.* Lassen Sie uns daher bei aller Anerkennung der Freiheit der Wissenschaft dieser Gefahr das verpflichtende Bewußtsein gegenüberstellen, daß *Dienst an der Wissenschaft Dienst am Volke* sein muß; daß die Ergebnisse der Forschung wertlos bleiben, wenn sie nicht für die Kultur des Volkes Verwendung finden, und daß wir alle Glieder am Ganzen und ihm zu dienen verpflichtet sind.[11]

Objektivität, das Kennzeichen wissenschaftlicher Forschung,

mußte durch politisches und rassisches Bewußtsein ersetzt werden.

Ein Mittel, dieses Ziel zu erreichen, war die Politik der Gleichschaltung der Universitäten mit dem Nationalsozialismus. Im gesamten organisierten Leben Deutschlands bewirkte die Gleichschaltung, daß die Juden von jeder kollektiven oder öffentlichen Tätigkeit ausgeschlossen wurden (Einleitung des »Arierparagraphen«) und daß die absolute Macht über jede Organisation oder Institution einem begeisterten Nazi anvertraut wurde, der ausschließlich einer höheren Nazibehörde gegenüber verantwortlich war (das »Führerprinzip«). Im akademischen Leben bildeten die Entlassungsmaßnahmen den ersten Abschnitt dieses Prozesses. Der zweite Abschnitt begann im Herbst 1933. Das Ausmaß wurde durch die in Preußen unternommenen Schritte veranschaulicht. Dort verfügte Rust am 28. Oktober, daß künftig er, und nicht die Fakultäten, die Rektoren ernennen würde. Die Fakultäten selbst sollten bloß beratende Körperschaften sein, und ihre Machtbefugnisse (einschließlich der Vergabe von finanziellen Mitteln) sollten dem Rektor übertragen werden, der auch die Dekane zu ernennen hat. Die Professoren behielten nur ein Recht: Sie durften für jede vakante Professur einen Dreiervorschlag einreichen, obwohl sie auch dann keine Garantie hatten, daß ihr Vorschlag Berücksichtigung finden würde.[12]

Ein Jahr später, im Dezember 1934, fügte eine neue Verordnung den Habilitationserfordernissen zur Erlangung der Lehrberechtigung an Universitäten charakterliche (d.h. politische) Kriterien hinzu. Guter Charakter mußte unter anderem durch Bewährungsproben in einem Lehrerlager unter Beweis gestellt werden.[13] Am 3. April 1935 verlieh eine Reorganisation der akademischen Ausbildung jedem Rektor den Titel Führer der Universität. Die Professoren und Privatdozenten wurden in der Dozentenschaft zusammengefaßt, die Studenten in der Studentenschaft. Beide Gruppen waren dem Rektor direkt unterstellt. Der Minister ernannte nicht nur den Rektor, sondern auch den Prorektor, die Dekane und die Führer der Dozenten- und Studentenschaft.[14] Die Anstrengungen des Ministeriums jedoch, sowohl die Routine-Verwaltung der Universitäten als auch die Konflikte zwischen dem Ministerium und den Professoren fest an die Kandare zu nehmen, machte den »Rektor als Führer« eher zu einem Propagandaschachzug als zu einer echten Realität.[15]

Als eine der Gleichschaltungsmaßnahmen wurde im Frühjahr 1934 ein Reichserziehungsministerium (REM) geschaffen. Die Initiative für diese Maßnahme zugunsten einer hierarchischen Konzentration der Macht an den Hochschulen kam eher von der Partei als von der Staatsbürokratie. Der Anstoß dazu ging auf eine Zusammenkunft in der Parteizentrale in München im Januar 1934 zurück. Die dort entwickelten Zielsetzungen spiegelten insbesondere die Ansichten von Rudolf Heß (Hitlers offiziellem Stellvertreter in der Partei) und von Alfred Rosenberg (dem Chefideologen der Partei und Herausgeber der Parteizeitung) wider. Ihre Ziele deckten sich weitgehend mit der Linie Schemms, der für die Führung des neuen Ministeriums in Betracht gezogen wurde: Liberalismus in Gestalt »objektiver« Wissenschaftlichkeit mußte bekämpft werden; statt dessen müßten die Ideale des Nationalsozialismus gelehrt werden. Fachliche Erwägungen müßten politischen Erfordernissen untergeordnet werden.[16]

Dennoch wurde am 1. Mai 1934 Rust, und nicht Schemm, zum Reichserziehungsminister ernannt (wobei er seinen preußischen Posten als Reichs- und Preußischer Minister für Wissenschaft, Erziehung und Volksbildung behielt). Diese Ernennung erscheint zunächst unerklärlich, denn warum sollten Parteileute einen willensschwachen Mann mit gemäßigten Ansichten mit einem so einflußreichen Amt betrauen? Die Gründe werfen ein bezeichnendes Licht auf das Durcheinander, welches die Hochschulpolitik der Nazis bestimmte. Als preußischer Minister war Rust selbstverständlich die richtige Wahl, da er schon die Mehrheit der deutschen Schulen überwachte. Er war auch ein alter Kämpfer und treuer Gefolgsmann, der unter Hitlers persönlichem Schutz stand.[17] Von größerer Bedeutung jedoch war, daß er – mehr Verwaltungsfachmann als Ideologe – Rosenberg keine Konkurrenz machen würde.[18] Schemm war kraftvoll, dynamisch und schillernd, Rust war ambivalent, passiv und unscheinbar – der Mann aus Bayern war daher weit weniger leicht manipulierbar als Rust. Tatsächlich war Schemm damals politisch in Bildungsbelangen etwas einflußreicher als Heß und Rosenberg und war auf diesem Gebiet ihr mächtigster Konkurrent. Ein Jahr später jedoch, am 5. März 1935, kam Schemm bei einem Flugzeugabsturz ums Leben.

Helmut Heiber, ein Historiker der Nazizeit, hat Rust als eine einsame Gestalt beschrieben, »für seine Untergebenen kaum erreichbar, von seinen Kollegen isoliert«. Rust hatte ein recht freundliches Verhältnis zu Heß, aber mit anderen Naziführern kam er nicht gut aus. Seine Beziehungen zu Himmler waren unbeständig; zu Göring und Frick ziemlich gespannt; und zu Rosenberg und Goebbels ausgesprochen schlecht.[19] Oft hatten seine Untergebenen Loyalitäten außerhalb des Reichserziehungsministeriums (REM), da viele von ihnen von anderen Naziführern Rust aufgezwungen worden waren. Beauftragte Görings, Rosenbergs, der SS, des SD (des Sicherheitsdienstes der SS), der Armee und so weiter arbeiteten einander oft entgegen, obwohl sie alle scheinbar Rust unterstellt waren. Heiber wies darauf hin, daß Himmler voll im Recht war, in einem bestimmten Schriftstück die Zusammenarbeit »mit den Kameraden der SS, die im Reichserziehungsministerium arbeiteten«, zu erwähnen. Tatsache war nicht, daß Beamte des REM der SS angehörten, sondern daß SS-Männer im Ministerium arbeiteten.[20]

Die Organisationsstruktur des REM folgte dem aus der vollständigen Bezeichnung des Ministeriums erkennbaren Muster: die großen Ämter für Wissenschaft, Erziehung und Volksbildung entsprachen im großen und ganzen der Hoch-, Sekundär- und Grundschulausbildung. Das Ministerium umfaßte auch Rusts persönlichen Stab, das Zentralamt sowie das Amt für Leibesübung.[21]

Vor der Schaffung des Reichsministeriums war die Abteilung für Wissenschaft die Preußische Hochschulabteilung. Gemäß den Bedingungen eines Abkommens zwischen Rust und der Leitung des Heeres gab es von 1934 bis 1937 eigentlich zwei verschiedene Abteilungen für Wissenschaft: WI (die Weiterführung der Preußischen Abteilung), auf dem Papier unter der Führung des Abteilungsleiters höchstpersönlich, des Mathematikers K. Theodor Vahlen, in Wirklichkeit jedoch vom stellvertretenden Leiter, dem Chemiker Franz Bachér, verwaltet; und WII (die Forschungsabteilung des Heeres), nominell unter der Führung des Leiters der Forschungsabteilung im Heereswaffenamt, Erich Schumann, in Wirklichkeit jedoch vom Chemiker Rudolf Mentzel verwaltet. Mentzel gelang es mehrmals, die Unterstützung sowohl der Armee als auch der SS für sich zu gewinnen.[22]

Im Jahr 1937, als die Wiederaufrüstung in Deutschland nicht mehr heimlich betrieben wurde, gab die Armee ihre spezielle Außenstelle im REM auf. Die beiden Abteilungen für Wissenschaft wurden unter der Führung Otto Wackers zusammengelegt, einem begeisterten SS-Mann, der seit dem Mai 1933 Erziehungsminister von Baden gewesen war. Mentzel wurde sein Stellvertreter. Anscheinend hatte Himmler Wacker als Nachfolger Rusts vorgesehen, aber angesichts der »heillosen Verwirrung« im REM legte Wacker 1939 sein Amt nieder und kehrte nach Baden zurück, wo er 1940 starb.[23] Mentzel übernahm die Abteilung für Wissenschaft, deren Leitung er bis Kriegsende innehatte. Obwohl häufige personelle und organisatorische Veränderungen das REM heimsuchten, sorgte Mentzels Gegenwart für eine gewisse Kontinuität in Angelegenheiten, die die Physik betrafen.[24]

Die Vielfalt der Interessen innerhalb des Reichserziehungsministeriums, verbunden mit Rusts schwacher Persönlichkeit, bildete kaum eine feste Grundlage für die Erstellung eines neuen nationalsozialistischen Hochschulkonzepts. Die Parteiideologen vom Schlage eines Rosenberg wollten nie mit den staatlichen Behörden zusammenarbeiten und hofften statt dessen, sie durch ihre eigenen Parteibüros ersetzen zu können. Im Gegensatz zur Wehrmacht und zur SS war ihr Ziel nicht die Kontrolle der Hochschulausbildung, sondern ihre völlige Neugestaltung. Die Physik war eine der Disziplinen, die umgestaltet werden mußten.

Die Physikprofessoren

Die überwiegende Mehrheit der deutschen Physiker war in die Konflikte innerhalb des REM sowie zwischen dem Ministerium und den Ideologen nicht verwickelt. Dennoch wurden die Wissenschaftler von den Auswirkungen der Verwirrung und der Spannungen im akademischen Leben stark betroffen. Ihre anfängliche vorsichtige Anpassung wich bald einer stillschweigenden Entfremdung vom Staat. Überdies wuchs die Isolierung von der internationalen Wissenschaft. Dieser doppelte Effekt – Entfremdung im eigenen Land und internationale Isolation – verstärkte die Probleme, von welchen die in Deutschland verbliebenen Wissenschaftler bedrängt wurden.

Reaktionen auf die Entlassungspolitik: Max Planck und Werner Heisenberg

In seiner Rede vor der Kaiser-Wilhelm-Gesellschaft im Mai 1933 bezog sich Frick auf »etwas Souveränes« im wissenschaftlichen Denken, das den ganzen Menschen in Anspruch nimmt. Tatsächlich ist bei einem Wissenschaftler, insbesondere bei einem fähigen und leidenschaftlichen, die Einstellung nicht ungewöhnlich, daß seine Arbeit von echter und dauerhafter Bedeutung ist, während er Vorkommnissen in der nichtwissenschaftlichen Welt geringere Beachtung schenkt. Viele Wissenschaftler, aber auch andere Akademiker in der Weimarer Republik, waren beinahe blind gegenüber dem drohenden politischen Umsturz. In seinen Memoiren suchte Werner Heisenberg seine Weigerung (und die so vieler seiner Kollegen) zu begreifen, die politische Atmosphäre am Anfang der dreißiger Jahre zu erkennen:

> Das »goldene Zeitalter der Atomphysik« ging nun schnell seinem Ende entgegen. In Deutschland wuchs die politische Unruhe. Radikale Gruppen von rechts und links demonstrierten auf den Straßen, bekämpften sich mit Waffen in den Hinterhöfen der ärmeren Stadtviertel und agitierten gegeneinander in öffentlichen Versammlungen. Fast unmerklich breitete sich die Unruhe und mit ihr die Angst auch im Universitätsleben und in den Fakultätssitzungen aus. Eine Zeitlang versuchte ich die Gefahr von mir wegzuschieben, die Auftritte auf den Straßen zu ignorieren. Aber die Wirklichkeit ist schließlich doch stärker als unsere Wünsche . . .[25]

Eine Schlüsselfigur, die ebenfalls in einer Welt des Wunschdenkens lebte, war der Urheber der quantentheoretischen Revolution, Max Planck. Planck glaubte allem Anschein nach gemeinsam mit vielen anderen, daß die Nationalsozialisten durch die mit der Macht verbundenen Verantwortung ernüchtert und von ihren konservativen Koalitionspartnern in Schach gehalten würden. Die bedauerlichen Ausschreitungen der ersten Monate würden bald vorübergehen. Es wird berichtet, daß Planck beim Besuch eines bedeutenden Kollegen, der seine Angst vor der Zukunft äußerte, diesem entgegnete:

Ach, wo denken Sie hin, Kollege. Wenn Ihnen die jetzigen Zustände an den Universitäten nicht gefallen, so nehmen Sie einen Urlaub auf ein Jahr. Machen Sie eine angenehme Studienreise ins Ausland. Und wenn Sie zurückkehren, werden alle unangenehmen Begleiterscheinungen dieser Zeit verschwunden sein.[26]

Das war die Ansicht jener, die vielen allgemeinen Zielen der Nationalsozialisten wohlwollend gegenüberstanden – die Befreiung von der Bürde des Versailler Vertrages, die Notwendigkeit des selbstlosen Verzichts auf individuelle Bedürfnisse zugunsten des Gemeinwohls, Arbeitsplätze für Millionen von Arbeitslosen und so weiter. Es war für jene Mitglieder der deutschen akademischen Intelligenz, die die Anschauungen des Mandarinentums vertraten, auch kennzeichnend, daß die Gelehrsamkeit über alle Politik erhaben – und daher jeglichem Zugriff der Politik entzogen war.

Außerdem hatte Planck eine langfristige Perspektive. Während der Einstein-Affäre war für ihn lediglich das Urteil der Nachwelt über die Preußische Akademie der Wissenschaften wichtig. Für Planck war das Schicksal der Akademie als einer Institution von nachhaltigerer Bedeutung als das Schicksal eines einzelnen.

Seine diesbezüglichen Anschauungen blieben in der ganzen Zeit seiner langen Verbundenheit mit der Akademie unverändert. Im Jahre 1915 zum Beispiel wurde die Lösung der Verbindungen mit den Akademien der alliierten Mächte befürwortet. Trotz der nationalistischen Grundstimmung und seiner eigenen Gesinnung, die in seiner Unterstützung des extrem nationalistischen »Aufrufs an die Kulturwelt« aus dem Jahre 1914 zum Ausdruck kam, widersetzte sich Planck dem Plan. Ein Teil seines Einwandes war:

Vor allem besitzen Maßregeln, welche eine fremde Akademie betreffen, eine viel nachhaltigere Wirkung als solche gegen Einzelpersonen. Denn die Persönlichkeiten der Mitglieder wechseln, die Akademien aber bleiben ...[27]

Im Jahre 1918 erwies sich seine Hingabe an das Leben der Akademie wieder einmal stärker als seine persönlichen Ansichten, als er sich der aus Protest gegen die sozialistische Revolution vom 9. November geforderten Einstellung der Tätigkeit der Akademie widersetzte. Er vertrat den Standpunkt, daß die Akademie als die »vornehmste wissenschaftliche Behörde des Staates« ihre wissenschaftliche Arbeit fortsetzen müsse.[28]

Die Betrachtung entscheidender Lebensprobleme vom Standpunkt der Pflichterfüllung gegenüber staatlichen Institutionen wie z.B. der Akademie und nicht vom Standpunkt der Erfüllung persönlicher Wünsche war typisch für eine Einstellung, die oft abschätzig preußisch genannt wird. Plancks Erbe war in der Tat preußisch (er wurde 1858 in Kiel geboren), aber es war auch stellvertretend für eine stattliche Zahl seiner nichtpreußischen Physikerkollegen, die die Ereignisse von 1933 ähnlich interpretierten wie die ihnen gesellschaftlich Ebenbürtigen in der Armee oder der Bürokratie. Ihr Gehorsam galt dem Staat (zum Unterschied von der Regierung) sowie den Standesorganisationen, denen sie angehörten.[29]

Besorgnis über das Wohlergehen der Institutionen war nicht der einzige Umstand, der Planck dazu bewog, die Dinge in einer historischen Perspektive zu betrachten. 1933 blickte er bereits auf 75 der ereignisreichsten Jahre der deutschen Geschichte zurück. Es war daher kaum überraschend, daß er über den Lärm des Augenblicks hinaus auf die bevorstehenden Jahre blickte. Bei der Abwägung von Plancks Bestreben, überstürzte Schritte zu vermeiden, muß die natürliche Umsicht und der Weitblick des Alters mitberücksichtigt werden.[30]

Als eine der bedeutendsten Persönlichkeiten der organisierten deutschen Wissenschaft war Plancks Ansehen bei den deutschen Physikern so groß, daß er und jene, die sich mit ihm berieten, die Gangart für die Aufnahme des Entlassungs- und Gleichschaltungsprozesses durch die deutschen Wissenschaftler bestimmten. Ihre Taktik bestand darin, jede endgültige Entscheidung über Entlassungen zu verzögern und eine Konfrontation zwischen wissenschaftlichen Institutionen und der Regierung zu vermeiden. In diesem Bestreben spürten sie eine Ermutigung seitens des Preußischen Ministeriums für Wissenschaft, da sich Rust in seinen Reden ziemlich gemäßigt gab und sich von den rabiaten Naziforderungen Schemms und der Studenten wohltuend abhob. Versuche, die Aktivisten zu zügeln, sowie die Tatsache, daß die Entlassungen anfänglich als »Beurlaubungen« ausgegeben wurden, empfanden sie als Hoffnungsschimmer.[31] In dieser Atmosphäre wurde von vielen Institutionen, einschließlich der KWG in Berlin, deren Präsident Planck war, eine Politik der freiwilligen Zusammenarbeit betrieben (die man gewöhnlich als Selbstgleichschaltung bezeichnet). In ihrem im Mai veröffentlichten Jahresbericht verliehen die Leiter der Gesellschaft ihrer Hoffnung Ausdruck, daß

> die Regierung der nationalen Erhebung, die die Bedeutung der reinen wissenschaftlichen Forschung für das Gedeihen des deutschen Vaterlandes und seine Stellung unter den Völkern der Welt voll anerkennt, Mittel und Wege finden möge, die Gesellschaft in die Lage zu versetzen, ihre Institute nicht nur zu erhalten, sondern sie in jeder Hinsicht so auszustatten, wie es die nie rastende Gelehrtenarbeit erfordert.[32]

Um die staatliche Unterstützung zu sichern, leitete der Generaldirektor der KWG, Friedrich Glum, Reorganisationsmaßnahmen ein, die erklärtermaßen der »Entpolitisierung« der Gesellschaft dienen sollten. Glum konnte leitende Beamte des Innenministeriums davon überzeugen, daß die Einführung des Führerprinzips und der Ausschluß aller Juden aus dem Senat harte Kritik im Ausland hervorrufen würde. Es gelang ihm außerdem, eine Reihe politisch lästiger Personen aus dem Senat loszuwerden und die Gesellschaft zu veranlassen, einige neue Mitglieder auszuwählen, die engere Verbindungen zur Industrie herstellten. Das Reichsministerium des Inneren und das Preußische Ministerium für Wissenschaft nominierten je sechs Mitglieder des Vorstands der Gesellschaft, von denen einige, die Glum vorgeschlagen hatte, Strohmänner der Nationalsozialisten waren, jener Glum, der für sich in Anspruch nahm, alles zu unternehmen, um sich nicht mit Parteifunktionären zu belasten.[33]

Im großen und ganzen war die Taktik der Selbstgleichschaltung erfolgreich. Im Gegensatz zu den Universitäten und vielen anderen Organisationen war die KWG nie völlig von der Regierung gleichgeschaltet worden. Planck und Glum blieben bis zum 25jährigen Jubiläum der Gesellschaft im Jahre 1936 auf ihren Posten. Danach entschloß sich Planck, in den Ruhestand zu treten. Um die Wahl eines vernünftigen Nachfolgers zu garantieren, mußten einige Zugeständnisse gemacht werden: das Führerprinzip mußte akzeptiert werden, und Glum mußte ebenfalls seine Stellung aufgeben. Aber der neue Präsident (der das Amt im Mai 1937 antrat) war der Nobelpreisträger, Chemiker und Industrielle Carl Bosch, dessen Ansichten über das Naziregime als etwas kritisch bekannt waren. Unglücklicherweise war Bosch von schwacher Gesundheit und nicht in der Lage, die Gesellschaft aktiv zu leiten; er starb im Jahre 1940. Sein Nachfolger wurde Albert Vögler, ein Industrieller, der seit ihrer Gründung mit der Gesellschaft verbunden war und der dem Regime ebenfalls kritisch gegenüberstand. Da jedoch Vöglers Zeit zum größten Teil von seinen geschäftlichen Interessen in Anspruch genommen wurde, führte ab 1937 eigentlich Glums Nachfolger Ernst Telschow die Geschäfte der Gesellschaft. Telschow hatte sein Doktorat vor dem Ersten Weltkrieg bei Otto Hahn erworben, besaß aber anscheinend das Vertrauen der Partei und begegnete einem Minimum an politischer Einmischung.[34]

Nie wurden der KWG die finanziellen Mittel durch den Staat entzogen. Ja, die Organisation erhielt sogar verstärkt Unterstützung, um ihren Wirkungsbereich erweitern zu können. Ein Beispiel war die Errichtung des Kaiser-Wilhelm-Instituts für Physik, das zur Zeit der Weimarer Republik nur auf dem Papier existierte. Im Jahre 1937 wurde der Bau schließlich mit Hilfe einer Kombination von staatlichen und von Rockefeller-Mitteln vollendet. Dieses neue Institut wurde sofort das erste Physiklaboratorium in Deutschland. In Anbetracht der späteren Ereignisse ist interessant festzuhalten, daß der neue Direktor des Laboratoriums der Physiker Peter Debye war, ein gebürtiger Holländer und früherer Schüler Sommerfelds. Als Debye im Jahre 1940 gezwungen war, Deutschland zu verlassen, konnten Vögler und Telschow verhindern, daß ein vom Heereswaffenamt unterstützter Physiker die Leitung zur Gänze übernahm. Dr. Diebner wurde kommissarischer Leiter »am« Institut, die Direktion »des« Instituts blieb bis Kriegsende vakant.[35]

Infolge der Bemühungen der Führung der KWG wurden die meisten Institute der Gesellschaft am Anfang der Nazizeit in ihrer Arbeit kaum gestört. Oft mußten jüdische Forscher, wie z.B. Lise Meitner, ihre formellen Verbindungen mit den Universitäten aufgeben, aber sie arbeiteten weiterhin an den Institutslaboratorien. Später waren ihre Posten nicht mehr zu halten, und sie mußten, sofern sie konnten, Deutschland verlassen. Eine Ausnahme bildete Habers KW Institut für Physikalische Chemie und Elektrochemie in Berlin-Dahlem, das 1933 von den Nazis in Beschlag genommen und zu einem Modell nationalsozialistischer Forschung umgestaltet wurde.

Obwohl weiterhin ziemlich große Geldbeträge vom Ministerium an das Institut flossen (es war ein wichtiger Neubau für »künftige« Arbeit in Vorbereitung),[36] erschien kein Rechenschaftsbericht über die Tätigkeit des Instituts in den Jahresberichten der KWG für 1933 und 1934. Der physikalische Chemiker Peter Thiessen, der das Institut im Herbst 1935 reorganisierte, gab im Tätigkeitsbericht für jenes Jahr die unbefriedigende Erklärung ab, daß das Institut sich deshalb in Schweigen gehüllt hätte, weil ein großer Teil der durchgeführten Arbeiten staatsnotwendige Aufgaben seien, deren Veröffentlichung nicht vorgesehen war«.[37]

Der Geist, von dem sich dieses Nazimodell eines neuen wissenschaftlichen Instituts leiten ließ, war nicht nur durch die Scheu vor der Veröffentlichung relevanter Arbeit, sondern auch durch die Organisation der Laboratorien in Arbeitsgemeinschaften gekennzeichnet:

> Die Arbeit des Institutes stand in den letzten eineinhalb Jahren im verstärkten Maße unter der Zielsetzung der Gemeinschaftsbildung. Neben Kameradschaftsabenden, die des öfteren die gesamte Belegschaft zusammenführten, diente hierzu die Einrichtung des gemeinsamen Besuches eines Lagers, und zwar stellte der Minister für Wissenschaft, Erziehung und Volksbildung dafür das Dozentenlager Schloß Tännich zur Verfügung. Hier war die männliche Gefolgschaft Pfingsten 1936 eine Woche beisammen. Die Vertiefung der Kameradschaft, die durch diese und andere die Werkgemeinschaft fördernden Maßnahmen erreicht wurde, wirkte sich in hervorragender Weise im Arbeitserfolg aus.[38]

Als hätte er gewußt, wie unglaubwürdig dies alles klang, schloß der Verfasser abwehrend: »Zahlreiche Besucher aus dem In- und Ausland überzeugten sich von der Leistungsfähigkeit der Arbeitsgemeinschaft.« Es war jedoch für jene, die es vorzogen, ihre eigenen Augen zu gebrauchen, klar ersichtlich, daß unter der direkten politischen Kontrolle der Nazis die Tätigkeit eines der renommiertesten Forschungsinstitute der Welt zu Wichtigtuerei und Bierseligkeit verkommen war.

Unfähig, den künftigen Gang der Ereignisse vorauszusehen, machten sich bei Planck und jenen, die seinem Beispiel folgten, während der Sommer 1933 sich langsam dahinschleppte, schon bald eine gewisse Ernüchterung bemerkbar. Fähige Leute begannen schon das Land zu verlassen, obwohl die Entlassungen noch nicht definitiv waren. In diese Zeit fiel Plancks betrübliches Gespräch mit Hitler über Haber. Dennoch war es noch immer sein Ziel, jede Konfrontation zu vermeiden. Wenn Kollegen zu ihm kamen, um Protestaktionen, wie z.B. Petitionen, vorzuschlagen, versuchte Planck sie davon abzubringen.[39] Max Born, der Planck im Spätsommer in seinem Tiroler Urlaubsort besuchte, meinte:

> Die preußische Tradition des Dienstes am Staate und der Regierungstreue war tief in ihm verwurzelt. Ich glaube, er vertraute darauf, daß Gewalt und Unterdrückung mit der Zeit nachlassen und alles sich normalisieren würde. Er erkannte nicht, daß ein irreversibler Prozeß vor sich ging.[40]

In seinen Memoiren versuchte Heisenberg, die verzwickte Lage des Wissenschaftlers zu beschreiben, der in Deutschland geblieben war, während die anderen zur Auswanderung genötigt waren.[41] Für ihn war die Wahl, den Emigranten entweder ins Ausland zu folgen oder zu bleiben und zu versuchen, das Beste daraus zu machen, nicht ohne Widersprüche. »Fast beneidete ich die Freunde«, schrieb er, »denen die Lebensgrundlage in Deutschland mit Gewalt entzogen worden war und die daher wußten, daß sie unser Land verlassen mußten.«[42]

Heisenbergs Erörterung des Problems wird in Form eines Dialogs mit Planck im Sommer des Jahres 1933 dargestellt, aber die Hauptargumente gelten für die gesamte Zeit des Nationalsozialismus und spiegeln Heisenbergs Gespräche mit vielen anderen Leuten neben Planck wider.[43] Das Argument zugunsten von Protest, Rücktritt und Emigration, das sich auf moralische Empörung und die Hoffnung stützte, durch eine demonstrative Opposition gegen die Maßnahmen der Regierung etwas zu erreichen, war für Heisenberg nicht überzeugend.

Die Argumente, die für das Bleiben sprachen, hatten größere Überzeugungskraft. Aus Heisenbergs Darstellung gewinnt man den Eindruck, daß die freiwillige Emigration für einen Mann mit den Anschauungen Heisenbergs (oder Plancks) eher als Pflichtvergessenheit denn als ein mutiger Protest zu werten war. Ihre Sorge galt dem Zustand der deutschen Wissenschaft, die sich über die von den Nazis bisher zugefügten Verluste hinaus keine weiteren mehr leisten konnte.[44] Heisenberg überläßt es Planck, die pragmatischen Überlegungen von 1933 vorzubringen: Ein Rücktritt würde die Regierung nicht veranlassen, ihren Standpunkt in diesen Fragen völlig zu ändern; er würde der Öffentlichkeit vielleicht nicht einmal mitgeteilt; und er würde der langen Liste jener, die im Ausland einen neuen Arbeitsplatz suchten, nur einen weiteren Wissenschaftler hinzufügen – und vielleicht sogar verhindern, daß irgendein anderer Emigrant eine der wenigen verfügbaren Stellen bekommt. Im Rückblick mögen diese Argumente ziemlich eigennützig erscheinen, aber ihre Richtigkeit in der Praxis war unwiderlegbar. Das Beispiel von Habers Rücktritt, Rusts ungehaltene Reaktion und die darauffolgende Demontage von Habers Institut machte rasch deutlich, daß Protest in der Frage der Entlassungen nicht besonders wirksam war. Die Folge war jedoch eine Verschwendung der Energie, die für den Kampf gegen die Politik der Nationalsozialisten in anderen Bereichen notwendig gewesen wäre.

Das einzige, seiner Darstellung nach überzeugendste Argument für Heisenberg war, daß die Ereignisse unweigerlich zur Katastrophe führen würden und daß die Anwesenheit führender Wissenschaftler in Deutschland dringend notwendig war – auch wenn das mit moralischen Kompromissen verbunden war –, um durch die Ausbildung der jüngeren Generation die traditionellen wissenschaftlichen Werte zu bewahren.[45] Mit anderen Worten, das Gewicht sollte auf die »Lehre« gelegt werden, in dem Sinne, wie Rust und Schemm sie verstanden – als Durchsetzung der Führung im Hörsaal oder Laboratorium im Namen bestimmter Werte. Für Männer wie Planck und Heisenberg ebenso wie für die Nazis war das Kernproblem beim Kampf um die Universitäten die Frage der Berufung von Professoren, die daher weit über persönliche Prestigeerwägungen hinaus Bedeutung annahm.

Der Geist der Unabhängigkeit: Max von Laue

Heisenberg stand mit seinem Entschluß, in Deutschland zu bleiben, nicht alleine. Die wenigen Wissenschaftler, die sich freiwillig entschlossen, zurückzutreten und aus Protest zu emigrieren, waren fast ausschließlich Juden (z.B. James Franck und Otto Stern) oder Ausländer (z.B. Erwin Schrödinger). So wie die Angehörigen anderer Berufsgruppen, z.B. der Armee, betrachteten die Wissenschaftler die Loyalität gegenüber Deutschland als Loyalität gegenüber etwas Höherem als dem deutschen Staat – eine Haltung, die seit dem Jahre 1918 weit verbreitet war.

Loyalität gegenüber Deutschland bedeutete für Wissenschaftler Ergebenheit gegenüber den Traditionen und Institutionen der deutschen Wissenschaft und die Anstrengung, sie zu erhalten, auch dann, wenn diese Bemühungen moralische Kompromisse durch scheinbare – oder wirkliche – Zusammenarbeit mit dem NS-Staat notwendig machten.[46]

Aber es gab einige wenige Wissenschaftler, die sogar die geringste Spur einer Zusammenarbeit zurückwiesen. An erster Stelle sind hier zu nennen Plancks Berliner Kollegen Otto Hahn und Max von Laue, die ebenso tief von preußischem Pflichtgefühl durchdrungen waren wie Planck. Im Frühling und Frühsommer 1933 zählte besonders von Laue zu jenen Optimisten, die die erzwungenen Beurlaubungen für temporäre Maßnahmen hielten und die anderen ermutigten, den Sturm abzuwarten.[47] Irgendwann im Sommer begriff er, welche Richtung die Ereignisse nahmen, und änderte seinen Standpunkt. Seine Ansprache als Vorsitzender bei der alljährlichen Physikertagung am 18. September 1933 enthielt einen unmißverständlichen Vergleich des Vorgehens der nationalsozialistischen Regierung gegenüber Einstein und der Relativitätstheorie mit dem Vorgehen der Inquisition gegenüber Galilei. Abschließend sprach er die legendären Worte des Italieners: »Und sie bewegt sich doch!« aus und erntete Applaus bei seiner Zuhörerschaft.[48] Als Fritz Haber im Januar 1934 starb, veröffentlichte von Laue in zwei vielgelesenen und angesehenen wissenschaftlichen Zeitschriften eine Huldigung für seinen ehemaligen Kollegen, indem er Haber lobte und den Verlust für Deutschland beklagte.[49] Die Ansprache und die Nachrufe brachten ihm eine Rüge des Preußischen Ministeriums für Wissenschaft ein.[50]

Von Laues privater Einsatz war die praktische Konsequenz seines in der Öffentlichkeit eingenommenen Standpunkts. Im Jahre 1937 schickte er seinen Sohn in Amerika zur Schule, nur um ihn dem Einfluß der Nazis zu entziehen.[51] Von Laue benachrichtigte oft das Ausland über die Wünsche von Kollegen, die Deutschland verlassen wollten und neue Arbeitsplätze suchten, oder fungierte auf andere Weise als Informationskanal.[52]

Er verbrachte auch viel Zeit mit jüdischen Kollegen, die nicht aus Deutschland ausgewandert waren. Besonders oft besuchte er Arnold Berliner, den Gründer und Herausgeber der Zeitschrift *Die Naturwissenschaften*, der im August 1935 seinen Posten verlor. Als sich die Lage der Juden allmählich verschlechterte, zog sich Berliner immer mehr zurück. Im Jahre 1942 schließlich, schrieb von Laue nach dem Krieg, »als man ihn aus seiner Wohnung, der letzten Zuflucht, vertreiben wollte, führte er einen längst für diesen Fall gefaßten Entschluß aus und schied aus dem Leben«.[53] Von Laue war einer der wenigen Menschen, die an Berliners Begräbnis auf dem jüdischen Friedhof von Berlin teilnahmen.[54]

Von Laues kompromißlose Haltung war im Ausland ebenso bekannt wie in Deutschland. Er wurde in der Tat ein Symbol für die Weigerung, mit den Nationalsozialisten zusammenzuarbeiten. Zum Beispiel erkundigte sich P.P. Ewald am Ende eines Besuches bei Einstein Mitte der dreißiger Jahre, ob er für Einstein in Deutschland irgendwelche Nachrichten überbringen könnte. Einstein antwortete: »Grüßen Sie Laue.« Ewald nannte andere und fragte, ob auch sie in die Grüße einbezogen werden sollten. Einsteins Antwort war einfach zu wiederholen: »Grüßen Sie Laue.«[55]

In einer späteren autobiographischen Skizze wies von Laue darauf hin, daß er aus einer Reihe von Gründen in Deutschland geblieben sei; einer der Gründe war, daß er nicht einen jener Arbeitsplätze im Ausland in Anspruch nehmen wollte, die von anderen so dringend benötigt wurden. »Vor allem wollte ich aber sogleich zur Stelle sein, wenn nach dem von mir stets vorausgesehenen und erhofften Zusammenbruch des ›Dritten Reichs‹ sich die Möglichkeit zu einem kulturellen Wiederaufbau auf den Ruinen bot, die dieses Reich schuf.«[56] Es klingt echt, wenn er kurz vor Ausbruch des Krieges in Amerika Einstein gegenüber einmal äußerte: »Ich hasse sie so sehr, daß ich ihnen nahe sein muß. Ich muß zurückkehren.«[57]

Manchmal wundert man sich, wie ein so unverblümter Kritiker des Regimes in Nazideutschland auf freiem Fuß bleiben konnte. Die Antwort liegt zum Teil zweifellos in dem Ansehen, das von Laue als Nobelpreisträger genoß. Ein weiterer Faktor war sein Alter, da es allgemein zur Politik der Nationalsozialisten gehörte, die älteren konservativen Kritiker zu ignorieren und statt dessen verstärkt Druck auf die jüngeren Professoren auszuüben. Höchstwahrscheinlich hatte der Physiker auch Gönner in konservativen Kreisen, die Beziehungen zur Wehrmacht hatten.[58]

Von Laues Entschluß, in Deutschland zu bleiben, ohne jedoch Kompromisse zu schließen, ließ ihn zur löblichen Ausnahme unter den deutschen Professoren werden. So schrieb auch Ewald:

> Während viele angesehene Wissenschaftler dem politischen Druck nachgaben, indem sie sich zunächst nach außen hin »gleichschalteten« und schließlich ihre geistige Unabhängigkeit verloren, ließ sich Laue weder einschüchtern noch zur Servilität bestechen ... Laue war ein großer Patriot, und er erkannte klar den Schaden, der Deutschland durch die Vertreibung so vieler seiner bestausgebildeten Wissenschaftler erwachsen war. Aber seine Loyalität gegenüber den Menschen war noch stärker als der Appell an seinen Patriotismus.[59]

Ewald erinnert sich auch daran, was das für die anderen bedeutete:

> Für uns alle als Nebenfiguren war die bloße Existenz eines MANNES von Laues Format und Haltung ein gewaltiger Trost. Vergleichen Sie es mit dem Trost, den die Gegenwart eines einzigen Mannes während des Krieges spendete: Churchill. Man spürte, daß, solange er sich zur Wehr setzte, noch nicht alles verloren war.[60]

Von Laue blieb während des ganzen Krieges unbeugsam. Nach dem Zusammenbruch des Dritten Reiches beteiligte er sich, getreu seinem Ziel, an der Wiederherstellung des kulturellen Lebens in Deutschland. Er stellte sich als Zeuge in den Entnazifizierungsprozessen zur Verfügung, trug zur Wiederbelebung der deutschen wissenschaftlichen Organisationen bei und war für den Wiederaufbau der Laboratorien der Physikalisch-Technischen Reichsanstalt verantwortlich. Er beteiligte sich auch an der Opposition deutscher Wissenschaftler gegen die Entwicklung von Kernwaffen in Deutschland.

Öffentlicher Protest: Die Fritz-Haber-Gedächtnisfeier

Ungeachtet der Tatsache, daß die meisten deutschen Wissenschaftler im Gegensatz zu von Laue sich für eine wenigstens minimale Zusammenarbeit mit dem Regime als Preis für die Rettung der deutschen Wissenschaft entschlossen, fand dennoch ein symbolischer Protest statt: die Gedächtnisfeier für Fritz Haber am 29. Januar 1935.

Nachdem er im Sommer 1933 Deutschland verlassen hatte, ging Haber nach Cambridge in England. Sein Gesundheitszustand war schon lange sehr angegriffen, und er starb am 29. Januar 1934 unterwegs zu einem Kurort in der Schweiz. Von Laues ergreifende Klage um Habers Ableben erschien im Februar. Ende Juni hielt Max Bodenstein, ein ehemaliger Mitarbeiter, in der Preußischen Akademie der Wissenschaften eine denkwürdige Gedächtnisrede auf Haber.[61] Abgesehen von diesen mutigen öffentlichen Äußerungen der Wertschätzung nahm man offiziellerseits von Habers Tod keine Notiz.

Als die erste Wiederkehr seines Todestages herannahte, wurde von vielen Seiten der Wunsch vorgebracht, Habers Andenken zu ehren. Eine Gedächtnisfeier zur ersten Wiederkehr eines Todestages war an sich ganz unüblich, auch wenn man von Habers jüdischer Abstammung absah. Planck kümmerte sich daher persönlich um die Vorbereitungen, um die Feier unter die Schirmherrschaft der KWG zu stellen. Die Einladungen wurden Mitte Januar verschickt.

Am 15. Januar verbot das Ministerium für Erziehung allen Staatsbeamten die Teilnahme an der Gedächtnisfeier. Ein Ausschnitt des ministeriellen Erlasses lautete wie folgt:

> Professor Dr. Haber ist am 1. Oktober 1933 aus seinem Amt entlassen auf Grund eines Antrags, aus dem eindeutig seine innerliche Einstellung gegen den heutigen Staat zum Ausdruck kam, und in dem die gesamte Öffentlichkeit eine Kritik an den Maßnahmen

des nationalsozialistischen Staates sehen mußte. Das Vorhaben der genannten Gesellschaften, anläßlich des einjährigen Todestages Habers eine Gedächtnisfeier zu veranstalten, muß angesichts dieser Tatsache um so mehr als Herausforderung des nationalsozialistischen Staates aufgefaßt werden, als nur in besonderen Ausnahmefällen bei den größten Deutschen dieses Tages besonders gedacht wird.[62]

Einen unausgesprochenen Einwand bildete die Tatsache, daß der 30. Januar, der Jahrestag der Machtergreifung der Nazis, schon ein Nationalfeiertag war. Die Ehrung eines jüdischen Regimegegners einen Tag vorher wäre eine zusätzliche Provokation gewesen.

Planck reagierte darauf am 18. Januar in einem an Rust gerichteten Schreiben, und der Minister antwortete postwendend am 24.[63] Anscheinend hatte Planck entgegnet, daß es der Preußischen Akademie der Wissenschaften gestattet worden war, eine Feier zu Ehren Habers zu veranstalten, daß er (Planck) dem gegenwärtigen Staat und seinem Führer loyal gegenüberstehe und daß die Teilnahme erlaubt werden sollte. Rust erwiderte, daß die Akademie eine internationale Körperschaft sei, die KWG hingegen die angesehenste deutsche Forschungsorganisation. Von der KWG mußte man daher verlangen, daß ihre Tätigkeit im Einklang mit dem nationalsozialistischen Staat stehe. Plancks Beteuerung seiner persönlichen Loyalität wurde ignoriert, und man hielt weiterhin an der Verfügung gegen die Teilnahme fest. Ausnahmen könnten jedoch für einzelne Personen gemacht werden, da die in- und ausländische Presse bereits über die Planung dieses Ereignisses berichtet habe. So ermöglichte Rusts Hang zur zweideutigen Rede trotz seines deutlichen Mißfallens die Veranstaltung der Feier.[64]

Einem der Redner, Karl Friedrich Bonhoeffer, der über Habers wissenschaftliche Leistungen sprechen sollte, wurde verboten, zu erscheinen. Als Professor an der Universität Leipzig war er Rusts Amtsgewalt unterstellt. Planck sprach die einleitenden Worte, und ein Offizier der Wehrmacht, der mit Habers Tätigkeit während des Krieges vertraut war, sprach über seine in jener Zeit um Deutschland erworbenen Verdienste. Hahn verlas Bonhoeffers Rede und hielt einen eigenen Vortrag über Habers Persönlichkeit und seinen Beitrag zur KWG. Da viele von jenen, denen das Erscheinen verboten wurde, von ihren Ehefrauen vertreten wurden, war die Versammlung gut besucht. Carl Bosch und ein Teil seiner Mitarbeiter bei I.G. Farben waren ebenso anwesend wie einige Mitarbeiter Hahns – Lise Meitner, Fritz Strassmann, Max Delbrück.[65] Das Ministerium führte eine Liste über alle jene, die erschienen waren, und zensierte alle Presseberichte, die auf die Gedächtnisfeier Bezug nahmen.

Die Bedeutung der Haberfeier lag laut Hahn darin, zu demonstrieren, daß »man in den ersten Jahren des Hitlerregimes noch einen, wenn auch kleinen Widerstand leisten konnte, was später nicht mehr möglich war«.[66] Was der Chemiker durchblicken läßt, ist freilich, daß kein *wirksamer* Widerstand möglich war. Obwohl seine Ablehnung, dem Regime Gefolgschaft zu leisten, weithin bekannt war, zog sich Hahn in die sogenannte »innere Emigration« zurück und beteiligte sich nie mehr öffentlich an politischen Veranstaltungen.

In seinem bahnbrechenden und unterbewerteten Buch *Politics and the Community of Science* behauptete der Politologe Joseph Haberer, daß die Nachrufe auf Haber und die Gedächtnisfeier nicht den Widerstand gegen den Nationalsozialismus in den Reihen der deutschen Wissenschaftler, sondern eher sein Fehlen dokumentierten. Ein wesentlich härteres Vorgehen wäre sowohl moralisch geboten als auch möglich gewesen, aber den Wissenschaftlern fehlte die Gewissensstärke, das zu erkennen. »Mehr als jede andere Institution oder Berufsgemeinschaft in Deutschland«, behauptete er, »entledigten sich die Wissenschaftler des Problems ihrer Verantwortung in der Krise, in die sie selbst einbezogen waren.«[67]

Die Richtigkeit eines so kategorischen Urteils ist aus zumindest zwei wesentlichen Gründen höchst problematisch. Erstens wird unterstellt, daß die Naturwissenschaft in den dreißiger Jahren jene politische Bedeutung gehabt hätte, die sie erst nach der Entdeckung der Atomenergie erlangte. Trotz ihrer Ansichten über den Wert ihrer Wissenschaft für die internationale Politik der Weimarer Republik betrachteten sich die Wissenschaftler noch nicht als mächtige Persönlichkeiten der Innenpolitik. Sie betrachteten sich mehr als Zuschauer der politischen Ereignisse denn als Beteiligte und wurden auch von den politischen Führern so gesehen.

Zweitens setzt Haberers Kritik eine Vorstellung vom Nationalsozialismus als gegeben voraus, die in den frühen dreißiger Jahren in Deutschland – oder auch im Ausland – einfach nicht verbreitet war. Nationalsozialisten waren noch nicht die Ausrotter der Juden, die Urheber des Zweiten Weltkrieges, die eiskalten Eroberer und nicht die Kriegsverbrecher der Nürnberger Gesetze. Für die politisch naiven Akademiker in der Armee, die Beamtenschaft, an den Universitäten und anderswo waren die Nazis zweifellos ungehobelte, unkultivierte Rohlinge, die sich vorübergehend die Maschinerie eines hoch organisierten und mächtigen Staates angeeignet hatten. Indessen gab es keine klaren Richtlinien dafür, wie mit ihnen umzugehen sei, auch wenn man mit ihrer Politik durchaus nicht einverstanden war. Nur im Rückblick erscheint es so einleuchtend, daß die einzig wirklich ehrenhafte Reaktion auf den Nationalsozialismus der kompromißlose Widerstand war.

Privater Protest

Obwohl die Haber-Gedächtnisfeier die einzige öffentliche Protestkundgebung von deutschen Wissenschaftlern im Dritten Reich war, leistete eine Reihe von Personen in aller Stille Widerstand gegen bestimmte Regierungsmaßnahmen, die die Naturwissenschaften betrafen. Die Physiker waren insbesondere über die Reduzierung der Vorlesungsstunden für Studenten und die große Zahl vakanter Stellen im Lehrkörper besorgt.

Walther Gerlach, der bekannte Professor für Experimentalphysik an der Universität München, war, wie viele seiner Kollegen, unzufrieden mit der starken Beanspruchung der Studienzeit der Studenten durch politische Tätigkeit und Arbeitsdienst. Als vorgeschlagen wurde, die Vorlesungszeiten zu reduzieren, trat er entschlossen gegen eine solche Entwicklung auf.[68] Im Juni 1934 reichte er eine formelle Beschwerde ein, daß durch die unregelmäßigen Unterbrechungen infolge politischer Tätigkeit oder Arbeitsdienst die Qualität der Arbeit der Studenten und Assistenten am Institut leide. Studienanfänger könnten die versäumten Vorlesungen nicht nachholen, da es sich um zu viele Stunden handelte. Die fortgeschrittenen Studenten könnten ihre abendliche Arbeit im Laboratorium nicht verrichten, da man von ihnen die Teilnahme an unzähligen Versammlungen verlangte. Sogar die Assistenten mußten wegen anderweitiger Verpflichtungen oft die Durchführung von Experimenten verweigern.[69] Gerlachs Eingaben waren jedoch vergeblich.

Obwohl die qualitative Verschlechterung der Arbeit der Studenten und Assistenten bedenkliche Folgen vorausahnen ließ, war die Zahl der vakanten Professuren für die deutschen Physiker das dringlichere Problem. Ohne effektive Ausbildung konnten die Studenten nicht Physik lernen, auch wenn man sie sonst ungestört ließ. Daher ließ der Professor für Experimentalphysik in Jena, Max Wien, im November 1934 einen informellen Bericht über die Lage der Universitätsphysik unter seinen Kollegen zirkulieren. Seinen Angaben nach waren 17 von insgesamt 100 Hochschulposten im Fach Physik unbesetzt, während es normalerweise nur jeweils zwei oder drei waren. Die Schwierigkeiten wurden durch die Tatsache verschärft, daß 7 der 37 Direktorenstellen an den Instituten unbesetzt waren, wodurch die Arbeit an nahezu 20 Prozent der physikalischen Institute Deutschlands praktisch zum Erliegen gekommen war.[70]

Die Situation im Bereich der Physik schien so bedenklich, daß industrielle Kreise Ende 1934 die Möglichkeit erörterten, Doktoranden in der Industrie selbst auszubilden. In der Erkenntnis, daß eine solche Maßnahme nur zu einer weiteren Verschlechterung in der akademischen Physik führen könnte, erhoben manche Professoren, wie z.B. Gerlach und Pohl, nachdrücklich Einwände dagegen.[71] Pohl betonte jedoch, daß die Tatsache, daß Industrielle eine so radikale Lösung der Probleme an den Universitäten und technischen Hochschulen ins Auge faßten, eine starke Kritik an den Maßnahmen der Nationalsozialisten im Wissenschaftsbereich darstellte, die von den Hochschulphysikern zur Stützung ihrer Argumente herangezogen werden könnte.[72]

Die Hochschulgelehrten wurden in ihrem Standpunkt von dem Industriellen und Wissenschaftler Carl Bosch entscheidend unterstützt. Im Januar 1935 ließ Bosch eine wohldurchdachte Einschätzung der Lage der deutschen Physik und Chemie verbreiten.[73] Die Zahl der vakanten akademischen Posten sowie die offensichtliche Tendenz der nationalsozialistischen Regierung, sie mit zu geringer

Berücksichtigung der fachlichen Qualifikationen zu besetzen, war ziemlich beunruhigend. Die Verringerung des Einflusses der Institutsdirektoren und der Professoren auf die Auswahl der Assistenten und auf die Kriterien für die Habilitation schien sich für die deutsche Wissenschaft sehr nachteilig auszuwirken. Dennoch erschien Bosch der Ausbau von Instituten der Industrie zu Ersatzuniversitäten als eine Gefahr für die reine Forschung. Er verlangte statt dessen die Beibehaltung der Grundsätze und der Praxis, die der deutschen Wissenschaft im 19. und 20. Jahrhundert Weltruhm brachten. Er schloß mit der Forderung, daß die Politik sich aus der Praxis der Physik herauszuhalten habe:

> Die Naturwissenschaft steht in höherem Maße als andere Wissenschaften außerhalb der staatspolitischen Kontroversen. Die Natur ist etwas Einmaliges, und es gibt nur einen Weg, in ihre Geheimnisse einzudringen, der im wesentlichen seit Beginn der modernen Forschung immer der gleiche geblieben ist.[74]

Er drängte alle jene, die mit ihm einer Meinung waren, ihren Standpunkt den für die Wirtschaft und Wissenschaft zuständigen staatlichen Stellen bekanntzugeben. Seither verstummten die Forderungen nach der Möglichkeit des Erwerbs akademischer Diplome an Instituten der Industrie.

Die internationale Isolierung

Zur Sorge um die durch staatliche Maßnahmen beeinträchtigte Qualität der deutschen Physik gesellte sich die wachsende Isolierung der deutschen Gelehrten von den Hauptströmungen der internationalen Wissenschaft. Der Trend manifestierte sich auf mannigfache Weise, insbesondere in der Abnahme (und später in der veränderten Zusammensetzung) der Zahl der Ausländer, die Deutschland besuchten, Mitglieder in wissenschaftlichen Gesellschaften und Mitarbeiter an wissenschaftlichen Zeitschriften waren. Überdies wurden Deutschen, die ins Ausland reisten, Beschränkungen auferlegt, und jene, die es dennoch taten, wurden mit Mißtrauen behandelt.

Die Zahlen für das Gästehaus der KWG in Berlin, das Harnack-Haus, geben einige Hinweise auf die Gesamttendenz (siehe Tab. 3).

Tabelle 3

Gäste des Harnack-Hauses

Jahr	insgesamt	Deutsche	Ausländer	Amerikaner
1929–30	40	13 (32%)	27 (68%)	11 (28%) (41%)
1930–31	202	104 (59%)	98 (41%)	34 (17%) (35%)
1931–32	240	125 (52%)	115 (48%)	33 (14%) (28%)
1932–33	230	126 (55%)	104 (45%)	34 (15%) (33%)
1933–34	287	221 (77%)	66 (23%)	16 (6%) (24%)
1934–35	359	253 (71%)	106 (29%)	11 (3%) (10%)
1935	172	119 (70%)	53 (30%)	14 (8%) (26%)
1935–37	287	180 (63%)	107 (37%)	12 (4%) (11%)
1937–38	203	103 (51%)	100 (49%)	15 (7%) (15%)
1938–39	218	117 (54%)	101 (46%)	keine Angaben

Quelle: Die Jahresangaben gelten für die Zeit vom 1. April bis zum folgenden 31. März, ausgenommen April–September 1935 und Oktober 1935 bis März 1937. Aus: Jährlicher Tätigkeitsbericht in *Die Naturwissenschaften.*
Anmerkung: Die Angaben in Klammern geben den Anteil an der Gesamtzahl wieder, die zweite Prozentzahl in der Rubrik »Amerikaner« bezieht sich auf den Anteil der Amerikaner an der Gesamtzahl der Ausländer.

Das Haus wurde 1929 gegründet und bot Unterkunftsmöglichkeiten für Gelehrte, die aus dem Ausland und aus allen Teilen Deutschlands kamen. Zwischen 1930 und 1933 blieb die Zahl der Gäste trotz der Wirtschaftskrise ziemlich konstant. Die Gesamtzahl betrug ein wenig über 200, davon waren etwas weniger als die Hälfte Ausländer. Im Jahre 1933 jedoch ging der Anteil der Ausländer fast um die Hälfte zurück, während die Anzahl der deutschen Gäste erheblich anstieg. Während 1932-33 einem Ausländeranteil von 45 Prozent 55 Prozent Deutsche gegenüberstanden, betrug das Verhältnis im Jahre 1933-34 23 Prozent Ausländer gegenüber 77 Prozent Deutsche. Das Verhältnis von 1932-33 konnte erst 1937-38 wieder erreicht werden, zu einer Zeit, als die Staatsangehörigkeit der ausländischen Gäste sich von früheren Zeiten gänzlich unterschied.

Zwischen 1930 und 1933 stellten die Amerikaner mehr als 30 Gäste jährlich oder ungefähr ein Drittel aller ausländischen Gäste (das weitaus größte einzelne Ausländerkontingent). Nach der Machtergreifung der Nazis waren es in der Regel weniger als 15 Amerikaner jährlich, die weniger als ein Viertel aller Ausländer stellten. Das deutete auf eine wichtige Veränderung hin. Obgleich vor 1933 Gäste aus der ganzen Welt das Harnack-Haus besucht hatten, waren Westeuropäer und Amerikaner deutlich am stärksten vertreten. Bis zum Jahre 1937 stellten andere Gebiete einen sehr hohen Anteil der Gäste. Die Südafrikanische Union, die Freistadt Danzig, Rumänien und Chile waren zum Beispiel ebenso häufig vertreten wie Holland, Frankreich und England.

Die Zahlen des Harnack-Hauses dokumentieren nachweislich einen Wandel im gesamten wissenschaftlichen Leben Deutschlands. Bis 1932–33 kamen die Gäste im wesentlichen aus den Ländern im Zentrum der europäischen Forschungsgemeinschaft. Die zahlenmäßigen Verluste nach 1933 wurden wieder wettgemacht, indem man stärker auf die einheimischen Deutschen und schließlich auf Gäste aus Ländern außerhalb von Westeuropa und Amerika zurückgriff.

Dieser Trend war insbesondere in der Physik von Bedeutung, da in den dreißiger Jahren Westeuropa und Amerika in der Forschung in vielen Bereichen führend waren. Der theoretische Physiker Friedrich Hund erinnert sich:

> Das Jahr 1933 hat dem Institut Mitarbeiter genommen, und neue aus dem Ausland sind nicht mehr so zahlreich gekommen. Bei Beginn des Krieges schrumpfte der Kreis ganz. Heisenberg erzählte einmal, in seinem ersten Seminar in Leipzig hätten zwei Studenten gesessen; in dem letzten Seminar, das er und ich gemeinsam abhielten, waren es auch zwei.[75]

Heisenberg vermißte wie viele deutsche Physiker die umfassenden internationalen Kontakte, die sie in den zwanziger Jahren hatten. Im Jahre 1936 schrieb er an Niels Bohr:

> Die Beschäftigung mit der Physik ist ja in den letzten Jahren bei uns etwas sehr Einsames geworden, und es ist deshalb immer ein großes Fest, wenn wir in Deinem Kreis wieder für ein paar Tage an dem vollen Leben der Wissenschaft teilhaben können.[76]

Während nicht alle deutschen Wissenschaftler in der internationalen Wissenschaft so aktiv waren wie Heisenberg, waren fast alle von dem Problem berührt, das die verschiedenen wissenschaftlichen Gesellschaften ständig bedrohte. Das Grundproblem war finanzieller Art und ergab sich aus dem Rückgang der Mitgliederzahl, der mit dem Einsetzen der Wirtschaftskrise im Jahre 1930 begonnen hatte. Die Gesellschaft Deutscher Naturforscher und Ärzte zum Beispiel, die älteste und größte wissenschaftliche Körperschaft Deutschlands, hatte Ende 1929 6.884 Mitglieder. Bis Ende 1931 sank die Zahl auf 5.691. Am 31. Dezember 1933 betrug sie 4.798; Ende 1935 4.002; und am letzten Tag des Jahres 1937 lag sie bei 3.759. Während des Krieges trat die Gesellschaft nicht mehr zusammen.[77]

Andere Gesellschaften hatten einen geringeren Rückgang der Mitgliederzahlen, aber keine entging dem gleichen Problem. Die Deutsche Gesellschaft für technische Physik, die Kaiser-Wilhelm-Gesellschaft und die Deutsche Physikalische Gesellschaft verloren im Zeitraum von 1930-33 viele Mitglieder. Dieser Trend setzte sich bis 1935 fort. Durch verstärkte Anwerbung, hauptsächlich unter den Deutschen, konnten die Einbußen in den Jahren 1936-38 wieder wettgemacht werden (siehe Tabellen 4, 5 und 6).

Da der Rückgang der Mitgliederzahlen in den Jahren 1933 und 1934 sich weder beschleunigte noch verlangsamte, ist es schwierig, die Rolle, die der Nationalsozialismus dabei spielte, genau einzuschätzen. Es scheint jedoch gewiß, daß die Verluste schon vor 1937 wettgemacht worden wären, hätten die Nazis nicht die Entlassungspolitik eingeführt. So stieg trotz der seit 1930 schrumpfenden Gesamtmitgliederzahl in der Deutschen Physikalischen Gesellschaft

Tabelle 4

Mitglieder in der Kaiser-Wilhelm-Gesellschaft

Datum	Mitgliederzahl
1. April 1930	892
1. April 1931	902
1. April 1932	829
1. April 1933	786
1. April 1934	693
1. April 1935	656
1. Oktober 1935	675
1. April 1937	800

Quelle: Aus: Jährlicher Tätigkeitsbericht, abgedruckt in: *Die Naturwissenschaften;* über die Mitgliederzahlen nach 1937 liegen keine Angaben vor.

Tabelle 5

Mitglieder der Deutschen Gesellschaft für Technische Physik

Jahr	Mitgliederzahl	Jahr	Mitgliederzahl
1930	1358	1935	1074
1931	1268	1936	1086
1932	1190	1937	1174
1933	1044	1938	1230
1934	1040	1939	1275
		1940	1234

Quelle: Aus: Jährlicher Tätigkeitsbericht, abgedruckt in der *Zeitschrift für technische Physik*.

Tabelle 6

Mitglieder in der Deutschen Physikalischen Gesellschaft

Jahr	Insgesamt	Anteil an der Gesamtzahl von 1930 (%)	Mitglieder insgesamt*) (% der Gesamtzahl)
1930	1493	100,0	380 (25)
1931	1467**)	98,3	383 (26)
1932	1437	96,2	401 (28)
1933	1379	92,4	421 (30)
1934	1355	90,8	410 (30)
1935	1321	88,4	381 (29)
1936	1362	91,2	387 (28)
1937	1352	90,6	386 (28)
1938	1318	88,3	345 (28)

Quelle: Aus der Mitgliederliste, bis 1935 jährlich in den *Verhandlungen der Deutschen Physikalischen Gesellschaft* und danach gesondert abgedruckt.

*) Umfaßt sowohl die Mitglieder insgesamt als auch die Mitglieder im Ausland (unter dem Abschnitt »Mit keinem Gauverein verbunden«) sowie die Mitglieder der Prager Bezirksorganisation, die ab 1934 als ausländische Mitglieder verzeichnet wurden. Umfaßt nicht Österreicher, die im Bezirk »Österreich« aufgenommen wurden. Ungefähr 80 bis 85 Prozent der in der Spalte »Mitglieder insgesamt« aufgenommenen Personen hatten ihren Wohnsitz außerhalb Deutschlands.

**) Infolge eines Druckfehlers im Jahre 1931 wurde die Mitgliederliste für den Bezirk »Bayern« weggelassen. Im Jahre 1930 waren 90 Mitglieder in der Liste eingetragen, im Jahre 1932 waren es 86. Daher werden für 1931 88 Mitglieder geschätzt, was für die Gesellschaft in diesem Jahr eine Gesamtzahl von 1467 Mitgliedern ergibt.

die Mitgliederzahl im Ausland stetig an (Tabelle 6). Durch die Auswanderungswelle von 1933 wurde die Liste der Mitglieder im Ausland mit Emigranten aufgefüllt, die ihre Verbindungen mit der Gesellschaft aufrechterhielten, während die Gesamtmitgliederzahl weiterhin zurückging. Eine Reihe von Emigranten und anderen Mitgliedern im Ausland kündigte jedoch in den Jahren 1934 und 1935 ihre Mitgliedschaft auf. Bei einem Nettoverlust von 34 Mitgliedern im Jahre 1935 waren 29 in der Gruppe zu finden, welche die im Ausland ansässigen Mitglieder umfaßte. Ab 1936 stieg der Anteil der ortsansässigen Deutschen an der Mitgliederzahl der Deutschen Physikalischen Gesellschaft stetig an.

Die meisten der 29 im Ausland ansässigen Mitglieder, die die Gesellschaft 1935 verließen, waren ausgetreten oder ließen ihre Mitgliedschaft durch Nichtbezahlung ihrer Mitgliedsbeiträge auslaufen. Eine Reihe von Gründen waren dafür ausschlaggebend, angefangen von rein finanziellen Erwägungen bis zum offenen Protest gegen den Nationalsozialismus. Alfred Landé, der 1931 nach Amerika ausgewandert war, schlug Anfang 1933 vor, daß die im Ausland ansässigen Mitglieder der Deutschen Physikalischen Gesellschaft mit einer Protesterklärung gegen die Behandlung der Juden kollektiv aus der Organisation austreten sollten.[78] Ein solcher organisierter Austritt aus der Gesellschaft fand niemals statt, aber einzelne Physiker blieben nicht untätig. Der aus Holland gebürtige Samuel Goudsmit zählte zu jenen, die gegen die Politik der Nazionalsozialisten protestierten, indem sie ihre Beitragszahlungen verweigerten und sie statt dessen einem Flüchtlingshilfsfonds stifteten. Schließlich entschloß er sich zum Austritt, und sein verbittertes Austrittsschreiben brachte die Stimmung vieler seiner Kollegen zum Ausdruck, insbesondere jener, die ebenfalls jüdischer Abstammung waren:

> Ich möchte Sie davon in Kenntnis setzen, daß ich meine Mitgliedschaft in der Deutschen Physikalischen Gesellschaft aufkündige. Ich bin davon enttäuscht, daß die Gesellschaft als ganze nie gegen die scharfen Angriffe auf einige seiner hervorragendsten Mitglieder protestiert hat. Außerdem kommen heutzutage nur wenige Beiträge zur Physik aus Deutschland. Der wichtigste Exportartikel Deutschlands ist Haßpropaganda.[79]

Führende Vertreter der deutschen Physik versuchten Physiker im

Ausland dazu zu überreden, ihre Mitgliedschaft in der Physikalischen Gesellschaft aufrechtzuerhalten. Die Mitgliedsbeiträge und die internationalen Verbindungen waren für die Erhaltung der finanziellen und politischen Unabhängigkeit notwendig. Nachdem er den Fachmann für Aerodynamik, Theodor von Kármán, überzeugt hatte, seinen Namen auf der Liste zu belassen, schrieb von Laue, daß er auch an andere Briefe geschickt habe, die dieses Thema behandelten.

> Bisher hat außer Ihnen nur einer geantwortet, und zwar in dem Sinne, daß er die offiziellen Beziehungen zur Deutschen Physikalischen Gesellschaft allmählich einschlafen lassen wolle. Aus dem Schweigen der anderen muß ich fast schließen, daß sie dieselbe Absicht haben. Sagen Sie doch deutschen Physikern, welche noch in Brownscher Bewegung sind oder sich schon sedimentiert haben, daß mir der Mann, der auf den Sack schlug, weil er den Esel meinte, niemals als Muster besonderer Klugheit erschienen ist.[80]

Protest durch Aufkündigung der Mitgliedschaft war in der Tat völlig unangebracht, da die Deutsche Physikalische Gesellschaft eine der wenigen Organisationen war, die der Gleichschaltung im Dritten Reich entgehen konnte. Sie wurde nie von einer umfassenden, von den Nazionalsozialisten beherrschten Dachorganisation geschluckt (wie z.B. der Bund Deutscher Techniker unter dem Autobahn-Architekten Fritz Todt) und nie einem von den Nazionalsozialisten ernannten Präsidenten unterstellt.[81] Primär durch die Bemühungen der unabhängig gesinnten Präsidenten Max von Laue, Jonathan Zenneck und Carl Ramsauer wählte die Physikalische Gesellschaft weiterhin ihre eigenen Beamten aus, obwohl sie 1940 das Führerprinzip offiziell anerkennen mußte. Bis zu diesem Jahr waren Juden als Mitglieder zugelassen, was bei den NS-Parteistellen Bestürzung hervorrief.[82] Die Austritte der Juden im Ausland jedoch isolierten die deutschen Physiker noch mehr. Die Isolierung hatte auch auf die wissenschaftlichen Zeitschriften Auswirkungen. »Die Naturwissenschaften«, eine der wichtigsten wissenschaftlichen Publikationen Deutschlands, war besonders betroffen, da viele ihrer regelmäßigen und besten Mitarbeiter der Entlassungspolitik zum Opfer gefallen waren. Einige Zeit unterstützten manche von ihnen die Zeitschrift mit Artikeln aus dem Ausland, aber schon im Herbst

1933 wurde der Herausgeber, Arnold Berliner, warnend darauf hingewiesen, daß die Zeitschrift zu viele nichtarische Mitarbeiter hätte.[83] Seit 1935 hatte Berliner mit einem Mangel an Mitarbeitern und qualitativ hochwertigen Artikeln zu kämpfen.[84] Andere Zeitschriften hatten ähnliche Probleme.[85]

Die wissenschaftlichen Zeitschriften wurden auch von einem Rückgang der Abonnentenzahlen bedroht. Anfang 1935 kritisierte der Vorstand der Gesellschaft Deutscher Naturforscher und Ärzte die Tendenz ausländischer Bibliotheken, insbesondere jener in Nordeuropa, ihre Bestellungen für deutsche medizinische und wissenschaftliche Zeitschriften rückgängig zu machen. Der Vorstand ersuchte die deutsche Regierung, die Publikationen durch die Aufhebung der Ausfuhrzölle zu unterstützen, um ihre Preise im Ausland zu senken und die Auflage zu steigern.[86]

Die Lage wurde noch durch die Tatsache verschärft, daß die NS-Regierung über die Reichswissenschaftskongreßzentrale des Propagandaministeriums die Kontrolle über die Erteilung von Genehmigungen für deutsche Staatsbürger ausübte, an wissenschaftlichen Tagungen im Ausland das Wort ergreifen zu dürfen.[87] Das Ministerium versuchte die Konferenzen als Resonanzboden für seine Propaganda zu verwenden, was andere Teilnehmer dazu veranlaßte, jene Deutschen, die ihrer Regierung Handlangerdienste leisteten, zu verhöhnen.[88] Deutsche Staatsangehörige mußten, um ins Ausland reisen zu dürfen, die Genehmigung von mehreren Ministerien bekommen – einschließlich Rusts unberechenbarem REM –, ein Vorgang, der oft mit Komplikationen und Verzögerungen verknüpft war.[89] Einmal im Ausland, standen die Deutschen vor einem Dilemma: wenn sie vor Freunden und Bekannten kein Blatt vor den Mund nahmen und sich gegen ihre Regierung äußerten, konnten diese Bemerkungen durchsickern und sich in der Heimat negativ auswirken; verhielten sie sich aber ruhig, konnten Freunde und Kollegen den Verdacht schöpfen, daß sie den NS-Staat guthießen.

Die Barriere zwischen den deutschen Wissenschaftlern und ihren Kollegen anderswo wurde immer fühlbarer, je mehr der Krieg herannahte. Ende 1937 wurde die führende britische wissenschaftliche Zeitschrift »Nature« aus deutschen Bibliotheken verbannt, da sie über Ereignisse in Deutschland kritisch berichtet hatte.[90] Im Sommer 1938 erklärte Heisenberg Bohr gegenüber, daß er sein Referat für eine Warschauer Tagung im Kongreßbericht nicht veröffentlichen könne, da die Regierung eine Zusammenarbeit mit Tagungen mißbilligte, die irgendeine Beziehung zum Völkerbund hatten.[91] Und ein Jahr später, als Gerlach Polen besuchte, berichtete er nach Deutschland, daß die Bibliothek in Posen gut ausgestattet war und daß

> fast alle physikalischen Zeitschriften aller Länder vorhanden (seien), ferner die zahlreichen neuen amerikanischen physikalischen Monographien, die bei uns meist unbekannt sind. Ich habe mir nachts einige derselben durchgesehen und bedauert, daß wir diese Bücher nicht haben und daß in Amerika so viel wissenschaftliche Bücher erscheinen in der Art, wie sie früher in Deutschland geschrieben wurden.[92]

In Erinnerung an diese Verhältnisse schrieb Heisenberg schlicht: »Die Jahre vor dem zweiten Weltkrieg sind mir, soweit ich sie in Deutschland verbracht habe, immer als eine Zeit unendlicher Einsamkeit erschienen.«[93]

Daher war die Lage für die meisten Physiker, die in Deutschland geblieben waren, deprimierend. Dem Staat durch die eindeutigen Prioritäten der nationalsozialistischen Entlassungspolitik entfremdet; mit dem verwirrenden Sumpf der Persönlichkeits- und Interessenskonflikte im Ministerium konfrontiert, das die Kontrolle über die Hochschulverwaltung an sich gerissen hatte; durch Maßnahmen, welche die Struktur der akademischen Physik künftig schwer schädigen könnten, beunruhigt; vom internationalen Kontakt isoliert – fanden die deutschen Physiker keinen klaren Ansatzpunkt für politische Aktionen. Ihre Grundhaltung verkörperte sich in der passiven Annahme Plancks, daß der Dienst am Staat durch die hingebungsvolle Arbeit in den Institutionen der deutschen Wissenschaft sich vom Dienst am Nationalsozialismus deutlich unterschied. Sie waren keine Politiker, sondern Wissenschaftler: Lehrbedingungen, Laboratorien, Assistenten, das Niveau der Zeitschriften und so weiter – das war ihre Sorge. Ihre Interessen waren jene von Fachleuten, was, nach Hitlers Gesprächen mit dem Zeitungsherausgeber im Jahre 1931 zu urteilen, exakt den Vorstellungen des Führers entsprach.

Dennoch gingen die Ziele der Studenten, Schemms und der Parteiideologen weit darüber hinaus. Eine kleine Minderheit von Wissenschaftlern wollte Fricks Ausspruch umkehren und den Dienst am Volke an die erste Stelle setzen. Diese Männer waren eher Politiker als Wissenschaftler. Ihre Sorge galt nicht der akademischen Qualität der Wissenschaft, sondern ihrer völkischen Qualität. Sie wollten die Naziideologie, insbesondere den Antisemitismus, in die Methode und den Inhalt der Physik selbst einfließen lassen. Ihr Ziel war eine »arische Physik«.

An ihrer Spitze standen zwei Nobelpreisträger der Physik, Philipp Lenard und Johannes Stark.

5. Die Vertreter der arischen Physik: Philipp Lenard

Sowohl Lenard als auch Stark waren Forscher, die für ihre experimentelle Erforschung der Natur berühmt waren. Sie waren offensichtlich intelligente Männer, die die Fähigkeit zu objektiver Beobachtung und logischem Denken besaßen. Deshalb war ihre Verbundenheit mit der nationalsozialistischen Bewegung mit ihrer auf Emotionen zielenden Anziehungskraft und ihrem Antiintellektualismus für die Fachkollegen und für spätere Kommentatoren ein Rätsel. Wie, so wird oft gefragt, konnten sich fähige und etablierte *Naturwissenschaftler* so mit dem Nationalsozialismus verbunden fühlen? Die Beantwortung dieser Frage ist für die gründliche Erforschung des politischen Umfelds von Wissenschaftlern unter Hitler notwendig.

Von der Geburt bis zum Nobelpreis, 1862-1905

Wie Adolf Hitler wuchs Lenard nicht in Deutschland, sondern in der österreichisch-ungarischen Monarchie auf. Sein Vater war Weinhändler in Preßburg (heute Bratislava, Tschechoslowakei), wo der spätere Nobelpreisträger am 7. Juni 1862 geboren wurde. Aus seiner unveröffentlichten Autobiographie geht hervor, daß er dort als Knabe von seiner Lieblingsgroßmutter die romantische Bewunderung für die »großen Geister« der Vergangenheit übernahm, die seine Lebensanschauung zutiefst prägen sollte.[1]

Sein Vater rechnete damit, daß Philipp den Familienbetrieb übernehmen würde, aber der junge Mann hatte an dem Unternehmen kein Interesse. Nach einem unbefriedigenden Versuch, den Wünschen des Vaters nachzukommen, brach Lenard im Jahre 1883 nach Deutschland auf, wo er Physik studieren wollte.[2] 1886 erwarb er sein Doktorat bei Georg Quincke in Heidelberg, aber nach dreijähriger (1887-90) Assistententätigkeit am Heidelberger Institut beschloß er, noch einmal auszuwandern. Der achtundzwanzigjährige Wissenschaftler ging nach England, ein Land, dessen Sprache er bereits verstand (er hatte Englisch durch die Lektüre von Darwins *Origin of Species* gelernt[3]) und das er schon früher bereist hatte, um britische Freunde zu besuchen, die in Heidelberg studiert hatten.[4]

Lenard war jedoch von England enttäuscht und blieb nur etwa sechs Monate. Die Engländer sagten ihm nicht zu, er hielt sie für unempfänglich und kam zu dem Schluß, daß es England an großen Persönlichkeiten vom Format der großen Geister der Vergangenheit mangelte.[5] Lenards spätere Feindseligkeit den Engländern gegenüber mochte ihre Wurzeln in der Ablehnung gehabt haben, der er während dieser vereitelten Emigration begegnet war, und in Verbindung mit seiner Erziehung in einem deutschen Grenzland könnte sie vielleicht für seinen fanatischen pangermanischen Nationalismus teilweise verantwortlich sein.

Er kehrte nach Deutschland zurück, wo er kurze Zeit als Assistent in Breslau wirkte, und wurde später Assistent von Heinrich Hertz in Bonn, dem Entdecker der Radiowellen. Während seines Aufenthalts am Rhein (1891-94) begann Lenard die sorgfältigen Experimente mit Kathodenstrahlen, für die er 1905 den Nobelpreis erhielt. Nach dem Tode seines Professors im Jahre 1894 mußte er jedoch seine Forschungen unterbrechen und das letzte Buch von Hertz zur Veröffentlichung vorbereiten.[6]

Hertz war Halbjude, eine Tatsache, die Lenard, als er mit ihm zusammenarbeitete, nicht störte. Lenard zeigte sich auch nicht im geringsten durch die Tatsache beunruhigt, daß der treueste Befürworter seiner akademischen Beförderung, der Heidelberger Professor für Mathematik, Leo Königsberger, ebenfalls Jude war.[7] Der Antisemitismus war damals noch kein Faktor im Denken Lenards.

Er war jedoch über die Unterbrechung seiner Forschungsexperimente bestürzt, die im Jahre 1895 fortdauerte, als er das Amt eines außerordentlichen Professors für theoretische Physik in Breslau bekleidete. Er wollte die Stelle eigentlich nicht, da er von seinem kurzen Aufenthalt in Breslau im Jahre 1890 her wußte, daß die Arbeitsbedingungen für Experimentalphysik dort sehr schlecht waren. Auf Anraten seiner Freunde kam er jedoch zur Überzeugung, daß die Ablehnung des Angebots seine Chancen für eine künftige Beförderung gefährden könnten, und nahm widerstrebend an. Innerhalb eines Jahres wurde er unruhig und verlangte so dringend nach einer Möglichkeit zu experimenteller Forschung, daß er seine Professur aufgab und eine Stellung als einfacher Assistent an der Technischen Hochschule in Aachen annahm.[8]

Diese Art des Rücktritts und der freiwilligen Zurückversetzung war natürlich äußerst ungewöhnlich und offenbarte einiges über Lenards Persönlichkeit: seine tiefe Verbundenheit mit der experimentellen Arbeit, seine Bereitschaft, einer radikalen Lösung eines Problems zuzustimmen und die Rolle des Einzelgängers auf sich zu nehmen. Später beklagte er sich bitter darüber, daß seine Leistungen damals im Ausland – insbesondere in England – besser bekannt waren und mehr geschätzt wurden als in Deutschland. Er behauptete auch, daß die akademische Beförderung nicht von der Begabung abhängig wäre, sondern davon, ob man sich der persönlichen Bekanntschaft von Leuten erfreute, die für einen ein Wort einlegten, wenn Posten zu vergeben waren.[9] Besonderen Groll hegte er gegenüber den älteren Professoren (den älteren »Autoritäten«); er war der Meinung, daß ihre Eifersucht sie daran hinderte, gute Leistungen jüngerer Leute anzuerkennen.[10]

In Aachen erhielt er die niederschmetternde Nachricht, daß Wilhelm Conrad Röntgen die nach ihm benannten Strahlen entdeckt hatte. Lenard glaubte, daß er ohne die vielen Unterbrechungen seiner Arbeit diese Entdeckung zuerst gemacht hätte. In Aachen, wo ihm die experimentellen Einrichtungen wieder zur Verfügung standen, war er knapp vor dieser Entdeckung gewesen. Die Enttäuschung war deshalb besonders groß, weil Lenard Röntgen persönlich beraten hatte, wie man die qualitativ ungewöhnlich hochwertige Röhre, die zur Erzeugung der Röntgenstrahlen notwendig war, herstellen könnte. Röntgen war jedoch nicht bereit, den Ruhm der Entdeckung mit Lenard zu teilen, und Lenard verzieh dem älteren Mann diese Geringschätzung niemals.[11]

Lenard blieb nur ein Jahr in Aachen und ging dann als außerordentlicher Professor der theoretischen Physik für zwei Jahre nach Heidelberg. Im September 1896, unmittelbar vor seiner Ankunft in Heidelberg, besuchte er als Ehrengast der Tagung der British Association for the Advancement of Science Liverpool. Lenard führte den

Engländern seine Experimente vor, die an seinen bahnbrechenden Arbeiten sehr interessiert waren. Besonders interessiert war J. J. Thomson, Direktor des Cavendish Laboratory in Cambridge.[12] In Heidelberg setzte Lenard seine Experimente mit Kathodenstrahlen fort, da er für theoretische Physik (insbesondere mathematische Physik) geringes Interesse hatte. Mittlerweile fühlte sich Thomson vom selben Forschungsbereich angezogen und legte die Grundlage für seinen berühmten Beweis, daß Kathodenstrahlen negativ geladene Teilchen mit viel geringerer Größe und Masse als Atome sind.[13]

Im Jahre 1898 wurde Lenard als Professor der Physik nach Kiel berufen und nahm dort den Aufbau eines neuen physikalischen Instituts in Angriff. Unter den damals durchgeführten Experimenten befanden sich im Jahre 1899 eine Reihe, die sich mit dem fotoelektrischen Effekt beschäftigte, die er im Oktober 1899 in den Sitzungsberichten der k.u.k. Akademie der Wissenschaften in Wien veröffentlichte. Später behauptete er, daß er Thomson ein Exemplar seiner Arbeit zugeschickt hätte und daß der Engländer im Dezember 1899 dieselben Ergebnisse veröffentlicht hätte, ohne seine Verdienste zu würdigen.[14] Lenard machte geltend, daß, als Thomson schließlich 1903 seine Arbeit zitierte, er nur eine spätere Neuauflage von Lenards Artikel und nicht das Original vermerkte und somit den Anschein erweckte, als habe Thomson als erster über diesen Gegenstand publiziert.

Lenard war darüber so ungehalten, daß er seinen Prioritätsanspruch in seinem Nobel-Vortrag anmeldete und dem Engländer später immer das seiner Meinung nach unmoralische Verhalten verübelte.[15] Er hielt Thomson auch für einen besonders schlampigen Experimentator, der sich mit unzureichenden und ungenauen Daten in die Veröffentlichung stürzte, und Thomson wurde für Lenard zum Inbegriff der »englischen« Art zu forschen.[16] Thomson wurde im Jahre 1906, ein Jahr nach Lenard, Nobelpreisträger für Physik.

Lenard war bis Mai 1906 nicht in der Lage, nach Stockholm zu reisen, um seinen Nobelpreis entgegenzunehmen, da er sich damals von einer schweren Erkrankung erholte. Er litt seit seiner Kindheit an einer periodischen Schwellung der Lymphknoten. Aufgrund der falschen Behandlung, die er 1905 in Kiel erhielt, zog sich einer seiner Nackenmuskeln so fest zusammen, daß sein Kopf auf eine Seite gezogen und mit dem Ohr fest gegen seine Schulter gepreßt wurde. Nach einer Zeit, in der das Leiden akut wurde, wurde er schließlich von einem Heidelberger Chirurgen operiert, der den Muskel entfernte; die Operation hinterließ eine Narbe, die vom Ohr bis zum Brustbein reichte.[17] Die Erkrankung gefährdete einen sich damals anbahnenden Ruf nach Heidelberg, da es zweifelhaft schien, daß Lenard je wieder in der Lage sein würde, zu lehren und zu arbeiten. Der drahtige kleine Professor war äußerst stolz darauf, daß er, entgegen allen Erwartungen anderer Leute, seine alten Kräfte wiedererlangen konnte; 1907 wurde er nach Heidelberg berufen.[18] Nach dieser Zeit jedoch waren weder seine eigenen Arbeiten in der vordersten Reihe der physikalischen Forschung zu finden, noch vermochte er den bedeutenden Entdeckungen anderer zu folgen. Es scheint, daß sein Leiden seine kreativen Fähigkeiten bedauerlicherweise weit stärker geschwächt hatte, als er zu erkennen in der Lage war.[19]

Als Vortragender war Lenard in ganz Deutschland gefeiert. Seine Demonstrationen waren sorgfältig vorbereitet und boten einen bühnenreifen Vortrag. Der Heidelberger Chemiker Karl Freudenberg erinnerte sich, daß Lenard vor Beginn der Vorlesung für den perfekten Ablauf jeder Demonstration peinlich genaue Vorkehrungen traf. Als die Resultate seinen Hörern sichtbar wurden, pflegte Lenard zurückzutreten, seine Arme mit gespieltem Staunen und Verwunderung hochzuheben und »A . . .h!« auszurufen.[20] Einer seiner Assistenten, Carl Ramsauer, behauptete, daß Lenards Persönlichkeit und Methoden in dem riesigen Hörsaal das Bild eines »Priesters der Physik« vermittelten.[21]

Lenard war ein meisterhafter Geschichtenerzähler, und seine Vorlesungen waren mit den großen Geschichten über wissenschaftliche Entdeckungen angereichert. Als Robert Pohl während des Krieges nach Göttingen berufen wurde, um die Einführungsvorlesungen zu halten, machte er in Heidelberg halt, um Lenard um Rat zu bitten. Der ältere Physiker meinte, die beste Methode, den Studenten die Begeisterung zu vermitteln, bestünde darin, sich selbst in die angespannte Verfassung jener großen Forscher zu versetzen, die die gewaltigen Entdeckungen gemacht hatten.[22] Also spielte Lenards romantische Heldenverehrung in seinen Vorlesungen offensichtlich eine Schlüsselrolle.

Wie Freudenberg jedoch betonte, ist wissenschaftliches Arbeiten nicht bloß eine Frage vorausgeplanter Versuchsanordnungen, und man täuscht die Studenten, wenn man Experimente aufbaut, die unnatürlich gut ablaufen.[23] Lenard vermochte auch nicht zu erkennen, daß er durch die Verehrung der Vergangenheit und die Romantisierung der Physik selbst zu einer jener älteren »Autoritäten« geworden war, gegen die er sich als junger Forscher aufgelehnt hatte.

Er war im Bereich der theoretischen Physik besonders weit im Rückstand, und je mehr sich diese Disziplin mathematischer Fachkenntnis bediente, desto weniger sagte sie ihm zu. Seine eigenen Erfahrungen in Breslau hatten seine Abneigung gegen das Fach begründet, und die Tatsache, daß J. J. Thomson ursprünglich von der Mathematik her zur Physik gestoßen war, verstärkte nur Lenards Antipathie gegen diese Disziplin.

Thomson war ein origineller, scharfsinniger Physiker, dessen Begabung sowohl im theoretischen als auch im experimentellen Bereich lag, aber sein Sohn (ebenfalls ein Nobelpreisträger für Physik) wies auf einige seiner Schwächen hin. Er hatte eine große Zahl neuer Ideen, »von denen ein beträchtlicher Teil falsch war«; er war in der experimentellen Arbeit nicht an Genauigkeit und Sorgfalt interessiert, da manchmal nur eine quantitative Antwort ausreichte; und »J. J. wollte immer auf jedem Arbeitsgebiet das ›erste Wort‹ haben und verachtete irgendwie Menschen, die den Anspruch erhoben, ... über einen Gegenstand das letzte Wort gesprochen zu haben«.[24] Für Lenard wurden diese Schwächen allmählich zur Verkörperung der Fehler aller theoretischen Physiker. Die Neigung vieler Theoretiker, das Experiment als Diener der Theorie zu betrachten, verärgerte ihn besonders.

Lenard trat für einen fachlichen Verhaltenskodex für die Physik ein, der langsames, geduldiges, sorgfältig wiederholtes Arbeiten forderte. Andere, die bald die Mehrheit der bedeutenden Physiker bilden sollten, legten den Akzent mehr auf den Wettkampf um die Öffnung neuer Verständnishorizonte. Lenard, der im Jahre 1912 fünfzig wurde, konnte nie verstehen, daß sich das Tempo der physikalischen Forschung stark beschleunigt hatte und daß er und viele andere nicht nur mit ihren überholten Vorstellungen über die physikalische Realität, sondern auch mit veralteten Ideen über das Verhältnis zwischen Theorie und Experiment in der physikalischen Forschung ins Hintertreffen geraten waren.

Getreu seiner Vorstellung von der wahren Physik mußten Lenards Schüler ihr Können durch die Wiederholung klassischer Experimente unter Beweis stellen, und in der übrigen Arbeit mußten sie den Anweisungen des Professors gemäß Schritt für Schritt vorgehen.[25] Ramsauer behauptet, daß Lenards Strenge bei der Leitung seines Instituts ihm als Schutzschild diente, der die äußere Seite seines Charakters bildete. Die innere Seite war eine gefühlsbetonte Sanftheit, die durch aufmerksame Geschenke Lenards für seine Studenten und Assistenten zum Ausdruck kam.[26] Ramsauers Beobachtung spielt auf etwas anderes an. Obwohl Lenard im Jahre 1897 geheiratet hatte, blieb er immer ein Einzelgänger und hatte wenig Freunde.[27] In seinen Erinnerungen hält er betrübt fest, daß er stets ein tiefes Bedürfnis empfunden hatte, andere Menschen zu lieben, aber meistens dazu unfähig war. Es blieb ihm nur das Gefühl, daß es seine Pflicht war, andere zu lieben.[28] Möglicherweise war sein vereitelter Wunsch nach echtem menschlichem Kontakt zum Teil für sein außerordentlich subjektives Verständnis menschlicher Ereignisse verantwortlich. Es ist auch möglich, daß eine gewisse Frustration dazu beitrug, ihn auf den Weg zur politischen Betätigung für den Nationalsozialismus zu bringen, der jenen, die Hitler folgten, eine Art Zusammengehörigkeits-, Gemeinschafts- und Heimatgefühl vermittelte.

Der Kriegsausbruch im Jahre 1914 bewirkte eine drastische Radikalisierung von Lenards Ansichten. In einer neueren Untersuchung über die deutschen Hochschullehrer während des Krieges wurde darauf hingewiesen, daß die deutschen Professoren weder Frankreich noch Rußland, sondern England als den Hauptfeind betrachteten.[29] Eine Reihe von überzeichneten Gegensätzen zwischen Deutschen und Engländern – insbesondere deutsche Freiheit (als die selbstlose Unterordnung der individuellen Bedürfnisse unter das Gemeinwohl) gegenüber englischem materialistischem Egoismus, Helden gegenüber Händlern – spiegelten die akademischen Werte des neunzehnten Jahrhunderts wider. Die deutschen Akademiker machten den Krämergeist für das verantwortlich, was sie für die vulgäre utilitaristische Vorstellung des größtmöglichen Glücks für die größtmögliche Zahl hielten; für die materialistische Weltanschauung, die einzig aufs äußere Wohlergehen gerichtet sei; für die politische Theorie des Mächtegleichgewichts; und für die Bevorzugung ökonomischer Unterdrückungsmethoden vor dem ehrenhaften soldatischen Kampf.[30] Sie betrachteten den Krieg in erster Linie als Kampf zwischen deutscher Kultur und westlicher Zivilisation.

Lenard war ein lautstarker Verfechter jedes dieser Schibboleths der Kulturvorstellungen der deutschen Mandarine. In dem euphorischen Gefühl nationaler Zusammengehörigkeit im August 1914 schleuderte er ein Pamphlet hin, in welchem Englands ungerechtfertigtes Eingreifen in den Konflikt verurteilt wird. Den Kern der Darstellung bildete der folgende Abschnitt, der sich offensichtlich auf J. J. Thomson bezog:

> Man bemerkt da aus den letzten zehn Jahren in der Literatur meiner Wissenschaft etwa das Folgende: England gibt sich den Anschein alleiniger Führung; auswärts erzielte Fortschritte werden reichlich benutzt, offen aber nur, wo sie keine wesentliche Rolle spielen, andernfalls werden sie mit Hilfe einer gewissen Umgehung annektiert; der Ursprung findet sich dann irgendwo an einer versteckten Stelle tief im Innern der Publikation oder nur in irgendeiner schwer zugänglichen Nebenpublikation angegeben; manchmal wird auch das Hilfsmittel direkter historischer Verdrehung benutzt. Kurzum, es zeigt sich beim einzelnen Engländer – und sogar, wenn er Naturforscher ist – im Prinzip ungefähr dasselbe Bild, das man auch aus Englands Politik hat.[31]

Lenard behauptete, daß die egoistischen Engländer von den Völkern aller anderen Länder verlangten, als »Menagerietiere« gehorsam in »sicheren Käfigen« zu sitzen, während England die Welt beherrschte. Frankreich und Rußland wurden von dem intriganten Inselvolk auf Deutschland losgelassen, um alle Konkurrenten auf dem Kontinent zu schwächen.[32]

Die deutsche Wissenschaft, behauptete er, verrichtete Handlangerdienste für die englische Kultur. Die großen Gestalten aus Englands Geschichte – Shakespeare, Newton, Faraday – waren in England nicht mehr maßgebend, und die Deutschen müßten aufhören, die Briten nachzuahmen, und beginnen, ihre eigene Identität zu suchen. Er forderte, Europa möge eine ideelle Kontinentalsperre über England verhängen.[33] Kurz nachdem er dieses Wehklagen erhoben hatte, unterzeichnete Lenard den berüchtigten »Aufruf an die Kulturwelt«, der den deutschen Militarismus und die Verletzung der belgischen Neutralität rechtfertigte.[34]

Es gab damals noch keine Anzeichen des Antisemitismus, der schon bald Lenards Ansichten beherrschen sollte. Ja, James Franck erinnerte sich, daß er über einen Brief erschrak, den er von Lenard erhalten hatte, während er an der Front war: »Er sagte, daß wir insbesondere die Engländer besiegen sollten, da sie ihn nie anständig zitiert hätten.«[35] Lenard brachte für den Krieg eine Reihe persönlicher Opfer, unter anderem gab er das Zigarrenrauchen (dem er leidenschaftlich frönte) auf, da es für die Truppen Tabakmangel gab. Er stellte auch wertvolle Ausrüstungsgegenstände aus seinem Laboratorium für militärische Zwecke zur Verfügung.[36] Außerdem war er gezwungen, mit anzusehen, wie seine Kinder an Unterernährung litten, eine Folge der englischen Blockade.

Der Physiker behauptete später, daß die Aufdeckung der wahren Ursachen des Krieges für ihn zu dieser Zeit wichtiger war als jede andere Aufgabe, der er früher seine Kräfte gewidmet hatte. Es schien für ihn festzustehen, daß der materialistische Egoismus der Engländer in einem gewaltigen Gegensatz zur idealistischen Selbstaufopferung der Deutschen stand, aber er hatte für sich noch nicht die Gründe für Englands Niedergang von einem Staat mit großen heldenhaften Persönlichkeiten zu einem Land mit so primitiven vulgären Eigenschaften ausgemacht. Auf der Suche nach Antworten las er Houston Stewart Chamberlains Werk *Die Grundlagen des neunzehnten Jahrhunderts* und begann sich für Rassentheorien zu interessieren.[37]

Die Kapitulation Deutschlands im November 1918 war für Lenard ein Schock. Die einzige für ihn plausible Erklärung war das Versagen der deutschen Führung unter Kaiser Wilhelm, dessen Flucht nach Holland das symbolische Eingeständnis seiner Treulosigkeit gegenüber dem deutschen Volk in der Stunde seiner Not war.[38] Der Professor war über die Hinrichtung der Geiseln im bayerischen Räteaufstand im April 1919 empört (der nach seiner Überzeugung von den Juden angezettelt wurde, eine weitverbreitete Meinung, da viele aufständische Führer Juden waren). Er war auch über die Weimarer Verfassung und die Anerkennung des »aufgezwungenen« Versailler Vertrages durch die neue Regierung bestürzt. Er begann die im *Münchener Beobachter* abgedruckten Reden Anton Drexlers und Adolf Hitlers zu lesen.[39]

Am meisten jedoch war er wahrscheinlich über die internationale Anerkennung empört, die Einsteins allgemeiner Relativitätstheorie zuteil wurde. Eine totale Sonnenfinsternis in den Tropen, die im Mai 1919 von einem Team britischer Wissenschaftler beobachtet wurde, hatte bis zu einem gewissen Grade eine empirische Bestätigung der Theorie geliefert. Im November wurde die Meldung veröffentlicht, daß Einsteins Arbeit die Grundlagen der modernen Wissenschaft verändert hätte, und sofort wurde der bescheidene Physiker eine weltberühmte Persönlichkeit.[40]

Einstein repräsentierte all das, was Lenard verabscheute. Während des Krieges hatte es Einstein nicht nur abgelehnt, den »Aufruf an die Kulturwelt« zu unterzeichnen, sondern er hatte auch an der Ausarbeitung eines »Aufrufs an die Europäer« im Jahre 1914 mitgewirkt, der an Stelle von Nationalismus europäische Einheit forderte.[41] Als ein Pazifist und Internationalist war er Mitglied des gegen den Krieg eingestellten Bundes Neues Vaterland, und im privaten Gespräch hatte er sogar seine Hoffnung auf eine Niederlage Deutschlands zum Ausdruck gebracht. Er war ein aktiver Anhänger der eben aus der Taufe gehobenen Weimarer Republik.[42] Überdies war Einstein ein Theoretiker, dessen Ideen plötzlich eine überwältigende Anerkennung erfuhren, obwohl sie offenbar äußerst schwer verständlich waren, und das trotz der Tatsache, daß ihre empirische

Begründung noch umstritten war. Für den Heidelberger Professor bestand jedoch die vermutlich anstößigste Tatsache darin, daß Einstein von den verhaßten Engländern gefeiert wurde und sein Werk große Verbreitung fand. Daß Einstein Jude war, war ursprünglich ein Faktum von geringer Bedeutung, war aber wohl ausschlaggebend dafür, daß sich Lenard schließlich dem Antisemitismus zuwandte.

Die ungewollte Publizität war Einstein unangenehm, aber er stellte fest, daß es fast unmöglich war, der Presse zu entgehen. Jedes seiner Worte und jede seiner Taten wurde zur Nachricht. 1920 schrieb er darüber an Max Born, daß so etwas wie ein Midasfluch auf ihm laste – nur daß sich alles in Zeitungsgeschrei statt in Gold verwandle.[43]

Seine außergewöhnlich exponierte Lage in der Öffentlichkeit sowie seine offenkundige internationalistische Haltung in Fragen einer Aussöhnung nach dem Krieg machten Einstein zu einer deutlich sichtbaren Zielscheibe für Menschen, die zu seinen Ansichten im Gegensatz standen. Die lautstärkste Gruppe war die Arbeitsgemeinschaft deutscher Naturforscher zur Erhaltung reiner Wissenschaft, die unter der Führung Paul Weylands stand, eines widerlichen und zwielichtigen Abenteurers.[44] Die Organisation war finanziell gut dotiert und hielt in der zweiten Hälfte des Jahres 1920 öffentliche Kundgebungen ab, in welchen Einsteins Leistungen und Persönlichkeit verunglimpft wurden. Max von Laue und andere Berliner Kollegen Einsteins waren über die auf einer dieser Versammlungen vorgebrachten Halbwahrheiten, die Demagogie und den Antisemitismus so erzürnt, daß sie eine kurze Erklärung verfaßten, in der die Kundgebungen verurteilt wurden und die sie an die größeren Berliner Zeitungen schickten.[45] Weylands Aktivitäten veranlaßten auch Einstein, in der Tagespresse darauf zu reagieren, und er richtete am 27. August seine ziemlich ätzenden Bemerkungen an »die anti-relativitätstheoretische GmbH«. Eines der Ziele seiner Kritik war Lenard.[46]

Lenard besaß das weitaus größte Format unter jenen deutschen Wissenschaftlern, die Einsteins Werk aktiv bekämpften. Obwohl er Einsteins Arbeit über den fotoelektrischen Effekt einst schätzte[47], hatte Einsteins spätere Ablehnung der Äthertheorie zur Folge, daß

Lenard der Relativitätstheorie schon vor dem Krieg ziemlich reserviert gegenüberstand.[48] In seiner wichtigsten Kritik des Relativitätsprinzips, die im Jahre 1918 noch vor dem Begeisterungssturm in der Boulevardpresse veröffentlicht wurde, hielt er weiterhin standhaft an der Äthertheorie gegen die seiner Ansicht nach unzureichende experimentelle Erhärtung der Relativitätstheorie fest. Bis dahin gab es noch kein Anzeichen von Antisemitismus in seinen Arbeiten.[49]

Der Heidelberger Professor war über die Beachtung, die Einstein und der Relativitätstheorie zuteil wurden, äußerst beunruhigt. Außerdem war er über den vermeintlichen Egoismus und die Arroganz verärgert – in seinen Augen typisch britische Eigenschaften –, die von den Anhängern der Theorie an den Tag gelegt wurden. Nicht nur die Einstein zugeschriebenen Superlative, sondern auch die Allüren überlegener innerer Sicherheit bei den Befürwortern der Relativitätstheorie verärgerten ihn. Er war der Ansicht, daß Einsteins Anhänger sich gegen jede Kritik, einschließlich seiner eigenen, sperrten. Im Sommer 1920 veröffentlichte er eine verbesserte Auflage seines Nobel-Vortrags, in der er seinen Antagonismus gegenüber den Engländern hervorhob. Er stellte der bei früheren britischen Wissenschaftlern anzutreffenden bescheidenen Selbstlosigkeit und Bereitschaft, andere Standpunkte anzuhören, »die einseitigen Aktionen« der zeitgenössischen Wissenschaftler, ihren eigenen bevorzugten Standpunkt überlegen erscheinen zu lassen, gegenüber.[50] Die Bemerkung konnte so aufgefaßt werden, als bezöge sie sich nur auf J. J. Thomson, aber auch der Rückschluß war richtig, daß viele deutsche Wissenschaftler »englische« Eigenschaften aufwiesen.

Lenard verbündete sich mit der Weyland-Gruppe und gestattete es, daß sein Name in Verbindung mit ihr genannt wurde. Seine eigenen Reden und Schriften blieben jedoch in ihrer Wortwahl ziemlich gemäßigt. Er war daher sehr bestürzt, als Einstein in seinem Artikel über die »anti-relativitätstheoretische G.m.b.H.« vom 27. August 1920 seine Ansichten öffentlich verwarf. Der Berliner Physiker hatte in dem Artikel vorgeschlagen, daß Protest gegen seine Arbeiten in der bevorstehenden (19.–24. September) Tagung der Gesellschaft Deutscher Naturforscher und Ärzte in Bad Nauheim vorgebracht werden sollte. Lenard betrachtete den Artikel als eine persönliche

Beleidigung und war entschlossen, die Herausforderung anzunehmen.[51]

Die Diskussion der Relativitätstheorie war eigentlich unter der Schirmherrschaft der Deutschen Physikalischen Gesellschaft geplant, die ihre erste allgemeine Tagung gemeinsam mit der Gesellschaft Deutscher Naturforscher und Ärzte veranstalten sollte. Die Einstein-Debatte war nur ein Punkt auf der Tagesordnung, aber je näher die Nauheimer Tagung rückte, desto stärker überschattete die Kontroverse über die Relativitätstheorie alle anderen Fragen. Der Vorsitzende der Deutschen Physikalischen Gesellschaft, Arnold Sommerfeld, schrieb an Einstein, daß die Nauheimer Tagung eine Verurteilung der wissenschaftlichen Demagogie und ein Vertrauensvotum für ihn veröffentlichen sollte. Einstein jedoch zog es vor, die Angelegenheit auf wissenschaftlicher Ebene zu halten, und teilte Sommerfeld mit, daß er bedauere, diesen unglückseligen Artikel geschrieben zu haben.[52]

Der Münchner Physiker versuchte daraufhin, eine Versöhnung zwischen Lenard und Einstein in die Wege zu leiten, indem er am 11. September an beide schrieb. Dem Berliner Theoretiker machte er folgenden Vorschlag:

> Wenn sie ihm sagen, daß Ihre Abwehr nicht dem gelehrten Kritiker, sondern dem vermeintlichen Kampfgenossen W[eyland]s galt u[nd] daß Sie dies auf Wunsch vor der Öffentlichkeit erklären würden, besänftigt sich wohl sein Zorn.[53]

Ob Einstein mit Lenard direkten Kontakt hatte, ist ungewiß, aber Lenards Antwort auf Sommerfelds Schreiben war ganz eindeutig: Es wird keine Entschuldigung aus Heidelberg geben. Einsteins Rüge würde jeden plötzlichen Sinneswandel verdächtig machen, schrieb Lenard. Wenn eine Entschuldigung erfolgen sollte, müßte das öffentlich geschehen, da die Beleidigung in der Presse erschienen war. Einsteins Worte offenbarten außerdem die Arroganz der Mitglieder der Berliner Physikalischen Gesellschaft und stellten einen von Lenard bisher ungeahnten Tiefpunkt dar, obwohl er die Organisation schon immer für reformbedürftig gehalten hatte.[54] Da sich Lenard und Einstein nur wenige Tage später in Bad Nauheim persönlich begegnen würden, versprach die Tagung ein spannungsgeladenes Ereignis zu werden.

In Anbetracht der unbeständigen Atmosphäre in Deutschland im Jahre 1920 drohten die starken Emotionen seitens der Verleumder Einsteins in den Sitzungen der Physikalischen Gesellschaft zu einer unschönen antisemitischen Kundgebung auszuarten. Die Weyland-Gruppe war für den Anlaß organisiert – zumindest einem führenden Physiker, Felix Ehrenhaft aus Wien, wurde Geld angeboten, um für die Einstein-Gegner Partei zu ergreifen.[55] Der Vorstand der Gesellschaft ergriff daher die Vorsichtsmaßnahme, die Behörden zu verständigen, die angeblich vor dem Versammlungssaal Polizei postierten. Max Planck, der bei den Sitzungen über die Relativitätstheorie den Vorsitz führte, hatte die Tagesordnung mit der Absicht zusammengestellt, jeden Zwischenfall zu vermeiden. Die Beiträge waren ausschließlich wissenschaftlicher Art, und die Diskussion bewegte sich auf wissenschaftlicher Ebene. Die Darstellungen hielten sich im Rahmen der Relativitätstheorie und gingen von der Voraussetzung aus, daß die Grundfrage der Gültigkeit der Theorie schon zu ihren Gunsten entschieden worden war. Nach einem Vortrag über die Möglichkeiten neuer experimenteller Bestätigung für Einsteins Theorie wurde für die Diskussion nur wenig Zeit eingeräumt. Bedauerlicherweise scheint kein wortgetreuer Bericht darüber zu existieren, was sich damals ereignete.[57]

Lenard ergriff das Wort und erhob Einwände gegen die »Abschaffung der Äther«, die im Zusammenhang mit der Theorie verkündet wurde. Es gäbe zwei Wege, sich ein Bild von der Natur zu machen, erklärte er, einer beruhte darauf, Gleichungen durch Beobachtungen, der andere darauf, Beobachtungen durch Gleichungen zu erklären. Für die letztere (experimentelle) Methode war der Äther wesentlich. Wie war es möglich, fragte er als Beispiel, daß man in der Relativitätstheorie nicht sagen könne, ob ein Eisenbahnzug stehenbleibt oder die Umwelt sich zu bewegen aufhört? Einstein behauptete, daß dies eine Sache der Perspektive sei, aber die Relativitätstheorie sei nicht völlig willkürlich, da sie ja doch physikalische Prozesse erklären konnte. Das Relativitätsprinzip zerstöre aber ein intuitiv anschauliches Bild der Natur, argumentierte Lenard. Einstein antwortete, daß, was als anschaulich gelte, sich mit der Zeit ändere. Die Physik sei mehr begrifflich als anschaulich, betonte Einstein, wobei er die Aufmerksamkeit auf die Veränderungen lenkte, die die anschauliche Auffassung der Galileischen Mechanik über die Jahre durchgemacht hatte.

Lenard bot dann einen Kompromiß an, indem er zugestand, daß der Äther in gewisser Hinsicht versagt hätte, da man ihn nicht richtig gehandhabt hätte, worauf er in seinen einschlägigen Arbeiten hingewiesen hätte. Und ferner, er würde dem Relativitätsprinzip begrenzte Gültigkeit zugestehen. Einstein erklärte, daß ein wesentlicher Aspekt der Relativitätstheorie ihre universale Gültigkeit sei. Daraufhin stellte Lenard den Gedanken der Gleichwertigkeit aller Koordinatensysteme in Frage, worauf Einstein nur antwortete, daß kein System infolge seiner Einfachheit irgendeinem anderen automatisch vorzuziehen sei.

Lenard bezweifelte die Nützlichkeit von Gedankenexperimenten und fragte, warum jene, die das Relativitätsprinzip in Zweifel zogen, unzulässig waren.[58] Einstein brachte das Argument eines Theoretikers (das für Lenard völlig unannehmbar war), daß nur jene Gedankenexperimente zulässig waren, die im Prinzip durchführbar wären, auch wenn sie praktisch nicht durchgeführt werden könnten. Daraufhin schloß Lenard einseitig, daß auf den Äther noch nicht verzichtet werden könnte, daß die Relativitätstheorie bloß auf die Gravitation anwendbar sei und daß gewisse Probleme theoretisch noch ungeklärt seien.

Zwei Redner brachten weitere kurze Einwände gegen Einsteins Arbeit vor, von denen der eine meinte, daß die Relativitätstheorie in allem recht habe, außer bei der Abschaffung des Äthers. Der andere bemerkte, daß Einstein und Lenard den klassischen Gegensatz zwischen den theoretischen und den experimentellen Methoden in der Physik verkörperten. Einstein erwiderte jedoch, daß zwischen Theorie und Experiment kein Gegensatz bestünde.

Es sprachen auch zwei Anhänger Einsteins. Max Born erklärte, daß die Theorie die Beobachtung höher bewerte als Gleichungen, während Gustav Mie darauf hinwies, daß andere schon vor Einstein einige grundlegende Gedanken der Relativität dargestellt hatten. Insbesondere Mies Argument kündigte einen Gedankengang an, der im Dritten Reich dazu dienen sollte, die Relativitätstheorie vom Namen Einsteins loszulösen. Trotz der späteren Bemühungen Lenards und Starks, die Theorie als solche als undeutsch zu brandmarken, war für die meisten Nationalsozialisten nur Einsteins Name anrüchig.[59] Auch 1920 in Nauheim erweckten nicht Einsteins Werk, sondern seine politischen Überzeugungen die größte Erbitterung. Nachdem Born und Mie gesprochen hatten, war die für die Sitzung bewilligte Zeit abgelaufen, und Planck beendete rasch die Versammlung.

Obgleich der offizielle Bericht dieser Debatte darauf schließen läßt, daß die Sitzungen in Anstand und Würde abliefen, inszenierte die Weyland-Gruppe anscheinend immer dann Störaktionen, wenn Einstein das Wort ergriff. Ehrenhaft erinnerte sich, daß Einstein

> mehrmals durch Zwischenrufe und Tumulte unterbrochen wurde. Es handelte sich offensichtlich um eine organisierte Störaktion. Planck hatte das begriffen und war kreidebleich, als er seine Stimme erhob und die Störenfriede zur Ruhe mahnte.[60]

Born hielt fest, daß Einstein sich dazu hinreißen ließ, seinen Gegnern scharf zu entgegnen, und Einstein erklärte später, daß er sich nie wieder von seinen Kritikern so aufhetzen lassen würde wie in Nauheim.[61] Sommerfeld war ebenfalls bestürzt und schrieb an Einsteins Frau, daß Einstein sich von der Tagung erhole und dabei natürlich seine »Güte und Sachlichkeit, Eigenschaften, die man seinem Gegner L[enard] nicht zubilligen kann«,[62] wiedergewonnen hatte.

So beunruhigt sie auch über die Ereignisse in Bad Nauheim waren, so erleichtert waren Einsteins Anhänger wahrscheinlich, daß nichts Ärgeres vorgefallen war. In diesem Zusammenhang meinte der Physiker Philipp Frank in seiner Einstein-Biographie, daß die Leitung der Physikalischen Gesellschaft durch ihr Bestreben, unangenehme Vorfälle zu vermeiden, eine nützliche Gelegenheit versäumt hatte. Sie hätte die Frage der Relativität durch den wirklichen Versuch einer Aufklärung der wissenschaftlichen Gegner Einsteins entschärfen können.

Das Problem ging aber tiefer, als Frank meinte. Durch die Beschränkung der Diskussion und durch die ausschließliche Zulassung von Referaten, die der Relativitätstheorie gegenüber positiv eingestellt waren, ließ die Leitung der Tagung bei den Kritikern den Eindruck entstehen, daß die Gesellschaft keine abweichende wissenschaftliche Meinung dulden würde.

Lenard zog aus der Tagung zunächst den Schluß, daß es keine Möglichkeit gäbe, die Relativitätstheorie im Rahmen der normalen, mit der Physikalischen Gesellschaft und ihrem Vorstand verbundenen wissenschaftlichen Kanäle zu bekämpfen. Andere Wege müßten gefunden werden.

Antisemitismus und Nationalsozialismus, 1921-36

Lenard scheute keine Mühe, die Anerkennung der Leistung Einsteins mit derselben Akribie zu bekämpfen, die er auf die experimentelle Forschung und später auf die Suche nach den Ursachen des Krieges verwendete. In der 1921 erschienenen Auflage seines Buches über das Relativitätsprinzip fügte Lenard einen Abschnitt über die Nauheimer Diskussion von Einsteins Arbeit hinzu. Er wiederholte die Schlußfolgerungen, die er auf der Tagung vorgebracht hatte, und erklärte, daß eine Theorie, die einfache Fragen nicht in einfachen Begriffen beantworten könne, unbefriedigend sei.[64] Er wies richtigerweise darauf hin, daß, obwohl eine Reihe kompetenter Beobachter die von Einstein vorausgesagte Rotverschiebung im Gravitationsfeld nicht finden konnte, das einzige Referat über dieses Thema in Nauheim von einem Bonner Physiker gehalten worden war, der Ergebnisse zugunsten Einsteins vorlegte.[65] Es sei für das physikalische Institut in Bonn kennzeichnend, bemerkte Lenard polemisch, schlechte experimentelle Arbeit zu liefern. Und er ließ durchblicken, daß es für die Anhänger Einsteins typisch sei, ausschließlich experimentelle Ergebnisse zu berücksichtigen, die ihre Spekulationen bestätigten.[66]

In den folgenden Veröffentlichungen nahm Lenard immer weniger Rücksicht auf akademische Zurückhaltung. Im Juli 1922 veröffentlichte er im Hinblick auf die kommende Hundertjahrfeier auf der Tagung der Gesellschaft Deutscher Naturforscher und Ärzte in Leipzig ein »Mahnwort« an die deutschen Naturforscher als Vorwort für ein weiteres Buch über die Äthertheorie. Er bemerkte, daß auf der bevorstehenden Tagung wieder eine Sitzung über die Relativitätstheorie geplant war. Er erklärte jedoch, daß die Relativitätstheorie überhaupt keine Theorie sei: sie sei bloß eine Hypothese, die sein Buch überflüssig machen würde. Sie in den Zeitungen auszuposaunen sei eine Sache; sie in einer angesehenen wissenschaftlichen Gesellschaft zu ehren eine andere.[67] Sie sei bloß Marktgeschrei und würde hauptsächlich von Mathematikern unterstützt, die sich in eine neue Form von Scholastik zurückzögen: sie strebten nach Wissen in ihren Köpfen, anstatt mit ihren eigenen Händen zu experimentieren und die Natur mit ihren eigenen Augen zu beobachten.[68] Mathematiker, die ihn kürzlich angegriffen hatten, würden dadurch ihrer rassischen Zugehörigkeit untreu, betonte er spöttisch, da die Gewandtheit bei der Verwandlung einer objektiven Frage in einen persönlichen Streit eine »bekannte jüdische Eigentümlichkeit«[69] sei. (Bei Anwendung dieses Kriteriums hätte natürlich Lenards eigenes Verhalten mühelos als »jüdisch« eingestuft werden können.) Schließlich geißelte Lenard Einsteins Arroganz in Nauheim, die er durch den Vergleich seiner eigenen unbewiesenen Hypothese (Lenard beharrte darauf, die Relativitätstheorie so zu benennen) mit Galileis vielgerühmter und wohlerprobter Begründung der Dynamik unter Beweis gestellt hatte. »Ehrfurcht vor der großen Lehrmeisterin und Entscheiderin Natur«, betonte er und verfiel in den Tonfall eines moralistischen Pantheisten, »wird doch immer erstes Kennzeichen wahrer Naturforschung bleiben müssen.«[70]

Das »Mahnwort« bildete einen unerfreulichen Meilenstein im Leben Lenards. Bisher war sein Antisemitismus zwar immer stärker in Erscheinung getreten, aber er hatte noch keinen Eingang in seine wissenschaftlichen Veröffentlichungen gefunden. Ab nun traten vermehrt völkische Ideen und Terminologie in den Vordergrund und bildeten schließlich das Grundprinzip seiner beiden langatmigsten Werke – *Große Naturforscher* (1929) und *Deutsche Physik* (4 Bände, 1936-37).

In seiner Kampagne gegen Einstein überschritt der Heidelberger Professor auf der Leipziger Tagung vom September 1922 vollends die Grenzen des akademischen Anstands. Bei der Eröffnung der Sitzungen über die Relativitätstheorie ließ er seine Anhänger Flugblätter verteilen, die dieselben radikalen Gedanken enthielten wie sein kurz davor veröffentlichtes Vorwort. Die gegen Einstein gerichtete Erklärung erschien auch in der Presse. All das erschütterte und empörte Lenards Fachkollegen.[71]

Die Radikalität seines Vorgehens hatte für Lenard negative Auswirkungen. Am 22. Juni 1922 war der deutsche Außenminister Walther Rathenau von Rechtsradikalen ermordet worden. Rathenau war ebenfalls Jude und ein Internationalist, und Einstein konnte ein ähnliches Schicksal drohen. Der Physiker vermied es daher einige Zeit, öffentlich aufzutreten, und sagte seinen geplanten Vortrag in Leipzig ab. Max von Laue hielt an seiner Statt eine Rede.[72] Lenards unverblümt antisemitischen Angriffe gegen Einstein entfremdeten ihn unter diesen Umständen seinen Kollegen, und er erhielt in Leipzig eine wesentlich geringere Unterstützung als in Nauheim.[73] Es wurde festgestellt, daß durch seinen Radikalismus andere, weniger radikale Verteidiger der Äthertheorie »sich der Gefahr aussetzten, durch Identifikation mit ihm einer Mitschuld bezichtigt zu werden«.[74]

Im Spätherbst des Jahres 1922 wurde Einstein der Nobelpreis für Physik für 1921 zuerkannt. Die Ankündigung lautete allerdings: für seine Verdienste um die theoretische Physik und insbesondere für seine Entdeckung des Gesetzes des fotoelektrischen Effekts und nicht für die Relativitätstheorie.[75] Lenard war jedoch darüber so ungehalten, daß er beim Nobelkomitee einen Protest anmeldete und ihn im Februar 1923 der Presse zuspielte.[76] Es war augenscheinlich, daß seine Bemühungen, Einstein zu diskreditieren, gescheitert waren. In seinen Erinnerungen bemerkte Lenard später, daß die Relativitätstheorie

> ein Judenbetrug [war], was man mit mehr Rassenkunde, als damals verbreitet war, auch von vornherein hätte vermuten können, da der Urheber Einstein Jude war. Meine Enttäuschung war um so größer, als eine ganz überwiegende Zahl von Vertretern der Physik dem Rechengetue der Juden sich mehr oder weniger angeschlossen hatte.[77]

Kein anderer bekannter deutscher Physiker, der Einstein oder die moderne Physik bekämpfte, nicht einmal Johannes Stark, war so deutlich antisemitisch wie Lenard in der Frühzeit der Weimarer Republik. Seine Bedenken gegen die Relativitätstheorie waren nicht der einzige Grund. Zwei weitere Umstände müssen kurz erwähnt werden, da ihr Einfluß auf Lenard bedeutend, wenn auch nicht genau zu ermessen war. Der erste war der Verlust seines Sohnes Werner, der zum Teil infolge Unterernährung während der kriegsbedingten Blockade im Februar 1922 starb. Er war der letzte Träger des Familiennamens.[78] Der zweite Umstand war, daß der Professor zu den vielen Deutschen zählte, die ihr Gold während des Krieges in Staatsanleihen angelegt hatten. Diese Schuldscheine (zusammen mit seinen Ersparnissen aus dem Nobelpreisgeld) wurden durch die Inflation völlig entwertet. Lenard war überzeugt, daß ihm das Geld von der betrügerischen jüdischen Regierung der Weimarer Republik gestohlen worden war.[79]

Den bedeutendsten Einzelfaktor in Lenards Entwicklung zum völkischen Antisemitismus und letzten Endes zu Hitler bildete jedoch ein unvorhergesehener Zwischenfall an seinem Institut im Jahre 1922.[80] Die Affäre entstand im wesentlichen daraus, daß Lenard behauptete, das Wort »Professor« bezeichne jemanden, der sich zu seinen Überzeugungen »bekennt«, und er selbst hatte aus seinen nationalistischen Ansichten in Heidelberg keinen Hehl gemacht. Er hatte unverhüllt die Beseitigung Rathenaus verlangt, da er der Meinung war, daß der Minister dem Land unermeßlichen Schaden zufügte. Daher weigerte er sich kategorisch, die für den 27. Juni 1922, dem Tag der Beerdigung Rathenaus, angeordnete Staatstrauer einzuhalten.[81]

Der Vorsitzende der Studentenschaft (ein Sozialdemokrat) versuchte am Morgen des 27. Juni auf die Universitäts- oder Staatsbehörden einzuwirken, das physikalische Institut zu zwingen, seine Flagge auf halbmast zu setzen und die Arbeit an diesem Tag zu unterbrechen. Nachdem dieser Versuch gescheitert war, wandte er sich an die Gewerkschaftsführer, die ihre Mitglieder mobilisierten und zum Institut marschierten, um mit Lenard zu sprechen. Nachdem sie den Physiker eine Weile gerufen hatten, wurde die Menge vom zweiten Stock aus einem Schlauch mit kaltem Wasser übergossen. Daraufhin brachen die Arbeiter, die unterdessen auf mehrere hundert angewachsen waren, in das Institut ein, verursachten geringen Sachschaden und zwangen Lenard, unter der Begleitung einiger Polizisten, die am Schauplatz eingetroffen waren, mit ihnen zum Gewerkschaftsgebäude zu gehen. Unterwegs wurden einige Rufe laut, die forderten, der Professor solle in den Neckar geworfen werden; so entstand die Legende, er wäre in dieser Affäre beinahe zum Märtyrer geworden.[82] Nach seiner Ankunft beim Gewerkschaftsgebäude begann die Menge anzuschwellen und immer bedrohlicher auszusehen.

In diesem Augenblick traf der Staatsanwalt am Schauplatz ein und beschrieb die Atmosphäre folgendermaßen:

> Im ersten Stock fanden wir die uns wohlbekannte Don-Quichotten-hafte Gestalt Lenards in einem Sitzungszimmer an einem Tisch vor sich hinstarrend, anscheinend ganz fassungslos darüber, was ihm, dem weltberühmten Nobelpreisträger, geschehen konnte. Um ihn herum standen Gewerkschaftler, die nicht wußten, was sie tun sollten. Unser Kommen war sichtlich eine Erleichterung für sie.[83]

Um die Menge zu beschwichtigen, wurde Lenard in Schutzhaft genommen und noch am selben Abend entlassen. Obwohl er keinen Schaden genommen hatte, hatte dieser Vorfall einen großen Einfluß auf sein späteres Leben. Er betrachtete ihn einerseits als eine erniedrigende Beleidigung, andererseits aber – im Sprachgebrauch der Nazionalsozialisten – als ein Ehrenzeichen.

Wegen seiner Weigerung, der Verordnung, die einen Trauertag vorschrieb, nachzukommen, wurde Lenard vom akademischen Senat bis auf weiteres untersagt, sein Institut zu betreten. Seine Studenten sammelten jedoch 600 Unterschriften für eine Eingabe und erwirkten seine Wiedereinsetzung am 10. Juli durch das Badener Ministerium des Kultus und Unterrichts. So kam Lenard in engeren Kontakt mit den rechtsradikalen Studenten und beteiligte sich an einer Reihe von Diskussionen über Hitler.[84]

Lenards antisemitische Ansichten wurden im April 1923 im Prozeß gegen die als Rädelsführer des Anschlags auf das physikalische Institut Angeklagten wesentlich gefestigt. Der Physiker wurde als Zeuge vorgeladen, aber der Verteidiger, der Jude war, konnte die Schuld an den Vorfällen auf Lenards Provokation abschieben.[85] Das Badener Ministerium leitete daher Ende Mai ein Disziplinarverfahren gegen den Professor ein. Es endete mit nur einer schriftlichen Rüge für sein Verhalten, aber Lenard reichte seinen Rücktritt ein, als es eingeleitet wurde. Seine Studenten und Mitarbeiter sammelten noch einmal für ihn Unterschriften. Unter anderem veranlaßten sie den Vorstand der Deutschen Physikalischen Gesellschaft, gegen seinen Abgang vom Institut Einspruch zu erheben.[86] Sie erhielten besonders starke Unterstützung aus den Reihen des Personals der großen Physikalisch-Technischen Reichsanstalt, die für ihren Konservatismus sowohl in wissenschaftlichen als auch in politischen Belangen bekannt war.[87] Inzwischen wurde der sozialdemokratische Vorsitzende der Studentenschaft, der die Vorfälle des 27. Juni ausgelöst hatte, in einem Disziplinarverfahren unter dem Vorsitz eines jüdischen Professors von jeder Schuld freigesprochen. Der Fall wurde für die Nationalsozialisten eine Cause célèbre, die Lenard immer mehr in ihre Arme trieb.[88] Der Physiker beschloß, noch nicht in Pension zu gehen.

Kurze Zeit später folgte der logische Endpunkt der immer engeren Verbundenheit des Physikers mit dem Nationalsozialismus – ein öffentliches Bekenntnis zu Hitler und seiner Bewegung. Am 1. April 1924 wurde Hitler wegen seiner Teilnahme am Hitler-Ludendorff-Putsch vom November 1923 zu Festungshaft verurteilt. Am 8. Mai erschien ein von Lenard verfaßter und von Stark mitunterzeichneter Artikel in der *Großdeutschen Zeitung*, einer kleinen, kurzlebigen Zeitung in Bayern. Die folgenden Ausschnitte illustrieren, wie Lenards Heldenverehrung sich mit dem Rassismus verband, um ihn schließlich zu Hitler zu führen: Wir erkennen bei Hitler und seinen Genossen, schrieb Lenard,

> »eben *denselben* Geist . . ., den wir bei unserer Arbeit, damit sie tiefgehend und erfolgreich sei, selbst stets gesucht, erstrebt, aus uns hervorgeholt haben: den Geist restloser Klarheit, der Ehrlichkeit der Außenwelt gegenüber, zugleich der inneren Einheitlichkeit, den Geist, der jede Kompromißarbeit haßt, weil sie unwahrhaftig ist. Es ist das aber auch der Geist, den wir – als uns vorbildlich – früh schon in den großen Forschern der Vergangenheit erkannt und verehrt haben, in Galilei, Kepler, Newton, Faraday. Wir bewundern und verehren ihn in gleicher Weise auch in Hitler, Ludendorff, Pöhner und ihren Genossen; wir erkennen in ihnen unsere allernächsten Geistesverwandten.
>
> Man bedenke, was es bedeutet, daß wir solcherart Geister verkörpert unter uns leben haben dürfen. Selten waren sie zu allen Zeiten, diese Kulturbringer-Geister. Es ruht aber auf ihrer Tätigkeit alles innerliche Höherstreben der Menschheit und aller Erfolg da-

von, der uns das Leben auf Erden lebenswert und schön macht. Diese Geister finden sich erfahrungsmäßig nur im arisch-germanischen Blut verkörpert, wie denn auch die genannten Großen der Naturforschung dieses Blutes waren ...
[Es arbeitet jedoch ein gefährlicher fremdrassiger Geist.] Es ist ganz die gleiche Tätigkeit, immer mit demselben asiatischen Volk im Hintergrund, die Christus ans Kreuz, Jordanus Brunus auf den Scheiterhaufen brachte, Hitler und Ludendorff mit dem Maschinengewehr beschießt und hinter Festungsmauern bringt: der Kampf der Dunkelgeister gegen die Lichtbringer, mit dem Streben, die letzteren aus der Erdenwirksamkeit auszuschalten ...
[Hitler] und seine Kampfgenossen, sie scheinen uns wie Gottesgeschenke aus einer längst versunkenen Vorzeit, da Rassen noch reiner, Menschen noch größer, Geister noch weniger betrogen waren. Wir fühlen das, und die Geschenke sollen uns nicht genommen werden. Dieser Gedanke allein muß schon genügende Festigkeit verleihen, um die Völkischen zusammenzuhalten zu ihrem großen Ziel: mit Hitler als »Trommler« ein neues Deutschland zu gründen, in dem deutscher Geist nicht nur etwa wieder einigermaßen geduldet und außer Kerkern gelassen wird, nein, in dem er geschützt, gepflegt, betreut wird und dann endlich wieder gedeihen und sich weiter entwickeln kann zur Ehrenrettung des Lebens auf unserem jetzt von minderwertigem Geist beherrschten Planeten.[89]

Manche dieser Passagen hatten große Ähnlichkeit mit *Mein Kampf*, dessen erster Band erst ein Jahr später erscheinen sollte. Diese Ähnlichkeit ist nicht besonders überraschend, da sowohl der Physiker als auch der Führer auf zeitgenössische völkische Phrasen zurückgriffen und im wesentlichen dieselbe Leserschaft ansprachen. Eine noch engere Verwandtschaft bestand jedoch zwischen den Anschauungen Lenards und jenen des selbsternannten Parteiideologen der Nationalsozialisten, Alfred Rosenberg. Rosenbergs *Mythus des 20. Jahrhunderts* wurde ebenfalls zu dieser Zeit geschrieben (wenn auch erst 1930 veröffentlicht). Dieses Werk war durch seine romantische Mystifikation des Blutes und durch das Bild der in einen tödlichen Kampf mit den jüdischen Mächten der Finsternis verstrickten arisch-germanischen Lichtbringer gekennzeichnet.[90] Ein zentrales

Thema des *Mythus* bildete die Lehre von dem »Verjuden« des Christentums durch Paulus und die Apostel, weshalb es im Widerspruch zum wahren germanischen Geist stand. Lenard wandte sich von der christlichen Religion eben deshalb ab, weil er diese Behauptung akzeptierte und meinte, daß die Kirche (die evangelische und die katholische) entartet war, weil sie zum Werkzeug für jüdische Zwecke geworden war.[91] Lenard glaubte tatsächlich, daß einer der Gründe für Plancks Unterstützung Einsteins darin begründet lag, daß in Plancks Familie viele Theologen und Pastoren waren.[92]

Angesichts der späteren Ereignisse sollte die Bedeutung des ideologischen Glaubensbekenntnisses von Lenard und Stark nicht unterschätzt werden. Der Wettkampf um die Führung der völkischen Fraktionen war 1924 noch lange nicht entschieden.[93] Das öffentliche Bekenntnis zweier weltberühmter Wissenschaftler zu Hitler sollte in späteren Jahren nicht vergessen werden.

Lenard war bis 1937 kein Parteimitglied der NSDAP, da er sich einfach nicht dazu durchringen konnte, seinen Widerwillen gegen *jeden* Parteibeitritt zu überwinden.[94] Am 15. Mai 1926 fuhr er jedoch in einen Nachbarbezirk, um einer Kundgebung für Hitler beizuwohnen. Sogar im Alter von vierundsechzig empfand er die Erfahrung als belebend.[95] Zwei Jahre später besuchten Hitler und sein Parteisekretär Heß nach einer Rede in Heidelberg Lenard in seiner Wohnung. Ihre Unterhaltung konzentrierte sich im wesentlichen auf die germanische religiöse Bewegung, aber der Physiker betrachtete sie als eines der denkwürdigsten Ereignisse seines Lebens.[96]

Lenards Laboratorium wurde zum Zentrum rechtsradikaler Politik. Einige seiner Studenten und Assistenten bildeten im Institut eine völkische Gruppe, und viele wurden Nationalsozialisten. Der Sohn Wilhelm Wiens schrieb im Jahre 1925 darüber an seine Familie:

> Ich habe noch nicht herausfinden können, ob man zuerst völkisch wird und dann ein Doktorkandidat oder umgekehrt. Auf jeden Fall scheint das Institut in dieser Hinsicht ziemlich homogen zu sein, und bei Auseinandersetzungen mit der Universität, dem Rektor oder anderen Funktionären wird es von Lenard energisch unterstützt.[97]

Der Institutsdirektor beteiligte sich spätestens seit 1927 an verschiedenen kulturellen Organisationen der Nazis und war 1929 bei der Gründung von Rosenbergs NS-Gesellschaft für deutsche Kultur, dem späteren Kampfbund für deutsche Kultur, anwesend.[98] Er stand auch mit dem Mitarbeiterstab von Rudolf Heß auf gutem Fuße, von dem er verständnisvolle Unterstützung für sein Ziel einer »arischen Physik« im Dritten Reich erhielt.[99] So verbündete sich Lenard mit dem völkisch-ideologischen Flügel der Partei sowohl in der Praxis als auch in den Anschauungen.

Nun legte Lenard das Hauptgewicht auf die Bekämpfung des jüdischen Feindes im Inneren und zügelte, wahrscheinlich unter dem Einfluß der Bewunderung Hitlers und Rosenbergs für ihre britischen Blutsbrüder, seine Angriffe auf die Engländer. Dennoch konnte er seine frühere Abneigung nicht völlig vergessen. Im Jahre 1925 zum Beispiel veröffentlichte die *Zeitschrift für Physik* (ein Organ der Deutschen Physikalischen Gesellschaft) einen britischen Artikel, ohne ihn ins Deutsche zu übersetzen. Das erzürnte Lenard so sehr, daß er aus der Gesellschaft austrat.[100] Später wurde im physikalischen Institut in Heidelberg ein Schild angebracht: »Eintritt der Mitglieder der sogenannten Deutschen Physikalischen Gesellschaft ist verboten.«[101]

Nach seiner Kampagne gegen die Relativitätstheorie auf der Leipziger Tagung von 1922 und seinem Protest gegen die Verleihung des Nobelpreises an Einstein ließ es Lenard dabei bewenden.[102] Er wandte sich immer mehr der Abfassung historischer Artikel, Rezensionen und Vorträgen zu. Nahezu alle seine wenigen Forschungsarbeiten aus dieser Zeit erschienen in Wilhelm Wiens *Annalen der Physik*, da beiden Männern ihre Abneigung gegen den Weg, den die moderne Physik eingeschlagen hatte, gemeinsam war.[103] Im Jahre 1924 ersuchte Wien Lenard um Beiträge für sein *Handbuch der Experimentalphysik*, die die Phosphoreszenz, Kathodenstrahlen und den fotoelektrischen Effekt behandeln sollten. August Becker, Ferdinand Schmidt und Rudolf Tomaschek aus Lenards Institut waren die Mitautoren der Artikel, ein Projekt, das erst 1928 abgeschlossen wurde.[104] Als Wien 1928 starb, beklagte Lenard den Verlust des letzten hervorragenden Universitätsprofessors für Physik, der nicht dem modischen, vom jüdischen Geist getragenen Trend in der Physik nachgegeben hatte. »Seine ruhigen blauen Augen«, schrieb Lenard, zusammen mit seinem dunklen Haar wiesen auf eine Rassenmischung hin, die ihn zur »höchsten Geistesentwicklung« befähigte.[105]

Lenards Interesse für rassisches Erbgut brachte ihn mit Hans F.K. Günther in Berührung, einem Befürworter der NS-Rassentheorien, der eine Professur für »Rassenkunde« innehatte, die 1930 von der von den Nazis beherrschten Regierung Thüringens in Jena geschaffen wurde.[106] Anfang 1927 veranlaßte ein Brief Günthers den Physiker, eine Reihe anderer Interessen aufzugeben und eine Untersuchung über die großen Naturforscher der Vergangenheit in Angriff zu nehmen.[107] In diesem Projekt konnte Lenard seine romantische Verehrung großer Persönlichkeiten zum Ausdruck bringen; seine Liebe zum geduldigen, besonnenen Experimentieren als dem Ausgangspunkt für alle theoretischen Überlegungen; und seine These, daß die großen Leistungen in der Naturwissenschaft ausschließlich auf die arisch-germanische Rasse zurückgingen. *Große Naturforscher* wurde erstmals 1929 veröffentlicht, und Lenards vorgefaßte Meinungen wurden in den folgenden Auflagen des Buches immer ausgeprägter.[108]

Als er dieses historische Unterfangen in Angriff nahm, reichte der Heidelberger Professor ein Ansuchen um Pensionierung ein. Er schien für seine Nachfolge Experimentalphysikern deutlichen Vorzug zu geben, und die Fakultät ernannte ein Komitee, das einen Dreiervorschlag von Kandidaten zu erstellen hatte. Der Vorsitzende des Prüfungskomitees, der Professor für Chemie Karl Freudenberg, fuhr nach Berlin, um anzufragen, wer berücksichtigt werden sollte. Von Planck und Friedrich Paschen, dem Präsidenten der Physikalisch-Technischen Reichsanstalt, erhielt er dieselbe Empfehlung: James Franck war der geeignetste Mann für den Posten. Gustav Hertz und Hans Geiger wurden dann an die zweite und dritte Stelle gereiht.[109] Geiger hatte bei Ernest Rutherford studiert, mit ihm in dem Jahrzehnt vor dem Ersten Weltkrieg fast sechs Jahre in Manchester zusammengearbeitet und war ein hervorragender Experimentalphysiker geworden.

Als diese Liste jedoch in der einberufenen Fakultätssitzung zur Beratung kam, fand es Lenard völlig unannehmbar, daß für seine

Nachfolge zwei Juden und ein Anglophile in Betracht gezogen werden sollten. Er stand auf, erklärte, daß der Vorschlag ein Affront sei, und verließ die Sitzung; er drohte sein Pensionierungsansuchen zurückzuziehen, wenn die Liste nicht zurückgenommen würde.[110] Lenard war jedoch in Heidelberg ziemlich isoliert, denn die Liste wurde ungeachtet seines Protests an das Badener Ministerium des Kultus und Unterrichts in Karlsruhe weitergeleitet.

Lenard schrieb persönlich an das Ministerium und beschrieb ausführlich zwei Schulen physikalischen Denkens, die sich in ihrer Auffassung und Bewertung der Experimentalphysik voneinander unterschieden: die eine betrachtete das Experiment als den Diener der Theorie; die andere, die in Heidelberg starken Rückhalt hatte, betrachtete die exakte Messung als Fundament der Theorie. An Stelle der Kandidaten der Fakultät, die für die erste Schule eintraten, empfahl Lenard Stark oder einen seiner eigenen Schüler als den geeigneten Nachfolger.[111]

Da der Fakultätsvorschlag schließlich vom Ministerium angenommen wurde, machte Lenard seine Drohung wahr und zog sein Pensionierungsansuchen am 16. April 1927 zurück. 1929 erreichte er jedoch das vorgeschriebene Emeritierungsalter, und ein neuer Vorschlag wurde erstellt. Obwohl Geiger anscheinend wieder berücksichtigt wurde (und vielleicht auch Franck), hieß der schließlich zum Nachfolger Lenards gewählte Mann Walther Bothe.[112] Das alles zog sich jedoch so lange hin, daß Lenard erst 1931 tatsächlich in den Ruhestand trat.[113] August Becker hielt die Vorlesungen, bis Bothe ein Jahr danach die Leitung des Instituts übernahm.[114] Bothe verließ, zum Teil infolge der Schwierigkeiten mit Lenards Assistenten, sehr bald das Institut und ging an das Kaiser-Wilhelm-Institut für Medizinische Forschung auf der anderen Seite der Stadt.[115] Becker übernahm mit Wirkung vom 1. April 1934 die Leitung des physikalischen Instituts, und Lenards ursprünglicher Wunsch nach einem Nachfolger, der mit der modernen Physik auf Kriegsfuß stand, ging zuletzt in Erfüllung.[116]

Obwohl er bereits pensioniert war, als Hitler 1933 an die Macht kam, wünschte Lenard seinen Beitrag zur »nationalen Erweckung« durch die Wiedergutmachung dessen zu leisten, was er als das akademische Ungleichgewicht in der Physik betrachtete. Am 21. März richtete er direkt an den Führer ein Memorandum, in dem er seine Dienste als Berater in die Physik betreffenden Personalangelegenheiten anbot.[117] Das gesamte Hochschulwesen bedürfe der Erneuerung, erklärte er, aber das System der Personalpolitik der Fakultät – die in den vergangenen fünfzehn Jahren fast ausschließlich den Professoren überlassen wurde – war »in stark verrottetem Zustand«. Es gäbe nicht genügend wirklich begabte Personen, um die erforderliche Zahl von Stellen zu besetzen, aber es gäbe genügend grunddeutsche Persönlichkeiten, die von ihrer Ausbildung her in der Lage wären, die Arbeit zu leisten. Lenard selbst wäre bereit, die Auswahl der Kandidaten für wissenschaftliche Positionen, wie sie bei den Ministerien anfielen, »zu prüfen, zu bewerten, zu beeinflussen, gegebenenfalls zu verwerfen und durch andere zu ersetzen«.[118]

Die Reichskanzlei, an die Lenard seinen Brief gerichtet hatte, antwortete, daß Lenards Brief an das Reichsministerium des Inneren weitergeleitet worden sei.[119] Mit ziemlicher Wahrscheinlichkeit setzte sich Fricks Büro im April wegen der Besetzung des Präsidentenamtes der Physikalisch-Technischen Reichsanstalt mit Lenard in Verbindung. Paschen trat in den Ruhestand, und das Ministerium ernannte Anfang Mai 1933 Stark zu seinem Nachfolger.

Starks Ernennung bot für Lenard Anlaß, in einem bösartigen antisemitischen Artikel in der wichtigsten Zeitung der Nationalsozialisten zu frohlocken. Er erinnerte sich an die Jahre der Weimarer Republik als an eine Zeit des Kampfes für Menschen seinesgleichen:

> Es war dunkel geworden in der Physik, und zwar von oben herab. Mit dem mächtigen Eindringen der *Juden* in maßgebende Stellen, auch an Universitäten und Akademien, war die Grundlage alles Naturwissens, die Beobachtung der Natur selbst, in Vergessenheit und außer Geltung gebracht worden. Es sollte das Wissen von den Dingen der Außenwelt in den Einfällen menschlicher Köpfe seine Grundlage haben. Diese Einfälle, sofort »Theorien« genannt, sollten dann von Experimentatoren »bestätigt« werden. Letzteres erfolgte meist pflichtschuldigst und schnell durch möglichst oberflächliche Arbeit. Die »Freiheit der Forschung« bekam durch Zurückdrängung freimütiger Äußerungen gegen solches Vorgehen einen besonderen Anstrich.[120]

Die Folge war, behauptete Lenard, daß sehr viele Menschen ihren

Glauben an die Wissenschaft verloren. Nur der Glaube an die Technik blieb.

Dann umriß er sein Bild von Einstein, das den NS-Behörden von Lenard und jenen, die sich seinen Bemühungen anschlossen, die deutsche Physik vom »jüdischen Geist« zu säubern, unterbreitet werden sollte:

Das hervorragendste Beispiel schädlicher Beeinflussung der Naturforschung von jüdischer Seite hat Herr *Einstein* geliefert mit seinen aus guten, schon vorher dagewesenen Erkenntnissen und einigen willkürlichen Zutaten mathematisch zusammengestoppelten »Theorien«, die nun schon allmählich in Stücke zerfällt, wie es das Schicksal naturfremder Erzeugnisse ist. Man kann hierbei selbst mit gediegener Leistung dastehenden Forschern den Vorwurf nicht ersparen, daß sie den »Relativitätsjuden« in Deutschland überhaupt erst haben festen Fuß fassen lassen, nicht sehen oder nicht sehen wollend, wie sehr irrig es auch in nicht-wissenschaftlicher Beziehung war, gerade diesen Juden für einen »guten Deutschen« zu halten.[121]

Das Verschwinden des Fremdgeistes aus den Universitäten und aus dem ganzen Land, erklärte er, war nicht den Professoren, sondern dem Führer zu verdanken. Die Tatsache, daß manche von jenen, die das Land verließen, Nobelpreisträger waren, sei belanglos, da »diese Preise ... leider in letzten Zeiten von zunehmend anfechtbarem geistigem Wert geworden [sind]«. Man sollte sich freuen, daß ein Mann wie Stark – den die herrschende Clique schon ausgeschaltet glaubte – jetzt eine so einflußreiche Stellung innehat.[122]

Lenard selbst war zu alt, um im Dritten Reich sehr aktiv zu sein. Er erhielt eine Reihe von Ehrungen, wurde in den Senat der Kaiser-Wilhelm-Gesellschaft und in den Vorstand der Deutschen Forschungsgemeinschaft aufgenommen und spielte eine kleine Rolle in den Auseinandersetzungen, in die sein Freund Stark nach 1934 verwickelt wurde. Tatsächlich blieb er jedoch im Ruhestand.

Er war aber nicht gänzlich untätig. Im September 1933 beklagte er im Vorwort zu dem gegen Einstein gerichteten Angriff eines autodidaktischen Laien das Fehlen eines brauchbaren Lehrbuchs, nach welchem die wahre Physik gelehrt werden könnte. Alles, was zur Verfügung stand, waren Sammlungen von »Theorien«, die den unvoreingenommenen, wissensdurstigen Studenten irreführten.[123] Eine neue Art von Lehrbuch würde notwendig sein, wenn der moderne Geist in der Physik des Dritten Reiches ausgerottet werden sollte. Lenard übernahm die Ausarbeitung eines solchen Leitfadens für Studenten der »arischen Physik«. Er erschien erstmals 1936 unter dem Titel *Deutsche Physik.*

Diese Untersuchung des Werdegangs von Lenard zeigt, daß die Grundlage seines Bekenntnisses zum Nationalsozialismus die Ideologie war; er war von den Rassenlehren der Nazis voll überzeugt. Obwohl seine Beteiligung an der antisemitischen Politik für einen Naturwissenschaftler ungewöhnlich war, waren seine Einstellung und seine Erfahrungen für einen Naziaktivisten der ersten Zeit ziemlich typisch. Seine Erziehung in einem deutschen Grenzland, seine romantische Sehnsucht nach großen wegweisenden Persönlichkeiten und sein enttäuschtes Bedürfnis nach echtem menschlichem Kontakt und nach einem Gefühl der Zugehörigkeit waren die drei häufigsten Kennzeichen der Anhänger der Hitlerbewegung.[124]

Lenards Feindseligkeit gegenüber den Briten war unter deutschen Gelehrten vor dem Krieg kaum ungewöhnlich, aber die Art, in der er seinen Haß in der Nachkriegszeit auf ein neues Ziel übertrug, war fast einzigartig. Diese »Verlagerung« seines Ressentiments auf die Juden wurde in erster Linie durch seine Enttäuschung in Sachen Relativitätstheorie verursacht. Er war verbittert über das Lob, das Einstein zuteil wurde, da er die Gültigkeit der Theorie nicht anerkannte und anscheinend nicht imstande war, seine Kollegen mit seinen Einwänden zu beeindrucken.

Die Entfremdung von seiner Fachkollegenschaft spielte bei Lenards Hinwendung zum Extremismus eine wichtige Rolle, aber das entscheidende Ereignis für seine Entwicklung zum politischen Aktivismus war die Erstürmung seines Instituts durch Arbeiter im Jahre 1922. Die schmerzliche Erinnerung an seine Demütigung und die gegen ihn erlassenen behördlichen Sanktionen brachten Lenard in direkten Kontakt mit der noch jungen Nazibewegung. Seine Unterstützungserklärung für Hitler und sein Umgang mit den völkischen Elementen der Partei folgten bald darauf. Diese Schritte brachten dem Physiker Anerkennung als treuem Kampfgenossen auf den höchsten Ebenen von Hitlers Umgebung. Es war daher kaum überraschend, daß Lenards Laufbahn im Dritten Reich von jenen als ein Vorbild »treudeutschen« Verhaltens hingestellt wurde, die den Fachleuten die Herrschaft über die Wissenschaft entreißen wollten.

6. Die Vertreter der arischen Physik: Johannes Stark

Während Lenard in Heidelberg ruhig sein Physiklehrbuch schrieb, beteiligte sich sein Freund Johannes Stark aktiv an den Bemühungen, die Organisation und die Leitung der deutschen Forschung in seine Gewalt zu bekommen. Seine Bestrebungen waren jenen der Führung der etablierten Physik genau entgegengesetzt, von der er sich wie Lenard seit mehr als einem Jahrzehnt abgewendet hatte. Um Starks Entfremdung von seinen Fachkollegen und seine Zuflucht zum Nationalsozialismus zu verstehen, ist ebenfalls eine Untersuchung seines bisherigen Werdeganges und seiner politischen Konsequenzen notwendig.

Frühe Karriere und spätere Ablehnung der modernen Theorien, 1874–1929

Johannes Stark wurde am 15. April 1874 als Sohn eines Grundbesitzers auf dem Familiengut in Schickenhof in der Nähe von Weiden in der Oberpfalz geboren. Nach seiner Schulzeit im nahegelegenen Bayreuth und später in Regensburg ging er im Jahre 1894 nach München, wo er an der Universität Physik studierte. 1897 erwarb er im Alter von dreiundzwanzig Jahren sein Doktorat und blieb weitere drei Jahre als Assistent in München.[1]

Im Jahre 1900 ging Stark nach Göttingen und blieb dort fast sechs Jahre als Privatdozent und Assistent von Eduard Riecke. Seine hohe Begabung für die experimentelle Forschung wurde schon zu dieser Zeit deutlich und durch seine Entdeckung des optischen Dopplereffekts bei Kanalstrahlen im Jahre 1905 unter Beweis gestellt.[2] Er zählte auch zu den ersten Befürwortern der modernen physikalischen Ideen und schlug Einstein im Jahre 1907 vor, einen Zeitschriftenartikel über die spezielle Relativitätstheorie für das *Jahrbuch der Radioaktivität und Elektronik* zu schreiben, das Stark 1904 gegründet und seither herausgegeben hatte. Mehr als zwei Jahre lang standen die beiden Physiker in einem lebhaften Briefwechsel, dessen Lektüre erkennen läßt, daß Stark seinem jüngeren Kollegen großen Respekt entgegenbrachte.[3] Stark war auch einer der ersten Physiker, der in seinen Arbeiten Lichtquanten gebrauchte. Im Jahre 1909 veröffentlichte er eine Abhandlung, welche die Grundlagen eines Experiments zur Verifikation der Einsteinschen Lichtquantenhypothese skizzierte.[4] Der holländische Physiker H. A. Lorentz erwähnte kurze Zeit später Einstein und Stark gemeinsam als Verfechter dieser Hypothesen.[5]

Seit 1906 hatte Stark eine nicht beamtete außerordentliche Professur an der Technischen Hochschule in Hannover inne, aber er war dort wegen Reibereien mit seinem Vorgesetzten unzufrieden.[6] Am 1. April 1909 wurde er ordentlicher Professor in Aachen, eine Berufung, die er zu einem nicht geringen Teil den tatkräftigen Bemühungen Arnold Sommerfelds verdankte.[7] Hierauf fragte er an, ob Einstein als sein Assistent nach Aachen kommen wolle, was Einstein höflich ablehnte, da er in Verhandlungen für eine Stelle in Zürich stand.[8]

Stark war ein überaus produktiver Physiker, der in seinem Leben mehr als dreihundert Abhandlungen publizierte.[9] Wie die meisten schöpferischen Wissenschaftler war er um seine geistigen Urheberrechte und Prioritäten sehr besorgt. In seinen zahlreichen Kontroversen schlug er jedoch einen äußerst unangenehmen Ton streitsüchtiger Verdrießlichkeit an. James Franck betonte in seinem Resümee von Starks Eigenschaften, daß er dafür bekannt war, großen Wert darauf zu legen, richtig zitiert zu werden und eine unangenehme Art hatte, über andere zu reden. »Er war in jeder Hinsicht eine Nervensäge«, schloß Franck. »Aber andererseits muß ich sagen, daß er gute Ideen hatte. Und frühzeitig. Er hatte die Idee, daß die Fotochemie ein Quantenprozeß sei. Nicht so klar wie Einstein, aber immerhin, er hatte sie.«[10]

Die Frage, wer zuerst die Quantenhypothese in der Fotochemie verwendete, löste im Jahre 1912 einen Prioritätsstreit zwischen Stark und Einstein aus. Stark nahm in Erwiderung eines Artikels von Einstein für sich in Anspruch, daß, obwohl Einstein auf einem anderen Weg zur Begründung der Fotochemie gelangt war, seine eigene die erste quantentheoretische Begründung war.[11] Einstein antwortete ein wenig hochmütig, daß die Prioritätsfrage uninteressant sei, da alles direkt aus der Quantenhypothese abgeleitet werden könne. In einer Fußnote wies er jedoch darauf hin, daß er in Wirklichkeit der erste gewesen war, der Quanten auf fotochemische Prozesse angewendet hatte. Stark war nicht zufriedengestellt und bestand darauf, daß er eine noch einfachere – und somit bessere – Darstellung geliefert hätte.[12]

Ohne weitere Unterlagen ist eine Einschätzung des Einflusses dieses Prioritätsstreits auf Starks spätere Feindschaft Einstein gegenüber nicht möglich. Er war eigentlich nur einer von mehreren öffentlichen und privaten Händeln, in die er in dieser Zeit verwickelt war (einschließlich eines schwerwiegenden Konflikts mit Sommerfeld), die alle zur wachsenden Entfremdung Starks von seinen Kollegen beitrugen.[13]

Es ist jedoch sicher, daß das Erlebnis des Ersten Weltkriegs Starks Nationalismus verstärkte und bewirkte, daß er Einsteins offenen Pazifismus und Internationalismus mit starkem Mißfallen betrachtete. In einem Brief aus der Zeit unmittelbar nach Ausbruch des Krieges, worin er einen Artikel für sein »Jahrbuch« ablehnt, in welchem der Autor die internationalen Aspekte der Wissenschaft betonte, legt sich Stark stolz das Attribut zu, ein »chauvinistischer« Physiker zu sein.[14] Er war enttäuscht, daß Sommerfelds Schüler Peter Debye im Jahre 1915 Rieckes Göttinger Lehrstuhl erhielt, wobei er für die Berufung Sommerfelds Einfluß verantwortlich machte.[15]

Aber 1917 wurde er als Professor der Physik nach Greifswald berufen. Norddeutschland war ihm fremd, aber der Lehrkörper war sowohl in seiner politischen als auch in seiner wissenschaftlichen Ausrichtung stockkonservativ und wußte Starks Nationalismus zweifellos zu schätzen.

Im Jahre 1913, vor dem Ausbruch des Krieges, machte Stark seine zweite große Entdeckung, die Aufspaltung von Spektrallinien durch ein elektrisches Feld. Dieses Phänomen, Starkeffekt genannt, konnte mit den Theorien des 19. Jahrhunderts nicht erklärt werden. Um die Mitte des Krieges jedoch waren die Theoretiker in der Lage, es auf der Grundlage des Bohrschen Atommodells und durch die von Sommerfeld entwickelte Verallgemeinerung der Bohrschen Elektrodynamik zu erklären.[16]

Stark konnte jedoch die grundlegenden Lehrsätze des Bohr-Sommerfeld-Atoms nicht akzeptieren. Er betrachtete die Übereinstimmung zwischen der neuen Theorie und der experimentellen Beobachtung als nicht ausreichend, um die Ablehnung der klassischen Konzepte aufzuwiegen. Seine Rede anläßlich der Verleihung des Nobelpreises für 1919 war das von ihm gewählte Forum, von dem aus er erstmals seine Einwände formulierte. Er sprach am 3. Juni 1920 und behauptete, daß Bohrs Theorie, selbst wenn man ihre fragwürdigen Grundlagen außer acht läßt, die Polarität der Wasserstoffionen, die er in seiner Arbeit entdeckt hatte, nicht erklären könne. Er wies darauf hin, daß man eine Theorie brauche, in der das Atom als eine Ganzheit betrachtet würde und nicht als ein aus einzelnen Teilen zusammengesetztes Gebilde.[17]

Gegen Ende des Jahres, kurz nach der Nauheimer Tagung, legte Stark eine eingehendere Kritik des Bohrschen Modells vor, die sich gegen Sommerfelds neues Buch *Atombau und Spektrallinien* richtete. Es war sein Ziel, eine Analyse vom Standpunkt eines Experimentalphysikers aus vorzulegen und festzustellen, ob die Theorie mit der Beobachtung im Widerspruch stand und ob ihre Voraussetzungen weniger zahlreich waren als die Phänomene, die durch sie erklärt werden konnten. Er kam zur Schlußfolgerung, daß, obwohl Sommerfelds Verwendung der speziellen Relativitätstheorie (die von der »Erfahrung weitgehend bestätigt« war) einwandfrei sei, die Gültigkeit der Bohrschen Quantentheorie zweifelhaft sei.[18]

Physiker, die sich auf das Bohrsche Atommodell festgelegt hatten, waren sich der Unzulänglichkeit der Theorie durchaus bewußt. Sie waren daher bereit, sie nach Auftauchen der Quantenmechanik Mitte der zwanziger Jahre aufzugeben. Stark weigerte sich jedoch auch, die Grundlagen der Quantenmechanik anzuerkennen, obwohl Erwin Schrödingers Theorien eine gute Erklärung des Starkeffekts lieferten.[19] Im Jahre 1929 richtete Stark eine ausführliche Kritik gegen Schrödingers Arbeiten (und gegen seine Unterstützung durch Sommerfeld), obwohl sie zu dieser Zeit bei den Physikern, die auf diesem Gebiet arbeiteten, schon weitgehend akzeptiert waren.[20] Stark war jetzt so isoliert, daß es höchst zweifelhaft ist, ob seine Kritik von irgend jemandem, der mit den neuesten Entwicklungen der Atomphysik befaßt war, noch ernstgenommen wurde.[21] Jedoch in Anbetracht der Parallelität von politischer und wissenschaftlicher Gleichschaltung konnte Stark doch bei manchen Gehör finden. Jene Physiker, die die Weimarer Republik generell ablehnten, lehnten auch die Relativitätstheorie und die Quantenmechanik ab und waren bereit, zuzuhören.[22]

Die Hochschulpolitik, 1919–21

Es ist wichtig festzuhalten, daß Stark, so wie Lenard, sich erst dann der politischen Betätigung zuwandte, als seine wissenschaftliche Orientierung von jener der modernen Physik abzuweichen begann. Seine Meinungsverschiedenheiten mit den führenden Persönlichkeiten der etablierten Physik wurden durch seine Unzufriedenheit mit dem Ausgang des Krieges und der Regierung der Weimarer Republik verstärkt. Der Zeitraum von 1919 bis 1921 stand für ihn wie für Lenard im Zeichen des beginnenden Abstiegs von einem angesehenen Mitglied der Gemeinschaft der Wissenschaftler zu einem akademischen Außenseiter.

Im Gegensatz zu Lenard war Stark an Organisationsfragen sehr interessiert. Im Jahre 1919 hatte er zwei Anliegen: Er war beunruhigt, die Weimarer Republik könne das Hochschulwesen verbindlich in den Griff bekommen, und er wollte den Einfluß der Berliner Physiker in der Deutschen Physikalischen Gesellschaft zurückdrängen. Schließlich fand Stark ein einziges Mittel, beiden Problemen zu begegnen – die Bildung einer unabhängigen Vereinigung unter seiner Leitung.

Stark sah einen Grund für seine Besorgnis in einer im Frühsommer des Jahres 1919 vom Staatssekretär im Preußischen Ministerium für Wissenschaft, Carl H. Becker, geplanten Reform. Die Hauptstoßrichtung von Beckers Plan war die Demokratisierung der Universitäten durch eine Stärkung der Rechte und Privilegien der jüngeren Dozenten, die dann eher bereit wären, mit der Republik zusammenzuarbeiten und ihr größeres Interesse entgegenzubringen.[23] Im September 1919 ließ Stark mindestens zwei Broschüren privat drucken, in welchen er wie die Mandarine argumentierte, daß Bildung ein Instrument der Vereinheitlichung und daher dem Fraktionsgeist der Parlamentsparteien überlegen sei. Der springende Punkt seines Arguments war, daß sich die Hochschulen vor 1918 stark an Regierungen angelehnt hatten, die auf echte Autorität gegründet waren. Die Regierungen unterstützten selbstverständlich geistige und kulturelle Bestrebungen. Jetzt, schrieb Stark, ist es

> fraglich, ob nach der politischen Umwälzung die auf parlamentarische Mehrheiten gegründeten mit diesen wechselnden Regierungen die Hochschulen ebenso pfleglich und rücksichtsvoll behandeln werden wie die alten Regierungen ... Bei dieser Sachlage müssen die Hochschulen für alle Möglichkeiten gerüstet sein. Sie müssen vor allem in sich und für sich eine Macht werden, sie müssen eine in sich geschlossene Organisation schaffen und ihre Selbständigkeit gegenüber den Parteiregierungen aufrechterhalten, ja wenn möglich erweitern.[24]

Beckers Reformplan sah die Schaffung einer Expertenkommission vor, die die Regierung bei der Beurteilung des Dreiervorschlags einer bestimmten Institution beraten sollte. Stark befürchtete, daß diese Neuerung dazu führen würde, daß das Ministerium stark auf die Gelehrten der Hauptstadt vertrauen würde, da ihnen deren Namen vertraut und sie für Rücksprachen leicht erreichbar waren. Er schlug daher die Bildung von Fachgemeinschaften aller Hochschulgelehrten für jedes Fachgebiet vor. Ein kleines Expertenkomitee sollte alle zwei Jahre von den Mitgliedern der Fachgemeinschaft in geheimer Wahl gewählt werden, und dieses Komitee würde die Rolle übernehmen, die die Regierung und die Fakultätsbeiräte gegenwärtig bei akademischen Berufungen spielten.[25]

Zweifellos hat Stark in seinem Mißtrauen gegenüber der Weimarer Republik das Wesen der pluralistischen Parteipolitik begriffen, bei der der Druck der Interessengruppen sehr wichtig und wirksam ist. Aber seine radikale Lösung des Problems war völlig unrealistisch; nur sehr wenige seiner Fachkollegen waren bereit, in den »Sumpf« der Politik herabzusteigen.

Starks Idee einer Fachgemeinschaft fand dennoch Unterstützung bei Physikern, die mit der Vorherrschaft Berlins in Organisationsfragen der Physik unzufrieden waren. Die Kluft zwischen den Mitgliedern aus anderen Gegenden und den Berliner Wissenschaftlern weitete sich schon seit längerer Zeit und entsprach auch der sonstigen Spaltung zwischen dem Land als Ganzem und der blühenden Metropole. Diese Spaltung kulminierte in den zwanziger Jahren in dem Haß der Konservativen gegenüber Berlin als einem Symbol für Liberalismus, Sozialismus und Kosmopolitismus der Weimarer Republik. Innerhalb der Deutschen Physikalischen Gesellschaft wurde im Sommer 1918 mit der Wahl Arnold Sommerfelds aus München zum Vorsitzenden ein Schritt zur Überbrückung dieser Kluft eingeleitet. Er war der erste geschäftsführende Vorsitzende der Gesellschaft, der seinen ständigen Wohnsitz nicht in Berlin hatte.

Sommerfelds Aufgabe, ausgleichend zu wirken, war kompliziert. Die angewandten und industriellen Physiker zum Beispiel waren mit der enggefaßten Aufgabenstellung der Gesellschaft unzufrieden. Als die Organisation 1845 ihre Tätigkeit aufnahm, hatte sie Vertreter aus jedem Bereich des Fachs, angefangen von Mechanikern und Industriellen bis zu Hochschulwissenschaftlern. Jedoch seit Beginn des zwanzigsten Jahrhunderts war sie auf die reine Wissenschaft ausgerichtet, und die meisten Vorsitzenden der Gesellschaft waren theoretische Physiker. Aber gerade zu dieser Zeit stieg die Zahl der industriellen Arbeitsplätze für angewandte Physiker – ein Trend, der durch den Krieg beschleunigt wurde. Die technischen Physiker gründeten im Juni 1919 ihre eigene Deutsche Gesellschaft für technische Physik.[26]

Stark hatte sich inzwischen entschlossen, aus dem Konzept seiner Fachgemeinschaft ein Gegengewicht gegen die Berliner Physiker zu machen. In der Folge hoffte er, zu einer Schlüsselfigur in der organisierten deutschen Wissenschaft zu werden. Natürlich wandte er sich an Wilhelm Wien, dessen Vorurteil gegen Berlin allgemein bekannt war. Im Januar 1920 empfahl ihm Wien, die Gründung einer neuen Organisation bis zur Herbsttagung der Deutschen Physikalischen Gesellschaft aufzuschieben. Paul Forman wies darauf hin, daß Wien nicht nur Starks Verbündeter, sondern auch sein Hauptrivale in der Kampagne gegen die Berliner Physiker war. So war unklar, in welchem Ausmaß Wiens Rat, abzuwarten, von seinem Wunsch motiviert war, Starks Versuch, sich zum Führer dieses Unternehmens zu machen, zu durchkreuzen.[27] Stark entschloß sich jedoch nicht für den Aufschub und begann im April 1920 Mitglieder für seine Fachgemeinschaft deutscher Hochschullehrer der Physik zu werben.

Die Deutsche Physikalische Gesellschaft versuchte im allgemeinen, Dissidenten dadurch zu kooptieren, daß sie ihnen verantwortliche Stellungen gab. Sommerfeld ersuchte daher Lenard und Stark (und wahrscheinlich auch Wien) um die formelle Teilnahme an den Beratungen über Fragen wie z. B. die kürzlich durchgeführte Reorganisation der Gesellschaft.[28] Als Stark Anfang Juni von den Feierlichkeiten der Nobelpreisverleihung zurückkehrte, teilte er Sommerfeld mit, daß 68 Physiker seiner Organisation beigetreten waren und daß er darüber erfreut war, daß der Vorstand der Physikalischen Gesellschaft zu ihnen zählte. Er versprach, daß in Kürze ein Vorstand gewählt werden würde und seine Mitglieder in Nauheim zusammentreffen würden, um die Statuten für die Gemeinschaft auszuarbeiten und an der Reorganisation der Physikalischen Gesellschaft teilzunehmen.[29]

Sechs Wochen später gab Stark die keineswegs überraschenden Resultate der Wahl (die Stimmzettel wurden auf postalischem Wege abgegeben) bekannt: Stark erhielt 45 Stimmen; Lenard 35; Max Wien 35; Sommerfeld 22; Gustav Mie 17 und so weiter.[30] Für Berliner Physiker wurden keine Stimmen abgegeben; die konservative Färbung des Vorstands spiegelte jene der Mitgliedschaft wider. Dennoch beteuerte Stark Sommerfeld gegenüber, daß er keine Konfrontation zwischen Berlin und dem Reich wünsche. Die Tätigkeitsbereiche der Physikalischen Gesellschaft und der Fachgemeinschaft sollten einander ergänzen, erklärte er, dennoch dürfte Sommerfeld die Fachgemeinschaft als eine trennende Kraft erkannt haben.[31]

Im August und Anfang September stellte die Kontroverse um Einstein alle anderen Probleme der Physiker in den Schatten. In dieser Zeit wechselten Wien und Stark in neue Stellungen in München bzw. Würzburg über. Als konservativer Experimentalphysiker stand Wien Einsteins Arbeiten skeptisch gegenüber, aber er beteiligte sich nicht an den aggressiven Protesten dagegen.[32] Obwohl auch Stark sich nicht direkt an der Einstein-Affäre beteiligte, ist ziemlich sicher, daß Mitglieder seiner Fachgemeinschaft mit Paul Weylands gegen Einstein gerichteter Organisation zusammenarbeiteten. Starks Absichten erschienen den Freunden und Anhängern

Einsteins immer verdächtiger, einer Gruppe, in der Sommerfeld die überragende Persönlichkeit war.

Obwohl die Anti-Berlin-Fraktion vom Ergebnis der Relativitätstheorie-Debatte in Nauheim enttäuscht war, waren sie mit den Resultaten in organisatorischen Belangen zufrieden. Stark trug jedoch nicht persönlich den Sieg davon. Wien stellte auf der Geschäftssitzung am 21. September (zwei Tage vor der Einstein-Debatte) einen Antrag, »der auf möglichst weitgehende Dezentralisation der Gesellschaft und eine Beseitigung der Sonderstellung der Berliner Mitglieder abzielt«. Der Antrag wurde durchgebracht, und Wien wurde für die nächsten zwei Jahre zum Vorsitzenden gewählt.[33]

Obwohl viele der Berlin freundlich eingestellten Mitglieder der Physikalischen Gesellschaft über die Wahl Wiens zum Vorsitzenden zweifellos keineswegs begeistert waren, trug die Wahl eines nicht in Berlin lebenden Physikers dazu bei, die Kluft zwischen den Mitgliedern in der Hauptstadt und jenen anderer Städte zu verkleinern. Die Wahl Wiens zerstörte alle Pläne, die Stark in Erwägung gezogen haben mochte, um auf die Gesellschaft Druck auszuüben. In der Tat kehrten mehrere Mitglieder kurz nach der Nauheimer Tagung seiner Fachgemeinschaft den Rücken. Dazu meinte Born:

> Man kann es nach den Nauheimer Verhandlungen nicht beschönigen, daß in der Physik ein süddeutscher Partikularismus existiert, dessen Wortführer Wien und Stark sind. Sie kennen ja wohl auch Starks Gründung einer »Fachgemeinschaft akademischer Physiker«, die als Widerpart der Physikalischen Gesellschaft funktioniert und derart, daß jetzt eine große Gruppe von Kollegen, die zuerst beigetreten waren (worunter auch ich) ihren Austritt kollektiv erklärt.[34]

Ungeachtet dieser Rückschläge war Stark anfänglich nicht bereit, die Fachgemeinschaft aufzugeben. Ganz im Gegenteil wandte er sich von einer direkten Konfrontation mit der Physikalischen Gesellschaft ab und versuchte die Fachgemeinschaft dafür zu verwenden, um die Kontrolle über die Physikbeiräte für die zwei bedeutendsten Finanzierungsorganisationen der deutschen Wissenschaft – die Helmholtz-Gesellschaft zur Förderung der physikalisch-technischen Forschung und die Notgemeinschaft der Deutschen Wissenschaft – zu erlangen.

Die Helmholtz-Gesellschaft wurde auf Anregung des Magnaten der deutschen Industrie, Carl Duisberg, im Oktober 1920 gegründet. Zu jener Zeit war ihr Leiter eine prominente Persönlichkeit in der rheinländischen Schwerindustrie: Albert Vögler. Von Anfang an bewies die Gesellschaft eine ausgesprochen berlinfeindliche Einstellung.[35] Fritz Haber hatte den Anstoß zur Gründung der Notgemeinschaft gegeben, die im Frühjahr des Jahres 1920 unter der Leitung des ehemaligen Berufsbeamten des Preußischen Wissenschaftsministeriums, Friedrich Schmidt-Ott, organisiert wurde.[36] Ihre berlinfreundliche Einstellung war ebenso unverkennbar.

Ende Oktober 1920 konnte Stark seine Ernennung in das Kuratorium der Helmholtz-Gesellschaft aufgrund seines Anspruchs erwirken, eine signifikante Gruppe von Physikern zu vertreten. Ohne Starks Wissen hatte Wien jedoch infolge seiner früheren Bekanntschaft mit Duisberg und Vögler die dem stellvertretenden Vorsitzenden vorbehaltene Stellung des ranghöchsten Wissenschaftlers in der Organisation schon an sich gerissen.[37] Sodann versuchte Stark die Anerkennung eines Komitees der Fachgemeinschaft als Prüfungskommission der Notgemeinschaft und der Helmholtz-Gesellschaft für die Projektsubventionierung im Bereich der Physik zu erreichen. Schmidt-Ott konnte jedoch mit Wien einen Kompromiß schließen und vereitelte Starks Pläne im Frühjahr 1921. Kurz danach zog sich Stark von der Leitung der Fachgemeinschaft zurück, und sie verschwand in der Versenkung.[38]

Während seiner erfolglosen Bemühungen, die Verhältnisse im Bereich der Physik zu beeinflussen, offenbarte Stark seine kämpferische Natur und seinen Eifer in organisatorischen Fragen. Seine Antwort auf die Reformvorschläge Beckers zeigte auch seine Bereitschaft, mit der Tradition zu brechen. Ab 1920 bildete die Opposition gegen die Berliner Wissenschaftler einen wesentlichen Faktor in seinem Leben. Alle diese Themen kehrten nochmals wieder, als er nach über einem Jahrzehnt als akademischer Außenseiter versuchte, der deutschen Physik als Nationalsozialist seinen Stempel aufzudrükken.

Der akademische Außenseiter, 1921–33

Stark begann sich 1921 aus der Hochschulpolitik zurückzuziehen, als sein neuerwachtes Interesse an geschäftlichen Dingen ihn veranlaßte, seine Stellung an der Universität Würzburg im Jahre 1922 niederzulegen. Er besann sich bald anders und wollte ins akademische Leben zurückkehren, schaffte aber in den folgenden elf Jahren keine akademische Berufung, obwohl er für einige in Betracht gezogen wurde. Seine Verbitterung und Enttäuschung bestärkten ihn in seinem Schritt in die völkische Politik.

An der Technischen Hochschule in Aachen und an der Universität Greifswald hatte Stark die Bedeutung der technischen Physik betont. Er hatte sogar versucht, die Schaffung einer Lehrkanzel für angewandte Physik in Greifswald zu erwirken.[39] Eines der ausdrücklichsten Ziele der Fachgemeinschaft war die Förderung der technischen Physik an den Universitäten.[40] So kam Starks Erwerb von Anteilen an einer Porzellanfabrik nicht ganz überraschend – noch die Tatsache, daß sich seine Forschungsinteressen auf technische Gebiete verlagerten.[41]

An der Universität Greifswald, an der laut Stark »ein frischer Geist wie der Ostseewind weht und an der ich Verständnis fand«,[42] hätte der Lehrkörper den Verlockungen neuer Tätigkeitsbereiche vermutlich Verständnis entgegengebracht. In Würzburg jedoch waren seine Kollegen ziemlich bestürzt. Erstens einmal stellte sich heraus, daß beim Geschäftsabschluß Mittel aus dem Nobelpreis verwendet wurden, und viele deutsche Physiker betrachteten dieses Vorgehen als eine Verletzung des Geistes des Nobelpreises.[43] Obwohl die Nobelstiftung niemals irgendwelche Beschränkungen für die Verwendung des Preisgeldes verfügt hatte, hat Stark anscheinend nie bestritten, daß die Anlage von Nobelmitteln zu Profitzwecken unmoralisch sei. Später behauptete er als Erwiderung auf seine Kritiker, daß er nur deshalb Aktien der Fabrik gekauft hätte, um den durch die Inflation entstandenen Verlusten zu entgehen, und daß er sie noch vor Ende des Jahres 1921 zurückerstattet hatte.[44] Außerdem akzeptierte er im Sommer 1921 eine Abhandlung über die optischen Eigenschaften des Porzellans als Habilitationsschrift eines seiner Schüler. Seine Würzburger Kollegen fragten sich, ob eine derartige Untersuchung wirklich einen wissenschaftlichen Fortschritt bedeutete oder bloß Technik sei.[45] Ein Witz kursierte unter den Wissenschaftlern, daß jene, die bei Stark arbeiteten, nicht den Dr. phil. erwarben, sondern den »Dr. Porz.« (für Porzellan).[46] Es wurden jedoch auch schwerwiegende Einwände vorgebracht, da der betreffende Student der Ingenieur Ludwig Glaser war, ein aktives Mitglied der Einstein feindlich gesinnten Weyland-Gruppe. Glaser hatte eine jener Berliner Reden gehalten, die im vorangegangenen Jahr eine so tiefe Verbitterung hervorgerufen hatten.[47]

Die Unmutsäußerungen wurden so heftig, daß Stark im Frühjahr 1922 genötigt war, seinen Posten in Würzburg aufzugeben und sich auf seinen Familienbesitz in der Nähe von Weiden zurückzuziehen.[48] Es ist sehr wahrscheinlich, daß sich Stark, als er Würzburg verließ, nicht wirklich mit der Absicht trug, in den Ruhestand zu treten. Im Frühjahr 1922 suchte man einen neuen Präsidenten für die Physikalisch-Technische Reichsanstalt (PTR) in Berlin. Starks Interesse an technischen Fragen machte ihn zu einem geeigneten Kandidaten, und er mochte ziemlichen Rückhalt im Vorstand der PTR gefunden haben. Das Reichsministerium des Inneren nominierte jedoch den Berliner Professor für physikalische Chemie, Walther Nernst, für das Amt. Stark führte eine energische Kampagne, um die Entscheidung des Ministeriums rückgängig zu machen. Am 6. Juni 1922, zum Beispiel, schrieb er an das Ministerium, daß Nernsts Bestellung zum Präsidenten der PTR »in den Kreisen der deutschen Physiker Befremden« errege und stellte außerdem fest, daß der Vorstand der Reichsanstalt in dieser Angelegenheit nicht zu Rate gezogen worden sei. Er drohte auch damit, die Sache an die Öffentlichkeit zu bringen.[49]

Er verwirklichte seine Drohung am Ende einer vernichtenden Anklage gegen die etablierte deutsche Physik, die er schon Anfang Juni 1922 zur Veröffentlichung vorbereitete. Sein Buch *Die gegenwärtige Krisis in der deutschen Physik* kritisierte sowohl die Relativitätstheorie als auch die Bohr-Sommerfeldsche Quantentheorie als schädlich für die deutsche Experimentalforschung. Stark zog über das Übergewicht der Theorie her und wies darauf hin, daß sie die Dienerin des Experiments und nicht seine Herrin sein sollte. Er verurteilte auch die Quantentheorie in der Form, die ihr Sommerfeld verliehen hatte, als »dogmatisch«. Die Vertreter dieser Theorie, behauptete Stark, wären nicht daran interessiert, ihre Hypothesen zu prüfen, sondern sie zu bestätigen und zu propagieren. Unter dem übermäßigen Einfluß der Theorie habe die technische Anwendung der Physik gelitten.[50]

Obwohl es für die Zukunft manchen Hoffnungsschimmer gäbe, bemerkte Stark, befürchtete er, daß es dabei bleiben würde, »wenn der theoretische Geist, welcher in der deutschen Physik eine gewisse Herrschaft ausübt, die Abkehr von der Anwendung weiter verstärkt«.[51] Nachdem er erwähnt hatte, daß seine Arbeit auf dem Gebiet der Keramik ihn mit Männern der Praxis in engeren Kontakt gebracht hatte, kritisierte er die Wahl Nernsts zum Präsidenten der PTR. Er könne den Gerüchten keinen Glauben schenken, schrieb er hinterhältig, daß Nernst den Posten seinen persönlichen Beziehungen zu einflußreichen Persönlichkeiten in der Regierung verdanke. Es sei nur so, daß der Posten einen jüngeren Mann verlangte.[52] Die Folgerung lag auf der Hand, daß Stark, der zehn Jahre jünger als Nernst war, dieser Mann sein wollte.

Starks verbissenes kleines Buch trug nicht dazu bei, im Jahre 1922 das Präsidentenamt der PTR zu erreichen; ja, es konnte wohl bewirkt haben, daß er bis 1933 überhaupt keine Stellung bekam. Im Jahre 1929, z.B., schrieb Stark an Sommerfeld, um ihn zu fragen, ob es wahr sei, daß Sommerfeld den Vorschlag, Stark als Nachfolger Wiens nach München zu berufen, abgelehnt hätte. Sommerfelds Antwort erwähnte mit keinem Wort ihre Kontroverse vor dem Krieg, Starks Opposition gegen Einstein oder Starks politische Betätigung. Sommerfeld verwies jedoch ausdrücklich auf Starks Opposition gegen die Theorien von Bohr-Sommerfeld und Schrödinger sowie auf den ungünstigen Eindruck, den sein polemisches Buch von 1922 hinterlassen hatte.[53]

Im Jahrzehnt, das seinem Abgang aus Würzburg folgte, wurde Stark mindestens sechsmal für eine akademische Berufung in Betracht gezogen und abgelehnt: für Berlin (1924), Tübingen (1924), Breslau (1926), Marburg (1926), Heidelberg (1927) und München (1928).[54] In Berlin unterzeichneten Max von Laue, Fritz Haber, Max Planck und andere einen Bericht ihrer Fakultät, in dem festgestellt wurde, daß weder Lenard noch Stark 1924 als Nachfolger für

Heinrich Rubens in Frage kämen, da ihre »leidenschaftliche« Oppostiton gegen neue Entwicklungen der theoretischen Physik die enge Zusammenarbeit zwischen den Berliner Physikern gefährden würde.[55] Walther Nernst gab das Präsidentenamt der PTR zugunsten einer Universitätsanstellung auf, und Friedrich Paschen wurde zu seinem Nachfolger ernannt.

1927, als Lenard in den Ruhestand treten wollte und Stark als seinen Nachfolger vorschlug, entdeckte Lenard, daß seine Kollegen bezweifelten, ob sie mit Stark angemessen zusammenarbeiten könnten.

> Dem hatte ich zu entgegnen, daß der jetzt zu berufende Stark, der nach dem Universitätsleben sich sehnt, ganz offenbar nicht mehr derselbe ist, der von Würzburg in vielleicht unerfreulicher Weise fortging, und ich kann die Versicherung hinzufügen, daß dieser Fortgang durchaus nicht unter Umständen oder mit Gründen sich vollzogen hat, die einen Makel auf seinen Charakter werfen könnten.[56]

Stark wünschte anscheinend so dringend eine akademische Stellung, daß er sogar versuchte, sein Verhältnis zu Sommerfeld wiederherzustellen. Während der Verhandlungen über die Wahl von Wiens Nachfolger in München deutete Stark an, daß er plane, Sommerfeld und Otto Stern für den Nobelpreis des Jahres 1927 zu nominieren.[57] Durch diesen plumpen Versuch, seine Gunst zu gewinnen, könnte er sich Sommerfeld noch mehr zum Feind gemacht haben. Im März 1928 erkannte Stark, daß es für ihn keine Hoffnung mehr gab, im Deutschland der Weimarer Republik einen Universitätsposten zu erhalten. Er zog sich daher aus Weiden auf ein Gut in der Nähe von München zurück, wo er sich ein Privatlaboratorium einrichtete.[58]

Binnen eines Jahres nach seiner erfolglosen Bewerbung um die Präsidentschaft der PTR war Stark in die völkische Politik eingestiegen. Später behauptete er, er habe Adolf Hitler schon im November 1923 getroffen und unterstützt, als er die Führung der frühen nazistischen »nationalen Verbände« der Oberpflaz in Rosenbergs Büro in München dem Führer übergab.[59] Lenard schrieb dazu später:

> Damals erquickte mich Stark öfters als eine Oase in der geistigen Gelehrtenwüste. Mit ihm und seiner ihm geistesverwandten Ge-

mahlin – fast allein – konnte ich mich über Hitler verständig unterhalten. Aus der damaligen Zeit stammt auch unser gemeinsam unterzeichneter öffentlicher Aufruf für Hitler, als er noch in der Festungshaft war.[60]

Ungeachtet des im Mai 1924 geleisteten Treuebekenntnisses zu Hitler sträubte sich Stark, in die Partei einzutreten. Sobald er jedoch überzeugt war, daß er im akademischen Bereich keine Zukunft hatte, verlegte er sich immer mehr auf politische Tätigkeiten. Als schließlich »die nationalsozialistische Partei zum Entscheidungskampf um die Macht antrat, da schloß ich die Türe meines physikalischen Laboratoriums und trat ein in die Reihen der Kämpfer hinter Adolf Hitler«.[61] Er trat am 1. April 1930 der NSDAP bei.[62]

Von diesem Zeitpunkt an bis zur Machtergreifung produzierte der zum politischen Aktivisten gewordene Physiker am laufenden Band Pamphlete und Reden für die Partei.[63] Er schilderte und lobte Hitlers Ziele und Persönlichkeit, attackierte die katholische Kirche, erörterte die Mängel des Grundschulwesens und der höheren Schulen der Weimarer Republik und versuchte sich sogar an einer Kritik der englischen Wirtschaftspolitik.[64] Seine Angriffe auf die Kirche und seine Verbindungen mit dem NS-Verlag Franz Eher brachten Stark zur Gruppe von Kulturideologen um Rosenberg in Beziehung. Seine Schriften über die Grundschulbildung und seine Beziehungen zum kleinen Deutschen Volksverlag unter Ernst Boepple müssen ihn mit Boepples Vorgesetztem Hans Schemm in Berührung gebracht haben, der an denselben Bildungsthemen interessiert war. Wegen seiner engen Beziehung zu Lenard kam Stark mit ziemlicher Wahrscheinlichkeit auch mit Lenards Anhängern im Mitarbeiterstab von Rudolf Heß in Kontakt. So wurde Stark, wie Lenard, vom Beginn seiner engen Verknüpfung mit der Partei an, ein Verbündeter der mehr ideologisch orientierten Anhänger des Nationalsozialismus. Es war unvermeidlich, daß er in ihre Rivalitäten verstrickt und sich an ihrem Widerstand gegen die Staatsbürokratie nach der Machtergreifung beteiligen würde.

Starks politische Beziehungen ermöglichten es ihm nach der Pensionierung Paschens im Jahre 1933, Präsident der PTR zu werden. Stark verdankte seinen Posten natürlich nicht den zu Rate gezogenen Wissenschaftlern: von Laue wies darauf hin, daß sie alle einstimmig seine Kandidatur ablehnten.[65] Wilhelm Frick, der Reichsminister des Inneren, ernannte Stark am 1. Mai 1933 zum Präsidenten der PTR. Der Physiker war nun in der Lage, alle jene Ziele zu verwirklichen, die während seiner langen Abwesenheit vom akademischen Boden vereitelt worden waren.

Versuche zur Beherrschung der organisierten Physik, 1933-36

Ungerührt von der durch die Auswanderung vieler der hervorragendsten Wissenschaftler Deutschlands im Frühjahr und Sommer 1933 verursachten Verwirrung, Bestürzung und Verzweiflung trat Stark sein Amt in der PTR an. Die für den Herbst anberaumte Physikertagung sollte im September in Würzburg abgehalten werden, und er wartete dieses Ergebnis ab, um seine größere Erklärung über die künftige Organisation der deutschen physikalischen Forschung abzugeben.

Es sei Sache der PTR, die physikalische Forschung zu organisieren, behauptete er in seiner Rede, da die Anstalt als des größten einzelnen Laboratoriums in Deutschland sowohl den wissenschaftlichen als auch den industriellen Bereich umfasse. Daher sollte sie zum zentralen Bindeglied der Hochschulphysik und den Ansprüchen der Industrie und des Staats werden. Sobald die Einrichtungen der PTR erweitert werden könnten, könnte dort Forschung jenseits der Möglichkeiten einzelner Universitätsinstitute betrieben werden. Es könnte auch ein Reichsforschungsdienst geschaffen werden, um industrielle Firmen mit Physikern und Instituten in Verbindung zu bringen, die für ein bestimmtes Projekt geeignet sind. Außerdem, sagte Stark, würde die PTR die zentrale Leitung der deutschen wissenschaftlichen Zeitschriften übernehmen.[66]

Obwohl der veröffentlichte Bericht über seine Rede nicht darauf hinwies, wandte sich Stark zum Abschluß seiner Rede anscheinend an eine Gruppe von Verlegern und wetterte: »Und seid ihr nicht willig, so brauch' ich Gewalt!«[67] Vielleicht hatte die Tatsache, daß die Tagung in Würzburg stattfand, dem Schauplatz seines Ausscheidens aus dem akademischen Leben im Jahre 1922, in ihm besonders bittere und gehässige Gefühle geweckt. Dieser Versuch, seine Zuhörer einzuschüchtern, entfremdete sie ihm jedoch noch mehr, besonders in Hinblick auf von Laues Rede auf derselben Tagung, in welcher die Einstellung der Inquisition gegenüber Galilei mit jener des Nationalsozialismus gegenüber der Relativitätstheorie verglichen wurde.[68] Obwohl Stark klar beabsichtigte, eine Vormachtstellung in der organisierten deutschen Wissenschaft zu erlangen, die er von 1919-21 nicht erreichen konnte, wurde kein einziger seiner hochtrabenden Pläne für die PTR je verwirklicht.

Sein Scheitern war zu einem großen Teil auf von Laue zurückzuführen, der als der aktivste Gegner Starks in wissenschaftlichen Kreisen in Erscheinung trat. Als Planck und zwei andere die Wahl Starks in die preußische Akademie der Wissenschaften vorschlugen, sprach sich von Laue am 14. Dezember 1933 dagegen aus. Er täte dies nicht frohen Herzens, sagte er,

> und schließlich habe ich in vergangenen Jahren öfter mit tiefem Bedauern gesehen, wie ihm bei Berufungen und anderen akademischen Anlässen offenbares, wenn auch nicht immer unverschuldetes Unrecht angetan wurde. Daß unsere Akademie ihn nicht längst zum korrespondierenden Mitglied gewählt hat, rechne ich mit dazu.[69]

Aber das sei Vergangenheit, fuhr er fort, und Stark habe in Würzburg zu erkennen gegeben, daß er der Diktator der Physik in Deutschland werden wollte. Besonders bedrohlich war sein Plan, die wissenschaftlichen Zeitschriften einer übergeordneten Redaktion zu unterstellen, die bestimmen würde, ob und in welcher Zeitschrift welcher Artikel erscheinen sollte. Die Redaktion, so hatte von Laue gehört, sollte von der PTR kontrolliert werden, das heißt von Stark. Wenn Starks Plan durchkomme, könnten theoretische Arbeiten in Deutschland nicht mehr erscheinen. Ihn unter diesen Umständen in die Akademie aufzunehmen, schloß von Laue, käme einer Billigung seiner Pläne und damit der Bedrohung der Freiheit der Forschung gleich. Die Kandidatur Starks wurde zurückgezogen.[70]

Seine Ablehnung durch die Preußische Akademie der Wissenschaften entkräftete jeglichen eventuellen Anspruch Starks, der Sprecher aller deutschen Wissenschaftler zu sein, aber sie untermauerte andererseits seinen Anspruch, den Nationalsozialismus und nicht die alte Ordnung zu vertreten. Er zögerte nicht, sich in der wissenschaftlichen britischen Wochenzeitschrift *Nature* als die Stimme des neuen Deutschland vorzustellen, indem er Artikel entkräftete, die die Einstellung des NS-Staates gegenüber der Wissenschaft kritisierten. In einem Artikel vom Februar 1934 beharrte er darauf, daß die Entlassungsmaßnahmen von 1933 nicht dem Zweck dienten, die deutsche Wissenschaft zu beschränken, sondern sie vom unverantwortlich großen Einfluß der Juden zu befreien. Es wäre gut, bemerkte er, wissenschaftliche Forschung und politische Hetze auseinanderzuhalten. Er warnte, *Nature* solle sich aus der deutschen Innenpolitik heraushalten.[71] Zwei Monate später schrieb er einen zweiten Artikel, daß Zurückhaltung bei der Kritik an der neuen Regierung »nicht nur für die internationale Zusammenarbeit, sondern auch für die jüdischen Wissenschaftler selbst vorteilhaft sein würde«.[72] Obwohl einige Physiker, darunter vornehmlich wieder von Laue, ihren Kollegen im Ausland privat mitteilten, daß sie Starks Ansichten nicht teilten, wagte es kein in Deutschland verbliebener Wissenschaftler, Stark in Druckschriften anzugreifen.[73] Ausländer, die die Entwicklung in Deutschland beobachteten, konnten sich des Eindrucks nicht erwehren, daß jene Wissenschaftler, die nicht emigriert waren, bis zu einem gewissen Grad mit Starks Anschauungen übereinstimmten. Starks Abfuhr bei der Preußischen Akademie der Wissenschaften konnte ihn nicht von seinen Plänen abhalten, die deutsche Forschung mit dem Nationalsozialismus gleichzuschalten. Am 30. April 1934 sandte er einen seiner Vorschläge an Hitler. Im Namen der deutschen Wissenschaftler ersuchte er den Führer, den Vorsitz über eine neue Reichsakademie der Wissenschaft zu übernehmen. Der stellvertretende Vorsitzende sollte »ein führender deutscher Wissenschaftler« sein. Außerdem wurde die Gründung eines Reichsforschungsrats angeregt, mit Reichskanzler Adolf Hitler als dem Direktor und einem Reichsforschungsminister (vermutlich Stark selbst) als geschäftsführendem Direktor. Der Rat sollte Richtlinien für die gesamte deutsche Forschung und den Aufwand an Forschungsmitteln festlegen. Die Mitglieder des Rats (Vertreter aus sieben Fachgebieten: Physik, Technik, Geologie, Hygiene, Psychologie, Geschichte und Philologie) sollten gleichzeitig als Berater in technischen und Personalfragen dem Reichsforschungsministerium zur Verfügung stehen. Das neue Ministerium, die dritte Behörde in seinem Entwurf, sollte nahezu alle deutschen Forschungszentren überwachen. Sieben Staatssekretäre, einer für jedes im Forschungsrat vertretene Fachgebiet und dem Reichsforschungsminister verantwortlich, sollten die Zentren verwalten.[74]

Starks Projekt für diese durchgreifende Reorganisation der deutschen Wissenschaft hatte jedoch einen schwerwiegenden Mangel. Sie brachte Stark in Kollisionskurs mit dem Reichserziehungsministerium (REM), das am 1. Mai 1934 unter Bernhard Rust eingerichtet worden war, nur einen Tag nachdem Stark seinen Plan an den Führer gesandt hatte.

Anfangs stand keineswegs fest, daß der Antagonismus zwischen Stark und dem REM unabwendbar war. Der Physiker glaubte anscheinend, daß die Schaffung des Reichsministeriums ein Schritt in die richtige Richtung war, wobei er in der Entstehung einer eigenen Forschungsabteilung den Anfang der zentralen Organisation der wissenschaftlichen Forschung sah, für die er eingetreten war.[75] Auch konnten die Mitarbeiter Rusts Stark offenbar davon überzeugen, daß er seine Ziele am besten erreichen könnte, wenn er die Leitung einer jener Organisationen übernähme, die am 1. Mai vom Reichsministerium des Inneren ins REM verlegt wurden. So wurde Stark das Amt des Präsidenten der Notgemeinschaft der Deutschen Wissenschaft (die immer öfter Deutsche Forschungsgemeinschaft genannt wurde) in Berlin angeboten, einer Organisation, in welcher er in der Zeit von 1920-21 Einfluß gewinnen wollte. Mitte Juni wurden 500000 Mark aus Mitteln der Notgemeinschaft eingefroren und der PTR überwiesen – der erste Hinweis, den Schmidt-Ott erhielt, daß seine lange Amtsdauer als Präsident ihrem Ende entgegenging. Am 23. Juni erschien Schmidt-Ott bei Rust, Rust teilte ihm mit, daß er von Stark abgelöst werde, weil es der Führer so wünsche, und gab ihm wenige Stunden Zeit, sein Büro zu räumen.[76] Stark hatte endlich eines seiner Ziele der frühen zwanziger Jahre erreicht – ein entscheidendes Wort bei der Zuteilung der Forschungsmittel für die deutsche Wissenschaft.

Helmut Heiber hat in seiner ausführlichen Untersuchung der

Komplexität parteiinterner Kämpfe der NSDAP gezeigt, daß das REM Stark behilflich war, eine Stellung in der Notgemeinschaft zu bekommen, um ihn auf ein Nebengeleise abzuschieben, wo seine Tätigkeit überwacht werden konnte.[77] Der amtliche Bescheid von Rust (datiert vom 23. Juni), in dem Stark angewiesen wurde, sein Amt zu übernehmen, hielt ausdrücklich fest, daß der Physiker dem Erziehungsministerium über alle die Notgemeinschaft betreffenden Pläne zu berichten habe.[78] Und sein Vizepräsident Eduard Wildhagen, der die Organisation eigentlich leitete, da Stark ganz von der Arbeit für die PTR in Anspruch genommen wurde, wurde ihm vom REM zugeteilt.

Zwei Ereignisse im Sommer 1934 ließen erkennen, daß Starks Ernennung ihm nicht die geringste Unterstützung von seinen wissenschaftlichen Kollegen eingetragen hatte. Das erste war die formelle Wahl Starks zum Präsidenten der Deutschen Forschungsgemeinschaft. Der Mathematiker Theodor Vahlen schickte als Leiter des Amtes für Hochschulwesen im REM an 55 Mitglieder der Forschungsgemeinschaft ein Formular, in welchem um Zustimmung zu Starks Amtsübernahme und um Rücksendung des Formulars bis zum 25. Juli ersucht wurde. 48 Ja-Stimmen kamen von den Universitäten und Technischen Hochschulen, deren Rektoren vom Ministerium ernannt wurden. Die Kaiser-Wilhelm-Gesellschaft unter Planck enthielt sich der Stimme, und die Universität München sowie vier der fünf Akademien der Wissenschaften (die Preußische, Sächsische, Bayerische und die Göttinger Akademie) stimmten mit Nein. Von den Akademien stimmte nur Heidelberg mit Ja. Das Votum der Universität München könnte vielleicht mit der Tatsache zusammenhängen, daß die Ablehnung durch die Bayerische Akademie am deutlichsten von allen ausfiel und möglicherweise von Sommerfeld verfaßt worden war.[79]

Das zweite Ereignis folgte nur drei Wochen später. Nach Hindenburgs Tod am 2. August traf die NSDAP Vorbereitungen für eine Volksabstimmung, die die Vereinigung des höchsten Staats- und Parteiamts in der Person Hitlers sanktionieren sollte. Am 11. August 1934 sandte Stark Telegramme an alle deutschen Nobelpreisträger, in welchen sie ersucht wurden, eine öffentliche Erklärung für den Führer zu unterzeichnen:

In Adolf Hitler ersehen und bewundern wir deutsche Naturforscher den Retter und Führer des deutschen Volkes. Unter seinem Schutz und seiner Förderung wird unsere wissenschaftliche Arbeit dem deutschen Volke dienen und das Ansehen in der Welt mehren.[80]

Mehrere Wissenschaftler antworteten, daß man Wissenschaft und Innenpolitik nicht vermischen sollte, ein ironisches Echo der Ausführungen Starks in der Zeitschrift *Nature*. Stark erhielt so geringe Unterstützung, daß er das Projekt aufgeben mußte, und er kritisierte jene, die ihre Unterschrift verweigert hatten, wegen ihres Mangels an nationaler Einstellung und Instinkt.[81]

Gegen Ende des Sommers 1934 wurde Stark in die innerparteilichen Intrigen der Mitarbeiter von Rust und Rosenberg verwickelt. Der Physiker war sich zweifellos der Konsequenzen seiner untergeordneten Beziehung zum Erziehungsministerium bewußt. So war die Nennung Alfred Rosenbergs als Gönner und Schutzherr der Notgemeinschaft ein überlegter Schachzug, um seine Unabhängigkeit zu verteidigen. Da Rosenberg mit der Überwachung der ideologischen Schulung der Partei beauftragt war, berührten seine Interessen oft dieselben administrativen Bereiche wie jene des Reichserziehungsministeriums. Wie schon weiter oben erwähnt, könnte diese Überlegung Rosenberg bewogen haben, statt des dynamischen Schemm den wirkungslosen Rust für den Posten des Reichserziehungsministers zu befürworten.[82]

Die treibende Kraft hinter dem Widerstand des REM gegen Stark war Rudolf Mentzel, der stellvertretende Leiter der Forschungsabteilung, den Rust in seinem Ministerium untergebracht hatte, um sich das Wohlwollen der Reichswehr zu sichern. Anfang 1934 war der vermutliche Chef Mentzels, der Physiker des Heereswaffenamts, Erich Schumann, an Stark mit einem Plan zur Reorganisation der deutschen Wissenschaft nach militärischen Grundsätzen herangetreten. Anfang Juli trat Schumann neuerlich mit diesem Plan an Stark heran und ersuchte ihn außerdem, sich an der Leitung der Deutschen Forschungsgemeinschaft zu beteiligen. Starks Antwort war offenbar kühl und ablehnend. Im September warf der Physiker Mentzel und Schumann praktisch aus seinem Büro hinaus.[83] Dieses Verhalten, verbunden mit seiner Wahl Rosenbergs zum Gönner, brachte ihm Mentzels unversöhnliche Feindschaft ein.

Mentzels Gegnerschaft war viel weitreichender, als Stark es sich vorgestellt hatte. Seine Bindungen an die Reichswehr und an die SS waren stark, und, laut Heiber, hatte Mentzel »überall, wo es galt, Rosenberg und seinem Anhang Schwierigkeiten zu bereiten, ... seine Hand im Spiel«.[84] Starks Wahl von Rosenberg als ein Gegengewicht zum REM erwies sich als ein großer Irrtum.

Im November 1934 hielt Stark vor Mitgliedervertretern der Deutschen Forschungsgemeinschaft in Hannover eine Rede. Er erläuterte seine Pläne für die Organisation, den Wunsch des Führers zu erfüllen, durch die Tätigkeit der deutschen Forschung und Technik Deutschland von anderen Ländern wirtschaftlich unabhängig zu machen. Er lobte den Reichserziehungsminister dafür, einem Wissenschaftler (d.h. ihm selbst) die Führung der Forschungsgemeinschaft übertragen zu haben, und betonte, daß für die Forschungsgemeinschaft zur Erreichung ihrer Ziele zwei Dinge erforderlich wären – finanzielle Unterstützung und verwaltungstechnische Unabhängigkeit.[85] Seine Wortwahl ließ darauf schließen, daß beides gefährdet sei.

Das ganze Ausmaß der Schwierigkeiten Starks mit dem REM wurde am folgenden Tag, dem 11. November, deutlich. Es war vorgesehen, daß Rosenberg zur ersten der jährlich abgehaltenen Feiern des Tages der deutschen Wissenschaft eine Ansprache auf einer Gauversammlung der Partei in Hannover halten sollte. Man beabsichtigte, die enge Beziehung zwischen der Partei und der Wissenschaft zu demonstrieren. Rust befahl jedoch als Gauleiter einen Boykott der Versammlung. Stark mußte einspringen und in einem fast leeren Vortragssaal für Rosenberg die Ansprache halten.[86] Das Debakel symbolisierte Starks Karriere als Politiker.

Anfang Januar führte Stark das Führerprinzip ein und ernannte die neuen Mitglieder des Vorstands der Forschungsgemeinschaft, aber alle, die mit dem REM oder der Reichswehr verbunden waren, fanden Ausflüchte und lehnten ab. Als Stark am 12. Januar eine Versammlung einberief, um die wachsenden Spannungen zwischen der Forschungsgemeinschaft und dem REM zu besprechen, gelang es den Mitarbeitern des REM im letzten Augenblick, die Veranstaltung abzusagen.[87]

Einen Monat später, im Februar 1935, schlug das REM der Reichskanzlei vor, eine Reichsforschungsakademie mit Hitler an der Spitze zu gründen, die dem Reichserziehungsminister unterstellt wäre, um die Verwaltung der deutschen Forschung zu zentralisieren. Obwohl sie in dieser Beziehung der von Stark ein Jahr früher vorgeschlagenen Akademie ähnelte, hätte die neue Akademie zahlreiche Aufgaben der Deutschen Forschungsgemeinschaft an sich gerissen.[88] Stark ging rasch zum Gegenangriff über. Er fand beim Leiter der Reichskanzlei, Dr. Hans Lammers, Gehör und warnte in einem Brief am 21. Februar,

> daß durch die Maßnahmen des Herrn Ministers Rust der jüdisch-demokratische Einfluß, der unter dem schwarz-roten System die deutsche Wissenschaft beherrscht hat, wieder zur Geltung kommt.[89]

Lenard schickte zur Unterstützung Starks ein Telegramm, und der Mitarbeiterstab von Heß verlieh ebenfalls seiner Bestürzung Ausdruck, daß der Bürokratie des REM die Verwaltung der deutschen Forschung übertragen wurde.[90] Rusts Projekt wurde von Hitler zurückgestellt, und Stark wurde Gelegenheit gegeben, es ausführlich zu kommentieren: Er schlug am 12. März vor, die Forschungsgemeinschaft solle sich unter der Oberaufsicht der Reichskanzlei selbst verwalten, wodurch sie aus ihrer immer bedenklicher werdenden Position unter dem REM befreit würde.[91] Der Plan des REM wurde schließlich fallengelassen.

Inzwischen jedoch gelang es Rusts Beamten, die Mittel der Deutschen Forschungsgemeinschaft mit Wirkung vom 1. März einfrieren zu lassen. Stark beschwerte sich sofort bei Lammers und wurde von Rosenberg unterstützt, dessen Amt von Stark und seinem Stellvertreter Wildhagen beträchtliche finanzielle Unterstützung für seine »Forschung« erhalten hatte. Obwohl Mentzel nicht nachgeben wollte, ließ sich das REM erweichen und bewilligte am Ende des Monats die Freigabe der Mittel.[92] Stark erhielt jedoch wesentlich weniger als die Summe, um die er für 1935 angesucht hatte, und davon im Jahre 1936 wieder bloß die Hälfte.[93] Durch die Kontrolle der Finanzen gewann das REM auf lange Sicht die Oberhand.

Obwohl Mentzel die Deutsche Forschungsgemeinschaft auch weiterhin unter Beschuß nahm, kam der entscheidende Schlag gegen Stark eigentlich von Rosenbergs Seite. Anfang 1936 empfahl Rosenberg Walter Frank, dessen Reichsinstitut für die Geschichte des neuen Deutschlands im Oktober 1935 seine Tätigkeit aufgenommen hatte, für das Amt des Vizepräsidenten der Forschungsgemeinschaft. In dem Bestreben, die Schwächung seiner eigenen Autorität zu verhindern, lehnte Wildhagen den Kandidaten schroff ab.[94]

Im Juni konnte sich Frank an Wildhagen rächen. In einem Artikel in der Tagespresse denunzierte er Starks Vize als die »graue Eminenz« der deutschen Wissenschaft, der in der Weimarer Republik ein Gegner des Nationalsozialismus und ein Freund der Juden gewesen sei.[95] Stark stärkte seinem Untergebenen den Rücken, aber er entdeckte, daß Wildhagen auch unter den Mitarbeitern von Heß und Göring Feinde hatte und daß die SS bei jedem internen Streit mit Rosenberg für Frank Partei ergriff. Er konnte nichts unternehmen; sein Mitarbeiter wurde am 15. August 1936 entlassen.[96]

Ende September empfing der Physiker Karl Weigel von der SS-Forschungsabteilung für Ahnenerbe, aber er verweigerte der SS eine Unterstützung durch die Forschungsgemeinschaft; er betrachtete ihre Projekte als unwissenschaftlich. Der SS-Bericht über diese Abfuhr erreichte auf Umwegen Himmlers Mitarbeiter und fügte der Liste der Gegner Starks noch einige weitere hinzu.[97] Er brachte es auch fertig, sich den Gauleiter von Bayern, Adolf Wagner, in einer ursprünglich geringfügigen Angelegenheit zum Feind zu machen, die im Jahre 1934 einen Kollegen Wagners betraf. Bis 1936 waren Vorwürfe und Gegenvorwürfe immer heftiger geworden, und Wagner machte im REM für Starks Entlassung Stimmung. Der Kampf zog sich in einem Partei-Gerichtsverfahren bis 1938 hin, bei der Stark für schuldig befunden wurde, in der Auseinandersetzung mit Wagner unlautere Wege eingeschlagen zu haben.[98] Der Richter verhängte keine Strafe, da er erklärte, »daß Stark durch Enthebung von dem Amt als Präsident der Notgemeinschaft der deutschen Wissenschaft bereits bestraft ist«.[99]

Stark wurde schließlich durch das Scheitern eines seiner Lieblingsprojekte zu Fall gebracht – er hatte beträchtliche Mittel für das Unternehmen aufgewendet, Gold aus den süddeutschen Mooren zu gewinnen. Von einem öffentlichen Skandal bedroht, schloß Stark mit seinen Gegnern im Ministerium einen Handel ab. Er würde das Präsidentenamt der PTR behalten (von dem er erst 1939 zurücktrat), und nichts würde über die Goldaffäre verlauten. Als Gegenleistung würde er die Leitung der Forschungsgemeinschaft aufgeben.[100] Am 19. November wurde ihm von Rust mitgeteilt, daß sein Rücktritt angenommen worden sei. Sein Nachfolger war niemand anderer als Mentzel.[101]

Ende 1936 war Starks Versuch, die Zügel der deutschen Wissenschaft in seine Hände zu nehmen, gescheitert, und zwar weitgehend aufgrund der Kämpfe innerhalb der Partei. Seine Ziele und Methoden ergaben sich direkt aus seinen Erfahrungen vor 1933. Wenn man die Beweggründe für Lenards Treue zum Nationalsozialismus unter dem Stichwort »Ideologie« zusammenfassen kann, so kann die Grundlage für Starks Hinwendung zum Extremismus vielleicht als »fehlende menschliche Anerkennung« verstanden werden.

Stark entfernte sich seit der Aufstellung der Bohr-Sommerfeldschen Theorie immer mehr von dem von der modernen Physik eingeschlagenen Weg, und diese Entfremdung von der Hauptströmung der physikalischen Forschung wurde in den zwanziger Jahren immer größer. Wie bei Lenard, wurde sein nationalsozialistisches Zusammengehörigkeitsgefühl durch das Erlebnis des Krieges verstärkt und bewirkte nach dem Krieg seine Abscheu vor dem parlamentarischen System. Paradoxerweise veranlaßte ihn seine Enttäuschung über die Weimarer Republik, sich für eine Standespolitik einzusetzen, um seine Berufsgruppe vor staatlicher Einmischung zu schützen. 1921 hatte er sich durch seinen erfolglosen Versuch, ein Gegengewicht gegen den Einfluß ihrer führenden Vertreter zu schaffen, noch weiter von der Gemeinschaft der Physiker entfernt.

Der spezielle Anlaß für Starks Hinwendung zum politischen Extremismus war sein Rücktritt in Würzburg im Jahre 1922 und seine Unfähigkeit, sich – trotz seines Nobelpreises – eine andere Stellung zu beschaffen. Er fühlte sich betrogen und fand, wie Lenard, Trost im Zusammenschluß mit den völkischen Elementen, die bei der Bekämpfung des Systems die größte Durchschlagskraft bewiesen. Sein Bekenntnis zu Hitler und die Parteimitgliedschaft folgten nach. Obwohl ihre rassistische politische Betätigung für Naturwissenschaftler ungewöhnlich war, waren die Erfahrungen, die Unzufriedenheit und die Einstellungen Lenards und Starks (ihre politischen »Profile«) bei Nazikämpfern der ersten Zeit nicht ungewöhnlich.[102] Die individuellen Anlässe für ihre Hinwendung zum Nationalsozialismus schufen bei Lenard und Stark ein gemeinsames Bedürfnis, zwischen gutzuheißender »deutscher« und abzulehnender »jüdisch ausgerichteter« Wissenschaft zu unterscheiden. Für Lenard war diese Unterscheidung eine Frage der Ideologie; für Stark war sie eine Waffe gegen jene, die ihn so lange als einen Ausgestoßenen behandelt hatten. Für keinen der beiden war sie eine wissenschaftliche Frage. Die »arische Physik«, für die sie eintraten, färbte jedoch auf die politische Atmosphäre ab, in der die anderen Physiker von 1936 bis zu den ersten Jahren des Zweiten Weltkrieges arbeiten mußten.

7. Arische Physik

Die Parteiphysik, die von Philipp Lenard, Johannes Stark und einer kleinen Gruppe von Gefährten verfochten wurde, war nie ein genau definiertes weltanschauliches System. Jeder Anhänger der »arischen«, »nordischen« oder »deutschen« Physik brachte seine persönlichen Ansichten und Unzufriedenheiten zum Ausdruck. Daher gibt es keine einzige programmatische Erklärung über die Grundsätze und Ziele dieser radikalen Bewegung. Auf gewisse Schriften wurde jedoch wiederholt Bezug genommen, und sie können als der »Kanon« der arischen Physik betrachtet werden.

Die Vertreter der arischen Physik stimmten in einigen wesentlichen Voraussetzungen grundsätzlich überein. Sie glaubten an ein mechanisches, aber organisches, nichtmaterialistisches Universum, in welchem Entdeckungen nur durch Beobachtung und Experiment gemacht werden könnten. Sie erklärten, daß das rassische Erbe eines Beobachters die Ausrichtung seiner Arbeit direkt beeinflussen würde. Und es war ihnen eine vom Antisemitismus durchdrungene völkische Weltanschauung gemeinsam. In einem entscheidenden Punkt jedoch gab es Verwirrung und Uneinigkeit: bezüglich der richtigen Rolle der technischen Anwendung der Physik. Lenard und einige andere Vertreter der arischen Physik waren der fortschrittsfeindlichen Tradition des Kulturpessimismus verbunden. Andererseits traten Stark und einige andere kompromißlos für die Technik ein. Ungeachtet dieser widersprüchlichen Auffassungen stimmten alle mit einer Vorgangsweise überein, die darauf abzielte, die deutsche Physik mit völkischer Ideologie zu durchdringen.

Die Grundsätze der arischen Physik

Die grundlegenden Werke der »arischen Physik« wurden niemals in irgendeiner Weise kodifiziert. Zwei Werke, je eines von Lenard und Stark, sowie eine Auswahl Ende 1935 gehaltener Reden stechen jedoch hervor, weil sie von Anhängern der Bewegung häufig zitiert wurden.

Berücksichtigt man die Tatsache, daß die arische Physik mehr Politik als Physik war, so war das grundlegende Buch der Bewegung Lenards *Große Naturforscher* (1929). Diese Übersicht über die führenden Naturwissenschaftler der Vergangenheit begann mit der Antike und endete mit dem Ausgang des 19. Jahrhunderts. Lenard unterließ die Erörterung von Persönlichkeiten, die nach dem Ersten Weltkrieg lebten, um die Einbeziehung seiner Zeitgenossen zu vermeiden.[1] Die fünfundsechzig biographischen Skizzen waren durch seine romantische Heldenverehrung und seine Überzeugung gekennzeichnet, daß die großen wissenschaftlichen Leistungen ausnahmslos auf Persönlichkeiten arisch-germanischer Rassenherkunft zurückgingen. Dieser anthropologisch-historische Ansatz stand mit dem allgemeinen Tenor der NS-Ideologie im Einklang: er sprach insbesondere jene an, die von den Rassentheoretikern – wie z.B. Houston Stewart Chamberlain – beeinflußt waren, auf die sich die Nationalsozialisten als ihre geistigen Ahnherren beriefen. Tatsächlich hatte Lenard das Vorhaben auf Anregung eines der Rassenexperten der Partei, Hans F. K. Günther, in Angriff genommen.[2] Insbesondere Alfred Rosenberg gefiel das Buch, und er bezog sich sogar in einer seiner Reden darauf.[3]

Rosenberg fand eine der grundlegenden Aussagen in dem Buch *Große Naturforscher* bemerkenswert: seit der Zeit des Hipparch von Nizaea (etwa 150 v. Chr.) bis Leonardo da Vinci (etwa 1500 n. Chr.) durchlief die Wissenschaft eine so gut wie »tote Zeit«, die eine Folge der rassischen Entartung der Griechen und der politisch erzwungenen Autorität des Aristoteles und der Bibel war.[4] Diese Theorie ist eine von vielen, in der Lenard Chamberlain folgte.[5]

Wann immer es möglich war, wurden Bilder der großen Naturforscher in das Buch aufgenommen, damit der Leser ihre nordischen physischen Merkmale erkennen konnte.[6] In den folgenden Auflagen wurde die rassistische Terminologie immer ausgeprägter. Die Veränderung war bei seiner Behandlung von Heinrich Hertz, der in Bonn Lenards Professor gewesen war, besonders beachtenswert. Hertz war Halbjude, eine Tatsache, die Lenard in den frühen Auflagen nur am Rande erwähnte, da er die experimentelle Entdeckung der Radiowellen durch seinen Mentor hervorheben wollte. In späteren Auflagen jedoch führte er das frühe überragende experimentelle Können von Hertz auf seine arische Mutter zurück und seine spätere Neigung zur theoretischen Arbeit auf seinen jüdischen Vater.[7] Lenard hatte das Problem sauber gelöst, eine Erklärung dafür zu finden, warum viele jüdische Wissenschaftler bedeutende Forschungsarbeit leisteten: Das Vorhandensein von arischem Blut war für ihre Leistungen verantwortlich.

Wenn ein fähiger Forscher jedoch Volljude war, gebrauchte Lenard eine andere Taktik. Einsteins berühmte Formel $E=mc^2$, die Energie mit Masse in Beziehung setzt, war experimentell unwiderlegbar. Lenard gelang es jedoch, einen Vorläufer der Formel im Werk des Friedrich Hasenöhrl zu finden, eines hochbegabten, nichtjüdischen österreichischen Physikers, der im Ersten Weltkrieg an der Front gefallen war. Lenard verlieh Hasenöhrl das Format eines Galilei, Newton, Faraday, Darwin und anderer wissenschaftlicher Größen. Obwohl seine Entdeckung »immer unter einem fremden Namen« (jenem Einsteins) firmierte, behauptete Lenard, sie wäre eine arische Schöpfung.[8]

Der zweite Beitrag Lenards zum Kanon der arischen Physik war das Lehrbuch, das er im Jahre 1933 abzufassen begann. Auf seinen berühmten Vorlesungen aufbauend, war die in den Jahren 1936-37 veröffentlichte *Deutsche Physik* ein fesselnder Lesestoff. Da ihre Einleitung eine offene Erklärung für den Rassismus in der Physik enthielt, wurde sie oft in Anthologien zitiert, die sich mit dem Geistesleben im Dritten Reich befaßten.[9]

Die berüchtigten Anfangszeilen lieferten der arischen Physik ihren Schlachtruf:

»›Deutsche Physik?‹ wird man fragen. – Ich hätte auch arische Physik oder Physik der nordisch gearteten Menschen sagen können, Physik der Wirklichkeits-Ergründer, der Wahrheit-Suchenden, Physik derjenigen, die Naturforschung begründet haben.«[10]

Aber die *Deutsche Physik* war nicht bloß ein polemisches Pamphlet, und Lenard selbst wies darauf hin, daß man mehr als die Einleitung gelesen haben mußte, um herauszufinden, was er zu sagen hatte.[11] Das vierbändige Werk war das einzige größere Werk der arischen Physik, das sich hauptsächlich mit Physik und nicht mit Politik befaßte. Es zerfiel in zwei Teile: die Physik der Materie (Mechanik, Akustik und Wärme) und die Physik des Äthers (Optik, Elektrizität und Magnetismus). Den einigenden Faktor des gesamten Systems, schrieb Lenard, bildete der Begriff der Energie.[12]

Starks Beiträge zur völkischen Physik waren seine Darstellung des Eindringens der Juden in deutsche akademische Kreise und seine Bekämpfung der Vorstellung des internationalen Charakters der Wissenschaft. Sein Buch *Nationalsozialismus und Wissenschaft* (1934) nahm die Geschichte des arisch-jüdischen Konflikts in der Wissenschaft an dem Punkt auf – etwa um das Jahr 1900 –, wo Lenards *Große Naturforscher* endeten. Dieses polemische Traktat versuchte Juden als bloße Theoretiker abzustempeln und sie mit der Politik und der Geisteshaltung der sozialdemokratischen Weimarer Republik in Verbindung zu bringen. Als es veröffentlicht wurde, versuchte sich Stark gerade als Führer der deutschen Wissenschaft zu profilieren, indem er den Nationalsozialismus im Ausland verteidigte und für einen Plan eintrat, die deutsche Forschung zentralistisch zu organisieren. Er hob daher auch die Bedeutung der physikalischen Forschung für Technik und Industrie im Hinblick auf wirtschaftliche Unabhängigkeit und die Kriegsindustrie hervor, da derartige Anschauungen ihn in seinem Anspruch bestärkten, von den höchsten NS-Funktionären angehört zu werden.[13]

Starks zweiter Beitrag zu den Grundsätzen der arischen Physik war eine 1941 in München gehaltene Rede, die unter dem Titel *Jüdische und Deutsche Physik* (1941) veröffentlicht wurde. Dieser Vortrag stellte in vieler Hinsicht eine Zusammenfassung der Standpunkte der arischen Physik dar, in der Stark den Schaden bewertete, den die Juden in den ersten drei Jahrzehnten des 20. Jahrhunderts der deutschen Wissenschaft zugefügt hätten. Stark kritisierte auch die Quantenmechanik als unfruchtbaren Formalismus, ein bemerkenswert unsachlicher Vorwurf angesichts der wissenschaftlichen Fruchtbarkeit der neuen Theorien. Die Rede offenbarte klar erkennbar das Ziel der arischen Physik: Was Stark und Lenard zur Zeit der Weimarer Republik in wissenschaftlichen Kreisen nicht erreichen konnten, steuerten sie im Dritten Reich in der politischen Arena an.[14]

Einen entscheidenden Bestandteil der Standardliteratur der arischen Physik bildete eine Reihe von Vorträgen, die am 13. und 14. Dezember 1935 aus Anlaß der Umbenennung des physikalischen Instituts in »Philipp-Lenard-Institut« in Heidelberg gehalten wurden. Der zwischen dem Erziehungsministerium und Stark um die Deutsche Forschungsgemeinschaft ausgebrochene Konflikt näherte sich seinem Höhepunkt, und Reichserziehungsminister Bernhard Rust sagte sein vorgesehenes Erscheinen kurzfristig ab. Unter dem Vorwand einer Erkrankung schickte er den Badener Minister des Kultus und Unterrichts, Otto Wacker, an seiner Statt.[15] Einige Vorträge stellten wissenschaftliche Themen – wie etwa Philosophie, Biologie und Ausbildung – in einen völkischen Kontext. Die Vorträge Starks und Lenards taten dasselbe für die Physik. Ferner meldeten sich ein Studentenführer, ein Industrieller und zwei ehemalige Schüler Lenards zu Wort.[16]

In einer für die Äußerungen der arischen Physik typischen Litanei wurden Episoden aus dem Leben Lenards nacherzählt und gewürdigt – insbesondere seine Opposition gegen Einstein und die Stürmung des Heidelberger Instituts im Jahre 1922. Der Tenor der Vorträge fand im Titel der veröffentlichten Fassung seinen Niederschlag: *Naturforschung im Aufbruch* (1936). In der deutschen Forschung brach eine neue Ära an und sollte von jenen Werten beherrscht werden, die Lenard teuer waren, den Werten, die der Wissenschaftstheorie der arischen Physik zugrunde lagen.

Das Weltbild der arischen Physik: Natur und Experiment

Die arische Physik konzentrierte sich mehr auf das, was sie bekämpfte, als darauf, was sie wollte. Sie verurteilte vehement den mechanistischen Materialismus, der allgemein als der Unterbau des Marxismus galt. Gleichzeitig stand die arische Physik, da sie von den persönlichen Abneigungen, die Lenard und Stark im Verlaufe ihrer Karriere entwickelt hatten, geformt wurde, der Relativitätstheorie und der Quantenmechanik ablehnend gegenüber. Die Ablehnung der modernen Physik bedeutete, daß diese Physiker gezwungen waren, sich auf die klassische Newtonsche Physik zu stützen, die seit dem 17. Jahrhundert die Grundlage gerade dieses von ihnen so verabscheuten Materialismus bildete. Der Lösungsversuch für dieses Paradoxon basierte auf einem Weltbild, von dem das nationalsozialistische Denken durchdrungen war. Es war ein Axiom, daß die Nationalsozialisten jede Form von Materialismus ablehnten und sich dem Gedanken einer die Natur beseelenden, alles durchdringenden geistigen Kraft hingaben. Die Vereinigung mit diesem Geist befähigte einen, die natürliche hierarchische Ordnung der Dinge zu erfassen, einschließlich der Notwendigkeit eines Führers, der einem Volk in seinem Kampf ums Dasein voranschreiten mußte.[17] Lenard veranschaulichte den Standpunkt der arischen Physik, als er den Materialismus als »Stoffwahn« abtat und behauptete, daß er von den großen wissenschaftlichen »Geistern« (d.h. den großen Wissenschaftlern) nie vertreten wurde. Der Materialismus war das Kennzeichen der unbedeutenderen Gestalten, die den wirklich großen Männern wie Newton oder Darwin folgten.[18]

Lenard schätzte Newtons Werk, da er glaubte, daß Newton ein mechanistisches Weltbild entwickelt hatte, ohne die nichtmateriellen Faktoren der Realität aus dem Auge zu verlieren. Der Heidelberger Professor glaubte, daß die Propagandisten der französischen Aufklärung Newtons Werk durch den betrügerischen Anspruch auf Allwissenheit für die Wissenschaft verfälscht und den Geist aus der Mechanik herausgelöst hätten. Diese Entstellung führte zum mechanistischen Materialismus, der unter anderem für das Streben verantwortlich war, die Natur für den eigenen Vorteil zu beherrschen.[19] Lenard verlangte eine neue Betrachtungsweise der alten Wahrheiten, ein Werkzeug, um die Verbindung zwischen Materie und Geist wiederherzustellen. Die Lösung, für die er eintrat, war eine Variante der Äthertheorie, die er erstmals 1922 als eine Alternative zur Relativitätstheorie vorgeschlagen hatte.[20]

Die Theorien des 19. Jahrhunderts hatten sich den Äther als ein von der (übrigen) Materie unabhängiges Medium vorgestellt, durch welches sich Lichtstrahlen in Wellenform fortpflanzten.[21] Lenard definierte den Äther mit dem verschwommensten aller Begriffe als »das etwas«, welches die Geschwindigkeit der »Ätherwellen«, d.h. aller elektromagnetischen Strahlen, die sich mit Lichtgeschwindigkeit fortpflanzen, reguliert. Er schlug jedoch einen Kniff vor, der besagte, daß jeder Himmelskörper, ja sogar jedes Materieteilchen mit seinem eigenen speziellen Äther ausgestattet sei.[22] Außerdem waren Äther und Materie jene beiden Seinsbereiche, die durch das gemeinsame Band der Energie miteinander verbunden waren. Innerhalb des Weltalls, weit entfernt von Energiephänomenen, war der Äther gleichförmig und praktisch gleichbedeutend mit dem Raum an sich. In dieser Form wurde er »Uräther« genannt.[23]

So wich die arische Physik den Beweisen gegen die Existenz des Äthers aus, wie sie der berühmte Michelson-Morley-Versuch aus den achtziger Jahren des 19. Jahrhunderts lieferte, der vergeblich versucht hatte, die Bewegung der Erde durch einen ruhenden Äther festzustellen.[24] Nach Lenard nahmen die Erde und jedes Atom auf der Erde einfach ihren Äther bei ihrer Bewegung mit.

Rudolf Tomaschek von der TH Dresden, einer der fähigsten Schüler Lenards, behauptete 1935 in Heidelberg, daß der Äther eine Konzeption sei, die die Juden abschaffen wollten. Die mechanische Naturanschauung, die der Äther repräsentierte, war eines der wesentlichsten Hilfsmittel der germanischen Naturforschung – die Quelle, die er für diese Behauptung heranzog, war niemand geringerer als die rassentheoretische Autorität Houston Stewart Chamberlain.[25] Tomaschek beeilte sich jedoch, die Mechanik vom Materialismus loszulösen. Er definierte die Mechanik nicht als eine Erfahrung mit materiellen Gegenständen, sondern als anschauliche Gedanken, die der quantitativen Verifikation bedurften.[26]

Neben der Bereitstellung eines mechanischen, aber zugleich nichtmaterialistischen Universums erfüllte die Äthertheorie in der arischen Physik eine weitere wichtige Funktion. Sie setzte dem menschlichen Wissen Grenzen und hüllte wesentliche Facetten der Natur in ein ewiges Geheimnis. Lenard lobte die Doppeldeutigkeit der Äthervorstellung und erklärte:

> Die Begriffe sind zwar gefunden, welche den Vorstellungen vom Äther festen Anhalt geben; aber Mechanismen im Äther hat man vergeblich gesucht; alles in dieser Richtung probeweise Erdachte stimmt schlecht mit der Wirklichkeit. Der Äther ist offenbar schwerer zu begreifen als die Materie; er scheint schon die Grenzen des Begreiflichen zu zeigen. Daß diese Grenzen beim Versuch, die Welt der Geister zu begreifen, vollständig überschritten

sind, ist offensichtlich; kein Menschengeist kann auch nur seinen eigenen Geist begreifen.[27]

Die Vertreter der arischen Physik setzten also der quantitativen Erforschung der Natur qualitative Grenzen. Der wissenschaftlichen Erkenntnis haftete ein Indeterminismus an, da der Mensch von Natur aus unfähig war, das Geistige mit Hilfe seines Verstandes zu begreifen.

Die in den zwanziger Jahren geschaffene neue Atomtheorie schien ziemlich gut in das System der arischen Physik zu passen. Die Quantenmechanik, sowohl Heisenbergs Matrizenmechanik als auch Schrödingers Wellenmechanik, entsprachen ziemlich genau Tomascheks Definition der Mechanik als eines Gedankens, der der quantitativen Bestätigung bedurfte. Die neue Theorie behauptete auch, daß der physikalischen Forschung ein grundsätzlicher Indeterminismus wesensmäßig eigen war, und bestritt daher das strenge Kausalitätsprinzip, das dem Materialismus zugrunde lag. Wie im 1. Kapitel erwähnt, waren in der Tat einige deutsche Quantenphysiker in den zwanziger Jahren offensichtlich darauf erpicht, die Gelegenheit zu nützen, die Kausalität aufzugeben, um sich dem zeitgenössischen antirationalistischen und antimaterialistischen Kulturdenken anzupassen. Die quantenmechanische Beschränkung der physikalischen Forschung auf tatsächlich beobachtbare Phänomene und die Erkenntnis der im Grunde subjektiven Rolle des Forschers hätten leicht zur Stützung mancher Lehrsätze der arischen Physik verwendet werden können, wie der Bedeutung der Beobachtung und der Persönlichkeit des Beobachters. Wenn die Vertreter der arischen Physik einer weiteren Empfehlung bedürften, so konnten sie sich auf Einstein berufen, der die Quantenmechanik ablehnte und sich weigerte, den Indeterminismus als der Natur innewohnend zu akzeptieren. Abgelehnt wurde sie auch in der Sowjetunion von einer politischen Fraktion, die Heisenberg als einen Physiker betrachtete, der durch die Verbreitung des Irrationalismus in Deutschland dem Aufstieg des Nationalsozialismus Vorschub leistete.[28] Die totale Ablehnung der Quantenmechanik durch die arische Physik unterstrich eine große Schwäche der politisierten Wissenschaft: Persönliche Feindschaften rückten alle anderen Erwägungen in den Hintergrund.

Anstatt des Bohr-Sommerfeld-Atoms und der sich daraus entwickelnden Quantentheorien, hatten die Vertreter der arischen Physik nur Starks Axialatom, in welchem ein reifenartiges Elektron den Atomkern umkreiste. Die Theorie war ganz und gar nicht überzeugend, und obwohl Stark sehr viel darüber publizierte, scheint sie niemand ernstgenommen zu haben.[29] Selbst andere Vertreter der arischen Physik vermieden die Erwähnung des Starkschen Atommodells. Das Image der Bewegung war daher das einer destruktiven Kraft, die keine konstruktive Alternative zu den bestehenden Atomtheorien bieten konnte.

Die Ablehnung der Relativitätstheorie und der Quantenmechanik verringerte die Anziehungskraft der arischen Physik unter den Fachkollegen drastisch. Einsteins politische Haltung machte seinen Namen natürlich verhaßt, aber eine kluge Politik hätte die Basis der arischen Physik durch die Vereinnahmung der Quantenmechanik als einer nordischen Errungenschaft erweitern können. In der Tat wurden solche Überlegungen von einem Untergebenen von Goebbels veröffentlicht, doch war das Propagandaministerium nie aktiv an der Diskussion über die ideologisch richtige Physik beteiligt.[30] Auch einer der wichtigsten Vertreter der Quantenmechanik, Pascual Jordan, hob ausdrücklich hervor, daß die neuen Theorien ein Fundament für eine Alternative zum Materialismus legten. Obwohl sein Buch *Die Physik des 20. Jahrhunderts* in einem rein wissenschaftlichen Stil gehalten war und Einstein, Bohr, Franck, Hertz und anderen jüdischen Forschern volle Gerechtigkeit widerfahren ließ, hätten es die Vertreter der arischen Physik für ihre Zwecke benutzen können.[31] Lenard und Stark waren jedoch zu sehr darauf festgelegt, den Modernismus in der Physik zu bekämpfen, und konnten sich nicht dazu durchringen, für das politisch Zweckmäßige einzutreten, obwohl letzten Endes Erfolg oder Mißerfolg davon abhängig war.

Die Vertreter der arischen Physik fanden Relativitätstheorie und Quantenmechanik nicht nur wegen der Erbfeindschaft aus der Zeit der Weimarer Republik widerwärtig, sondern auch aus epistemologischen Gründen. Als Theorien, die sich auf umfassende mathematische Berechnungen gründeten, hielt man die Relativitätstheorie und die Quantenmechanik für mit dem wahren Geist der Naturforschung unvereinbar. Statt dessen erklärten die Vertreter der arischen Physik Experiment und Beobachtung zu den einzig wahren Fundamenten der physikalischen Erkenntnis.

Dieser Standpunkt war nicht so ausgefallen, wie es scheinen mag. Die Konzeption eines mechanischen, aber zugleich nichtmaterialistischen Universums war ein wesentlicher Bestandteil einer als kritischer Naturalismus bekannten angesehenen Wissenschaftstheorie. Der übliche naturalistische Standpunkt vertrat die Ansicht, daß die Analyse eines kleinen Teils des Universums genügte, um die Wirkungsweise der gesamten Natur zu begreifen. Nach Anfangsbeobachtungen brauchte man bloß von den Daten auf eine systematische philosophische und mathematische Weise zu extrapolieren. Kritische Naturalisten lehnten diesen Ansatz ab, weil er zu rationalistisch war. Dieser Standpunkt wurde insbesondere von jenen kritischen Naturalisten stark vertreten, die sich zu Beginn des 20. Jahrhunderts der Konzeption der »emergent« (d.h. sich erneuernden) Evolution als eines Mittels bedienten, den Materialismus in den Wissenschaften vom Leben zu widerlegen. Die Vertreter der Theorie der sich erneuernden Evolution waren der Auffassung, daß das Universum den Menschen fortwährend mit neuen Erscheinungen konfrontiere, die nach und nach entdeckt werden mußten. Experiment und Beobachtung und nicht Theorie und Begriffsbildung wären die Fundamente der wissenschaftlichen Erkenntnis.[32] Obwohl es zu vereinfachend wäre, Lenard und Stark zu kritischen Naturalisten zu stempeln, entsprach das genau dem Wissenschaftsverständnis der arischen Physik. Es verriet die im wesentlichen »organische« Naturbetrachtung der arischen Physik, daß ihr Standpunkt am klarsten in einer von Biologen geführten Debatte vertreten wurde.

In einem Artikel über Einstein bezeichnete Gerald Holton die übertriebene Betonung des Experiments bei den Gegnern der Relativitätstheorie als »Experimentizismus«.[33] Die Vertreter der arischen Physik glaubten jedoch, daß sie gegen eine ebenso übertriebene Betonung der Theorie kämpften, die man ihrerseits als »Theoretizismus« bezeichnen könnte. Sie fanden, daß die Theoretiker eine arrogante Geringschätzung gegenüber der Natur an den Tag legten, und verübelten ihnen den Standpunkt, daß jeder Widerspruch zwischen Theorie und Beobachtung zwangsläufig zugunsten der Theorie entschieden werden müßte. Die Ansicht, daß die theoretische Physik der am meisten fortgeschrittene Teil der Disziplin sei, wurde entschieden bestritten.[34]

Für die Vertreter der arischen Physik mochte die von den Theoretikern zur Schau getragene Haltung der inneren Gewißheit und des überlegenen Wissens ihre aufreizendste Eigenschaft gewesen sein. Ein frühes Beispiel für diese Haltung wird von einer der Studentinnen Einsteins berichtet. Im Jahre 1919 zeigte ihr Einstein ein eben erhaltenes Telegramm, das die Resultate der berühmten englischen Sonnenfinsternisexpedition bekanntgab. Sie brach über die Nachricht in Freudenrufe aus, aber der Professor blieb gelassen. Er sagte, er habe gewußt, daß die Theorie richtig war. Als sie ihn fragte, wie er sich verhalten hätte, wenn keine Bestätigung erfolgt wäre, antwortete Einstein: »Dann täte mir der Herrgott leid – die Theorie *ist* richtig.«[35]

Obwohl Einstein offensichtlich spaßte, war die ästhetische Begeisterung für logische Eleganz genau das, was die Anhänger der arischen Physik als unwissenschaftlich und undeutsch ablehnten. Für sie war das Fundament der Naturwissenschaft die meßbare Erfahrung, auf die sich die mechanischen Modelle von Naturvorgängen stützten. Diese Modelle waren »reine« Theorien. Mathematische Gedankengebäude, die weitgehend aus der Vorstellungskraft stammten, waren naturfremde Abstraktionen, die nur als Spekulationen oder Hypothesen bezeichnet werden konnten.[36] Aus diesem Grunde betonten die Vertreter der arischen Physik mit Nachdruck Newtons Diktum »hypotheses non fingo«, und »Hypothesenmacher« wurde in der Propaganda der arischen Physik ein häufiger Beiname.[37]

Das Weltbild der arischen Physik: Der Naturforscher

Obwohl der von der deutschen Physik vertretene organische Entwurf des Universums und ihre konsequente Betonung der Beobachtung den Eindruck erweckte, als würde sie für eine induktive Einstellung gegenüber der Natur eintreten, war ihre Auffassung im wesentlichen deduktiv. Der erste Grundsatz für die Wissenschaftspraxis wurde von Lenard präzise formuliert: »In Wirklichkeit ist die Wissenschaft, wie alles was Menschen hervorbringen, rassisch, blutmäßig bedingt.«[38] Mehr als alles andere stempelte dieser völkische Aspekt ihres Weltbildes Lenard, Stark und ihren Anhang zu Renegaten der Physikergemeinschaft.

Die von der arischen Physik bevorzugten Eigenschaften wurden dem germanischen Forscher, die anderen Charakteristika seinem jüdischen Gegenstück zugeschrieben. Die Eigenschaften des ersteren waren für konstruktive, schöpferische Leistungen verantwortlich; jene des letzteren wurden für destruktive, dogmatische Plagiate verantwortlich gemacht. Die Anhänger der arischen Physik lehnten Objektivität und Internationalismus in der Wissenschaft ab. Ihre rassistischen, subjektiven, nationalistischen Überzeugungen verliehen den Vertretern der arischen Physik die Aura strenger Parteigläubigkeit.

Völkische Physik

Zu den bekanntesten Klischeebildern dieser Orthodoxie gehörte der arische Kulturträger und sein Gegenstück, der jüdische Kulturzerstörer.[39] Diese rassistische Vorstellung durchzog die Anschauungen der Anhänger der arischen Physik. Lenard, Stark und ihr Anhang verkündeten, daß nicht nur die Mechanik, sondern sogar der Wissenschaftsgedanke schlechthin von der nordischen Rasse hervorgebracht worden war und daß das Wesen arischer Forschung auf dem Experiment und der Beobachtung beruhte. Im Jahre 1935 wurde bei den Heidelberger Feierlichkeiten zur Umbenennung von Lenards Institut H. S. Chamberlain oft zitiert, um diese Behauptungen zu belegen.[40] An einer Stelle wurde folgender berühmter Passus Chamberlains zitiert:

> Die Erfahrung – d.h. genaue, minutiöse, unermüdliche Beobachtung – gibt das breite, felsenfeste Fundament germanischer Wissenschaft ab, gleichviel ob sie Philologie oder Chemie oder was sonst betreffe: die Befähigung zur Beobachtung sowie die Leidenschaftlichkeit, Aufopferung und Ehrlichkeit, mit der sie betrieben wird, sind ein wesentliches Charakteristikum unserer

Rasse. Die Beobachtung ist das Gewissen germanischer Wissenschaft.[41]

Einer der Redner zählte sorgfältig zehn Eigenschaften der echten nordischen Forscher auf, die unter anderem Freude an der Beobachtung, Freude an der Wiederholung, Bescheidenheit und »Freude am Kampf mit dem Objekt, Freude an der Jagd« umfaßten.[42] Der arische Forscher führte ein Zwiegespräch mit der Natur. Er stellte Fragen in Form von Experimenten und beobachtete die Antworten aus den Resultaten.[43]

Die jüdische Methode wurde als natur- und wissenschaftsfremd getadelt. An Stelle der Beobachtung hätte der Jude (fast immer wurde der Singular verwendet) eine Vorliebe für Theorie und Abstraktion. Vermutlich verkörperte Einstein diesen Aspekt der jüdischen Wissenschaft.[44] Der Jude stelle seine Theorien in Form komplizierter mathematischer Berechnungen dar, ohne experimentelle Daten zu berücksichtigen. Die Mathematik wäre ursprünglich ein germanisches Instrument gewesen, um Beziehungen in der Natur wiederzugeben (wie von Chamberlain behauptet wurde), aber die jüdischen Wissenschaftler hätten sich zu Beginn des 20. Jahrhunderts dieses Werkzeugs bemächtigt.[45] Der Lenard-Schüler Alfons Bühl von der TH Karlsruhe drückte das so aus:

> Diese Übertreibung der mathematischen Behandlung physikalischer Probleme ist zweifellos jüdischem Geist entsprungen. Der Jude hat überall, wo er sich mit Physik beschäftigt hat, dieses Zahlenmäßige, Rechnerische als besondere Leistung der Physik empfunden. Und so wie er auch sonst, etwa bei seinen Handelsgeschäften, immer nur das Zahlenmäßige, die Gewinn- und Verlustrechnung vor Augen hat, ohne sich viel um den Sinn oder die Art der von ihm betriebenen Geschäfte zu kümmern, so muß es auch in der Physik als ein typisches Rassenmerkmal des Juden bezeichnet werden, daß er die mathematische Formulierung so in den Vordergrund stellt.[46]

Ein anderer Redner bei den Heidelberger Feierlichkeiten brachte den Hang zur Mathematik in der Physik mit dem Drang der Aufklärung zum Materialismus und zur Gleichmacherei in Verbindung.[47] Von diesem Zug war nur ein kleiner Schritt zum Individualismus und krassen Krämergeist, die als die wesentlichen selbstsüchtigen Eigenschaften des jüdischen Geistes in der Physik angesehen wurden.[48] Während sich der Arier vor der Natur in Bescheidenheit und Demut beuge, war der Jude anmaßend und überheblich.[49] Stark nannte den Juden den geborenen Advokaten in eigener Sache, ein Wortspiel, das die weitverbreitete Ansicht widerspiegelte, daß Deutschlands Juden die juristischen Berufe überschwemmten.[50] Lenard machte den jüdischen Geist für das Streben verantwortlich, sich mit unbewiesenen Theorien in die Veröffentlichung zu stürzen, und für das Bedürfnis, immer die neuesten Sensationen aufzugreifen.[51] Seine Abneigung gegen diese Einstellung ging auf seinen erfolglosen Prioritätsstreit mit J. J. Thomson zurück. Lenard hatte sie zunächst als die »englische« Krämermethode der Physik betrachtet, aber in der Nachkriegszeit unterstellte er sie den Juden.[52]

Starks Theoriefeindlichkeit reichte in dieselbe Zeit zurück, und er verwendete den Ausdruck dogmatisch bezüglich der Bohr-Sommerfeldschen Quantentheorie erstmals im Jahre 1922.[53] 1934 betonte er den jüdischen Charakter eines solchen »Dogmatismus« und brachte so seinen alten Widersacher Sommerfeld mit der Hauptzielscheibe des Nazihasses in Verbindung.[54] Schließlich konstruierte er einen scharfen Gegensatz zwischen jüdischem Dogmatismus und arischem Pragmatismus in der Physik. Der Jude, erklärte er, neige rassenmäßig zu einer deduktiven Grundhaltung, aufgrund der er Theorien aus seinen Vorurteilen entwickle, indem er sie in mathematische Konstruktionen einkleide und dann für sie Propaganda mache. Er akzeptiere nur jene Versuchsergebnisse, die seine Theorien bestätigen. Der Arier hingegen sei rassisch dazu prädestiniert, die Natur als solche zu beobachten, seine Theorien induktiv ohne Rücksicht auf Selbstverherrlichung zu formulieren und sie bereitwillig zu verwerfen, wenn neue Ergebnisse ans Licht kamen.[55] Diese vereinfachende Zweiteilung in dogmatisch-pragmatisch war ein nützliches Hilfsmittel, um im politischen Kampf um Einfluß bei akademischen Berufungen nach 1936 die theoretische Physik als Fach in Mißkredit zu bringen. Ein Theoretiker, der nicht jüdischer Abstammung war, konnte angegriffen werden, weil er »jüdisch dachte«. Der offensichtlich deduktive Charakter der Rassentheorie der arischen Physik wurde selbstverständlich nicht diskutiert.

Die Ablehnung von Objektivität und Internationalität

Ihre rassistischen Ansichten brachten die Vertreter der arischen Physik deutlich in Widerspruch zur Idee einer wertfreien Wissenschaft und Forschung, die den Kern des Objektivitätsbegriffs in den Naturwissenschaften bildete. Hitler stand dem Ideal der Objektivität besonders kritisch gegenüber, da es den politischen Nachteil mit sich brachte, unterschiedliche Standpunkte anerkennen zu müssen.[56] Nach den Angaben des ehemaligen nationalsozialistischen Präsidenten des Danziger Senats, Hermann Rauschning, erklärte Hitler, er glaube, daß die Wissenschaft eine gesellschaftliche Bestrebung sei, die nur nach ihrer Wirkung auf die Gemeinschaft beurteilt werden könne. Objektivität der Wissenschaft sei bloß ein Schlagwort, das von den Professoren zum Schutze ihrer Interessen erfunden wurde; die Idee einer wertfreien Wissenschaft sei absurd. Statt dessen behauptete Hitler:

> Das, was man die Krisis der Wissenschaft nennt, ist nichts anderes, als daß die Herren von sich aus einzusehen beginnen, wie sie sich auf dem Holzwege mit ihrer Objektivität und Unabhängigkeit befinden. Die einfache Frage, die jedem Wissenschaftsbetrieb vorausgeht, lautet: *Wer* will etwas wissen, wer will sich in der Umwelt orientieren. Damit ist es alsdann zwingend, daß es nur die Wissenschaft einer bestimmten Menschengattung und eines bestimmten Zeitalters geben kann. Es gibt sehr wohl eine nordische Wissenschaft und eine nationalsozialistische, die im Gegensatz stehen müssen zu der liberalistisch-jüdischen, die ja ihre Funktion überhaupt nicht mehr erfüllt, sondern sich selbst aufzuheben im Begriff ist.[57]

In voller Übereinstimmung mit Hitler argumentierten die Vertreter der arischen Physik, daß, da ja Rasse und Kultur eines Forschers seine Sichtweise bestimmten, Objektivität eine mangelnde Verpflichtung zur Wahrheit bedeutete. Sie werfe alles, das Gute und das Schlechte, das Bewiesene und das Unbewiesene, in einen Topf.[58] Die Meinungsvielfalt sei eine Eigenschaft der Liberalen, die der organischen Einheit der Natur fremd sei. Sie führe zur sterilen Praxis einer Aufsplitterung der Wissenschaft in immer spezialisiertere Fachgebiete (wie z.B. physikalische Chemie und mathematische

Physik).[59] Der Widerstand der arischen Physik gegen die Zersplitterung der Wissenschaft entsprach dem Widerstand der Nationalsozialisten gegen die Zersplitterung des Staates in zahlreiche politische Parteien. In beiden Fällen wurde das Eintreten für Objektivität als eine Unterstützung des Parteigeistes, der Zwietracht und des engstirnigen Eigennutzes betrachtet. In seinem Heidelberger Vortrag forderte Stark daher:

> Ein deutscher Naturforscher soll jedoch nicht bloß ein enger Fachmann sein, sondern er soll auch als deutscher Volksgenosse fühlen und handeln. Er soll sich nicht in sein Laboratorium einschließen und sagen: »Was da draußen in der Politik vorgeht, ist mir gleichgültig. Ich gehorche ebensogut einem roten oder schwarzen Minister wie einem nationalsozialistischen; es genügt doch, daß ich in meinem Fache arbeite und etwas leiste.«[60]

Der echte deutsche Naturforscher sollte sich am politischen Leben seines Volkes beteiligen. Die Vorbilder für diese Haltung waren natürlich Lenard und Stark.

Die Betonung der rassischen Bedingtheit und die Ablehnung der Objektivität durch die arische Physik gingen Hand in Hand mit einer Absage an die Internationalität der Wissenschaft. Die Ergebnisse der wissenschaftlichen Arbeit waren nur dann allgemeingültig, wenn die Arbeit wirklich wissenschaftlich war, das heißt, wenn sie auf der arischen Einstellung zur Natur beruhte. Jede Ähnlichkeit zwischen deutscher und anderer westlicher Forschung war auf eine gemeinsame Abstammung von der nordischen Rasse zurückzuführen.[61] Da jedoch die Juden ein anderes rassisches Erbe hatten, betrachteten sie die Natur auf ihre besondere Weise. Da sie ein Volk ohne Land waren, war ihre Wissenschaft wirklich »international«. Lenard drückte das so aus:

> Juden sind überall, und wer heute noch die Behauptung von der Internationalität der Naturwissenschaft verficht, der meint wohl unbewußt die jüdische, die allerdings mit den Juden überall und überall gleich ist.[62]

Die internationale Wissenschaft wurde mit der jüdischen Wissenschaft gleichgesetzt und als eine Bedrohung der Einheit der schöpferischen arischen Forschung angesehen.

Da nach den Axiomen der arischen Physik Forschung nur vom

rassischen Standpunkt aus richtig verstanden wurde, zogen die Vertreter der arischen Physik oft Parallelen zwischen Wissenschaft und Kunst. Sie behaupteten, daß die Kunst, insofern sie eine schöpferische Angelegenheit und nicht bloße Nachahmung sei, (die als eine besondere Eigentümlichkeit der Juden galt), ein rassisches Gepräge erhalte. Für die Wissenschaft gelte dasselbe.[63] Beide hätten eine soziale Aufgabe, nämlich ein Volk zu einen und seinen innewohnenden Kräften Ausdruck zu verleihen. Die Wissenschaft hätte jedoch auch einen anderen gesellschaftlichen Zweck, den Dienst am Volke in seinem Lebenskampf. Dieser Zweck würde in der Technik erfüllt.

Arische Physik und Technik

Nach der vom Nationalsozialismus vertretenen Geisteshaltung des Überlebens der Tüchtigsten war der Technik die Aufgabe der Existenzsicherung des Volkes gegen Naturkatastrophen und andere Völker zugedacht. Sie war für die NS-Führer von entscheidender Bedeutung. Einfluß und Macht der Vertreter der arischen Physik hingen daher davon ab, wie sie zur Technik standen: ihre Uneinigkeit in dieser Frage war entscheidend an ihrem Scheitern beteiligt, die zur Erringung der Vorherrschaft über die deutsche Physikergemeinschaft notwendige politische Unterstützung zu gewinnen.[64]

Die Vertreter der arischen Physik waren sich darin einig, daß alle Forscher instinktiv ihrem nationalen, rassischen Interesse dienten. Sie schlossen sich auch einstimmig der Behauptung an, daß die arische und die jüdische Rasse miteinander in Konflikt standen und daß die Juden seit dem 19. Jahrhundert in der Physik an Boden gewannen. Aber Lenard und einige seiner Schüler hatten im Grunde altmodische und technologiefeindliche Anschauungen. Jeder technische Fortschritt bedeutete für sie einen jüdisch-materialistischen Schritt weg von der organischen Wirklichkeit. Im Gegensatz dazu betrachteten Stark und andere Vertreter der arischen Physik die moderne Technik als einen großen Segen, mit dem die germanische Rasse die Menschheit beglückt hatte. Die Bewegung der arischen Physik war von Anfang an in der Frage Ehrfurcht vor der Natur oder Beherrschung der Natur gespalten.

Ehrfurcht vor der Natur

Die meisten bisher analysierten Grundsätze der arischen Physik waren Beispiele für romantisches Denken, das in Deutschland auf eine jahrhundertealte Geschichte zurückblicken konnte. Die romantische Ablehnung des mechanistischen Materialismus, des Rationalismus, von Theorie und Abstraktion, Objektivität und Spezialisierung war lange Zeit mit dem Glauben an ein organisches Universum verbunden, in dem der Akzent auf dem Rätselhaften, der Subjektivität und auf der Einheit in der Natur lag.[65] Auf akademischem Boden zeigte sich diese Spaltung in Gestalt der im 1. Kapitel erwähnten Ablehnung der Zivilisation und des Lobes der Kultur durch die Mandarine. Gewöhnlich jedoch bevorzugten Naturwissenschaftler in Deutschland den rationalistischen Ansatz, während deutsche Geisteswissenschaftler viel stärker zum »Kulturpessimismus« neigten.[66] Jene Anhänger der arischen Physik, die die romantische Tradition vertraten, bildeten daher unter den Naturwissenschaftlern eine Ausnahme. Andererseits waren die romantischen Denker entschiedene Gegner des Empirismus, den sie als einen analytischen Prozeß betrachteten, der das Leben zergliedere und zerstöre. Das Festhalten der arischen Physik an Experiment und Beobachtung war daher unter Romantikern höchst ungewöhnlich. Die Vertreter der arischen Physik betrachteten das Streben als ihre vordringliche Aufgabe, den Empirismus mit dem romantischen Standpunkt in Einklang zu bringen. Die Beschränkung der Beobachtungsgabe durch das geistige Element im Ätherbegriff und der Anspruch, daß ausschließlich Forscher der richtigen Rasse Experimente im Einklang mit der lebendigen Natur durchführen könnten, waren zwei Aspekte dieses Strebens.

Da die technischen Grundlagen der Industrialisierung für die Kulturpessimisten das größte wissenschaftliche Übel darstellten, war die Abneigung der arischen Physik gegen die Technik nicht erstaunlich. Lenard und Tomaschek waren in der arischen Physik die prominentesten Gegner der Technik. Insbesondere Lenard glaubte, daß die Juden aufgrund ihres Profitstrebens an der Überindustrialisierung Deutschlands schuld waren. Sie hätten eine ganze Reihe von Übeln verursacht – angefangen von Arbeiterunruhen und Materialismus bis zum Haß des Auslands auf Deutschland, der im Ersten Weltkrieg seinen Höhepunkt erreichte.[67] In seinem Buch *Deutsche Physik* schrieb Lenard:

> In neuester Zeit haben die Erfolge der Technik eine besondere Art von übermütigem Stoffwahn gebracht. Mit der Ausnutzung der praktischen Möglichkeiten, die das Verstehen der Natur gab, kam der Gedanke des »Beherrschens« der Natur auf: »Der Mensch war langsam Herr der Natur geworden.« Solche Äußerungen im Sinne geistesarmer Großtechniker haben durch den Prunk, welchen deren Mittel ermöglichen, viel Einfluß gewonnen, und die Wirkung des allzersetzenden, in Physik und Mathematik eingedrungenen Fremdgeistes hat ihn verstärkt.[68]

Der Mensch war in Lenards Weltbild nicht der unumschränkte Beherrscher der Natur; er war Teil der Natur und ihr untertan. Er hatte sie zu ehren und ihre Geheimnisse zu achten. Es galt, was Lenard 1922 geschrieben hatte: »Ehrfurcht vor der großen Lehrmeisterin und Entscheiderin Natur wird doch immer erstes Kennzeichen wahrer Naturforschung bleiben müssen.«[69]

Aber Lenard konnte die große Bedeutung der Technik in der modernen Welt nicht leugnen, auch wenn er ihren Einfluß verabscheute. Daher nahm er James Watt, den »große[n] Verbesserer der Dampfmaschine«, in seiner Geschichte der großen Naturforscher auf. Um ein weiteres Beispiel anzuführen, als Lenard im Mai 1933 Starks Ernennung zum Präsidenten der Physikalisch-Technischen Reichsanstalt freudig begrüßte, stellte er betrübt fest, daß die »Massen« mehr an die Technik als an die Wissenschaft glaubten. Er erklärte ihre Verblendung als eine Folge des übermäßigen jüdischen Einflusses auf die Wissenschaft, der wahrscheinlich bewirkt hatte, daß die Massen instinktiv ihren Glauben an sie verloren hatten.[70]

Lenard nahm jedoch nicht die Feinheiten seiner Beobachtung wahr. Seine kulturpessimistische Bewunderung der Natur und sein traditioneller Glaube an die Forschung um ihrer selbst willen waren Überzeugungen, die dem Volk fremd waren. Das deutsche Volk bewunderte technische Leistungen mehr als das Streben nach Wissen um seiner selbst willen. Seine Anschauungen entfremdeten Lenard sowohl den Massen als auch der NS-Führung.

Andererseits lehnten Stark, Bühl und einige andere das antiquierte Erbe ab, auf das ein Großteil der arischen Physik zurückgriff. Sie verstanden die Technik als eine Quelle der Macht und glaubten, daß die germanischen Völker für ihre Errungenschaften Anerkennung verdienten.[71] Solche Ansichten spiegelten jene Hitlers und Rosenbergs wider, obwohl man von diesen Männern hätte erwarten können, daß sie Lenards Standpunkt teilten. Wie Lenard stammten beide Männer aus Mitteleuropa, wo die Deutschen im allgemeinen als kulturell überlegen galten, da sie die Technik in diesen Raum gebracht hatten. Daher war für sie die Beherrschung der Natur ein Maßstab für die schöpferischen Kräfte der nordischen Rasse.[72] Rosenberg mäßigte jedoch seine Befürwortung der Technik mit der Behauptung, daß das gewissenhafte Experimentieren die deutsche Forschung, die Grundlage für die Technik, davor bewahre, die Beziehung zur organischen Wirklichkeit zu verlieren.[73] Hitler glaubte ebenfalls, daß, ungeachtet aller technischen Errungenschaften des Menschen, die Natur immer noch die Oberhand hätte.[74]

Während sie zugaben, daß auf die Anwendung möglicherweise zu großer Nachdruck gelegt worden war, betonten die der Technik freundlich gesinnten Vertreter der arischen Physik vorbehaltlos ihre Notwendigkeit im wirtschaftlichen Existenzkampf. Die Technik spiele nicht nur in der Agrar- und Industrieproduktion in Friedenszeiten eine entscheidende Rolle, sondern auch im Krieg.[75] Die Fraktion um Stark befand sich in der Frage der Technik im allgemeinen im Einklang mit der Naziführung.

Die Ansichten der Fraktion um Lenard brachten die technologiefreundlichen Vertreter der arischen Physik offenbar in Verlegenheit. Bei den Heidelberger Feierlichkeiten versuchte Stark die Lage zu meistern, indem er erklärte, daß zu viel reine Forschung oder zu viel Technik der deutschen Wissenschaft schaden könnte.[76] Die Peinlichkeit der Spaltung wurde auch in der Heidelberger Rede Hans Rukops deutlich, dem Direktor von Telefunken in Berlin. Die Anwesenheit eines Industriellen wurde anscheinend für notwendig erachtet, um die hohen Nazifunktionäre zu beeindrucken, doch sie war angesichts der Anschauungen Lenards wohl nicht passend. Rukop hielt einen streng wissenschaftlichen Vortrag über die Fortschritte auf dem Gebiet der Fernsehtechnik und stellte fest, daß technische Physiker trachten müßten, Engstirnigkeit in ihrer Arbeit zu vermeiden. Zum Schluß zitierte er aus einer Anzeige von Lenards kurz danach erschienenen *Deutschen Physik* und bemerkte lahm, daß

> ... Herr Geheimrat Lenard, den man vielleicht nicht zu den Freunden der Industrie zählen kann, doch mit uns der gleichen Ansicht ist, daß es letzten Endes darauf ankommt, daß jeder auf seinem Posten das Seinige leistet. Findet der wissenschaftliche Physiker seine Befriedigung in der Erforschung unseres Weltgebäudes, so der technische Physiker die seinige in der Mitarbeit an der großen Aufgabe, unser deutsches Volk, dem wir alle entstammen, zu ernähren, zu verteidigen und seine Zukunft zu sichern. In dem Verfolgen dieser nationalsozialistischen Ziele sehen wir unsere heilige Pflicht. Hier liegt die gemeinsame Wurzel, die auch die wissenschaftliche Physik mit der technischen Physik zusammenhalten muß.[77]

Vor dem Ausbruch des Zweiten Weltkrieges war dieses Einverständnis mit der Uneinigkeit für die beiden Fraktionen der arischen Physik kennzeichnend.

Im Jahre 1934 verteidigte Stark den Standpunkt, daß die Grundlagenforschung für die wichtige angewandte Arbeit unentbehrlich war, die in neuen technischen Errungenschaften ihren Niederschlag fand.[78] Sein Konflikt mit dem Reichserziehungsministerium hatte eben begonnen, und seine Hauptabsicht war es, darzulegen, daß das Ministerium die Führung der Wissenschaft erfahrenen Wissenschaftlern wie ihm selbst überlassen sollte.[79] Nach den anfänglichen Erfolgen der deutschen Wehrmacht in den Jahren 1939 und 1940 wurde dieser Standpunkt zur Formel für eine Einigung zwischen den Anhängern der arischen Physik. Die folgenden Worte August Beckers, eines Mitglieds der Lenard-Fraktion, zeigten die Grundlage des Kompromisses:

> Es ist zweifellos einer der wesentlichen Gründe für die alles bezwingende Stärke unserer Wehr, daß die deutsche Technik und ihre Planung in der Welt an erster Stelle steht. Sofern ihre allgemeine Bestimmung die praktische Auswertung der Naturer-

Die Solvay-Konferenz in Brüssel, 1927. *Von links nach rechts, 1. Reihe:* I. Langmuir, M. Planck, M. Curie, H. A. Lorentz, A. Einstein, P. Langevin, C. E. Guye, C. T. R. Wilson, O. W. Richardson; 2. *Reihe:* P. Debye, M. Knudsen, W. L. Bragg, H. A. Kramers, P. A. M. Dirac, A. H. Compton, L. de Broglie, M. Born, N. Bohr; 3. *Reihe:* A. Piccard, E. Henriot, P. Ehrenfest, E. Herzen, T. De Donder, E. Schrödinger, E. Verschaffelt, W. Pauli, W. Heisenberg, R. H. Fowler, L. Brillouin.

Max Planck (1858–1947).

Albert Einstein (1879–1955).

Fritz Haber (1868–1934).

Lise Meitner und Otto Hahn im Kaiser-Wilhelm-Institut für Chemie, Berlin-Dahlem, 1913.

Max von Laue (1879–1960).

Max Born, James Franck
und Robert Pohl
vor dem Göttinger
physikalischen Institut.

Ankunft auf dem Hauptbahnhof von Stockholm zur Entgegennahme des Nobelpreises, Herbst 1933. *Von links nach rechts:* Werner Heisenbergs Mutter, Erwin Schrödingers Frau, P. A. M. Diracs Mutter, P. A. M. Dirac, Werner Heisenberg und Erwin Schrödinger.

Überreichung des Nobelpreises für Physik des Jahres 1932 an Werner Heisenberg durch König Gustav V. Adolf, 1933.

Johannes Stark (1874–1957).

Anläßlich seines 80. Geburtstags am 7. Juni 1942 wird Philipp Lenard von einem Vertreter der neuen Universität im deutschbesetzten Preßburg (Bratislava, Tschechoslowakei), seiner Geburtsstadt, die Ehrendoktorwürde verliehen.

Bei gleicher Gelegenheit nimmt Lenard die Glückwünsche des Rektors der Heidelberger Universität, Dr. Paul Schmitthenner, entgegen. Rechts von Lenard (in weiß) Dr. Wilhelm Ohnesorge, der Reichspostminister, der um die Jahrhundertwende bei Lenard in Kiel studiert hat.

Arnold Sommerfeld (1868–1951).

Walther Gerlach (1889–1979).

Carl Ramsauer (1879–1955).

kenntnis ist, ruht sie zwangsläufig auf dem Fundament der Naturforschung, und entspricht es nicht auch ganz dem typisch deutschen Drang zur Natur, der Zähigkeit und Gründlichkeit des Schürfens nach immer neuer Wahrheit, nach immer tieferer Erkenntnis der natürlichen Offenbarungen, wenn gerade die deutsche Forschung breite, wichtigste Grundlagen geliefert hat?[80]

Die Spaltung bezüglich der Rolle der Technik war das deutlichste Beispiel dafür, wie solche Konflikte jegliche Schlagkraft zerstörten, die jede der beiden Fraktionen der Bewegung der arischen Physik hätte geben können. Aber sie war sicher nicht das einzige Beispiel. Lenard etwa war ein unerbittlicher Gegner der Relativitätstheorie und Einsteins, aber er trat nie für Starks Elektronentheorie ein. Unter anderen Umständen hätte er sich vielleicht der Quantenmechanik mit ihrer subjektiven Rolle für den Beobachter und ihrem Bestehen auf grundsätzlich beobachtbaren Größen angeschlossen. Stark hingegen war ein kompromißloser Gegner der neuen Quantentheorie und Sommerfelds, war aber nie ein Anhänger der Äther- und Uräthervorstellungen Lenards. Unter anderen Umständen wäre er vielleicht bereit gewesen, die Äthervorstellung aufzugeben und sich mit der Relativitätstheorie abzufinden. Diese wechselseitige Absage an die Alternativen in den Reihen ihrer Anhänger war der Hauptgrund, daß die arische Physik keine einheitliche Lehrmeinung vorlegen konnte.

Ein weiteres Beispiel für diesen Prozeß bildete die Frage der unterschiedlichen nationalen Eigenschaften. Es ist interessant, daß die meisten Wissenschaftler im Ausland – und viele Deutsche in ihrer Heimat – fanden, daß der Hang zur Abstraktion und Theorie typisch deutsch sei. Paradoxerweise wurde das Experiment als eine Stärke der Engländer betrachtet, die viel mehr auf den Äther festgelegt waren als ihre Kollegen auf dem Kontinent.[81] Lenard geriet so in ein selbstgeschaffenes Dilemma: Die Vorliebe für die Theorie, die er als englisch (im Stile J. J. Thomsons) und als jüdisch abstempelte, wurde von seinen Kollegen als Kennzeichen der Deutschen angesehen, während die Neigung zum Experiment und die Anerkennung des Äthers, die er für echt deutsch hielt, von seinen Kollegen als eine Domäne der Engländer betrachtet wurde. Stark, der die englische Tradition der Experimentalphysik, die einen Ernest Rutherford hervorgebracht hatte, sehr bewunderte, suchte einen Ausweg aus der Verwirrung, indem er die Etiketten änderte – »theoretisch« kontra »experimentell« wurde zu »dogmatisch« kontra »pragmatisch«. Aber die ganze Sache war für die immanenten Widersprüche höchst typisch, die jeden Versuch, den Dogmen der arischen Physik Substanz zu verleihen, untergruben.

Es liegt auf der Hand, daß die arische Physik, wie schon ihr Name besagte, eine Aneinanderreihung von im Grunde unvereinbaren Vorstellungen war. Der arischen Physik war dadurch als einer politischen Bewegung jedoch nicht die Möglichkeit verschlossen, die Gemeinschaft der Physiker im Dritten Reich zu beherrschen. Der Nationalsozialismus selbst war ein Labyrinth einander wechselseitig aufhebender Widersprüche.[82] Die arische Physik war ein Mikrokosmos des Nationalsozialismus, eine Anhäufung von Ansichten, die ihrer Form nach irrational und in ihrem Inhalt genauso nihilistisch waren. Die Annahme, daß eine Bewegung in sich rational geschlossen sein müsse, um politische Macht zu erlangen, ist eine gefährliche Form intellektueller Arroganz.

Obwohl die Grundsätze der arischen Physik oft verworren und widersprüchlich waren, traf das nicht auf die Zielsetzung ihrer Anhänger zu. Sie waren in dem Bestreben vereint, den Einfluß der modernen theoretischen Physik an den deutschen Hochschulen zurückzudrängen und sie schließlich daraus zu verbannen. Seit der Heidelberger Einweihungsfeier im Jahre 1935 versuchten sie mit Hilfe der Terminologie der arischen Physik, wissenschaftliche Gegner als »jüdisch denkend« in Mißkredit zu bringen und ihre eigenen Gefolgsleute in akademisch einflußreichen Stellungen unterzubringen.

8. Die politische Kampagne der arischen Physik

Nach der Eröffnung ihrer Kampagne im Dezember 1935 in Heidelberg setzten die Vertreter der arischen Physik ihre Angriffe gegen die theoretische Physik von einer Reihe günstiger öffentlicher Ausgangspunkte fort. Sie begehrten und erhielten besondere Unterstützung vom Chefideologen der Partei, Alfred Rosenberg, und von den von ihm beherrschten Veröffentlichungen der Partei. Unterdessen dauerte der Konflikt zwischen Stark und dem Reichserziehungsministerium unvermindert an. Wenn Repräsentanten der Mehrheit der deutschen Physiker versuchten, den Einfluß der arischen Physik zu bekämpfen, waren die Beamten des REM nur zu froh, ihnen behilflich sein zu können. Ende 1936 hatten die Angriffe und Gegenangriffe beinah eine Pattsituation herbeigeführt, wobei die Vertreter der arischen Physik in der Defensive waren.

Von 1937 bis 1939 entwickelte sich eine wichtige Frage – die Wahl des Nachfolgers von Arnold Sommerfeld für den Lehrstuhl für theoretische Physik an der Universität München – zum Brennpunkt des Kampfes um die Kontrolle über die akademische Berufung von Physikern im Dritten Reich. Der Kampf wurde meist auf dem Papier ausgefochten, das zwischen den Schreibtischen der Bürokraten im REM und dem Dozentenbund, einer Rudolf Heß unterstellten Organisation, hin- und hergeschoben wurde. Stark jedoch hielt sich an die Presse und bediente sich der wichtigsten SS-Zeitschrift, um Sommerfelds gewählten Nachfolger, Werner Heisenberg, in Mißkredit zu bringen. Der Versuch, seinen Namen reinzuwaschen, verwickelte Heisenberg in einen Prozeß, der sich viele Monate hinzog. Die Berufung eines Anhängers der arischen Physik auf den umkämpften Lehrstuhl im Jahre 1939 bildete den Höhepunkt des Einflusses von Lenard und Stark.

Das erste Jahr der Kampagne der arischen Physik

Das Jahr 1936 begann mit einer dynamischen Offensive der Vertreter der arischen Physik gegen die theoretische Physik als Disziplin. Dieser Angriff wurde mit aggressiv formulierten Reden eingeleitet, die am 13. und 14. Dezember 1935 in Heidelberg aus Anlaß der Umbenennung des physikalischen Instituts in »Philipp-Lenard-Institut« gehalten wurden. Die Vorträge forderten das Durchdringen der physikalischen Wissenschaften mit völkischen Ideen.[1] Reichserziehungsminister Bernhard Rust zog es vor, nicht zu erscheinen, und kein hoher Parteifunktionär war anwesend. Lenard beschuldigte sowohl Staats- als auch Parteibehörden der zu geringen Unterstützung für die wahre arische Forschung. Er bemerkte, daß sogar die wichtigste (von Rosenberg herausgegebene) Parteizeitung in ihren Artikeln die jüdisch ausgerichtete Wissenschaft gepriesen hätte.[2]

Rosenberg reagierte prompt und ersuchte Lenard, einen wissenschaftlichen Berater für den *Völkischen Beobachter* zu bestimmen. In einem Brief vom 9. Januar 1936 nannte der emeritierte Heidelberger Professor seinen Kandidaten, August Becker. Ferner empfahl Lenard, daß Becker von Rudolf Tomaschek, Alfons Bühl und Heinrich Vogt unterstützt werden sollte. Alle vier, behauptete Lenard, waren schon lange überzeugte Nationalsozialisten und vertrauenswürdig.[3] Sie alle waren auch Schüler Lenards, obwohl Vogt ein Astronom war. Da Becker jedoch nicht als politisch radikal galt, war es ein wenig überraschend, daß er Lenards erste Wahl war. Die Erklärung lag zweifellos in der Tatsache, daß er in Heidelberg ganz unter Lenards Einfluß stand; seine Ernennung sollte es dem älteren Physiker ermöglichen, die Entwicklungen genau zu beobachten.[4]

Rosenberg willigte anscheinend in Lenards Wünsche ein, da innerhalb von wenigen Wochen in der Parteizeitung ein Artikel erschien, in dem arische und jüdische Physik miteinander verglichen wurden. Es wurde das Vorwort zu Lenards *Deutsche Physik* und die Heidelberger Rede Starks zitiert, obwohl noch keine der beiden Arbeiten im Druck erschienen war. Der Autor, angeblich ein Chemiestudent namens Willi Menzel (nicht zu verwechseln mit Starks Gegner im REM, Rudolf Mentzel), muß daher mit Anhängern der beiden Physiker Kontakt gehabt haben.[5]

Der Artikel stempelte insbesondere Werner Heisenberg zu einem Vertreter der unzumutbaren Physik, und Heisenberg verteidigte sich sofort mit einem Artikel im *Völkischen Beobachter.* Wie er später erklärte, schien es ihm notwendig, seine Angreifer auf ihrem eigenen Boden herauszufordern.[6] Heisenberg gründete seine Argumente darauf, daß das höchste Ziel der Naturwissenschaft nicht nur die Beobachtung der Natur sei, sondern ihr Verständnis. Dafür war die Mathematik besonders nützlich, die wichtigsten Hilfmittel aber waren Begriffssysteme.[7] Diese Systeme verliehen dem Experiment Sinn und Richtung. Auch ermöglichte die Theorie durch die Mathematik eine Präzision, welche die Beobachtung nicht erreichen konnte. Sie konnte gelegentlich die Existenz noch nicht entdeckter physikalischer Phänomene vorhersagen. Die Relativitäs- und Quantentheorie waren experimentell verifizierbare Begriffssysteme, durch welche die Existenz des Positrons tatsächlich vorausgesagt wurde. Überdies führten diese Theorien weg von der naiven materialistischen Weltanschauung der Naturwissenschaften früherer Zeiten. Ein tieferes Verständnis der erkenntnistheoretischen Grundlagen der Naturwissenschaft war eine der wertvollen Aufgaben, die die jüngere Generation von Wissenschaftlern übernehmen könnte.[8]

Eine Antwort Starks auf derselben Seite wurde von dem redaktionellen Kommentar eingeleitet, daß es notwendig sei, Heisenbergs Artikel sofort zu widerlegen. Stark schrieb, daß in der modernen physikalischen Forschung nicht die Theorie, sondern das Experiment wegweisend gewesen war, wobei er die Entdeckungen des Elektrons, der Röntgenstrahlen und der Radioaktivität um die Jahrhundertwende im Auge hatte. Weder die Quantentheorie noch Einsteins Relativitätstheorie wären experimentell einwandfrei, und Heisenberg vertrete mit seinem Ansatz der Begriffssysteme die grundlegende Sichtweise der jüdischen Physik. Die Theorie sei ein rein rechnerisches und stellvertretendes Hilfsmittel in der Physik, und ihrem übermäßigen Einfluß bei akademischen Berufungen müsse ein Ende bereitet werden. In einer ausgesprochen autobiographischen Anmerkung fügte Stark hinzu:

> Die von Einstein, Planck und Sommerfeld geführte theoretische Physik hat nämlich in den letzten Jahrzehnten nicht bloß fast

sämtliche theoretischen Lehrstühle besetzt, sondern gegen ihren Einspruch konnte auch kein Vertreter der Experimentalphysik einen Lehrstuhl erhalten, selbst dann nicht, wenn er anerkannte experimentelle Leistungen aufzuweisen hatte.[9]

Stark brachte damit sowohl Planck und Sommerfeld als auch Heisenberg mit Einstein in Verbindung, dessen Name im Dritten Reich praktisch ein Synonym für Feind war. Der *Völkische Beobachter* veröffentlichte bald darauf weitere Artikel, in welchen die arische Physik befürwortet wurde.[10]

Stark hatte in seinem Heidelberger Vortrag denselben Standpunkt eingenommen, den ein anderes Publikationsorgan Rosenbergs, die *Nationalsozialistischen Monatshefte*, im Februar 1936 veröffentlichte. Diese Zeitschrift hatte eine kleinere Leserschaft als die Parteizeitung, aber von ihren Lesern konnte man ein etwas größeres Interesse an den von den Anhängern der arischen Physik vorgebrachten ideologischen Forderungen erwarten. Besonders eine Stelle in Starks Vortrag stach als ein rein politisches Manöver hervor. Nach einer Bemerkung über die Rolle Lenards als dem Hauptgegner Einsteins im Jahre 1920 in Nauheim schrieb Stark:

> Nun, Einstein ist heute aus Deutschland verschwunden, und kein ernsthafter Physiker sieht mehr in seinen Relativitätstheorien eine unantastbare Offenbarung. Aber leider haben seine deutschen Freunde und Förderer noch die Möglichkeit, in seinem Geiste weiter zu wirken. Noch steht sein Hauptförderer Planck an der Spitze der Kaiser-Wilhelm-Gesellschaft, noch darf sein Interpretator und Freund, Herr von Laue, in der Berliner Akademie der Wissenschaften eine physikalische Gutachter-Rolle spielen. Und der theoretische Formalist Heisenberg, Geist vom Geiste Einsteins, soll sogar durch eine Berufung ausgezeichnet werden. Gegenüber diesen bedauerlichen Zuständen, welche nationalsozialistischem Geist widersprechen, mag der Kampf Lenards gegen den Einsteinismus eine Mahnung sein. Und es ist zu wünschen, daß die zuständigen Referenten in den Kultusministerien sich von Lenard in der Besetzung der physikalischen, auch der theoretischen Lehrstühle beraten lassen.[11]

Starks Name wurde damals im Zusammenhang mit dem Posten des Präsidenten der Kaiser-Wilhelm-Gesellschaft genannt, denn

Plancks Rücktritt war für den 1. April 1936 vorgesehen. Heisenberg wurde als Nachfolger Sommerfelds in München in Betracht gezogen, eine Stellung, die die Vertreter der arischen Physik für einen ihrer Gefolgsleute sichern wollten. Stark hoffte offenbar, beide Berufungen beeinflussen zu können.

Kurze Zeit nach der Veröffentlichung von Starks Artikel erschien Lenards *Deutsche Physik*. In seinem anfänglichen Bemühen, sich die Unterstützung von hohen Funktionären zu sichern, widmete Lenard sein Werk Wilhelm Frick, dem Reichs- und Preußischen Minister des Inneren, der Stark und dem Rassentheoretiker Hans F. K. Günther einflußreiche Stellungen verschafft hatte.[12] Die Vertreter der arischen Physik wußten jedoch nicht, daß Frick einige Zeit mit Heinrich Himmler in einem aussichtslosen Kampf um die Kontrolle über die deutsche Polizei verwickelt gewesen war. Am 17. Juni 1936 übertrug Hitler Himmler den Oberbefehl über Polizei und SS.[13] Frick verlor dadurch einen Großteil seines politischen Einflusses. Die Vertreter der arischen Physik hatten auf den falschen Schutzherrn gesetzt.

Obwohl Frick der arischen Physik nicht viel Unterstützung geben konnte, gab es doch noch einen weiteren politischen Verbündeten in Heidelberg: die Studentenschaft. Obwohl diese durch den Rektor der Universität streng genommen dem Reichserziehungsministerium unterstellt war, unterstützte die Führung der Heidelberger Studentenschaft Lenard und Stark in ihrem Konflikt mit dem REM. Seit den Jahren 1922-24 hatte Lenards nazifreundliche Haltung ihm die Gunst der nationalsozialistischen Studenten eingetragen. Sie hatten 1930 sogar erwogen, für ihn einen Fackelzug (eine seltene akademische Ehrung in Deutschland) zu veranstalten, aber er hatte ihnen gesagt, sie sollten warten, bis sie alle in Braunhemden kommen könnten.[14] Der Fackelzug fand schließlich im Jahre 1937 statt, als Lenard seinen fünfundsiebzigsten Geburtstag feierte.

Im Januar 1936 begann Theodor Vahlen, der nominelle Leiter des Wissenschaftsamts des REM, mit der Veröffentlichung der Zeitschrift *Deutsche Mathematik*, die sich der arischen Mathematik widmete. Der Herausgeber war der Berliner Mathematiker Ludwig Bieberbach, und politische Artikel wurden in jeder Nummer stets den wissenschaftlichen Abhandlungen vorangestellt. Studentische

Mitarbeiter wurden um politisches Material angegangen, und gleich vom Anfang an verwendeten die studentischen Anhänger der arischen Physik die Zeitschrift als ein Forum.[15]

Darunter befand sich Bruno Thüring, Heinrich Vogts Assistent am Heidelberger Observatorium, der Ende 1936 nach München überwechselte. In einem Artikel der ersten Nummer der *Deutschen Mathematik* charakterisierte er und eine Gruppe von Studienkollegen die nationalsozialistische Ablehnung der Vorstellung einer wertfreien Wissenschaft. Die Studenten stellten das »nordisch-germanische Naturgefühl«, das von den nordischen Forschern Kepler und Newton verkörpert wurde, dem unanschaulichen »mathematischen Formalismus« Einsteins gegenüber. Ihr Artikel schloß mit dem Satz: »In solchen Betrachtungen wurde uns deutlich, daß es eine deutsche Physik, eine deutsche Naturwissenschaft gibt, die der liberalistischen Wissenschaftsauffassung des vorigen Jahrhunderts absolut fremd gewesen sind.«[16]

Am 8. August 1936 hielten Thüring, Becker, Bühl und andere auf der Heidelberger Tagung der Reichsfachgruppe Naturwissenschaft des radikalen, sehr aktiven, militanten Nationalsozialistischen Deutschen Studentenbundes Vorträge über arische Forschung.[17] Dem Studentenbund stand eine militante Parteistelle vor, und die Reichsfachgruppe Naturwissenschaft wurde von Fritz Kubach geleitet, einem jungen Wissenschaftshistoriker, der aufgrund seiner Verbindungen zu Mitarbeitern von Heß großen Einfluß auf die Hochschulpolitik gewann.

Unter Kubachs Leitung wurde zur Auszeichnung der besten Arbeit eines nationalsozialistischen Studenten im Jahre 1936 ein Wettbewerb veranstaltet, der mit der Veröffentlichung der preisgekrönten Arbeiten prämiert wurde. Eine davon war eine von zehn Heidelberger Studenten verfaßte Kampfschrift über Lenards Laufbahn. Obwohl sie kaum mehr als eine Zusammenstellung einer Auswahl aus Lenards Schriften war, wurde die Broschüre zur Förderung des »Kampfgeistes« verfaßt, der im Dezember 1935 in Heidelberg entfacht worden war. Kubach persönlich steuerte das Vorwort bei, in welchem er betonte, daß Lenards langer Kampf um die wahre deutsche Wissenschaft ein echtes Vorbild für nationalsozialistisches Verhalten sei.[18]

Im Frühjahr 1937 übernahm Kubach gemeinsam mit Thüring und ihrem Kollegen vom Münchener Studentenbund, Ernst Bergdolt, die redaktionelle Leitung der *Zeitschrift für die gesamte Naturwissenschaft.* Diese Zeitschrift wurde so zum offiziellen Organ der Reichsfachgruppe Naturwissenschaft und zum inoffiziellen Sprachrohr der Anhänger der arischen Physik. Die redaktionelle Ankündigung von Kubachs Übernahme der Leitung wurde gegenüber einer Fotografie von Lenard plaziert. Der erste Artikel, der von einem der letzten und politisch aktivsten Schüler Lenards geschrieben worden war, war in einem Ton bedrückter Rechtschaffenheit gehalten, der die Schriften der Gefolgsleute von Lenard und Stark durchzog:

> Das Deutschland der »demokratischen Freiheit« ließ in Wahrheit keine Wissenschaft bestehen, die ehrlich und offen auf den großen Vorbildern der Vergangenheit aufbaute und nur sichere Tatsachen ihrer Forschung zugrunde legte, sondern für wahr wurde hingenommen, was rassefremder Geist proklamierte und eine rassefremde Presse dem Volke vorschrieb.
>
> Hypothesenmacher wurden zu Nobelpreisträgern erklärt, Einstein und Marx waren die Götzen dieser Zeit ...
>
> Infolge seiner intuitiven Schau sah er den Zerfall auf den Gebieten seiner Wissenschaft, hier durfte und konnte er nicht ruhig den Untergang erwarten, sondern mußte immerwährender Mahner sein. So galt sein Kampf auf der einen Seite jenen »berühmten« Kreisen um Einstein, denen er jederzeit mutig in Wort und Schrift entgegentrat, andererseits aber erkannte er, daß eine Reinigung der Wissenschaft nur dann möglich war, wenn eine starke Hand vom Volke her die Geschicke in Deutschland wieder lenkte. So wurde der Kämpfer einsam in Deutschland und verlassen – denn vielen ging es um Professuren, und die vergab der Jude –, ja man schreckte sogar nicht davor zurück, mit verhetzten Arbeitern sein Institut zu stürmen und den ehrlichen Bekenner im Triumph durch die Straßen zu führen.[19]

Obwohl Lenards Studenten, Assistenten und Schüler, die inzwischen Professoren geworden waren, die Aktivisten stellten und solche Veröffentlichungen am laufenden Band produzierten, war Rosenberg immer noch der höchste Nazifunktionär, der die arische Physik unterstützte. Seine Unterstützung manifestierte sich im September 1936 auf dem Nürnberger Parteitag der Ehre. Lenard war der erste Empfänger des neuen Parteipreises für Wissenschaft, und Rosenberg hielt eine herzliche Festrede, in der er Lenards langjähriges Wirken für die wahre germanische Wissenschaft rühmte. Er schloß mit dem Dank der Partei an den »mutigen Anhänger des Führers in schwerer Zeit« und mit der Hoffnung, daß die deutsche Wissenschaft noch viele solcher Männer hervorbringen möge.[20]

Zum Zeitpunkt dieses Parteitags jedoch ging die Initiative schon zu den Gegnern der arischen Physik über. Der Kampf zwischen Stark und dem Reichserziehungsministerium um die zentralistische Kontrolle der deutschen Wissenschaft war in erster Linie eine Frage der persönlichen Macht und des Prestiges. Die etablierte akademische Physik, die Zielscheibe der Ideologie und Politik der arischen Physik, hatte in diesen Intrigen bisher keine Rolle gespielt.

Anfang 1936 hatte jedoch eine kurze Episode, die mit dem Konflikt zwischen dem REM und Stark in Zusammenhang stand, vermutlich der Mehrheit der deutschen Physiker die Tatsache zum Bewußtsein gebracht, daß das Ministerium ein Verbündeter gegen die Kampagne der arischen Physik sein könnte. Es handelte sich um die Wahl eines Nachfolgers für Planck als Präsident der Kaiser-Wilhelm-Gesellschaft (KWG). Wie schon früher erwähnt wurde, enthielt Starks Heidelberger Vortrag Äußerungen, die offenbar darauf abzielten, die Nachfolge in der KWG zu beeinflussen. Am 3. Februar schrieb Minister Rust direkt an Hitler, daß sowohl Krupp von Bohlen-Halbach als auch Carl Bosch als Kandidaten vorgeschlagen worden waren. Nun hatte sich aber Stark (»der als Präsident der Physikalisch-Technischen Reichsanstalt und der Notgemeinschaft der Deutschen Wissenschaft überlastet ist«) selbst für eine dritte Präsidentschaft angeboten. Rust riet von einer Ernennung Starks ab:

> Ich muß jedoch darauf hinweisen, daß Herr Professor Starck [sic] zu meinem großen Bedauern von so vielen namhaften führenden Männern und höchsten Staatsstellen abgelehnt wird, daß die Zusammenarbeit auf große Schwierigkeiten stoßen müßte.[21]

Hitler entschloß sich, Rust die Entscheidung über die Nachfolge in der KWG zu überlassen, und Bosch wurde mit Wirkung vom 1. April 1936 zum Präsidenten ernannt.[22]

Außer dieser Abfuhr unternahm das Erziehungsministerium im

Frühjahr 1936 einen Schritt, der die arische Physik als Ganzes betraf. Aus Anlaß der 550-Jahr-Feier der Gründung der Universität Heidelberg kam Rust in Lenards Einflußbereich, um eine programmatische Rede zu halten. Er verteidigte die Entlassungspolitik und andere staatliche Maßnahmen als für das Wohl der Nation notwendig und erinnerte so seine NS-Zuhörerschaft an seinen Führungsanspruch im Bereich der nationalsozialistischen Wissenschaft. Überdies nahm er seinen ideologischen Widersachern den Wind aus den Segeln, indem er seine Abneigung gegen die Objektivität in der Wissenschaft betonte und unterstrich, daß jeder Forscher als ein Teil der Natur und nicht als eine freischwebende Abstraktion von der ihn umgebenden Welt tätig ist. Akademische Freiheit könne nur dann wirklich frei sein, wenn sie die Notwendigkeit der Führung und eines Zwecks erkenne. Er beendete seine Rede mit der Feststellung, daß der Staat, obwohl er seit 1933 zahlreiche Veränderungen eingeleitet hatte, sich nicht der Illusion hingab, daß organisatorische Maßnahmen ausreichend wären, denn »eine wirkliche Wandlung des wissenschaftlichen Lebens kann auch nach unserer Überzeugung nur von der Idee der Wissenschaft kommen«.[23] Rust machte damit den Anspruch des Reichserziehungsministeriums geltend, nicht nur die Organisation der deutschen Wissenschaft, sondern auch ihre Ideologie zu bestimmen.

Das REM war nicht die einzige Gefahr für die arische Physik. Es lag auf der Hand, daß sie noch immer von ihren wissenschaftlichen Kollegen praktisch keine Unterstützung erhielt. Nach dem Austausch von Artikeln in der Parteizeitung im Februar erschienen in der Tagespresse eine Reihe von Aufsätzen, die Heisenberg unterstützten – von welchen einige jegliche Einmischung politischer Überlegungen in wissenschaftliche Fragen scharf verurteilten.[24] Andere Zeitungen griffen die Geschichte auf, und sogar im Ausland wurde über die Debatte berichtet.[25] Eine Reihe von Physikern äußerte sich in wissenschaftlichen Veröffentlichungen mit aller Deutlichkeit über das Verhältnis von Theorie und Experiment in der Physik, und aus diesen Schriften ging unmißverständlich hervor, daß die fachorientierte Physik die arische Physik nicht als Wissenschaft anerkannte.[26]

Der aufputschende Tonfall der Heidelberger Rede Rusts täuschte.

Vereinzelte Äußerungen hier und anderswo erweckten bei eingeweihten Beobachtern den Eindruck, daß Rust, obwohl er die Gesamtorientierung der Wissenschaft steuern wollte, sich nicht in die eigentliche Praxis der wissenschaftlichen Arbeit in den Laboratorien und Hörsälen einmischen wollte.[27] Seine Ernennung Boschs zum Präsidenten der Kaiser-Wilhelm-Gesellschaft, wo er auch einen Nazi hätte wählen können, schien diesen Eindruck zu bestätigen. Daher trachtete die Mehrheit der deutschen Physiker, die nur in Ruhe arbeiten wollten, sich mit dem REM gegen die arische Physik zu verbünden. Kurz nach dem ersten Angriff der arischen Physik im Winter 1936 setzten sie ihren Vorsatz in die Tat um.

Heisenberg hatte eine persönliche Unterredung mit Mentzel, von dem er offiziell die Aufforderung erhielt, einen Bericht über die Lage der theoretischen Physik auszuarbeiten, der die Meinung der Mehrheit der deutschen Physiker widerspiegeln sollte.[28] Heisenberg hatte mit Max Wien und Hans Geiger schon einige Zeit an einer Standortbestimmung gearbeitet, die gleichermaßen für Physiker annehmbar wäre, die im Bereich der technischen, experimentellen oder der theoretischen Physik tätig waren. Wien war (in Jena) ein technischer Physiker und Geiger (in Tübingen) ein Experimentalphysiker. Die konservativen persönlichen Anschauungen dieser Männer waren allgemein bekannt. Beide waren Bekannte Heisenbergs, und Wien hatte schon in seinem informell verbreiteten Memorandum vom November 1934 Sorge um die Lage der deutschen Physik gezeigt.[29]

Das Heisenberg-Wien-Geiger-Memorandum wurde offenbar im Sommer und Herbst 1936 in Umlauf gesetzt (die Unterschriften wurden vermutlich auf der jährlichen Physikertagung im September gesammelt) und wahrscheinlich Ende 1936 dem Ministerium unterbreitet. Der genaue Zeitrahmen ist etwas unklar, da das einzige zugängliche Exemplar des Schriftstücks undatiert ist. Der verläßlichste Hinweis auf die Vorbereitung des Memorandums wurde von Heisenberg in einem Brief vom November 1937 gegeben:

> Als Stark vor etwa zwei Jahren begonnen hatte, die moderne theoretische Physik und ihre Vertreter durch Reden und Aufsätze zu verdächtigen (vgl. z.B. *Nationalsozialistische Monatshefte*, 7.

Jahrgang, Heft 71, Seite 5/109), äußerte der Referent im Reichserziehungsministerium, Professor Menzel [sic], mir gegenüber den Wunsch, es solle zur Information des Herrn Reichsunterrichtsministers eine Denkschrift über die Stellung der modernen theoretischen Physik ausgearbeitet werden, die die Meinung der meisten deutschen Physiker wiedergäbe. Auf den schriftlich ausgesprochenen Wunsch Professor Menzels [sic] hin haben zwei Vertreter der experimentellen Physik, der damalige Direktor des Physikalischen Instituts der Universität Jena, Geh. R. Wien, und der jetzige Direktor des Physikalischen Instituts der Technischen Hochschule Charlottenburg, Professor Geiger, und ich als Vertreter der theoretischen Physik diese Denkschrift nach Fühlungnahme mit vielen anderen Kollegen ausgearbeitet. Sie ist dann mit den Unterschriften der meisten Vertreter der Physik an deutschen Hochschulen dem Herrn Reichsunterrichtsminister übergeben worden.[30]

Spätestens seit Oktober 1936 hatte der neu ernannte Leiter des Zentralamts des REM offenbar einen Entwurf des Memorandums gesehen. Er notierte in einem internen Vermerk, daß Mentzel sowohl die Verwendung seines eigenen Namens als auch jenes des Wissenschaftsministers im Memorandum der Physiker zugelassen hatte. Das Ministerium hätte nicht den Eindruck erwecken dürfen, daß es auf der einen oder auf der anderen Seite stünde. »Es wäre bestimmt richtiger gewesen,« schloß er, »wenn der Referent seinen Namen und den des Wissenschaftsministers nicht für derartige Interventionen zur Verfügung gestellt hätte.«[31]

Das Heisenberg-Wien-Geiger-Memorandum wurde daher offenbar vor seiner endgültigen Vorlage geringfügig geändert.[32] Im einleitenden Absatz wurde Mentzel nicht erwähnt und dem Reichsminister lediglich der Dank dafür ausgesprochen, den Unterzeichnern die Gelegenheit geboten zu haben, ihre Meinung zum Ausdruck zu bringen. Der Text beschäftigte sich zunächst mit der Lage der Physik in Deutschland: es gäbe bei den Physikern zu wenig Nachwuchs; bei akademischen Berufungen stieße man auf große Schwierigkeiten; es gäbe zu wenige Studenten. Die jüngsten schädlichen Angriffe auf die theoretische Physik erhöhten den Ernst der Lage, da sie bei den Studenten eine Scheu vor der Physik, insbesondere der theoretischen Physik, bewirkten. Sie schadeten auch Deutschlands Ansehen im Ausland.

Das Memorandum widerlegte diese Angriffe in einer Terminologie, die jener ähnelte, die Heisenberg in seinem Artikel im *Völkischen Beobachter* verwendet hatte. Die erste und unbedingte Voraussetzung für die Naturwissenschaft sei die experimentelle Forschung; das Ziel der Wissenschaft sei jedoch nicht bloß die Aufzeichnung der Experimente, sondern das Verstehen der Naturgesetze. Die Formulierung der Naturgesetze sei Aufgabe der Theorie. Sowohl die Relativitäts- als auch die Quantentheorie stützten sich auf experimentelle Forschung und führten zu einem neuen Verständnis der Versuchsergebnisse, ebenso wie sie den Anstoß zu neuen experimentellen Entdeckungen lieferte. Theorie und Experiment arbeiteten gleichberechtigt zusammen. Die Erklärung schloß mit der Aufforderung, der Diskussion in der Tagespresse, in der jeweils ein Forschungstyp zum Nachteil des anderen angeschwärzt würde, ein Ende zu bereiten.

Die Erklärung wurde von 75 Männern unterzeichnet, darunter fast alle angesehenen Physiker Deutschlands. Die Unterzeichner kamen aus allen Gebieten der Physik, angefangen von den Quantentheoretikern bis zu den reinen technischen Physikern. Auch politisch war die ganze Palette vertreten, angefangen von den Demokraten (wie z.B. Erich Regener von der TH Stuttgart, der 1938 endgültig entlassen wurde) über die Konservativen bis zu den Nationalsozialisten, die der Ideologie der Nazis nur dann entgegentraten, wenn sie sich in die Physik einmischte. Da Wissenschaftler im Dritten Reich noch mehr zögerten, derartige Dokumente zu unterzeichnen als zu anderen Zeiten, war die lange Namensliste, die Heisenberg, Wien und Geiger aufbieten konnten, ein gewichtiger Hinweis darauf, wie ernst die deutschen Physiker die Gefahr nahmen, die ihrem Fach durch politische Einmischung drohte. Das Hirngespinst einer Parteiphysik wirkte als eine außergewöhnlich einigende Kraft. Es mag auch manche konservativere Experimentalphysiker mit Genugtuung erfüllt haben, daß die Theoretiker sie um Unterstützung baten, auch wenn sie mit ihnen in der Verachtung des berufswidrigen Verhaltens der Anhänger der arischen Physik konform gingen.

Die Sommerfeld-Nachfolge

Das Memorandum der Physiker war zumindest teilweise erfolgreich, da die Tagespresse keine weiteren Angriffe im Stil jener von Anfang 1936 mehr veröffentlichte. Dennoch war die Angelegenheit noch nicht entschieden, da den arischen Physikern noch andere Publikationsmöglichkeiten offenstanden. Starks erzwungener Rücktritt von der Deutschen Forschungsgemeinschaft und seine Ablösung durch Mentzel im November 1936 schwächte den politischen Einfluß der arischen Physik erheblich. Dennoch stand Stark immer noch an der Spitze der einflußreichen Physikalisch-Technischen Reichsanstalt in Berlin, und er war keineswegs außer Gefecht gesetzt. Ja, der Kampf verlagerte sich bloß an eine andere Front, wo es um unmittelbare Interessen ging, nämlich um die Macht über die akademischen Berufungen. Im weiteren Verlauf wurden andere an Universitätsangelegenheiten interessierte NS-Behörden in den Kampf zwischen der fachorientierten und der Parteiphysik hineingezogen.

Der Nationalsozialistische Deutsche Dozentenbund

Mit der Schaffung des Reichserziehungsministeriums am 1. Mai 1934 wurde die Verwaltung der Wissenschaft unter Rust und seinem Beamtenstab zentralisiert. Das wissenschaftliche Leben wurde natürlich nicht sofort von nationalsozialistischer Ideologie beherrscht. Obwohl Rust, Vahlen, Mentzel und andere REM-Leute »alte Kämpfer« waren, die seit den zwanziger Jahren bei der Partei waren, neigten sie, sobald sie eine Staatsstelle bekamen, wie die meisten Nazis in solchen Positionen dazu, die Macht und die Privilegien jenes Amtes gegen jegliche Übergriffe von außen zu verteidigen. Der Wunsch nach persönlichem Prestige spielte bei dieser Haltung ebenso eine Rolle wie in einem gewissen Ausmaß der Aufbau einer bürokratischen Hausmacht. Einer der wesentlichsten Faktoren war jedoch, daß das von den Nazis übernommene Personal sich gewöhnlich aus Berufsbeamten zusammensetzte, die sich gegen jede Änderung sträubten, egal von welcher Seite. Diese Berufsbeamten waren unerschütterlich in ihren Anschauungen über ausreichende Qualifikationen sowie geordnete und erprobte Amtswege – Anschauungen, die durch die Ernennung von NS-Verwaltungsbeamten aus politischen Beweggründen und durch die dem »Führerprinzip« innewohnende Willkür nur noch bestärkt wurden.[33]

Angesichts des Drucks der Mehrheit der Hochschullehrer hielten es die REM-Leute für ratsam, für die Beibehaltung der traditionellen Werte im Wissenschaftsbereich einzutreten. Als überzeugte Nationalsozialisten waren sie jedoch an der Gleichschaltung des Wissenschaftsbetriebs mit dem Regime interessiert. Abgesehen von den organisatorischen Maßnahmen, versuchten sie dieses Ziel dadurch zu erreichen, daß sie akademische Positionen mit qualifizierten Gelehrten, die gleichzeitig Nazis waren, besetzten.

Andererseits erblickten die Leute in den Parteistellen, die nach der Machtergreifung Bedeutung erlangten, das Ziel des Nationalsozialismus gewöhnlich in der Auswechslung und nicht in der Beibehaltung des Staatsapparats. Sie waren weder genötigt, bereits bestehende Strukturen verteidigen zu müssen, noch mit einem Personal von Berufsbeamten belastet. Bei der Ausweitung ihrer Machtbefugnisse gingen sie normalerweise aggressiv vor, wodurch sie in einen fast ständigen Konflikt miteinander und mit den staatlichen Behörden gerieten. Ihr Hauptanliegen war die Wahrung der politischen und ideologischen Anforderungen und nicht der fachlichen Normen. Anders als die Beamten des REM wollten die Parteileute Positionen im Hochschulbereich mit linientreuen Nazis besetzen, die zufällig auch Wissenschaftler waren.[34]

So einigte man sich auf die wissenschaftliche Qualifikation und die politische Zuverlässigkeit als Kriterien für eine akademische Berufung, wobei die Staatsbehörden und die Partei unterschiedlich gewichteten. Das REM war der unbestrittene Richter in Fragen der fachlichen Kompetenz. Das Problem im Dritten Reich war, welche Parteistelle für die Einschätzung der politischen Zuverlässigkeit zuständig war. Reece Kelly wies nach, daß der Hauptbewerber für diese Aufgabe der Nationalsozialistische Deutsche Dozentenbund war, der gegen Ende 1934 vom bayerischen Wissenschaftsminister Hans Schemm ins Leben gerufen wurde. Obwohl der Dozentenbund die »Stoßtruppen der Bewegung« an den Universitäten stellen sollte, fehlte es ihm an Befugnissen und an finanziellen Mitteln, und er war unter Schemm wirkungslos.[35]

Einige Monate nach Schemms Tod im Frühjahr 1935 entließ Heß den Dozentenbund aus seiner Dachorganisation, dem NS-Lehrerbund Schemms.[36] Walter Schultze, ein Arzt und frühes Parteimitglied, der zuletzt Direktor für Sanitätswesen im bayerischen Innenministerium gewesen war, wurde zum Führer des Dozentenbundes ernannt. Schultze hatte es 1934 bloß zum Honorarprofessor (für öffentliche Hygiene) an der Universität München gebracht. Wie Kelly ausführte, war Schultze eine ziemlich schwache Persönlichkeit und wurde wahrscheinlich deshalb von den Mitarbeitern von Heß gewählt, weil sie ihre eigenen Positionen nicht gefährden wollten.[37]

Schultze betrachtete den Dozentenbund als den ideologischen Flügel der Heß-Organisation. Ihr Ziel war die Neugestaltung der deutschen Universitäten durch die Schaffung einer nationalsozialistischen Wissenschaft und die Bereitstellung lupenreiner nationalsozialistischer Lehrer. In einem Entwurf zu einem etwas später verfaßten Artikel Schultzes lautete das so:

> Der Nationalsozialistische Deutsche Dozentenbund hat als die Gliederung der Hochschullehrer im Rahmen der NSDAP die Aufgabe, allen deutschen Dozenten Anstoß zur Besinnung auf das neue geistige Werden zu geben, sie zu einer festen weltanschaulich-wissenschaftlichen Kampfgemeinschaft zusammenzuführen, sie in ihrer weltanschaulichen Haltung und in ihrer wissenschaftlichen Arbeit nach der nationalsozialistischen Idee auszurichten und dadurch den Neubau von Hochschule und Wissenschaft zu sichern.[38]

Schultze fuhr fort, die Sünden des deutschen Bildungswesens vor 1933 in typisch ideologischer Ausdrucksweise aufzuzählen: »Irrläufer fehlgeleiteter Aufklärung«, »artfremde Gedanken« von Individualismus und Internationalismus, »farbloser Objektivismus«, »krassester Utilitarismus«, »wissenschaftliche Zersplitterung«, die »vom politischen Machtstreben der Juden ausgenützt« wurde. Das alles müßte durch Schulung und durch die Selektion von geeigneten Hochschullehrern wiedergutgemacht werden.[39]

Schultzes Anschauungen standen mit jenen der Anhänger der arischen Physik voll im Einklang. Es war daher keineswegs überraschend, daß einige von ihnen, darunter Thüring und Bühl, im Dozentenbund sehr aktiv wurden. Auch mehrere aktive Mitglieder des Dozentenbundes standen der arischen Physik wohlwollend gegenüber, auch wenn sie der Bewegung nicht als Mitglieder angehörten. Auf diese Weise fiel dem Dozentenbund eine aktive Rolle bei den Vorgängen zu, die zum Testfall für den Einfluß der arischen Physik werden sollten – der Wahl eines Nachfolgers für Arnold Sommerfeld in München.

Die Münchner Fakultät und das Reichserziehungsministerium

Im Jahre 1935 erreichte Sommerfeld nach seiner außergewöhnlichen dreißigjährigen Laufbahn als Professor für theoretische Physik in München das Pensionierungsalter. Auf Empfehlung der Direktoren des mathematischen und des chemischen Instituts verlangte der Dekan der Fakultät, daß Sommerfeld nach seiner Emeritierung am 1. April vorübergehend als sein eigener Ersatz weiterhin im Amt bleiben sollte. Es würde auf jeden Fall recht schwer sein, für ihn einen Nachfolger zu finden, aber im Augenblick übersiedelte noch dazu sein Assistent Otto Scherzer gerade an die Technische Hochschule in Darmstadt. Ohne diese beiden Männer würde es an der Universität keine theoretische Physik geben.[40] Dem Gesuch wurde stattgegeben, und es begann die Suche nach einem Nachfolger. Schon seit 1927 wollte Sommerfeld seinen ehemaligen Schüler Heisenberg nach München holen.[41] Der jüngere Mann war einer der fähigsten Naturwissenschaftler Deutschlands und wäre der ideale Kandidat zur Fortsetzung der Tradition Sommerfelds sowohl in der Forschung als auch in der Lehre gewesen. Am 13. Juli 1935 unterbreitete der Prüfungsausschuß der Fakultät einen eindrucksvollen Dreiervorschlag: Werner Heisenberg, Peter Debye und Richard Becker – alle Schüler Sommerfelds.[42]

Die Antwort des Reichserziehungsministeriums mußte auf die Münchner Professoren wie ein Schock gewirkt haben. Der gesamte Vorschlag wurde ohne jede weitere Begründung zurückgewiesen. Am 4. November wiederholte der Fakultätsausschuß abermals seinen Wunsch, Heisenberg nach München zu berufen. Acht neue Namen wurden in absteigender Reihenfolge in die Liste aufgenommen, aber es war offensichtlich, daß die Fakultät nicht beabsichtigte, auf Heisenberg kampflos zu verzichten.[43]

Obwohl die zeitgenössischen Unterlagen unzureichend sind, zeigten die späteren Ereignisse, daß die Opposition gegen Heisenberg nicht in Berlin ihren Mittelpunkt hatte. Sie kam zweifellos aus München, wo die Nazistudenten schon lange gegen Sommerfeld opponiert hatten. Die Hauptfigur in dieser Angelegenheit war der Führer der Dozentenschaft, Wilhelm Führer. Seit 1930 Parteimitglied und seit 1933 bei der SS hatte Führer eine Privatdozentur für Astrophysik an der Universität inne. Im Juli 1935 wurde er neben seinem Posten als Führer der Dozentenschaft (womit er über das REM ein Vertreter des Staates war) zum Gaudozentenbundführer ernannt (und damit durch die von Heß geleitete Organisation zum Vertreter der Partei).[44] Ein Jahr zuvor hatte Führer in einer Kontroverse mit dem Universitätsprofessor für Experimentalphysik, Walther Gerlach, zur Genüge bewiesen, daß er sich eher zu politischen als zu fachlichen Prinzipien bekannte. Gerlach war der Vorsitzende eines Fakultätsausschusses, der den verwaisten Lehrstuhl für Astronomie in München besetzen sollte, und Führer lehnte seine Kandidaten Hans Kienle und Otto Heckmann aus politisch-ideologischen Gründen ab. Heckmann war nach Führers Meinung besonders untragbar, da er in der Weimarer Republik ein Mitglied der katholischen Jugendbewegung gewesen war.[45] Daraufhin wurde Führers Mann berufen. Im Falle Heisenbergs würde ihm die Fakultät einen härteren Kampf liefern.

Während die Fakultätsliste vom November in Berlin zur Begutachtung vorlag, nannte Stark bei den Heidelberger Einweihungsfeierlichkeiten Heisenberg einen »Geist von Einsteins Geist«. Seine Einwände gegen eine Berufung Heisenbergs nach München wurden in seinem Artikel in den *Nationalsozialistischen Monatsheften* im Februar 1936 nochmals veröffentlicht. Diese Angriffe und die Artikel in der Parteizeitung hätten alleine nicht ausgereicht, das Reichserziehungsministerium davon zu überzeugen, sich von Heisenberg abzuwenden. Damals stand das REM mit dem Amt Rosenbergs schon an vielen Fronten in Konflikt, und es schickte sich an, in der

Deutschen Forschungsgemeinschaft gegen Stark vorzugehen. Starks Antipathie gegen Heisenberg konnte das Ministerium nur darin bestärkt haben, mehr denn je den Theoretiker zu favorisieren.

Zumindest teilweise als Folge seines Konflikts mit Rosenberg versuchte das REM von 1935 bis 1938, die Beziehungen mit der Heßschen Parteizentrale in München zu verbessern. Die Bedenken des Dozentenbundes gegen Heisenberg bedeuteten, daß das REM bei seiner Kandidatur leisetreten oder sie vielleicht überhaupt aufgeben müßte. Als auch Thüring und Bühl im Dozentenbund aktiv wurden und 1936 Kubachs Fachgruppe des Studentenbundes ins Leben gerufen wurde, äußerte sich die Heß-Organisation zu Heisenberg eindeutig negativ. Wäre Stark damals mit Rosenberg nicht so eng verbündet gewesen, hätte das REM Heisenberg gänzlich aufgegeben, nur um sich nicht mit Heß anzulegen.

Das Heisenberg-Wien-Geiger-Memorandum und Starks erzwungener Rücktritt als Präsident der Deutschen Forschungsgemeinschaft im Herbst 1936 festigte die Stellung des REM in bezug auf Heisenberg. Außerdem wirkte sich eine Reorganisation der Verwaltung im REM zu Heisenbergs Gunsten aus. Seit 1934 hatte das Ministerium zwei Ämter für Wissenschaft, eines für Wissenschaft unter Theodor Vahlen und ein anderes für Forschung, das vom Physiker des Heereswaffenamts, Erich Schumann, geleitet wurde. Mentzel war Schumanns Stellvertreter, aber da Schumann selten in sein Büro kam, war Mentzel der eigentliche Chef des Amts. Im Januar 1937 wurden die beiden Ämter unter der Leitung Otto Wackers (der an die Stelle von Vahlen trat) und mit Mentzel als dessen Stellvertreter zusammengelegt. Vahlen war bei der Bekämpfung Starks weit weniger aggressiv als Mentzel, teils infolge seiner eigenen Ansichten, aufgrund deren er die Zeitschrift *Deutsche Mathematik* als ein Forum für die arische Mathematik gründete, und teils infolge seiner langjährigen, bis in die Greifswalder Jahre zurückreichenden Verbindung mit Stark. Als Entschädigung für den Verlust seiner Stellung im REM übernahm Vahlen im Jahre 1938 die Leitung der Preußischen Akademie der Wissenschaften.[46] Wacker war seit 1933 Badener Wissenschaftsminister (er behielt diesen Posten) und war SS-Mann. Himmler hoffte offenbar, ihn zum Nachfolger Rusts als Reichserziehungsminister machen zu können. Obwohl Wacker auf der Heidelberger Lenard-Feier gesprochen hatte, hatte er sich offenbar in der Frage der arischen Physik keine feste Meinung gebildet und überließ Mentzel im allgemeinen Entscheidungen, die die Bewegung betrafen.

Im November 1936 hatte Mentzel Stark als Präsident der Deutschen Forschungsgemeinschaft abgelöst. Er nahm nun die Aufgabe in Angriff, einen Reichsforschungsrat nach ähnlichen Richtlinien zu gründen, wie sie einst von Stark vorgeschlagen worden waren.[47] Der Rat konstituierte sich im Rahmen einer offiziellen Feier am 25. Mai 1937, der Hitler und zahlreiche hohe Staatsbeamte und Militärs beiwohnten. Mentzels Reichsforschungsrat wurde aus Mitteln gespeist, die im Rahmen des von Hermann Göring überwachten Vier-Jahres-Plans bereitgestellt wurden, und stand unter der offiziellen Leitung des Wahrmachtsforschungschefs, General der Artillerie Karl Becker. Wacker wurde zum Vizepräsidenten ernannt, aber als Leiter der Deutschen Forschungsgemeinschaft führte eigentlich Mentzel die Geschäfte des Reichsforschungsrats.[48] Die pragmatischen NS-Zielsetzungen dieser Organisation wurden in Beckers Eröffnungsansprache prägnant formuliert:

> Diese Ausrichtung hat mit dem Ansatz einer Forschung auf Befehl gar nichts zu tun. Der Herr Minister hat in seiner Gründungsverfügung klar zum Ausdruck gebracht, daß er das »Wie« der Forschung überhaupt nicht beeinflussen werde. Nur das, was geforscht werden solle, bedarf einer gewissen Gleichschaltung.[49]

Durch die zusätzlichen finanziellen Mittel und das Mehr an Macht in Mentzels Händen waren die Parteiideologen – einschließlich der Anhänger der arischen Physik – von einem schweren Rückschlag bedroht.

Im Frühjahr 1937 war die Stellung des REM so gefestigt, daß es dem Dozentenbund und dem Studentenbund die Stirn bieten und Heisenberg zum Nachfolger Sommerfelds bestellen konnte. Im März teilte Heisenberg Niels Bohr mit, daß er im April endlich heiraten würde. Er fuhr fort:

> Es scheint nun auch sicher, daß ich im Laufe dieses Jahres nach München übersiedeln soll. Das ist schön, weil ich nun das Gefühl haben kann, etwas Endgültiges aufzubauen, das so lange dauert, wie ich überhaupt arbeiten kann.[50]

Zwei Monate später erhielt Heisenberg die amtliche Mitteilung, daß er nach München berufen worden war.[51] Es hatte den Anschein, als hätte die arische Physik eine Niederlage erlitten, die ihrem Einfluß im akademischen Leben ein Ende bereiten sollte.

Die SS und die Affäre Heisenberg

Diese Schlußfolgerung war jedoch voreilig. Die Anhänger der arischen Physik erhielten am 7. Juni 1937 bei der Feier zu Lenards 75. Geburtstag neuen Auftrieb. Um das goldene Ehrenzeichen der Partei erhalten zu können, war der alternde Physiker schließlich der Partei beigetreten. Wieder gab es Ansprachen und eine Schilderung der wichtigsten Ereignisse in Lenards Leben, und diesmal veranstalteten die Studenten einen Fackelzug. Man gab einen Überblick über die wichtigsten Grundsätze der arischen Physik, und der Ruf nach erneuten Anstrengungen bei der Politisierung der Hochschulphysik wurde laut.[52]

Mit neuer Kraft wandten sich die Vertreter der arischen Physik erstmals der SS zu. Obwohl dieser Schritt rückblickend ziemlich logisch erscheint, traf er damals die Gegner der arischen Physik ohne Vorwarnung. Ein Grund dafür war, daß die SS sich bisher aus dem Konflikt herausgehalten hatte, und es gab keine Vorzeichen, daß sie in den Kampf einzusteigen beabsichtigte. Ein zweiter Grund war, daß Himmler und Rosenberg in fast allen ideologischen Fragen Rivalen waren, und bis dahin war Rosenberg der Hauptförderer der arischen Physik gewesen. Von Himmler hätte man erwartet, daß er Lenard und Stark *bekämpfen* würde, vorausgesetzt, daß er überhaupt von ihnen Notiz nahm. Ein dritter Grund, der für Überraschung sorgte, war, daß die SS-Verbände Wackers und Mentzels für das REM zu arbeiten schienen. Und ein vierter war Starks schroffe Ablehnung der SS-Ahnenerbe-Forschung im Jahre 1936. Dennoch erschien am 15. Juli 1937 in der SS-Zeitschrift *Das schwarze Korps* ein ganzseitiger Artikel über »›weiße Juden‹ in der Wissenschaft«. Am unteren Rand der Seite stand Starks Name. Wie hatte er das geschafft?

Wenn die Initiative von den Vertretern der arischen Physik ausging, was angesichts der folgenden Ereignisse naheliegt, wurde der Kontakt zwischen Stark und den Herausgebern von *Das scharze Korps* höchstwahrscheinlich von Ludwig Wesch hergestellt. Wesch war einer der letzten Schüler Lenards. Er hatte sein Doktorat in Heidelberg bei Lenards Assistenten Ferdinand Schmidt im letzten Semester des Nobelpreisträgers vor seiner Pensionierung (im Sommer 1931) erworben. Er verließ Heidelberg für einige Zeit, kehrte aber zurück, um 1934 Assistent am physikalischen Institut zu werden, und habilitierte sich dort 1935. Im Jahre 1937 wurde er außerordentlicher Professor für theoretische Physik in Heidelberg und 1938 zum ordentlichen Professor befördert. Im Jahre 1943 erhielt er eine ordentliche Professur für technische Physik und hatte sein eigenes Institut für Hochfrequenzforschung. 1927 (mit 18 Jahren) zählte er zu den Führern der nationalsozialistischen Studenten in München, eine Stellung, die er auch in seiner Heidelberger Zeit von 1927 bis 1931 innehatte. Im Jahre 1931 trat Wesch der SS bei und wurde später Mitglied des Sicherheitsdienstes (SD).[53]

Der SD stand unter der Leitung von Reinhard Heydrich, Himmlers rechter Hand, und war 1931 als Eliteorganisation der gesamten SS geschaffen worden. Eines ihrer vorrangigen Ziele war die intensive völkische Indoktrinierung der Angehörigen der SS.[54] Dem SD waren ursprünglich nachrichtendienstliche und polizeiliche Aufgaben übertragen worden, aber als Himmler im Jahre 1936 Frick die Kontrolle der Staatspolizei entriß und die Geheime Staatspolizei (Gestapo) dieses Geschäft übernahm, wurde der SD immer überflüssiger. Die Organisation konzentrierte sich seither auf den internen Parteigeheimdienst und auf ideologische, insbesondere wissenschaftliche Fragen.[55] Der SD behielt seine Bedeutung, da seine Mitglieder weiterhin einen unverhältnismäßig hohen Anteil an SS-Führern stellten.

Im Jahre 1937 bildeten die SD-Mitglieder nur einen Anteil von 2,3 Prozent der Gesamtzahl der SS-Angehörigen, stellten aber 10,7 Prozent des SS-Offizierskorps. Der Einfluß des SD war zum Beispiel auch in der vom SD-Mann Gunter D'Alquen herausgegebenen Zeitschrift *Das schwarze Korps* beträchtlich.[56]

Als Partei-, SS- und SD-Angehöriger war Wesch der politisch engagierteste Schüler Lenards. Seine Begabung lag im wesentlichen im

Bereich der technischen Physik, obwohl er die Professur für theoretische Physik innehatte. Nach einer Aussage des Dekans der naturwissenschaftlichen Fakultät der Universität nach dem Zweiten Weltkrieg verdankte er seinen Aufstieg vom Assistenten zum ordentlichen Universitätsprofessor ausschließlich seiner Beziehung zur Partei; in Heidelberg soll er aufgrund seiner Aktivitäten in SS und SD sehr gefürchtet gewesen sein.[57] Demzufolge war Wesch mit ziemlicher Wahrscheinlichkeit jener Vertreter der arischen Physik, der nach den Heidelberger Feierlichkeiten im Juni 1937 für Stark den Kontakt mit der SS hergestellt oder zumindest angebahnt hatte.

Der genannte Artikel vom 15. Juli in *Das schwarze Korps* erschien in drei Abschnitten von annähernd gleicher Länge.[58] Der erste Abschnitt (unter dem Generaltitel »Weiße Juden in der Wissenschaft«) war offensichtlich von der Redaktion geschrieben – möglicherweise von D'Alquen persönlich.[59] Der Ausdruck »weißer Jude« stand für »jüdisch dem Charakter nach« im Gegensatz zu »jüdisch der Abstammung nach«. Der Artikel trat dafür ein, daß der jüdische Einfluß nicht nur in der Wirtschaft, sondern auch in der Wissenschaft beseitigt werden müßte, wo »weiße Juden« immer noch maßgeblichen Einfluß ausübten. Der letzte Absatz konzentrierte sich auf die Physik als jenes Fach, in dem der jüdische Geist am deutlichsten herrsche.

Der zweite Abschnitt bildete den Kern des Artikels. Er trug den Titel »Die Diktatur der grauen Theorie«, was sich natürlich auf die Relativitätstheorie bezog. Obwohl der Verfasser dieses Abschnitts nicht gesondert ausgewiesen wurde, kennzeichnen ihn sein Stil und Inhalt unverkennbar als eine Arbeit Starks – es ist weniger wahrscheinlich, daß er ihn selbst geschrieben, aber sehr wahrscheinlich, daß er das Material darin einem Redaktionsmitglied der Zeitschrift zur Verfügung gestellt hat. Nach der Aufzählung der gewohnten Klagen darüber, daß die Juden und ihre gleichgesinnten Geister in letzter Zeit die deutsche Physik beherrscht hätten, unternahm der Autor einen Frontalangriff gegen Heisenberg. Dem Theoretiker wurde vorgeworfen, im Jahre 1936 einen einsteinfreundlichen Artikel in ein offizielles Parteiorgan »eingeschmuggelt« zu haben, bei den Physikern eine Abstimmung über den Wert der theoretischen

Physik abgehalten zu haben, um seine Kritiker zum Schweigen zu bringen, im Jahre 1928 Professor geworden zu sein (als er zu jung war, um eine solche Auszeichnung verdient haben zu können) und in seinem Institut zur Zeit der Weimarer Republik Juden angestellt und angeworben zu haben. Die Tatsache, daß er und andere Anhänger der Quantenmechanik den Nobelpreis gewonnen hatten, war ein Beweis für den jüdischen Einfluß, vergleichbar mit der Verleihung des Nobelpreises an Ossietzky. (Carl von Ossietzky war ein linksgerichteter Pazifist, der seit 1933 in verschiedenen Konzentrationslagern gefangen gehalten wurde. Die Verleihung des Friedensnobelpreises an Ossietzky im Jahre 1936 hatte Hitler dermaßen erzürnt, daß er im Januar 1937 anordnete, daß kein Deutscher mehr einen Nobelpreis annehmen dürfe.[60]) Nach der Erwähnung, daß Heisenberg 1934 abgelehnt hatte, eine Unterstützungserklärung für den Führer zu unterzeichnen, schloß dieser Abschnitt mit der Forderung, daß Heisenberg und seinesgleichen wie die Juden gezwungen werden sollten, zu »verschwinden«.[61]

Der dritte Abschnitt des Artikels mit der Überschrift »Die ›Wissenschaft‹ versagte politisch« wurde von dem redaktionellen Kommentar eingeleitet, daß Professor Stark ersucht worden war, auf die beiden vorangegangenen Abschnitte einzugehen. Diese Anordnung ermöglichte es dem Physiker, die direkte Verantwortung für den zweiten Abschnitt des Artikels zu umgehen. In diesem letzten Abschnitt betonte Stark die Rolle der Juden im deutschen Hochschulwesen in sehr allgemeiner Form und fügte hinzu, daß die Anhänger und Ehegatten der Juden den Einfluß jener, die unmittelbar jüdischer Abstammung waren, vervielfachten. Wie gewöhnlich verunglimpfte er die Objektivität und die Internationalität der Wissenschaft. Stark nannte keinen anderen Physiker namentlich – der zweite Abschnitt hatte das überflüssig gemacht.

Ton und Einstellung des Artikels führte Starks plumpen Versuch vor Augen, die ein Jahr vorher von seinen Gegnern im REM angewandte Taktik nachzuahmen. Der Vergleich mit Ossietzky war jedoch viel verhängnisvoller. Einen Mann in der wichtigsten SS-Zeitschrift mit einem Insassen eines Konzentrationslagers zu vergleichen, war eine ernste Sache. Stark erhoffte sich offenbar, nicht nur Heisenbergs Berufung nach München zu verhindern, sondern es ihm auch unmöglich zu machen, in Deutschland weiterzuarbeiten.

Heisenberg erkannte sofort den Ernst der Lage. Nichts könnte besser die Rolle wiedergeben, die der Zufall und persönliche Verbindungen in der Nazidiktatur spielten, als der absurd anmutende erste Schritt, den er und seine Familie unternahmen, um mit der Situation fertig zu werden. Seine Mutter ging zur Mutter Himmlers, um ihren Sohn von seinen Schwierigkeiten zu befreien. Die Familien Heisenberg und Himmler hatten einander eine Reihe von Jahren flüchtig gekannt, seit der Zeit, da der Großvater des Physikers mütterlicherseits und der Vater des SS-Führers Oberschuldirektoren in München gewesen waren. In einem Interview erinnerte sich Heisenberg an die Schilderung, die seine Mutter von ihrem Besuch lieferte:

> Sie erzählte, daß die alte Frau sofort gesagt hat: »Ja, um Gottes Willen, wenn mein Heinrich nur das wüßte, dann würde er sofort was dagegen unternehmen. Da gibt es so ein bissel unerfreuliche Leute in der Umgebung von Heinrich. Aber das ist natürlich so eine ganz dumme Sau. Aber ich werd's meinem Heinrich sagen. Der ist so ein netter Bub – immer gratuliert er mir zum Geburtstag und schickt mir Blumen und so. Also wenn ich ihm nur ein Wort sage, der wird die Sache in Ordnung bringen«.
>
> In dieser Weise wurde meine Mutter von der alten Frau Himmler sehr getröstet, es wurde ihr die Versicherung gegeben, die alte Frau Himmler werde nun ihrem Sohn Heinrich einen Wink geben, daß das nicht so weiter geht. Was sie auch getan hat. Sie war sehr zuverlässig.[62]

Als Frau Heisenberg schon im Begriff war zu gehen, legte Frau Himmler eine Hand auf ihre Schulter. Oder glaube sie, fragte Frau Himmler unsicher, daß sich ihr Sohn im Leben vielleicht nicht auf dem rechten Weg befinde? Heisenberg fuhr fort:

> Und ich glaube, meine Mutter hat es sehr geschickt gemacht. Ich kann ihre Antwort natürlich jetzt nur so aus ihrer Erzählung wiedergeben. Aber sie muß etwa so geantwortet haben: »Ach, wissen Sie, Frau Himmler, wir Mütter, wir verstehen ja nichts von der Politik, weder von Ihrem Sohn noch meinem Sohn, aber wir wissen, daß wir für unsere Buben sorgen müssen. Und darum bin ich bei Ihnen.« Und das hat sie verstanden.[63]

Frau Himmler riet, Heisenberg solle direkt an ihren Sohn schreiben, daß er die Einstellung solcher Angriffe wünsche und daß er gerne bereit sei, über seine politische Vergangenheit Auskunft zu geben. Das tat der Physiker nur eine Woche nach dem Erscheinen des Artikels am 21. Juli. Nachdem er auf den Rat Frau Himmlers und die Art seines Zustandekommens hingewiesen hatte, skizzierte Heisenberg die Hintergründe der Spaltung zwischen den Anhängern und Gegnern der modernen Physik. Lenard und Stark gehörten der letzteren Gruppe an, schrieb er, und verwendeten ihn als Symbol für die erstere. Er wäre jederzeit bereit, sich an einer wissenschaftlichen Diskussion zu beteiligen, aber er lehne es ab, sich als einen »weißen Juden« oder einen »Ossietzky der Physik« bezeichnen zu lassen. Wie könnte er, argumentierte er, unter solchen Umständen weiter Staatsbeamter bleiben? Sollten die Ansichten Starks tatsächlich mit jener der Regierung übereinstimmen, würde er zurücktreten. Wenn nicht, dann wäre Schutz vor derartigen Angriffen erforderlich. Was seine politischen Ansichten anbelangt, gab Heisenberg offen zu, daß er keiner Partei angehörte und sich nicht an der nationalsozialistischen Revolution beteiligt hatte; er würde jedoch gerne auch weiterhin in seiner Staatsstellung bleiben. Er schloß den Brief mit einer Liste von hohen Offizieren und anderen Personen, die sich für seinen Patriotismus verbürgen konnten.[64]

Es war sehr geschickt von Heisenberg, daß er sich über seine Familie direkt an den SS-Führer gewandt hatte. Aber er konnte keine ausführliche Rechtfertigung vorlegen, bevor Himmler ihn darum gebeten hatte. Inzwischen schrieb Heisenberg eine Widerlegung von Starks Artikel für das Reichserziehungsministerium, das nun gezwungen war, seine Berufung auf den Münchner Lehrstuhl von neuem zu überlegen.[65] Heisenberg gab sich Mühe, jede von Stark erhobene Beschuldigung, die ihn als einen Staatsfeind erscheinen ließ, zu widerlegen, aber das REM wagte nicht, weitere Maßnahmen zu seinen Gunsten zu ergreifen, bis feststand, was die SS-Führung unternehmen würde.

Am 11. November 1937 beantwortete Himmler endlich Heisenbergs Brief.[66] Sein Schreiben war jedoch beunruhigend kurz und förmlich und ersuchte Heisenberg um eine Antwort auf die Beschuldigungen, die Stark in seinem Leserbrief an *Das schwarze*

Korps gegen ihn erhoben hatte. Heisenberg antwortete sofort.[67] Erstens, schrieb er, hatte Stark durchblicken lassen, daß Heisenberg als Professor in Leipzig einen deutschen Assistenten entlassen hätte, um einige Juden anzustellen. Heisenberg erklärte dazu, daß der Assistent für moderne Physik kein Interesse zeigte und daß die Männer, die er an seiner Statt angestellt hatte, außergewöhnliches wissenschaftliches Format hatten, obwohl sie zugegebenermaßen Juden waren. Zweitens hatte Stark enthüllt, daß Heisenberg sich geweigert hätte, im Jahre 1934 eine Unterstützungserklärung für Hitler zu unterzeichnen. Der Theoretiker gab die Wahrheit dieser Beschuldigung zu: Er und andere hätten wegen des negativen Eindrucks, den Stark auf sie machte, und aufgrund der Überzeugung, daß Wissenschaftler ihre Loyalität wissenschaftlich und nicht politisch unter Beweis stellen sollten, abgelehnt. Drittens hatte Stark behauptet, daß Heisenberg eine Abstimmung unter Physikern über den Wert der theoretischen Physik zu persönlichen Zwecken mißbraucht hätte. Heisenberg antwortete, daß er auf ausdrücklichen Wunsch Professor Mentzels vom REM an der Ausarbeitung des Heisenberg-Wien-Geiger-Memorandums mitgewirkt hatte. Zum Schluß seiner Rechtfertigung lenkte Heisenberg Himmlers Aufmerksamkeit auf das Memorandum, das er im Juli für das REM verfaßt hatte, und gab zu verstehen, daß der beste Weg, den Konflikt zwischen ihm und Stark beizulegen, eine persönliche Konfrontation sei. Als er diesen Brief abschickte, war die Angelegenheit Heisenbergs Kontrolle entzogen. Ob sein Name wieder zu Ehren kommen würde, hing nun vom Einfluß von Freunden und von der SS-Untersuchung des Falles ab.

Seine Freunde und Kollegen gewährten Heisenberg unverzüglich Unterstützung. Sein Kollege in Leipzig zum Beispiel, der theoretische Physiker Friedrich Hund, richtete am 20. Juli an das Reichserziehungsministerium ein Schreiben, in dem er bedauert, daß ein deutscher Physiker sich dazu hergeben konnte, sich an einem Angriff wie dem Artikel in *Das schwarze Korps* zu beteiligen.[68] Auch Sommerfeld schrieb einen Brief, in dem er gegen Starks Vorgehen protestierte und andeutete, daß Starks Wut auf Sommerfeld aus der Ablehnung Starks als Nachfolger Wiens durch die Münchner Fakultät in den späten zwanziger Jahren herrühre.[69]

Heisenberg erhielt auch von gewissen deutschen Diplomaten Unterstützung. Einer seiner Schüler war Carl F. von Weizsäcker, dessen Vater der Leiter der politischen Abteilung des deutschen Außenministeriums war. Der Botschafter in Rom, Ulrich von Hassel, und der ältere von Weizsäcker teilten verschiedenen Behörden mit, daß es sich Deutschland nicht leisten könne, Männer von internationalem Format wie Heisenberg zu verlieren.[70] Dieses Argument blieb im Dritten Reich nicht ungehört. Schon 1934 hatte Rosenberg von einem Beamten im Oberschulwesen die Anregung erhalten, Heisenberg sollte als ein Anhänger Einsteins in ein Konzentrationslager geschickt werden. Rosenberg antwortete, daß er diese Gesinnung teile, aber daß der Physiker gegen Bestrafung beinahe gefeit sei, da drastische Strafmaßnahmen im Ausland einen ungünstigen Eindruck hinterlassen würden.[71]

Im Jahre 1937 erhielt Heisenberg von manchen Seiten der SS selbst weitere Unterstützung. In Heidelberg etwa intervenierte Otto Westphal (ein Chemiker und SS-Mann) im Dezember zu seinen Gunsten beim Führer des Studentenbundes, Gustav Scheel.[72] Scheel war ein SD-Angehöriger mit beträchtlichem Einfluß, der offenbar von der arischen Physik nicht so angetan war wie jene seiner Untergebenen, die sich Kubach angeschlossen hatten. Auch Mentzel verwendete zweifellos seinen Einfluß bei der SS, um Heisenberg zu unterstützen. Während des ganzen Frühjahrs 1938 lag die Angelegenheit in den Händen der SD-Bürokratie.

Im Januar 1938 hatte Heisenberg Sommerfeld mitgeteilt, daß die Ermittlungen des REM einen für ihn günstigen Abschluß gefunden hätten und daß die SS-Untersuchung wahrscheinlich auch positiv ausgehen würde.[73] Im Februar jedoch merkte er, daß das REM seinen Bericht zurückhielt, um den Standpunkt der SS abzuwarten. In einem zweiten an seinen Lehrer gerichteten Brief erläuterte er die Situation mit der Bemerkung, daß der Sommerfeld-Schüler Fritz Sauter in Königsberg als politisch unzuverlässig gebrandmarkt worden war. »Es ist wirklich schade«, schrieb er, »daß man in einer Zeit, in der die Physik so wunderbare Fortschritte macht und in der es wirklich Spaß macht, daran mitzuarbeiten, immer wieder mit diesen politischen Dingen zu tun bekommt.«[74]

Um den April sah die Lage so ungünstig aus, daß Heisenberg niedergeschlagen an Sommerfeld schrieb, daß er die Emigration ernsthaft in Erwägung ziehe. Ein wenig einflußreicher SS-Mann, der ihm zu helfen versprochen hatte, hatte angedeutet, daß Himmler, der nun der einzige war, der die Angelegenheit entscheiden konnte, nicht geneigt schien, Stellung zu beziehen. Es konnte nichts mehr unternommen werden.[75]

Der Fall Heisenberg blieb bis zum Hochsommer ungelöst. Im Juli kam wichtige Unterstützung von Ludwig Prandtl, dem Göttinger Fachmann für Aerodynamik, der bei einem von der Deutschen Akademie für Luftfahrtforschung schon vor einiger Zeit veranstalteten Festessen neben Himmler saß. Prandtl hatte gewartet, bis er den SS-Führer von seinen aus der Annexion Österreichs entstandenen dringenden Verpflichtungen befreit wähnte, um seiner Verteidigung von Heisenberg Gehör zu verschaffen. In einem Brief vom 12. Juli 1938 erinnerte Prandtl Himmler, daß der SS-Führer bei dem Essen den Standpunkt vertreten hatte, daß Heisenberg die Person Einsteins nicht in eine Erörterung der Relativitätstheorie hereinbringen sollte, wenn es sich als notwendig erweisen sollte, die Theorie in Physikvorlesungen zu erwähnen. Heisenberg hätte dieser Bedingung zugestimmt, und Prandtl betonte, daß die Relativitätstheorie bei der überwältigenden Mehrheit der Physiker als physikalisch einwandfrei galt. Einstein sei ein erstklassiger Physiker, erklärte der Göttinger Professor rundweg, und seine persönlichen Eigenschaften seien für die Wissenschaft uninteressant. Experimentalphysiker, die der theoretischen Arbeit nicht folgen könnten, sollten sie deshalb nicht einfach als wertlos verwerfen und ihre Vertreter verleumden. Heisenberg sollte gegen die verleumderischen Anwürfe Starks wirksam geschützt und in aller Form rehabilitiert werden. Ja, Heisenberg sollte ersucht werden, im Sprachrohr des Studentenbundes, der *Zeitschrift für die gesamte Naturwissenschaft*, einen Artikel zu veröffentlichen.[76]

Es besteht kaum ein Zweifel, daß Prandtls scharf formulierte Verteidigung Heisenbergs und der theoretischen Physik in der Angelegenheit eine entscheidende Rolle gespielt hatte. Nicht ganz zwei Wochen später schrieb Himmler an Heydrich, daß er Prandtls Brief zustimme und der Meinung sei, daß der Studentenbund Heisenberg in seiner Zeitschrift publizieren lassen solle.[77] Heisenberg scheine ein anständiger junger Mann zu sein, der eine neue Generation von Wissenschaftlern heranbilden würde und nicht zum Schweigen gebracht werden sollte. Vielleicht, meinte Himmler abschließend, könne er der SS in ihren Forschungen auf dem Gebiet der Welteislehre sogar von Nutzen sein – ein Gedanke, der zeigt, wie wenig Himmler sich für den Stand der Hochschulphysik interessierte. Die Welteislehre war eine jener nordischen Mythen, die mehr mit mittelalterlichen Sagen und Science-fiction gemeinsam hatte als mit seriöser Wissenschaft.[78]

Am selben Tag, dem 21. Juli 1938, schrieb Himmler an Heisenberg und teilte ihm seine Rehabilitierung mit. Die Schlüsselstellen seines Schreibens hatten folgenden Wortlaut:

> Ich habe, gerade weil Sie mir durch meine Familie empfohlen wurden, Ihren Fall besonders korrekt und besonders scharf untersuchen lassen.
>
> Ich freue mich, Ihnen mitteilen zu können, daß ich den Angriff des *Schwarzen Korps* durch seinen Artikel nicht billige und daß ich unterbunden habe, daß ein weiterer Angriff gegen Sie erfolgt.
>
> P.S. Ich halte es allerdings für richtig, wenn Sie in Zukunft die Anerkennung wissenschaftlicher Forschungsergebnisse von der menschlichen und politischen Haltung des Forschers klar vor Ihren Hörern trennen.[79]

So war Heisenbergs guter Ruf wiederhergestellt. Seine Rehabilitierung verbürgte jedoch nicht automatisch, daß er als Nachfolger Sommerfelds nach München berufen werden würde, da er in dieser Stadt bei den Anhängern der arischen Physik immer noch stark bekämpft wurde.

Der Sieg der arischen Physik

Im Spätherbst des Jahres 1937 beschloß Wacker, die definitive Berufung Heisenbergs aufzuschieben, bis die Untersuchung seines Falles abgeschlossen war; Sommerfeld sollte weiterhin sich selbst »vertreten«.[80] In einem Brief an Einstein zu Ende des Jahres beurteilt Sommerfeld die Lage folgendermaßen:

> Die Politik meiner intimsten Feinde, Giovanni Fortissimo und

Leonardo da Heidelberg, die mir Heisenberg nicht als Nachfolger gönnen wollen, zwingt mich, mein Amt weiter zu versehen und meine jetzt kleine Herde zu betreuen. Ich kann es allenfalls noch leisten, wenn auch nicht mit gleicher Energie wie früher. Mit der Kernphysik habe ich mich nur sehr oberflächlich befaßt, bin also nach amerikanischem Maßstab gemessen ein ganz ungebildeter Mensch. Die Zukunft sieht trübe aus für die deutsche Physik; ich muß mich damit trösten, daß ich ihr goldenes Zeitalter 1905-1930 tätig miterlebt habe.[81]

Der Pessimismus war gerechtfertigt, da es Ende 1937 immer noch den Anschein hatte, daß die Vertreter der arischen Physik nicht nur Heisenbergs Berufung nach München vereitelt hatten, sondern auch im Begriff waren, die Unterstützung der SS zu gewinnen.

Die Anhänger der arischen Physik waren so zuversichtlich, daß sie Ende 1937 und Anfang 1938 eigene Kandidaten aufstellten. Als Gaudozentenbundführer war Wilhelm Führer die treibende Kraft im Widerstand gegen Heisenberg. Er war entschlossen, die Stelle nicht mit einem »jungen Theoretiker«, sondern mit einem Experimentalphysiker zu besetzen.[82] Im Herbst 1937 nominierte der Dozentenbund als Sommerfeld-Nachfolger Karl Uller, der 1935 eine Abhandlung über theoretische Physik geschrieben hatte, die den Anspruch erhob, Einstein zu widerlegen. Die wissenschaftliche Beurteilung seiner Arbeit durch andere Physiker war jedoch so negativ, daß seine Kandidatur zurückgezogen wurde.[83] Anfang 1938 schlug der Dozentenbund den Experimentalphysiker Johannes Malsch vor. Malsch war ein Schüler Max Wiens, der sich in Köln auf Hochfrequenzforschung spezialisierte. Er war ein tüchtiger technischer Physiker, aber man konnte von ihm keine schöpferischen theoretischen Leistungen erwarten. Während des Sommers bemühte sich Gerlach, die Berufung Malschs oder irgendeines anderen Experimentalphysikers zu verhindern, und es gelang ihm schließlich, dem Dozentenbund das Zugeständnis abzuringen, daß das REM die endgültige Entscheidung treffen sollte.[84]

Führer und seine Leute (Thüring und Kubach mit eingeschlossen, die auch in München waren) konnten getrost einem solchen Kompromiß zustimmen, da eine erst kurz davor erzielte Verständigung zwischen Heß und dem REM den Einfluß des Dozentenbunds in

Berlin vergrößert hatte. Nach einer Konferenz der Universitätsrektoren im Dezember 1937 hatte Wacker den Führerstellvertreter als die höchste Autorität in Fragen der politischen Zuverlässigkeit bei der Beurteilung von akademischen Berufungen anerkannt, und der Dozentenbund sollte diese Aufgabe für die Parteizentrale erfüllen. Die neue Vereinbarung, die im Mai amtliche Gültigkeit erlangte, machte keine genauen Angaben, nach welchen Kriterien die politische Zuverlässigkeit beurteilt werden würde, und es traten in dieser Frage einige Meinungsverschiedenheiten auf. Aber da Wacker an einer Zusammenarbeit mit der Parteizentrale interessiert war, um die Verwirrung im Verkehr mit den Parteistellen zu verringern, war zu erwarten, daß das Ministerium in jenen Fällen nachgeben würde, wo die Leute von Heß hart blieben.[85] Einen Hinweis auf die unnachgiebige Haltung der Partei in der Frage der Münchner Berufung lieferte die Tatsache, daß Führer dem REM sogar persönlich einen Besuch abstattete, um direkt für einen Parteikandidaten zu werben.[86]

Nach der Rehabilitierung Heisenbergs durch Himmler im Juli 1938 verdoppelte die Münchner Fakultät ihre Bemühungen, seine Berufung auf Sommerfelds Lehrstuhl zu erreichen.[87] In einem am 8. November 1938 an das REM gerichteten Brief äußerten Sommerfeld und Gerlach ihre Ansichten über verschiedene potentielle Kandidaten für den Posten. Sie beurteilten die Kandidaten auf der Liste des REM positiv, unterstrichen jedoch, daß der Rektor und die Fakultät nie jemand anderen als Heisenberg gewünscht hatten. Nun, da die Affäre rund um den Artikel in der Zeitschrift *Das schwarze Korps* beigelegt worden war, sollte dem nichts mehr im Wege stehen. Sie seien bestürzt, daß die zwei von der Münchner Führung der Dozentenschaft aufgestellten Kandidaten noch immer in Erwägung gezogen wurden. Malsch sei einfach ungeeignet, und ein neuer Kandidat, Wilhelm Müller aus Aachen, noch viel weniger. Müller war ein Fachmann für Aerodynamik, aber kein schöpferischer Physiker, und Prandtl hatte ihn als Sommerfeld-Nachfolger ganz negativ beurteilt.[88]

Die Münchner Gruppe der arischen Physik wurde 1938-39 durch die Berufung Thürings auf den Posten Führers als Führer der Dozentenschaft und des Dozentenbundes an der Universität gestärkt.

Führer blieb offenbar Gaudozentenbundführer. Außerdem erhielten diese Männer starke Unterstützung vom neuen Dekan der Fakultät, dem Botaniker Friedrich von Faber. Im Sommer 1939 hatte das REM beschlossen, daß in Anbetracht der Ereignisse seit 1935 und der starken Abneigung der Partei gegen Heisenberg sowie aufgrund der damaligen Machtverhältnisse in München Heisenberg nicht zum Nachfolger Sommerfelds berufen werden könnte. Die Beamten im Ministerium sprachen mit Heisenberg, und man beschloß, seine Kandidatur fallenzulassen.[89] Offenbar vereinbarten Himmler und Rust statt dessen, die politische Rehabilitierung des Theoretikers dadurch unter Beweis zu stellen, daß sie ihn zu einem späteren Zeitpunkt für irgendeinen anderen wichtigen Posten ernennen würden,[90] aber bis zur Mitte des Krieges wurde nichts unternommen.

1939 war sowohl in der Physik als auch in der Politik ein turbulentes Jahr. Die Entwicklungen, die der Entdeckung der Kernspaltung in Otto Hahns Berliner Laboratorium folgten, fesselten die Aufmerksamkeit der Wissenschaftler. Der Ausbruch des Zweiten Weltkrieges stellte wissenschaftliche Fragen in den Schatten. Die Geschichte der Sommerfeld-Nachfolge endete daher ruhiger, als dies in weniger bewegten Zeiten der Fall gewesen wäre. Mit Wirkung vom 1. Dezember 1939 wurde Wilhelm Müller auf den Münchner Lehrstuhl für theoretische Physik berufen, was Sommerfeld in späteren Jahren zu der Bemerkung veranlaßte, daß er den »denkbar schlechtesten Nachfolger« erhalten hatte.[91]

Müller hatte nie in einer physikalischen Zeitschrift publiziert, hatte nie an einer Physikertagung teilgenommen und gehörte nicht einmal der Deutschen Physikalischen Gesellschaft an.[92] In seiner früheren Tätigkeit im Bereich der Aerodynamik hatte er zwar viel mit angewandter Mathematik zu tun gehabt, die aber den Rahmen der klassischen Physik nie sprengte. Seine hauptsächliche Qualifikation für die Sommerfeld-Nachfolge war seine polemische Broschüre über »Judentum und Wissenschaft« aus dem Jahre 1936, in der er die Relativitätstheorie als eine spezifisch und typisch jüdische Erscheinung scharf kritisierte.[93]

Ein Jahr nach Müllers Berufung schrieb Gerlach an den Dekan, daß, seit Sommerfeld seine Vorlesungstätigkeit eingestellt hatte, in

München keine theoretische Physik mehr gelehrt wurde, da Müller nur klassische Mechanik unterrichtete.[94] Von Fabers Antwort veranschaulichte, wie klar die Verfechter der arischen Physik ihr Ziel formuliert hatten, die moderne Physik an den Hochschulen zu zerstören:

> Ihre Behauptung, daß seit drei Semestern keine theoretische Physik gelesen wird, entspricht nicht den Tatsachen. Jedermann hat die Möglichkeit, sich an Hand der Vorlesungsverzeichnisse davon zu überzeugen, daß theoretische Physik bei uns gelesen wird. Sollten Sie unter theoretischer Physik nur die sogenannte moderne dogmatisch theoretische Physik Einstein-Sommerfeldscher Prägung verstehen, so muß ich Ihnen mitteilen, daß diese in München allerdings nicht mehr gelesen wird. Die Berufung Prof. Müllers ist ja gerade deshalb erfolgt, um einen endgültigen Wandel zu vollziehen. Die erfreuliche Art und Weise, wie Prof. Müller die theoretische Physik wieder zu Ehren bringt, wird auch von der Dozentenschaft in vollem Umfange gebilligt und unterstützt.[95]

So hatten die Vertreter der arischen Physik in München – von den Nazis die »Hauptstadt der Bewegung« genannt – einen eindrucksvollen Sieg errungen. Aber ihr Sieg war zugleich der Höhepunkt ihres Einflusses. Nicht einmal eine Woche, nachdem von Faber seine zuversichtlichen Zeilen an Gerlach gerichtet hatte, erlitt die nordische Physik einen vernichtenden Rückschlag, der schließlich zu ihrer vollständigen Niederlage führte.

9. Die Kriegsjahre

Der Triumph der arischen Physik in München im Jahre 1939 zeigte, bis zu welchem Grad politische Erwägungen und Aktivitäten die deutsche Hochschulphysik beeinflussen konnten. Es sollte jedoch festgehalten werden, daß zur selben Zeit ausgezeichnete Forschung betrieben und die Relativitätstheorie noch immer gelehrt wurde. Aber sowohl Forschung als auch Lehre mußten eindeutig Schaden erleiden, sollten in Zukunft die zur Regelung der Sommerfeld-Nachfolge angewandten Kriterien alle akademischen Berufungen bestimmen. Im Jahre 1939 wurde die Lage der Physik, insbesondere der theoretischen Physik, kritisch: Berufungen von Lehrpersonal mit schlechten Qualifikationen, die Verringerung der Zahl der Professuren sowie unbesetzte Stellen begannen bedenkliche Auswirkungen zu zeitigen. Außerdem entschloß sich eine Reihe fähiger Wissenschaftler, dem politischen Druck durch die Übernahme von Posten in der Industrie zu entgehen, wodurch die akademische Physik noch weiter geschwächt wurde.

Viele deutsche Physiker – sowohl innerhalb, als auch außerhalb der Partei – waren sich über die Situation im klaren und beschlossen, persönlich etwas dagegen zu unternehmen. Interne Kämpfe zwischen den Mitarbeitern hoher NS-Führer waren für einen Großteil der die Physik betreffenden politischen Schwierigkeiten verantwortlich, und hier konnte nur wenig erreicht werden. Aber die arische Physik wurde auch innerhalb des Faches Physik selbst angegriffen. Um den Fall Heisenberg kristallisierte sich der Widerstand gegen die politische Einmischung in fachliche Belange.

Ende 1940 führte diese Offensive gegen die nordische Physik zu einer offenen Konfrontation. Obwohl der Ausgang ein schwerer Rückschlag für die Parteiphysik war, behielt sie ihre Hochburgen in Heidelberg und München bei. Der Krieg und ein andauernder politischer Kleinkrieg zwischen den Parteistellen zehrten ihre Kräfte weiter auf. Nach einer zweiten Konfrontation in den Jahren 1942-43 brach die Bewegung völlig zusammen.

Die fachorientierten Physiker geißelten noch lange nach der Niederlage der Bewegung auch weiterhin die schädlichen Auswirkungen der arischen Physik. Indem sie die angebliche Bedeutung ihrer Arbeit für den Krieg geltend machten, konnten sie für das Betreiben reiner Forschung die fachliche Autonomie wiederherstellen und die Verluste jüngerer Wissenschaftler an der Front auf ein Mindestmaß reduzieren. Die eigentlichen Ziele der Hochschulphysiker offenbarten sich vielleicht am deutlichsten im Uran-Projekt, das schließlich gerade von jener Gruppe von Theoretikern beherrscht wurde, die von Lenard und Stark so unnachgiebig bekämpft wurden.

Die deutsche Hochschulphysik gegen Ende des Jahres 1939

Der durch die Entlassungspolitik und andere staatliche Maßnahmen verursachte Schaden, verbunden mit den Angriffen der Ideologen, hinterließ die deutsche Physik in einem überaus kläglichen Zustand. Dennoch gelangen den Deutschen in den dreißiger Jahren einige eindrucksvolle Leistungen. Im Jahre 1936 führten die Physiker Samuel Goudsmit von der University of Michigan und Walther Gerlach von der Universität München einen Briefwechsel über den Zustand der deutschen Physik. Goudsmit meinte, daß es den Anschein hätte, als habe die Physik in Deutschland stagniert, während sie in Ländern wie Italien und Amerika Fortschritte zu machen schien.[1] Gerlach stimmte dem nicht ganz zu und bemerkte, daß ziemlich viel Grundlagenforschung geleistet werde. Als Beispiele für bedeutende Fortschritte verwies er auf Erich Regeners Untersuchungen in der höheren Atmosphäre und erwähnte die kernphysikalischen Forschungen Walther Bothes in Heidelberg (die später zu Deutschlands erstem Zyklotron führten) und das Laboratorium Otto Hahns in Berlin (in dem schließlich die Kernspaltung entdeckt wurde). Er mußte zugeben, daß die theoretische Arbeit zu wünschen übrig ließ, fand aber diese Rückentwicklung natürlich, da die gewaltige Explosion kreativer Theoriebildung in den vorangegangenen Jahrzehnten nicht unbegrenzt fortgesetzt werden konnte. Nun gelte es für die Experimentalphysiker, in der Forschung wieder

Terrain zu gewinnen.[2] Viel sprach jedoch für Goudsmits Ansicht, denn, verglichen mit den deutschen Errungenschaften der Vergangenheit und den Fortschritten im Ausland in den dreißiger Jahren, war Gerlachs Liste sehr dürftig.

Die Lage war im Bereich der theoretischen Physik besonders beunruhigend. Als Arnold Sommerfeld Ende 1937 an Einstein schrieb, daß die Zukunft für die deutsche Physik düster aussähe, dachte er dabei ganz sicher an die Theorie.[3] Abgesehen von Heisenbergs Leipziger Untersuchungen über die kosmische Strahlung und den Forschungen einiger seiner Schüler (insbesondere Carl F. von Weizsäckers und Hans Eulers) im Bereich der Astrophysik, schien die theoretische Forschung einen großen Teil ihres Potentials in Deutschland ausgeschöpft zu haben. Um daher mit der neuesten Entwicklung im Fach Schritt halten zu können, war es für die Deutschen um so wichtiger, mit ihren ausländischen Kollegen in engem Kontakt zu stehen. Doch das war, wie im 4. Kapitel ausgeführt wurde, aus verschiedenen Gründen nicht möglich.

Außerdem erhebt sich die Frage, ob deutsche theoretische Physiker sich dem Druck seitens der Vertreter der arischen Physik und der Parteiideologen zur Aufgabe der Relativitätstheorie beugten. Das war nicht der Fall. Allgemein ist man sich darin einig, daß die Universitäten nie davon abließen, die Relativitätstheorie zu lehren. Einige Wissenschaftler entsinnen sich jedoch einer speziellen Anweisung, die die Erwähnung von Einsteins Namen in Vorlesungen oder wissenschaftlichen Abhandlungen untersagte.[4] Andere, zum Beispiel Heisenberg, erinnern sich nicht an einen speziellen Einstein-Erlaß, entsinnen sich aber, daß in allen Publikationen die Verwendung eines Sternchens zur Kennzeichnung eines jüdischen Namens verlangt wurde. Das weltanschauliche Klima übte einen gewissen Druck aus, solche Namen zu vermeiden.[5] Daher wurden Vorlesungen nicht über die »Einsteinsche Relativitätstheorie« gehalten, sondern man verwendete die weniger provokante Bezeichnung »Elektrodynamik bewegter Körper«.[6] Der Astronom Otto Heckmann erinnert sich:

> Wenn man von der Sache sprach und nicht die Person Einsteins in den Vordergrund schob, so brauchte man in Göttingen damals keine Behinderung zu befürchten. Ich habe auch bei sog. Studen-

ten-›Lagern‹ zu kleineren Studentengruppen über die Allgemeine Relativitätstheorie gesprochen. Den Studenten war in der sog. politischen Schulung oft die allgemeine Relativitätstheorie als »jüdische Perversion« geschildert worden. Sie hörten gespannt und oft erleichtert zu, wenn man die Theorie wieder in normales Licht rückte.[7]

Mindestens zweimal während des Dritten Reichs schrieb Sommerfeld an Einstein, daß er seinen Namen und seine Theorien in Vorlesungen erwähnt hätte und daß die Studenten begeistert reagiert hätten. Als er Anfang 1937 seine nächsten Vorlesungen über die relativistische Behandlung einiger Probleme ankündigte, brachten die Studenten ihre Anerkennung laut zum Ausdruck. »Sie sehen daraus«, versicherte er Einstein, »daß Sie in den deutschen Hörsälen nicht ausgebürgert sind.«[8]

Dennoch erzwang der von den Ideologen ausgeübte Druck einige unerfreuliche Zugeständnisse. Anfang 1939 schrieb Max von Laue einen Brief an Einstein, in dem er über einen Vorschlag zu einem solchen Zugeständnis berichtete. Sommerfelds Schüler Wilhelm Lenz, Professor für theoretische Physik in Hamburg, wünschte, daß von Laue ihm helfen möge, eine Anmerkung zur Relativitätstheorie in einer wissenschaftlichen Zeitschrift unterzubringen. Die Stoßrichtung des Artikels rief Erinnerungen an ein Argument wach, das zum ersten Mal in Bad Nauheim im Jahre 1920 zur Sprache gebracht worden war. Lenz wollte die Theorie von ihrem jüdischen Makel befreien, indem er behauptete, daß ihr Urheber der Franzose Henri Poincaré sei, ein Manöver, das die Theorie im Dritten Reich »hoffähig« machen sollte. Lenz hoffte auf diesem Wege, von Parteifunktionären in Hamburg die Genehmigung zu erhalten, ungehindert über die Relativitätstheorie zu lesen, und vielleicht sogar Heisenberg in der Münchener Angelegenheit behilflich zu sein, die damals gerade in ihre entscheidende Phase eingetreten war. Von Laue stand aus Prinzip dieser Art von politischem Taktieren ablehnend gegenüber und fand, es sei »ebenso verwerflich wie töricht.«[9]

Philipp Frank, damals Professor für Physik in Prag und der Autor einer Einstein-Biographie, überlieferte eine andere Art von Konzession, die das ideologische Klima von nicht parteigebundenen Physikern verlangte. Da in Lenards Familie Preßburger Kaufleute gewesen waren und da in dieser Stadt viele jüdische Familien dasselbe Gewerbe ausübten, hofften einige Physiker, daß vielleicht Lenard selbst kein Vollarier war. Der Nachweis einer mit einem Makel behafteten Abstammung wäre eine wirksame Waffe gegen den Schutzheiligen der arischen Physik gewesen. Frank wurde wiederholt von seinen deutschen Kollegen ersucht, Lenards Herkunft zu untersuchen. Er verfolgte die Sache nicht weiter, aber er erinnerte daran, daß derartige Überlegungen ein Zeichen der Zeit waren.[10]

So ekelhaft dieses Treiben war, beeinträchtigte es nicht den Ablauf der physikalischen Forschung und Lehre. Die Angriffe in der Presse und die Einstellung vieler Parteifunktionäre gegenüber der theoretischen Forschung wirkten sich jedoch nachteilig auf die Inskriptionszahlen bei physikalischen Lehrveranstaltungen aus. Obwohl Aufnahmebeschränkungen und die niedrigeren Geburtenraten der Nachkriegsjahre die Gesamtzahl der deutschen Universitätsstudenten in den Jahren 1932-33 und 1936-37 nahezu halbiert hatten, verzeichneten die Fächer Physik und Mathematik im selben Zeitraum einen überdurchschnittlichen Rückgang von fast 65 Prozent.[11]

Die Auswirkungen der internen politischen Kämpfe der Nationalsozialisten und der ideologischen Erwägungen auf die deutsche Physik kamen bei den akademischen Berufungen sogar noch deutlicher zum Vorschein. Die Sommerfeld-Nachfolge war der dramatischste und wichtigste Vorfall, aber lange nicht das einzige Beispiel. Im Mai 1939 trat Stark als Präsident der Physikalisch-Technischen Reichsanstalt zurück, und sein Nachfolger wurde Abraham Esau, einer der Abteilungsleiter in Mentzels Reichsforschungsrat. Aber schon am Ende des Jahres hatten Anhänger der arischen Physik nicht weniger als sechs Professuren für Physik in Deutschland inne: sowohl an der Münchener Universität (Wilhelm Müller für theoretische Physik) als auch an der TH München (Rudolf Tomaschek für Experimentalphysik), in Heidelberg (August Becker für Experimentalphysik und Ludwig Wesch für theoretische Physik), an der TH Karlsruhe (Alfons Bühl für Experimentalphysik) und an der TH Stuttgart (Ferdinand Schmidt, ein weiterer Lenard-Schüler, für Experimentalphysik).[12] Obwohl die betreffenden Positionen nicht einmal 10 Prozent der im Jahre 1939 in Deutschland und Österreich vorhandenen einundachtzig Lehrstühle ausmachten, schien der Trend die Vertreter der arischen Physik zu begünstigen.

Da die Anhänger der arischen Physik sehr lautstarke Gegner der theoretischen Physik als eigenständiger Disziplin waren, unterstützte das Reichserziehungsministerium Heisenberg und die theoretische Physik aus politischen Gründen. War es jedoch nicht mit Gegnern aus den Reihen der Partei konfrontiert, schätzte das Ministerium die Theorie nicht sehr hoch.

Dieses Lavieren kam im Sommer 1938 in einem Bericht über die Lage der theoretischen Physik an den deutschen Hochschulen zum Ausdruck. Niemand unterzeichnete den unveröffentlichten Bericht namentlich, aber Interna deuten auf die Vertretung des Gauvereins Berlin der Deutschen Physikalischen Gesellschaft als Autor hin – entweder auf Carl Ramsauer (den Vorsitzenden der Berliner Zweigstelle der Gesellschaft und Leiter der AEG-Laboratorien) oder auf eine mit ihm in Verbindung stehende Person.[13]

Zweck des Berichts war es, eine Erklärung über die Rolle der theoretischen Physik innerhalb der physikalischen Forschung abzugeben, um auf die Angriffe zu antworten, die von den Anhängern der arischen Physik gegen das Fach erhoben wurden, sowie die Erörterung der akademischen Berufungen in der Physik. Urteilt man nach seinem Wortlaut, so hatte der Bericht zweifellos den Zweck, die Mehrheit der Physiker mit Munition gegen die Vertreter der arischen Physik und andere Staats- und Parteileute zu versorgen, die fachfremde Kriterien in die wissenschaftliche Diskussion und die akademischen Aufgaben einführen wollten. Es ist ziemlich wahrscheinlich, daß der Autor oder die Autoren speziell den Fall Heisenberg zu beeinflussen hofften. Der Bericht könnte auch als eine informelle Diskussionsgrundlage für die im Herbst stattfindende Physikertagung in Baden-Baden geplant worden sein. Die ersten beiden Abschnitte folgten Gedankengängen, die von Heisenberg in seinem Artikel im *Völkischen Beobachter* aus dem Jahre 1936 und im Heisenberg-Wien-Geiger-Memorandum an das Reichserziehungsministerium dargelegt worden waren.[14] Der dritte Abschnitt gab einen kenntnisreichen und großartigen Überblick über die schwerwiegenden Schäden, die der theoretischen Physik seit 1933 zugefügt worden waren. Ein großes Problem war laut Bericht, daß mehrere Professuren für theoretische Physik mit Experimentalphysikern besetzt worden waren, die ihrer Aufgabe nicht gewachsen waren, auch wenn sie auf ihren eigenen Gebieten einen guten Namen hatten. Zu diesen Fehlbesetzungen zählten jene an die TH Hannover im Jahre 1935, nach Jena im Jahre 1936 und nach Freiburg im Jahre 1937. Zwei weitere Experimentalphysiker hatten provisorisch die Professuren von Theoretikern übernommen, die Deutschland verlassen hatten – Berlin (Erwin Schrödinger hatte Deutschland 1933 verlassen) und die TH Stuttgart (P.P. Ewald emigrierte 1937). Eine weitere Fehlentscheidung war die Berufung von Wesch zum Professor für theoretische Physik in Heidelberg; Wesch war ein technischer Physiker und kein Theoretiker. Der Bericht wurde abgefaßt, bevor Sommerfelds Nachfolger in München bekannt war, sonst wäre Müllers Name gewiß aufgenommen worden.

In dem Bericht wurde auch erwähnt, daß die Streichung zweier ordentlicher Professuren für theoretische Physik seit 1933 sich besonders schädlich ausgewirkt hatte. (Richard Beckers Lehrstuhl an der TH Berlin wurde 1936 aufgelassen, als er gezwungen war, Max Borns vakante Stelle in Göttingen zu übernehmen, und der Posten Walter Weizels an der TH Karlsruhe wurde 1936 mit Bühls Lehrstuhl zusammengelegt, als Weizel eine neue Stellung in Bonn übernahm.) Obwohl darüber im Bericht keine Angaben gemacht wurden, war allgemein bekannt, daß Beckers Lehrstuhl für theoretische Physik vom Budget gestrichen worden war, da er an einer technischen Hochschule als »überflüssig« galt.[15] Um zu begreifen, welchen Eindruck diese Maßnahme bei den Physikern erweckte, sollte man bedenken, wie ein Vorschlag zur Eliminierung der theoretischen Physik am California oder Massachusetts Institute of Technology in Amerika aufgenommen worden wäre.

Ein letzter Hinweis auf das verbreitete Vorurteil gegen die theoretische Physik im Dritten Reich war laut Bericht die Neigung, einen außergewöhnlich langen Zeitraum bis zur Neubesetzung eines bestimmten Lehrstuhles verstreichen zu lassen. Ein bereits genanntes Beispiel war der Lehrstuhl von München, der im Jahre 1938 schon drei Jahre offiziell vakant war, obwohl Sommerfeld von Semester zu Semester Vorlesungen hielt. Ein anderes war Borns Stelle in Göttingen, bis zu deren Besetzung drei Jahre verstrichen. Königsberg und Berlin hatten dasselbe Problem.

Insgesamt waren von den 35 Professuren für theoretische Physik an den deutschen Hochschulen (ohne Österreich) im Jahre 1933 elf entweder vakant, mit ungeeigneten Leuten besetzt oder bis 1938 aufgelassen. Der Bericht schloß mit dem Hinweis, daß neun junge Privatdozenten für akademische Berufungen zur Verfügung standen, so daß diese Situation nie hätte entstehen dürfen.

Da sich der Bericht auf ältere Mitglieder des Lehrkörpers im Bereich der theoretischen Physik beschränkte, erwähnte er ein anderes, mit dem politischen Klima zusammenhängendes Phänomen nicht, das alle Physiker betraf. Eine Reihe von Forschern – gewöhnlich jüngere Männer – kehrten der Hochschule den Rücken und gingen in die Industrie, wo sie den politischen Sorgen zu entkommen hofften. Obwohl keine quantitative Analyse dieser Abwanderung zur Verfügung steht, sind Einzelfälle leicht ausfindig zu machen. Ein Beispiel war der Experimentalphysiker Walter Rollwagen, ein Gerlach-Schüler, der sich 1938 entschloß, die Arbeit an der Universität aufzugeben, um Leiter des Laboratoriums der Optischen Werke Steinheil zu werden. Anders als im Hochschulbereich gab es in der Industrie keine politischen Denunziationen, auch wenn der Betriebsleiter ein aktiver Nationalsozialist war.[16] Auch Theoretiker beteiligten sich an dieser Abwanderung: Heinrich Welker, ein Sommerfeld-Schüler, und Carl Hermann, ein Mitarbeiter P.P. Ewalds, fanden ebenfalls Anstellungen in der Industrie, um politischem Druck zu entgehen.[17]

Auch ältere Wissenschaftler suchten manchmal in der Industrie Zuflucht. Georg Joos, der Nachfolger von James Franck in Göttingen im Jahre 1935, gab seine Professur 1941 auf und arbeitete für die Zeiss-Werke in Jena. Er wollte den Angriffen entgehen, die ihm seine Verteidigung der theoretischen Physik in Göttingen eingebracht hatte.[18] Sommerfeld schrieb jedoch nach dem Krieg, Joos hätte ihm erzählt, daß er auch in Jena gegen aktive Nazis kämpfen mußte und daß er auch nicht annähernd so viel Freiheit vorgefunden hatte, wie ursprünglich erhofft.[19]

Schon 1938 war die Situation der akademischen Physik so alarmierend, daß die Erörterung dieses Themas einen Programmpunkt auf der jährlichen Physikertagung im Herbst bildete. Carl Ramsauer legte in der Hauptversammlung eine Broschüre über die Aufstiegschancen für Physiker vor. Er betonte den wachsenden Mangel an Physikern in der kommenden Generation und den sich ankündigenden weiteren Verfall der akademischen Physik.[20] Eine Teillösung dieses Problems wurde durch die Beschleunigung der akademischen Ausbildung der Physiker durch Einführung des akademischen Grades eines Diplom-Physikers gefunden. Aber die Hauptschwierigkeit bildete die Einstellung des Reichserziehungsministeriums und der Parteistellen: Berufungen im Bereich der Physik waren von politischen Intrigen und Manipulationen abhängig geworden. Dieses Thema wäre auf der Physikertagung von 1939 vermutlich deutlich hervorgetreten, wenn diese Zusammenkunft nicht infolge des Kriegsausbruchs abgesagt worden wäre.

Es war für die Physiker sehr schwer, ihrem Widerstand gegen politische Einmischung in wissenschaftliche Fragen Ausdruck zu verleihen. Obwohl das REM bei den meisten Angriffen der Partei für sie eintrat, wies der Bericht von 1938 deutlich darauf hin, daß das Ministerium kein echtes Verständnis für die Bedürfnisse der Physiker hatte. Die Parteistellen – das Amt Rosenberg, die Parteizentrale, die SS – rieben sich in gegenseitigen Feindschaften auf und waren in Kämpfe um einander überschneidende Einfluß- und Interessensphären verwickelt. Es war unmöglich, aus ihren Handlungen zu erkennen, wo und wie die akademische Physik geschützt werden konnte.

Zu diesem Zeitpunkt wurde die Sommerfeld-Nachfolge entschieden. Die arische Physik war zumindest innerhalb der Physik nicht wegzuleugnen und bildete einen Brennpunkt für den Widerstand gegen die politische Belästigung des Faches. Wie die breite Unterstützung für das Heisenberg-Wien-Geiger Memorandum im Jahre 1936 bewies, lehnte die überwältigende Mehrheit der Physiker die Parteiphysik ab. Es war klar, daß die arische Physik eine ernste Gefahr geworden war und nicht länger als eine Verirrung betrachtet werden konnte. Wenn verhindert werden konnte, daß ein Nobelpreisträger der Nachfolger eines so prominenten Mannes wie Sommerfeld wird, was würde sich dann erst bei der Nachfolge nicht so prominenter Leute abspielen?

Gewissermaßen war die arische Physik in München also *zu* erfolgreich gewesen. Die Zwangslage Heisenbergs und Sommerfelds erregte Aufmerksamkeit und erweckte den Widerstand der gesamten Physikergemeinschaft. Der Artikel in *Das Schwarze Korps*, der in erster Linie für die Verhinderung der Berufung Heisenbergs verantwortlich war, schuf einen Präzedenzfall, der allgemein als eine echte Bedrohung der Autonomie des Faches Physik angesehen wurde. Die Sommerfeld-Nachfolge war ein taktischer Sieg, aber eine strategische Niederlage für die arische Physik.

Stark folgte bei seinem Angriff in *Das Schwarze Korps* einem erfolgreichen Beispiel politischer Intrige. Aber er erfaßte eine der wesentlichen Besonderheiten der Affäre Wildhagen nicht. Die Gegner Starks hatten diesen nicht direkt angegriffen, sondern benutzten das Mittel des Rufmords an seinem Untergebenen und deuteten dann eine Mitschuld an, um seinen Sturz herbeizuführen. Stark jedoch griff Heisenberg direkt an. Er wäre auf lange Sicht vermutlich erfolgreicher gewesen, hätte er zuerst einige Schüler und Mitarbeiter Heisenbergs in Mißkredit gebracht. Vielleicht hätte nicht einmal mehr der Besuch bei Himmlers Mutter geholfen, wenn vorher zwei oder drei Mitarbeiter Heisenbergs von ihren Posten verjagt worden wären. Entweder hat Stark diesen Grundsatz der Politik im Dritten Reich nicht begriffen, oder er hat Heisenberg irrtümlich für einen bloßen Untergebenen Sommerfelds gehalten. Heisenberg aber war für sich selbst prominent genug, um einflußreiche Fürsprecher zu haben.

Der Artikel in der SS-Zeitschrift war auch aus einem anderen Grund ein strategischer Fehler für die arische Physik. Bis 1937 war Rosenberg jene hohe Nazipersönlichkeit gewesen, die die Bewegung am stärksten unterstützt hatte. Indem sie sich der SS, Rosenbergs ideologischem Hauptkontrahenten, zuwandten, stießen die Vertreter der arischen Physik ihren wichtigsten Schutzherren vor den Kopf.

Im Dezember 1937 kündigte Rosenberg an, daß sich die Partei künftig bei Problemen, die eine Reihe von Fachgebieten berührten, darunter auch die »Kosmophysik«, an kein Dogma binden könne.[21] Von diesem Zeitpunkt an verhielt sich das Amt Rosenberg im Konflikt zwischen den Vertretern der arischen Physik und den ideologisch unabhängigen Physikern strikt neutral. Da die endgültige SS-Entscheidung bezüglich Heisenberg für die arische Physik eine Niederlage war, ergab sich für die Bewegung alles in allem ein Schaden. Sie hatte Rosenberg vor den Kopf gestoßen, konnte aber dennoch Himmlers Unterstützung nicht gewinnen. Die Anhänger der arischen Physik in der Partei waren nach 1938 auf den Mitarbeiterstab von Heß, den Dozentenbund und den Studentenbund, alle in München, zusammengeschmolzen. Davon war nur die Parteizentrale unter Heß eine wirklich mächtige NS-Behörde.

In den Jahren 1939 und 1940 kam es zu informellen Gesprächen unter Physikern über die Möglichkeiten der Unterbindung politischer Einmischung. Einige, insbesondere von Laue, betonten immer wieder, daß nichts getan werden konnte – man sollte sich heraushalten, bis das gesamte Gebäude des Nationalsozialismus einstürze. Heisenberg sagte, daß ihn diese Meinung immer geärgert habe, obwohl er später beipflichtete, daß sie sich wahrscheinlich als die moralisch korrekteste Handlungsweise erwiesen habe. Damals glaubte er, daß man zumindest versuchen müßte, für die Zukunft zu retten, was zu retten war.[22] Andere teilten die Auffassung Heisenbergs, und 1940 entschlossen sich mehrere Physiker, die Anhänger der arischen Physik in ihrem eigenen Lager zu bekämpfen.

Die Offensive gegen die arische Physik

Die Initiative für die Offensive kam aus den Reihen der Partei selbst, in erster Linie durch die Bemühungen des Experimentalphysikers Wolfgang Finkelnburg, der an der TH Darmstadt tätig war. Finkelnburg wurde 1905 geboren und erwarb sein Physikdoktorat im Jahre 1928 in Bonn. Er war Assistent in Bonn (1928-29), Berlin (1929-31) und an der TH Karlsruhe (1931-35), bevor er als Oberassistent an das physikalische Institut der TH Darmstadt ging. Von Ende 1933 bis Ende 1934 war er Stipendiat der Rockefeller-Stiftung am California Institute of Technology.[23]

Später, in den fünfziger Jahren, leitete er die physikalische Forschungsabteilung von Siemens in Erlangen und wurde zum Präsidenten der Deutschen Physikalischen Gesellschaft gewählt.

Finkelnburgs politische Karriere im Dritten Reich veranschaulichte den Werdegang vieler junger deutscher Physiker. Er war ein glänzender, tatkräftiger und fähiger Forscher, der sich bis 1936 von politischer Betätigung ferngehalten hatte. Die ausländische Anerkennung Nazideutschlands in der Olympiade von 1936, die politischen Erfolge Hitlers im selben Jahr und die Unschlüssigkeit der Westmächte verleiteten ihn jedoch zu dem Glauben, daß der Nationalsozialismus an der Macht bleiben würde. Er versuchte sich daher an die Situation anzupassen und trat Ende 1936 dem Dozentenbund bei.[24] Anders als an der benachbarten TH Karlsruhe, wo der Anhänger der arischen Physik Alfons Bühl ein sehr aktiver Führer im Dozentenbund war, mußten sich die Professoren an der TH Darmstadt ein Minimum an politischer Einmischung gefallen lassen. Mehrere Mitglieder des Lehrkörpers traten der Partei nur deshalb bei, um mäßigend einwirken zu können. Vom Rektor zum Parteibeitritt gedrängt, war Finkelnburg anscheinend einer von diesen: obwohl er auf seinem Gebiet dem Vorrang fachlicher Erwägungen treu blieb, beantragte er Ende 1937 die Mitgliedschaft. Die Partei nahm ihn im Mai 1939 auf.[25]

Später meinte er, daß er sich im Sommer 1940 seiner Ernennung zum Führer des Dozentenbundes in Darmstadt nicht entziehen konnte. Der Rektor wollte einen Vertreter fachlicher und nicht politischer Richtlinien bei akademischen Berufungen, und seine Wahl fiel auf Finkelnburg.[26] Finkelnburg konnte jedoch an seine Zusage eine Bedingung knüpfen: Es sollte ihm gestattet sein, seine neue Stellung zur Bekämpfung der Gefahr zu benützen, die der fachorientierten Physik seitens der Anhänger der arischen Physik drohe.[27]

Anfang August 1940 begab sich Finkelnburg nach München, um zu versuchen, die Führung des Dozentenbundes von ihrer Unterstützung der nordischen Physik abzubringen. Seine Behauptung, daß die Vertreter der arischen Physik eine Minderheit waren, die nur 5 Prozent aller Physiker vertraten, wurde anfangs mit der Feststellung zurückgewiesen, daß kein einziger der vielen Physikprofessoren, mit denen der Dozentenbund Kontakt hatte, diese Frage jemals zur Sprache gebracht hätte.[28] Man kam überein, in München eine Debatte abzuhalten, und sowohl Finkelnburg als auch Bühl sollten Vertreter einladen.

Nach zahlreichen Verzögerungen fand das Streitgespräch am 15. November 1940 in München statt. Finkelnburg lud Heisenbergs Schüler Carl F. von Weizsäcker und den Sommerfeld-Schüler Otto Scherzer als Experten für theoretische Physik ein. Georg Joos kam von Göttingen als Vertreter der theoretischen und der Experimentalphysik (mit Verbindungen zur Industrie). Der junge Göttinger Astronom Otto Heckmann wurde als Fachmann für allgemeine Relativitätstheorie eingeladen. Hans Kopfermann, der in Göttingen, Kopenhagen und Berlin studiert und gearbeitet hatte, reiste als Repräsentant der Experimentalphysik von Kiel nach dem Süden. Bühl lud seinen Assistenten Harald Volkmann, seine Münchener Kollegen von der arischen Physik, Bruno Thüring, Wilhelm Müller und Rudolf Tomaschek, sowie Ludwig Wesch als Repräsentanten Heidelbergs ein.

Die Diskussion wurde von Gustav Borger, dem Leiter der Abteilung für Wissenschaft im Dozentenbund, auf unparteiische Weise geleitet. Als Arzt wußte er wenig über die zur Diskussion stehenden Fachfragen, und er lud die Experimentalphysiker Herbert Stuart von der TH Dresden und Johannes Malsch aus Köln als Beobachter ein. Obwohl die Vertreter der arischen Physik Stuart und Malsch zunächst als Verbündete betrachteten, weigerten sich beide Männer, die nordische Physik zu unterstützen, und verhielten sich in der Diskussion neutral.[29]

Nach den anfänglichen Beschuldigungen der Vertreter der arischen Physik, daß ihre Gegner jüdische Theorien unterstützten, wandte sich die Diskussion Themen zu, die mehr die Physik betrafen. Finkelnburgs Lager siegte dann mühelos. Heckmann, zum Beispiel, erinnert sich an die Argumentation seines Hauptgegners Thüring, daß jede Physik oder Astronomie, die mit euklidisch konstruierten Instrumenten arbeitet und zu nichteuklidischen Raumstrukturen führt, schon an sich widersprüchlich sei. Heckmann wies bloß darauf hin, daß »›euklidisch konstruierte‹ Theodolite« (ohne Zuhilfenahme der Sterne) nachweisen konnten, daß die Erdoberfläche kugelförmig, d. h. nichteuklidisch ist.[30] Laut Scherzer war Tomaschek der einzige Vertreter der arischen Physik, der imstande war, Themen der Physik klar und verständlich zu erörtern.[31] Borger war von seinen politischen Kollegen so angeekelt, daß er ihnen in der Mittagspause die Leviten las, woraufhin Müller und Thüring die Versammlung verließen.[32]

Die Nachmittagssitzung endete mit der Einigung auf fünf Punkte, die von Scherzer in Zusammenarbeit mit von Weizsäcker, Bühl und Tomaschek abgefaßt wurden.[33] Die Formel für den Waffenstillstand lautete folgendermaßen:

1. Die theoretische Physik mit allen mathematischen Hilfsmitteln ist ein notwendiger Bestandteil der Gesamtphysik.

2. Die in der speziellen Relativitätstheorie zusammengefaßten Erfahrungstatsachen gehören zum festen Bestand der Physik. Die Sicherheit der Anwendung der speziellen Relativitätstheorie in kosmischen Verhältnissen ist jedoch nicht so groß, daß eine weitere Nachprüfung unnötig wäre.

3. Die vierdimensionale Darstellung von Naturvorgängen ist ein brauchbares mathematisches Hilfsmittel; sie bedeutet aber nicht die Einführung einer neuen Raum- und Zeitanschauung.

4. Jede Verknüpfung der Relativitätstheorie mit einem allgemeinen Relativismus wird abgelehnt.

5. Die Quanten- und Wellenmechanik ist das einzige z.Z. bekannte Hilfsmittel zur quantitativen Erfassung der Atomvorgänge. Es ist erwünscht, über den Formalismus und seine Deutungsvorschriften hinaus zu einem tieferen Verständnis der Atome vorzudringen.[34]

Als Sommerfeld an jenem Abend die Einigung gezeigt wurde, nannte er sie »dünn und trivial.«[35] Für eine Grundsatzerklärung der Physik trifft dieses Urteil zweifellos zu, aber als eine politische Erklärung war der Kompromiß sehr wesentlich. Die Vertreter der arischen Physik waren gezwungen worden, über Physik und nicht über Politik zu reden, und das Ergebnis war die offizielle Anerkennung der Relativitätstheorie und der Quantenmechanik durch eine Parteistelle.

Eine unmittelbare Folge des Religionsgesprächs – wie die Münchener Konfrontation bald genannt wurde – war eine Zersplitterung der Reihen der Anhänger der nordischen Physik. Lenard beschuldigte Bühl wegen seiner Mitwirkung an der Vorbereitung der Zusammenkunft offenbar des Verrats an der gemeinsamen Sache.[36]

Bühl hielt sich tatsächlich an den Waffenstillstand und veröffentlichte nichts mehr über die arische Physik. Tomaschek hielt sich ebenfalls an die Vereinbarung und löste sich seit dieser Zeit von der Bewegung, um so mehr als sie von Müller und Thüring in München repräsentiert wurde. Die Führer des Dozentenbundes, insbesondere Borger, verloren das Vertrauen zu Bühl als Berater und verhielten sich in der Frage der arischen Physik neutral. Der Dozentenbund stimmte nun in Fragen der Physik mit den Standpunkten des Amtes Rosenberg und der SS überein, während seine Auffassungen mit jenen des Studentenbundes und des Mitarbeiterstabes von Heß in Widerspruch standen, die weiterhin die nordische Physik unterstützten.

Ungeachtet des Ergebnisses der Münchener Besprechung gaben die Vertreter der arischen Physik ihren Kampf nicht auf. Sie hatten zum Beispiel an der Universität München immer noch Rückendeckung und konnten dort weiterhin ihren Anhängern Positionen verschaffen. Wilhelm Führer hatte auch erst unlängst einen Posten im Reichserziehungsministerium erlangt, von dem aus er das akademische Leben nachhaltig beeinflussen konnte. Otto Wacker war 1939 aus dem REM ausgeschieden, und sein Nachfolger als Leiter des Amtes für Wissenschaft war sein Stellvertreter Mentzel geworden. Führer übernahm, wahrscheinlich teilweise durch seine Beziehungen im bayerischen Unterrichtsministerium, Mentzels früheren Aufgabenbereich, die Handhabe der Berufungen im Bereich der Physik.[37] Außerdem versuchte das REM damals sowohl mit dem Dozentenbund als auch mit den Heß-Mitarbeitern zusammenzuarbeiten, und die Bestellung eines Parteimannes wie Führers diente der Festigung der Bande zwischen Partei und Staat. Der Dozentenbund wurde vom Amt Rosenberg heftig unter Beschuß genommen, das im Jahre 1938 endlich ein eigenes Budget erreicht hatte und seitdem ein immer aktiverer Rivale des Dozentenbundes bei der politisch-ideologischen Beurteilung der Hochschullehrer wurde.[38] Sowohl das REM als auch der Dozentenbund suchten die Zusammenarbeit mit Himmler gegen die Übergriffe Rosenbergs, und Führers Stellung als SS-Mann machte ihn für beide Organisationen geeignet. Auf diese Weise führten politische Manöver zwischer den NS-Behörden zur Einschleusung eines Anhängers der arischen Physik in ein hohes Amt im REM, das bisher ein konsequenter Gegner der Bewegung gewesen war.

Führers Einfluß zugunsten der arischen Physik machte sich jetzt geltend: Er unterstützte die Anhänger der arischen Physik in München und belästigte die fachorientierten Physiker, die an dem Streitgespräch vom November 1940 teilgenommen hatten.

Nach der Berufung Müllers wurde das Kontingent der nordischen Physik in München durch zwei neue Mitglieder des Lehrkörpers vergrößert. Ludwig Glaser war in den frühen zwanziger Jahren einer der lautstärksten Polemiker gegen die Relativitätstheorie gewesen und hatte sich 1921 bei Stark in Würzburg habilitiert. Glaser blieb, nachdem Stark die Universität verlassen hatte, und geriet mit mehreren Mitgliedern des Lehrkörpers in Konflikt. Im Jahre 1928 ließ er sich als außerordentlicher Professor der Physik beurlauben, und 1932 wurde er aus dem bayerischen Staatsdienst entlassen, da er nach Ablauf seiner Beurlaubung seine Vorlesungstätigkeit nicht aufgenommen hatte.[39] Anfang 1932 trat er der NSDAP bei.[40] Eine der ersten Taten Müllers nach seiner Ankunft in München war die Entfernung des Sommerfeld-Assistenten Heinrich Welker (der eine Stellung in der Industrie übernahm) und die Anstellung Glasers an seiner Statt. Bei der Durchsetzung von Glasers Ernennung wurde er anscheinend von anderen Anhängern der arischen Physik unterstützt, da Glaser ein alter aktiver Kämpfer für die völkische Physik war.[41]

Ein weiterer Anhänger der nordischen Physik, der damals in München einen Posten erhielt, war der Wissenschaftstheoretiker Hugo Dingler. Ein Schüler des Wiener Positivisten Ernst Mach, hatte Dingler schon seit den frühen zwanziger Jahren die Relativitätstheorie aus erkenntnistheoretischen Gründen in Zweifel gezogen, hatte sich aber nicht an der rassistischen Polemik beteiligt.[42] Ja, er hatte die Juden in einem Buch sogar gelobt und Einstein einmal ». . . eine Zierde der deutschen Wissenschaft . . .« genannt, weil er einige grundlegende Fragen aufgeworfen hatte.[43] Während der Weimarer Republik war Dingler außerordentlicher Professor in München und wurde 1932 schließlich ordentlicher Professor an der TH Darmstadt.

1934 angeblich wegen seines früheren Lobs der Juden zum Rücktritt gezwungen, begann Dingler Mitte und Ende der dreißiger Jahre in seinen Büchern seinen Widerstand gegen den »Mathematizismus« und die moderne theoretische Physik zu betonen.[44] Er schrieb auch regelmäßig für die *Zeitschrift für die gesamte Naturwissenschaft.*[45] 1938 wurde ihm noch einmal gestattet, in München Philosophie und Wissenschaftsgeschichte zu lehren, und Ende 1940 erhielt er einen regulären Ruf an die Universität. Einige Zeit waren er und Müller die lautstärksten Befürworter der arischen Physik in der bayerischen Hauptstadt.

Angesichts des rapiden Verfalls der akademischen Physik in München versuchten Sommerfeld, Gerlach und ihre Kollegen in den Fächern Mathematik und Chemie im Sommer und Herbst 1940 eine Berufung Müllers auf einen anderen Posten zu erwirken. Sommerfeld fuhr nach Berlin und sprach mit Beamten im Reichserziehungsministerium, die mehr um die fachlichen als die politischen Qualifikationen der Hochschullehrer besorgt waren. Man ermutigte ihn, eine Erklärung über Müllers mangelnde Eignung für sein Amt abzufassen und sie dem Rektor der Universität vorzulegen, was Sommerfeld tat. Er machte insbesondere den Vorschlag, daß Müller wieder ein Posten für technische Physik zugeteilt und Carl F. von Weizsäcker zum Professor der theoretischen Physik ernannt werden sollte.[46]

Die erste Reaktion kam vom bayerischen Ministerium: Nicht nur würde Müller nicht versetzt werden, sondern Glaser würde eine außerordentliche Professur für theoretische Physik erhalten. Insbesondere Gerlach protestierte gegen diesen Vorschlag und sandte von seinem Wehrmachtsposten in Berlin aus eine in scharfen Worten gehaltene Note nach München.[47] Ende Oktober lud Müller Stark zu einem Gastvortrag bei einem Kolloquium ein, auf dem beide Männer polemische Reden für die arische Physik hielten.[48]

Sogar Tomaschek machte sich damals ernste Gedanken über das Fehlen einer ernstzunehmenden theoretischen Physik in München. Daher gestattete er Siegfried Flügge, einem jungen Theoretiker der Heisenbergschule, Anfang November an der Technischen Hochschule eine Vorlesung zu halten. Glaser unterbrach die Veranstaltung, zeigte seinen Mangel an Wissen über das zur Diskussion stehende Thema und nahm Zuflucht zu einer politischen Verurteilung jener, die sich den »jüdisch gesinnten« modernen Ideen anschlossen.[49]

Zehn Tage später fand das von Finkelnburg organisierte Streitgespräch statt, nach welchem sich Tomaschek in zunehmendem Maße von den Anhängern der nordischen Physik in München abwandte. Dank der Unterstützung des Dekans und jener Führers im REM wurde Müller nicht abgelöst. Glaser wurde jedoch 1941 an die Reichsuniversität von Posen im besetzten Ostgebiet berufen. Müller änderte auch den Namen des Instituts für theoretische Physik, um dessen eigentliche Ausrichtung unter seiner Leitung zu dokumentieren: Es wurde zum Institut für theoretische Physik und angewandte Mechanik.

Im Frühjahr 1942 wurde der Sommerfeld-Schüler Fritz Sauter von Königsberg an die TH München berufen. Diese Berufung zeigte das ganze Ausmaß von Tomascheks Bruch mit seinen politischen Kollegen in München, da er als Professor der Experimentalphysik an dem Beschluß der Berufung Sauters beteiligt war. Müller war über Sauters Erscheinen besonders verärgert, da der theoretische Physiker am anderen Ende der Stadt zur selben Stunde wie Müller las. Müller wandte sich an den Dekan der Technischen Hochschule mit dem Ersuchen, Sauter solle seine Vorlesungszeit ändern, da seine Studenten, wie Müller verriet, zu dem neuen Mann abgewandert waren.[50] Das Ersuchen wurde abgelehnt, und Gerlach konnte den Brief benutzen, um überzeugend darzulegen, daß Müller nicht imstande war, seine Aufgaben als Professor der theoretischen Physik zu erfüllen.[51] Dennoch konnte Müller, vermutlich zum Teil auf Intervention Führers, bis 1945 auf seinem Posten bleiben.

Neben der Unterstützung der Münchener Anhänger der arischen Physik versuchte Führer den Gegnern der arischen Physik, die sich an dem Gespräch vom November 1940 beteiligt hatten, Schwierigkeiten zu bereiten. Heckmanns Ruf nach Hamburg wurde verzögert, Joos brachte man dazu, die Universität zu verlassen und in die Industrie zu gehen, und die Berufung von Weizsäckers und Finkelnburgs an die Reichsuniversität Straßburg wurde 1941 einige Zeit blockiert.[52]

Finkelnburgs Probleme gingen unmittelbar auf das Münchener Streitgespräch zurück, das ihm Führers Feindschaft eingebracht hatte. Im Februar 1941 wurde dem Physiker die Aufgabe übertragen, den Aufbau des physikalischen Instituts an der Universität Straßburg zu überwachen, die im Herbst desselben Jahres als deutsche Reichsuniversität eröffnet werden sollte. Es sollte ein außerordentlicher Professor für theoretische Physik berufen werden, und ein ordentlicher sowie ein außerordentlicher Professor für Experimentalphysik sollten je ein Institut erhalten. Finkelnburg war als zweiter Experimentalphysiker vorgesehen. Als der für das Ordinariat für Experimentalphysik vorgesehene Kandidat ablehnte, wurde vom Straßburger Dekan der Posten Finkelnburg angeboten.[53] Aber infolge seiner Rolle auf der Münchener Konferenz setzte sich Führer aktiv gegen die Berufung Finkelnburgs zum ordentlichen Professor ein. Obwohl Mentzel kein Freund der arischen Physik war, schloß er sich Führer an, da er Finkelnburg für zu jung hielt, ein so wichtiges Amt zu übernehmen.[54]

Von Weizsäcker, der in Straßburg die theoretische Physik übernehmen sollte, suchte im Juli 1941 Rust und Mentzel auf, um für Finkelnburg zu intervenieren. Er berichtete, Rust habe gesagt, er hätte konsequent gegen Führers Forderung gekämpft, daß das Ministerium gegen das Fach theoretische Physik Schritte unternehmen sollte. Aber er würde auch nichts zu seinen Gunsten unternehmen. Rust vertrat einen darwinistischen Standpunkt: Die Wahrheit über den Wert der Disziplin müsse sich von alleine durchsetzen. Von Weizsäcker gewann jedoch auch den Eindruck, daß einfach bürokratisches Prestige auf dem Spiel stand, da Führer jetzt dem REM angehörte und seine Vorgesetzten ihm den Rücken decken mußten, wollten sie nicht ihr Gesicht verlieren.[55]

Finkelnburg hatte Verbündete in Görings Reichsluftfahrtministerium, die 1942 für ihn eintraten.[56] Dieses Ministerium förderte einen Teil seiner Forschung, die für kriegswichtig erklärt wurde. Diese Unterstützung zwang Führer schließlich zum Nachgeben, da er Gefahr lief, der Sabotage einer für die Wehrmacht entscheidenden Entwicklung beschuldigt zu werden.[57] Finkelnburg wurde schließlich im Herbst 1942 zum Direktor des I. Physikalischen Instituts ernannt. Gewöhnlich war das Amt des Direktors mit einer ordentlichen Professur verbunden, aber das REM bewilligte Finkelnburg nur eine außerordentliche Professur. Als Straßburg 1944 in die

Hände der Alliierten fiel, blieb Finkelnburg arbeitslos. Nach dem Krieg nahm er eine Einladung an, für einige Jahre in die Vereinigten Staaten zu gehen, und leistete so seinen Beitrag zu den Bemühungen, die wissenschaftliche Leistungsfähigkeit Amerikas mit ausländischen Talenten aufzubessern.[58]

Ungeachtet aller mit seiner Berufung nach Straßburg verbundenen Schwierigkeiten arbeitete Finkelnburg auch weiterhin gegen die arische Physik. In den ersten Monaten des Jahres 1941 erbrachte er mit Gerlachs Hilfe den Beweis für Dinglers frühere Wertschätzung Einsteins.[59] Gegen Ende des Jahres versuchte er den Einfluß Müllers und Glasers zu schwächen und wurde dabei von Sommerfelds ehemaligem Institutsmechaniker Karl Selmayr unterstützt.[60] Es ist nicht sicher, welchen unmittelbaren Gebrauch Finkelnburg von den Informationen machte, die er gesammelt hatte, aber Ende 1941 ließ das Amt Rosenberg verbreiten, daß Dingler judenfreundliche Veröffentlichungen aus der Zeit vor 1933 zu verbergen hätte.[61]

Trotz ihrer Wirksamkeit in der NS-Politik hatten diese Aktivitäten verglichen mit jenen, die Finkelnburg innerhalb der Deutschen Physikalischen Gesellschaft entfaltete, deren Mitglieder wie eh und je an der Erhaltung der Privilegien der Hochschulphysik interessiert waren, eine geringe Bedeutung. Auf der Generalversammlung in Berlin im September 1940 wurde Carl Ramsauer zum Vorsitzenden gewählt. Als ehemaliger Assistent Lenards konnte Ramsauer nicht beschuldigt werden, bei Physikprofessoren der falschen Rasse studiert zu haben. Als langjähriger Universitätslehrer war er mit dem Verhalten und den Werten des akademischen Lehrkörpers vertraut. Er war mehr als ein Jahrzehnt Direktor der deutschen AEG-Laboratorien in Berlin gewesen und kannte daher auch die Bedürfnisse der Industrie. Die Tatsache, daß er durch diese Stellung auch von staatlicher Unterstützung unabhängig war, machte ihn nur noch interessanter, da sie es ihm ermöglichte, gegen die die Physik schädigenden Maßnahmen des Staates und der Partei vorzugehen, ohne so sehr Repressalien befürchten zu müssen. Der geschäftsführende Präsident der Gesellschaft, Jonathan Zenneck von der TH München, hatte aus diesem Grunde Ramsauers Wahl nachdrücklich unterstützt.[62] Ramsauer war auch schon zwei Jahre als Vertreter des Berliner Gauvereins tätig gewesen und kannte die Bedürfnisse der Gesellschaft.

Der neue Vorsitzende setzte sich die Erfüllung von zwei Aufgaben zum Ziel: die traditionelle Autonomie der Gesellschaft zu erhalten und den Verfall der deutschen Physik rückgängig zu machen. Später schrieb er:

> Es handelte sich hierbei hauptsächlich um die immer häufiger werdende Besetzung wichtiger physikalischer Lehrstühle mit politisierenden Nichtskönnern und um die Diffamierung der deutschen theoretischen Physik als einer jüdischen Mache. Die Fehlberufungen legten die wissenschaftliche Arbeit alter Forschungszentren auf Jahre hinaus lahm und schädigten zugleich den Nachwuchs an Experimentalphysikern auf lange Sicht; die Diffamierung der Theorie war geeignet, gerade die erfolgreichsten Theoretiker aus Deutschland zu vertreiben und auch den Nachwuchs an Theoretikern auf lange Sicht zu schädigen, indem die jungen Physiker von der Beschäftigung mit der theoretischen Physik systematisch abgeschreckt wurden.[63]

Ramsauer erfuhr von Finkelnburgs Widerstand gegen die arische Physik und entschloß sich im Frühjahr 1941, von seinem im NS-Führerprinzip verankerten Recht Gebrauch zu machen und Finkelnburg zu seinem Stellvertreter zu ernennen.[64] Der jüngere Mann zögerte mit der Zusage, da die zusätzliche Verantwortung groß war und die Möglichkeit bestand, daß eine Zusage ihn in weitere Konflikte mit der Partei verstricken und seine akademische Laufbahn gefährden könnte. Im Mai willigte er schließlich ein, im Vorstand der Gesellschaft zu arbeiten. Kurz darauf brachte Gerlach seine Anerkennung für Finkelnburgs Entschluß zum Ausdruck, machte jedoch darauf aufmerksam, daß Müller in München zum Dekan ernannt worden war.[65] Es gab eine Menge Arbeit.

Im Herbst 1941 arbeiteten Ramsauer, Finkelnburg und andere eine Eingabe aus, die am 20. Januar 1942 dem Reichserziehungsministerium unterbreitet wurde. Teile dieses Schriftstückes wurden nach Kriegsende veröffentlicht, um zu beweisen, daß sich deutsche Wissenschaftler im Dritten Reich nicht völlig passiv verhalten hatten.[66] Ein Begleitbrief Ramsauers, in welchem betont wurde, daß die deutsche Physik von der angelsächsischen (insbesondere der amerikanischen) Physik überholt worden war, enthielt sechs Anlagen.

Die erste Anlage war wahrscheinlich die wichtigste.[67] Sie enthielt eine Reihe von Argumenten, die den allgemein anerkannten Niedergang der deutschen Physik gegenüber der angelsächsischen zu dokumentieren versuchten. Das erste Argument stützte sich auf ein Zitatenverzeichnis, das in Amerika 1935 für Bibliothekare angefertigt worden war. Im Jahre 1897 stammten 64 Prozent der Zitate in den fünf führenden Zeitschriften Deutschlands, Englands, Frankreichs, Amerikas und Rußlands aus deutschen Quellen. Nur 3 Prozent stammten aus amerikanischen Arbeiten. Für 1933 lauteten die entsprechenden Zahlen 36 Prozent deutsche und 33 Prozent amerikanische Quellen. Amerika schien nahe daran, die Führung der Deutschen bei den Quellenangaben in Fußnoten einzuholen, was darauf hinwies, daß es immer bedeutendere Forschung leistete. Ein weiteres Argument verwies auf die steigende Zahl von Nobelpreisen für Physik, die an die Amerikaner gingen, während in einem dritten Argument festgehalten wurde, daß die amerikanische *Physical Review* als die führende Physikzeitschrift der Welt anerkannt war. Ein viertes Argument nahm auf die Kernphysik Bezug, jenes Gebiet, das in den dreißiger und vierziger Jahren in der vordersten Reihe der physikalischen Forschung stand. Nach Angaben einer deutschen Fachzeitschrift lauteten die vergleichenden Zahlen der Artikel über Kernphysik folgendermaßen:

	1927	1931	1935	1939
Deutschland	47	77	129	166
USA und England	35	77	329	471

Ein entscheidender Maßstab für die amerikanische Herausforderung Deutschlands war die Zahl der Teilchenbeschleuniger: dreißig in Amerika, vier in England, je einer in Japan, Deutschland, der Sowjetunion, Frankreich und Dänemark. Der abschließende Kommentar dieser Anlage betonte, daß die amerikanische Führung bei Teilchenbeschleunigern durch die deutsche Überlegenheit im Bereich der Theorie hätte wettgemacht werden können, wäre die Theorie nicht so verunglimpft worden wie dies zum Beispiel bei der Behandlung von Männern wie Heisenberg geschehen war.

Die zweite Anlage enthielt eine chronologische Liste jener Artikel, in welchen die theoretische Physik angegriffen wurde. Darin wurde betont, daß die Theorie tatsächlich unter Beschuß genommen wurde. Unter den Autoren befanden sich Bühl, Stark, Thüring, Dingler, Müller und Glaser. Die dritte Anlage trat für die Bedeutung der theoretischen Physik und der reinen Forschung für die gesamte Physik und ihre Anwendung in der Praxis ein. Ramsauer und seine Mitarbeiter in der Deutschen Physikalischen Gesellschaft betonten, daß die Gegner der theoretischen Forschung keine Alternative anzubieten hatten.

Der vierte Anhang enthielt eine deutliche Entgegnung auf die Behauptung, die moderne physikalische Theorie sei ein Produkt des jüdischen Geistes. Die Theorie sei aber keine jüdische, sondern eine deutsche Eigenschaft. Die modernen Theorien wurden als Produkte des wahren deutschen Geistes verteidigt. In dem Bericht wurde bemerkt, daß Stark und Müller in ihren veröffentlichten Vorträgen über »deutsche und jüdische Physik« behauptet hatten, daß Theoretiker nicht von empirischen Daten ausgingen, ihre Theorien nicht experimenteller Überprüfung unterwarfen und den Wert der gedanklich-mathematischen Arbeit überschätzten. Als Antwort auf die beiden ersten Vorwürfe entgegnete Ramsauer (der für sich die Rolle eines Einsteinanhängers entschieden dementierte), daß kein ernstzunehmender Wissenschaftler die Relativitätstheorie vertreten würde, wenn sie experimentell widerlegt wäre. Er wies auch darauf hin, daß die Quantenmechanik Heisenbergs ihre Erkenntnisse bewußt auf dem Fundament grundsätzlich meßbarer Größen aufbaute. Außerdem vertrat Ramsauer die Ansicht, daß die Theoretiker den Wert der gedanklich-mathematischen Arbeit nicht überschätzten, sondern daß ganz im Gegenteil Stark und seine Gesinnungsgenossen ihren Wert unterschätzten.[68]

Die fünfte Anlage der Eingabe war ein Auszug aus einer Erklärung Ludwig Prandtls, des Göttinger Experten für Aerodynamik, über den Unsinn von Müllers Berufung nach München. Prandtl nannte die Berufung einen Sabotageakt gegen die technische Weiterentwicklung eines entscheidenden Fachgebietes.[69] Die sechste Anlage war ein Bericht über das von Finkelnburg organisierte Münchener Streitgespräch. Anschließend an die fünf Punkte, auf die man sich geeinigt hatte, stand eine kurze Notiz, daß eine Reihe von Berufungen durch das Reichserziehungsministerium an Autoren theoriefeindlicher Artikel ergangen war, daß Müller einzig deshalb berufen worden war, um die theoretische Physik in München zu vernichten, und daß die Lehrkanzel für theoretische Physik an der TH Berlin aufgelassen wurde. Diese Maßnahmen schadeten der deutschen Physik als Ganzes und dadurch der deutschen Wirtschaft und Kriegstechnik. Die Verantwortung dafür, all das nicht verhindert zu haben, wurde dem REM angelastet.[70]

Ramsauer und seine Mitarbeiter erwarteten irgendeine Reaktion auf ihre in scharfen Worten gehaltene Kritik, aber das REM tat nichts – ein Zeichen für die Passivität von Rusts Ministerium.[71] Sie hatten jedoch auch Kopien der Eingabe verschiedenen Persönlichkeiten der Industrie und der Wehrmacht vorgelegt und fanden dort auch einigen Widerhall. Im Sommer 1942 befahl der Staatssekretär im Reichsluftfahrtministerium, Gen.-Luftzeugmeister Erhard Milch, der Deutschen Akademie der Luftfahrtforschung, ein Gutachten über den Bericht der Physikalischen Gesellschaft auszuarbeiten.[72] Prandtl war mit der Sache befaßt, und der Bericht neigte zweifellos Ramsauers Standpunkt zu. Damals hatte die Forschungsabteilung des Luftfahrtministeriums einige Monate hindurch Finkelnburg bei seinen Schwierigkeiten in Straßburg unterstützt. Seit dem Sommer 1942 unterstützte Görings Ministerium die fachorientierten Physiker gegen weitere politische Einmischung und stellte ihnen eine Plattform zur Verfügung, von der aus sie andere einflußreiche Staatsämter erreichen konnten.

Ramsauer griff mehrere Male auf die Unterstützung des Luftfahrtministeriums zurück und hielt am 2. April 1943 an der Akademie der Luftfahrtforschung einen besonders folgenreichen Vortrag.[73] Er wiederholte die meisten in seiner Eingabe an Rust vorgebrachten Argumente, wobei er die angelsächsische Führung auf dem Gebiet der Physik unterstrich und bemerkte, was das für den Krieg bedeutete. Deutschland müsse die geeigneten Kriterien für akademische Berufungen und das akademische Prestige wiederherstellen und seine Physiker für den Krieg mobilisieren. Insbesondere sollten Physiker nicht zum Kampfeinsatz herangezogen werden, und Physikstudenten sollte gestattet werden, ihr Studium fortzusetzen. Sie sollten auch von Aufgaben befreit werden, die von weniger qualifiziertem Personal erfüllt werden könnten. Die angemessene Nutzung der menschlichen Ressourcen war für die Physik und die Fortsetzung des Krieges wesentlich. Ramsauer argumentierte: 3000 Soldaten weniger würden der Wehrmacht nicht schaden, 3000 Physiker mehr könnten kriegsentscheidend sein.[74]

Dieser Vortrag wurde als ein geheimes Dokument publiziert, das auf allerhöchster Ebene die Runde machte. Als es Goebbels im Mai zu Gesicht bekam, fand er es überzeugend und beunruhigend. Er beschuldigte Rust, die Wissenschaft nicht gegen Angriffe und Einmischung geschützt und ihr nicht genügend materielle Unterstützung zur Verfügung gestellt zu haben.[75]

Ende August 1943 wurde in einer Vorstandssitzung der Deutschen Physikalischen Gesellschaft ein Programm für den Ausbau der deutschen Physik beschlossen, das die Unabhängigkeit des Faches und das hohe fachliche Niveau wiederherstellen sollte. Das Programm ergab sich unmittelbar aus der Eingabe an Rust und dem Vortrag Ramsauers an der Akademie für Luftfahrtforschung. Es wurde darin die Wiederbelebung der akademischen (insbesondere der Universitäts-) Institute, die Berufung der Professoren auf wissenschaftlicher Basis und die Entfernung jener, die in der Forschung nicht aktiv waren, stark betont. Das Physikstudium müßte durch Veröffentlichungen für das breitere Publikum gefördert werden, und die finanzielle Unterstützung sei für junge Physiker unentbehrlich. Die Physiklehrer an den Oberschulen müßten ebenfalls vom Wert der Physik überzeugt werden, damit sie die Schüler ermuntern könnten, eine Universitätsausbildung in diesem Fach anzustreben.[76] Alles in allem war das Reformprogramm der Physikalischen Gesellschaft eine radikale Kampfansage an die politische Beeinflussung des akademischen Lebens.

Auf der Vorstandssitzung vom 22.-24. August 1943 wurde auch beschlossen, daß einer der Vorschläge Ramsauers sofort in die Praxis umgesetzt werden sollte. Ein Informationsbüro der Physikalischen Gesellschaft wurde mit der Zielsetzung eingerichtet, eine neue Zeitschrift für das breitere Publikum zu veröffentlichen. Ernst Brüche, ein langjähriger Schüler und Mitarbeiter Ramsauers, wurde mit der Aufgabe betraut, die Zeitschrift herauszugeben. Goebbels' Propagandaministerium und das Reichsministerium für Bewaffnung und Munition unter Albert Speer schlossen sich zusammen, um sich das knappe Papier für das Unternehmen zu verschaffen.[77] Die erste Nummer der *Physikalischen Blätter*, jene vom Januar-Februar 1944, war im Mai 1944 erhältlich. Es war ein Zeichen für die Niederlage der Parteiphysik, daß die letzte Ausgabe der Zeitschrift des Studentenbundes, die für die arische Physik eingetreten war, gleichzeitig mit dem Debüt des neuen Organs der Physikalischen Gesellschaft erschien.

Der Niedergang der Ideologie und das Ende des Krieges

Die wesentlichste Auswirkung des Zweiten Weltkrieges auf die Hochschulpolitik der Nazis war die Bestätigung der Relevanz utilitaristischer und die Reduzierung der Bedeutung ideologischer Werte. Dieser Effekt war den höchsten NS-Kreisen schon 1940 völlig klar geworden. Als Rosenberg zum Beispiel Anfang 1940 versuchte, seine Vollmacht für die ideologische Kontrolle der Partei zu erweitern, erhob Hitler Einspruch gegen die Aufnahme der Worte »wissenschaftliche Forschung und Lehre« in die Vollmacht, die er unterzeichnen sollte. Der Führer befahl ihre Streichung.[78]

Die Anhänger der arischen Physik waren unter diesen Umständen durch ihr Ideologenimage schwer behindert. Die der Technik gegenüber aufgeschlossene Fraktion der Bewegung verlor beträchtlich an Einfluß, als Stark im Mai 1939 als Präsident der Physikalisch-Technischen Reichsanstalt zurücktrat. Obwohl Müller und Glaser in der Frage der technischen Anwendung der Wissenschaft mit Stark übereinstimmten, hatten sie in München erheblichen Widerspruch erweckt. Die nach dem Münchener Streitgespräch eingetretene Spaltung bei den Anhängern der arischen Physik schwächte die gesamte Bewegung. Wäre nicht Führers Einfluß im REM gewesen, hätte die arische Physik vielleicht schon 1941 ihren Geist aufgegeben.

Im Gegensatz dazu stärkte der Ausbruch des Krieges die Position der fachorientierten Physiker erheblich. Die Entdeckung der Kernspaltung brachte insbesondere für Heisenberg und seine nächsten Mitarbeiter größeren Einfluß, da sie auf die Bedeutung ihrer Arbeit für den Krieg hinweisen konnten. Die Folge war, daß das deutsche Atomforschungsprogramm von Hochschulwissenschaftlern bestimmt wurde, obwohl es als ein militärisches Unternehmen begann. Mehrere Institute waren damit befaßt, und das Zentrum für das Projekt war das Kaiser-Wilhelm-Institut für Physik in Berlin-Dahlem.[79]

Wie von David Irving nachgewiesen wurde, war die Tatsache, daß die Theoretiker am Berliner Institut über die anderen, mit dem Atomforschungsprogramm verbundenen Wissenschaftler die Oberhand gewannen, für die Alliierten äußerst günstig. Bis Mitte 1942 hatten die Deutschen in der Kernforschung mit ihren Gegenspielern in England und Amerika Schritt gehalten. Jedoch seit dieser Zeit, als die Theoretiker in den Vordergrund traten, verglichen die deutschen Wissenschaftler jeden experimentellen Schritt mit der Theorie, ehe sie zum nächsten Schritt übergingen, und so wurden »in diesen drei Jahren Erkenntnisse gewonnen, die in ebensovielen Monaten zu erreichen gewesen wären, wenn man den Willen dazu gehabt hätte«.[80] Der Heisenberg-Gruppe fehlte die Erfahrung und die Lust, die Uranforschung aus dem Stadium eines Laborexperiments in ein Industrieunternehmen umzusetzen. Das war einer der Hauptgründe für das Scheitern des Projekts, eine kontrollierte Kettenreaktion, geschweige denn eine Atombombe zustande zu bringen.

Außerdem führten einige Messungen des ausgezeichneten deutschen Experimentalphysikers Walther Bothe die Gruppe zu der irrigen Annahme, daß Kohlenstoff als Moderator für einen Atommeiler ungeeignet sei. Daher vertrauten die Deutschen ausschließlich auf schweres Wasser, dessen Produktion durch britische und norwegische Luftangriffe auf den einzigen großen Produktionsbetrieb für schweres Wasser in Europa erfolgreich sabotiert wurde. Die Theoretiker waren sich dessen überhaupt nicht bewußt, daß, wie Irving feststellte, »die deutschen Wissenschaftler die Kunst des Experiments verloren hatten«.[81]

Das gesamte Uranprojekt wurde freilich von Hitlers Erlässen über langfristige Forschungs- und Produktionsvorhaben überschattet. In Anbetracht der »Blitzkrieg«-Ideologie erscheint es zweifelhaft, daß ein Auftrag für die erforderliche großangelegte, langfristige

Leistung vor der Schlacht von Stalingrad hätte erteilt werden können. Es ist auch unwahrscheinlich, daß man für einen nach Stalingrad erteilten Auftrag genügend Menschen und Material aufbieten hätte können, um bis 1945 die praktische Anwendung der Atomenergie zu erreichen.[82] Dennoch brachte ihr guter Ruf für effektive Forschung und die Aussicht auf einen schließlichen Erfolg den Hochschulwissenschaftlern durch Mentzels Reichsforschungsrat die Unterstützung Görings ein. 1942 wurde Abraham Esau, der Abteilungsleiter für Physik im Forschungsrat, Görings Beauftragter für Kernphysikforschung. Ende desselben Jahres erhielten sie auch Unterstützung von Speer.[83]

Aber nicht nur die Theoretiker waren für den schleppenden Fortgang des Projekts verantwortlich zu machen, das als Sofortprogramm gedacht war. Der Experimentalphysiker Gerlach, der Ende 1943 Esaus Nachfolger wurde, zählte zu den energischsten Befürwortern der reinen Forschung unter dem Vorwand der militärischen Nützlichkeit. Seine Ziele für das Uranprogramm waren die gleichen wie jene der Theoretiker – die Wiederherstellung des Primats der fachorientierten Forschung und die Verhinderung des Verlusts junger Wissenschaftler an der Front.[84] Also stimmten die Ziele jener Wissenschaftler, die am Kernenergieprojekt arbeiteten, dem man höchste Priorität einräumte, mit jenen anderer fachorientierter Physiker völlig überein.

In den letzten Kriegsjahren waren sich die höchsten Naziführer darüber im klaren, daß Berichte über die wissenschaftliche Überlegenheit der Alliierten nur allzu gerechtfertigt waren. Nach der Lektüre des Textes der Rede Ramsauers vor der Akademie der Luftfahrtforschung, der ihm im Mai 1943 übergeben wurde, brachte Goebbels den Niedergang der deutschen Wissenschaft direkt mit den deutschen Verlusten im Luft- und U-Bootkrieg in Zusammenhang. Er war der Meinung, daß die Vorschläge des Physikers durchgeführt werden sollten. Selbst wenn es Zeit erfordern sollte, sei es besser, als nichts zu tun.[85]

Wie Ramsauer nachdrücklich gefordert hatte, rief Göring am 19. Juli 1943 einen Planungsausschuß ins Leben, um Forschungsprioritäten festzusetzen und Wissenschaftler vom Kampfeinsatz abzuziehen. Er ernannte Werner Osenberg, einen SS-Mann und Technikprofessor, der in der Marineforschung tätig war, zum Vorsitzenden des Ausschusses. Die Kompetenzen des Ausschusses deckten sich teilweise mit den Befugnissen des Reichsforschungsrates Mentzels, und einige Zeit wurde wenig erreicht. Aber es gelang Osenberg, zusätzliche Unterstützung zu gewinnen, und er begann die wissenschaftliche Leistungskraft zu verstärken.[86] Die Verhältnisse wurden jedoch 1944 chaotisch. Einem Nachkriegsbericht des britischen Nachrichtendienstes zufolge konnten nur 4000 der 6000 Wissenschaftler, die laut Plan vom Kampfeinsatz abgezogen werden sollten, auch tatsächlich zurückgerufen werden; 2000 waren bereits getötet worden oder konnten in dem sich ausbreitenden Durcheinander nicht ausfindig gemacht werden. Der Einsatz war zu gering und kam zu spät.[87] In einem für den amerikanischen Nachrichtendienst im Jahre 1945 geschriebenen Bericht äußerte Ramsauer ähnliche Ansichten. Deutschland hatte den Krieg der Laboratorien in erster Linie deshalb verloren, weil ihm eine übersichtliche Organisation der wissenschaftlichen Forschung fehlte.[88]

Der britische Bericht erwähnte eine Tatsache, die Ramsauer diskret verschwieg; nämlich das beachtliche Ausmaß, in welchem es den Wissenschaftlern gelang, sich militärischer Verträge zur Unterstützung rein akademischer Forschung zu bedienen.[89] Die Lösung bestand einfach darin, selbst die esoterischsten Projekte für wichtig zu erklären, da die NS-Funktionäre, die die Bewilligungen unterzeichneten, den Unterschied nicht erkennen konnten. Gegen Ende 1946 schrieb von Laue an seinen Sohn bezüglich des Vorwurfs, deutsche Wissenschaftler hätten mit den Nationalsozialisten kollaboriert, indem sie Kriegsforschung betrieben, folgendes:

> Die eigentlich einzige Tatsachenfeststellung in Goudsmits Brief ist, daß in amtlichen Akten die Uranarbeiten als »kriegsentscheidend« bezeichnet sind. Das stimmt. Aber was wirst Du sagen, wenn ich Dir nun schreibe, daß auch meine Bücher über Röntgenstrahl- und Elektronen-Interferenzen unter der Marke »kriegsentscheidend« gedruckt wurden? Daß ich selbst einmal über Heisenbergs Höhenstrahlungsbuch ein Urteil niederschrieb, in dem es als »kriegsentscheidend« hingestellt wurde? Andernfalls wäre der Druck dieser Bücher nämlich unmöglich gewesen. Und wenn jemand die Akten aus den letzten Kriegsjahren konsequent

durchforschen wollte, würde er bemerken, daß überhaupt alles, was damals in der Wissenschaft gemacht wurde, »kriegsentscheidend« war. Sonst hätten nämlich die staatlichen und die Partei-Instanzen weder Mittel noch Mitarbeiter dafür freigegeben. Viele, viele junge Leute verdanken es nur dieser Bezeichnung ihrer Tätigkeit, daß sie nicht an die Front zu gehen brauchten und so am Leben blieben. Das ist die einzige Bedeutung, welche das ominöse Wort »kriegsentscheidend« in den Jahren von 1942–1945 hatte.[90]

Die Gegner der fachorientierten Physik erkannten freilich den wahren Sachverhalt. Ende 1942 erhielt einer der Beauftragten Görings einen Brief, in welchem Mentzel beschuldigt wurde, Heisenberg und seine Mitarbeiter zu unterstützen. Der anonyme Kritiker erhob insbesondere den Vorwurf, daß »dieser große Schwindel mit der angeblichen Uranmaschine« Mentzels schlimmste Tat sei.[91] Aber zu dieser Zeit hörte niemand mehr richtig auf die Anhänger Lenards und Starks.

Schon im Frühjahr 1941 war dem Reichsdozentenbundführer die starke Stellung der fachorientierten Physiker an den Universitäten und in der Rüstungsindustrie aufgefallen. Die Konfrontation von 1940 zwischen den beiden »sich bekämpfenden Lagern« um Lenard und Heisenberg hatte gezeigt, daß es eine Reihe von Mißverständnissen gab, die beseitigt werden könnten. Aber eine ideologische Klärung der Situation stand noch aus.[92]

Eine offizielle Klärung ließ noch 18 Monate auf sich warten, als eine zweite Begegnung zwischen den fachorientierten Physikern und den Vertretern der arischen Physik stattfand. Inzwischen jedoch wurde das Problem dadurch wirksam entschieden, daß die mit der politischen und ideologischen Beurteilung der Professoren am intensivsten befaßten Parteistellen, der Dozentenbund bzw. das Amt Rosenberg, sich in bezug auf die Physik neutral verhielten. Das war zu einer Zeit, als die beiden Organisationen an mehreren Fronten in bürokratische Kämpfe verstrickt waren, da Rosenberg darauf erpicht war, den Dozentenbund in sein Amt aufzusaugen. Keine der beiden Organisationen konnte jedoch den Vorwurf riskieren, sie behindere die Kriegsarbeit.[93]

Die Standpunkte des Dozentenbundes und des Amtes Rosenberg

kamen im Verlauf von Beratungen zum Ausdruck, die sich mit der Berufung Heisenbergs zum Professor der theoretischen Physik an die Universität Berlin beschäftigten, die seiner Bestallung zum Direktor »am« Kaiser-Wilhelm-Institut für Physik Ende 1942 folgen sollte. Die Parteikanzlei forderte politische und ideologische Berichte über den Physiker an. Rosenbergs Vertreter betonte in seiner »ideologischen Beurteilung«:

> Es kann nicht das Ziel der Partei sein, in dem Streit der Meinungen zwischen der Lenardschen und der Heisenbergschen Richtung in der theoretischen Physik für eine der beiden Richtungen Partei zu ergreifen; es muß auf alle Fälle verhindert werden, daß die atomphysikalische Forschung in Deutschland gegenüber dem Ausland zurückbleibt. Prof. Heisenbergs Leistungen auf diesem Gebiet rechtfertigen zweifellos seine Berufung an das Kaiser-Wilhelm-Institut; es muß der freien fachlichen Auseinandersetzung überlassen bleiben, einen Ausgleich zwischen den verschiedenen Richtungen in der theoretischen Physik herbeizuführen.[94]

Die Ansichten des Vertreters des Dozentenbundes waren die gleichen.[95] Die Funktionäre beider Organisationen zeigten sich insbesondere über den Verfall der deutschen Atomphysik gegenüber jener anderer Länder besorgt. Nach dem Wortlaut ihrer Gutachten zu schließen, ist es sehr wahrscheinlich, daß sie die Eingabe der Physikalischen Gesellschaft an Rust kannten.

Eine zweite Begegnung zwischen den fachorientierten Physikern und ihren Gegnern fand Anfang November 1942 im Kurort Seefeld in den Tiroler Alpen statt. Etwa dreißig Physiker waren anwesend, und Heisenberg bemerkte dazu, daß die Veranstaltung geradezu eine »Siegesfeier« wurde.[96]

Tomaschek, Bühl und Thüring sahen sich in der Minderheit und gaben rasch den Argumenten ihrer Gegner nach. Auch Ramsauer nahm teil und sprach über die amerikanische Überlegenheit in der Physik. Von Weizsäcker und Sauter fertigten später eine Reihe von Protokollen an, worin behauptet wurde, daß scheinbare Meinungsverschiedenheiten ausschließlich auf Mißverständnisse zurückzuführen waren: Sowohl die Quantenmechanik als auch die spezielle Relativitätstheorie zählten zum festen Bestand der Physik. Außerdem waren sich beide Seiten darin einig, daß die Grundlagen der Relativitätstheorie schon vor Einstein gelegt wurden, und sie, hätte sie nicht Einstein entwickelt, von jemand anderem entdeckt worden wäre.[97]

Ende 1943 gelang es Heisenberg, im Organ des Studentenbundes, der *Zeitschrift für die gesamte Naturwissenschaft*, einen Artikel zu veröffentlichen. Obwohl er den Aufsatz »Die Bewertung der ›modernen theoretischen Physik‹« schon im Jahre 1940 geschrieben hatte, legte er ihn erst im Mai 1943 vor. Heisenberg kritisierte die arische Physik sowohl vom wissenschaftlichen als auch vom politischen Standpunkt und verteidigte die Quantenmechanik, die Relativitätstheorie und die politische Unabhängigkeit der Physiker. Dinglers Erwiderung auf Heisenberg, die unmittelbar anschließend auf den folgenden Seiten erschien, konnte den Eindruck nicht zerstreuen, daß die fachorientierten Physiker auf allen Linien siegten.[98]

Ihr Triumph stand eigentlich schon vor der Begegnung in Seefeld fest. Im Juni 1942 feierte Lenard seinen achtzigsten Geburtstag. Unter den eingelangten Glückwünschen befand sich ein Schreiben vom REM, dem er mit einem Dankschreiben und einer Erklärung antwortete, die als Grabschrift der arischen Physik verstanden werden konnte:

> Was ich vor 6 Jahren stark erstrebt hatte – besonders verbesserten Schulunterricht im Naturwissen betreffend –, dafür scheint mir jetzt die Zeit noch nicht gekommen. Ich bin auch mit zunehmendem Alter geduldiger geworden, und ich überlasse jetzt vieles gern der Zukunft. Es bleibe uns nur der Führer erhalten.[99]

Angesichts der für »kriegsentscheidende« Forschung eingeräumten Priorität und ihrer zum Schweigen gebrachten Gegner in den Reihen der arischen Physik wurden die fachorientierten Physiker in den letzten Kriegsjahren immer zuversichtlicher. Der Anblick Plancks auf einer Rednertribüne im Jahre 1934, wie er zögernd das obligatorische »Heil Hitler!« aussprach, symbolisierte die Unsicherheit und Ängstlichkeit der deutschen Wissenschaftler unmittelbar nach der Machtergreifung der Nazis. Zehn Jahre später hielt auch Ramsauer in seiner Eigenschaft als Präsident der Deutschen Physikalischen Gesellschaft vor einem Publikum von Wissenschaftlern einen Vortrag. Am Ende seines Vortrags verfiel er, angesichts der Anwesenheit mehrerer unbedeutender NS-Würdenträger, in ein betretenes Schweigen. Sein Schüler Ernst Brüche erinnert sich:

Was wollte er doch noch sagen? In die peinliche Stille hinein hörten die ersten Reihen seine leise Zwischenbemerkung: ›Verflucht noch mal!‹ Doch dann hellte sich seine Miene auf, denn er hatte gefunden, was noch zu sagen war und was ihm zuvor nicht einfallen wollte: »Heil Hitler!«[100]

Trotz aller gebührenden Nachsicht für Persönlichkeitsunterschiede und Erinnerungslücken könnte der Kontrast nicht schärfer sein. In der Endphase des Krieges gewannen die deutschen Wissenschaftler den Eindruck, ihr Verhältnis zum Staat wieder fest unter Kontrolle zu haben.

Freilich gab es in den Kriegsjahren viele Lebensbereiche, die der Kontrolle der Wissenschaftler entzogen waren. Einer davon war die Behinderung ihrer Arbeit durch die Bombenangriffe der Alliierten auf die großen Städte. Viele Institute wurden beschädigt und manche zerstört, da sehr wenige Hochschulinstitute aus den Städten verlegt wurden. Die einzige Ausnahme bildeten die mit der Atomenergieforschung befaßten Institute. Der größte Teil ihres Personals und ihrer Ausrüstung wurde in die Umgebung des Dorfes Hechingen im Schwarzwald verlegt. Aber nicht alles konnte zeitgerecht verlagert werden, um eine Vernichtung wertvoller Unterlagen und Ausrüstung zu verhindern. Von Laue lieferte eine lebendige Beschreibung der Zerstörung von Otto Hahns Institut.

Schlimm war auch der Brand des Kaiser-Wilhelm-Institutes für Chemie am 15. 2. 44. Da war gegen 20 Uhr, wenn ich mich recht erinnere, Fliegeralarm, und er dauerte bis gegen 22 Uhr. Wir, d. h. Mama, Hilde, Herr und Frau Koch, vielleicht auch Herr Arenz, waren im Luftschutzkeller. Wie es uns dort gerade an diesem Tag erging, weiß ich nicht mehr. Es mag sein, daß auch damals, wie so häufig, das elektrische Licht versagte, so daß man eine kümmerliche Kerze anzünden mußte. Es mag sein, daß wir die Bomben sausen und dann krachen hörten. Jedenfalls lief es für unsere Gegend gut ab. Aber als wir wieder in den Garten gingen und uns umsahen, stand am Himmel in der Richtung auf Dahlem rote Feuersglut. Koch und ich setzten uns also auf die Räder und fuhren zuerst zum Kaiser-Wilhelm-Institut für Physik. Dort war nur geringer Schaden, vielleicht nur an Fenstern. Aber man sagte uns: »Die Chemie brennt.« Und in der Tat, am Hahnschen Institut fehlte ein großes Stück der südlichen Außenwand, denn gerade im Direktorzimmer war eine Sprengbombe geplatzt. Und außerdem stand der Dachstuhl und das oberste Stockwerk auf derselben Seite in hellen Flammen, ein schauerlich-schöner Anblick. Da schon viele am Löschen und Bergen waren, ließ ich Herrn Koch daselbst und fuhr für meine Person in das Hahnsche Wohnhaus, Frau Hahn zu benachrichtigen. Diese kam dann auch mit mir, um den Brand mit anzusehen. Es war durchaus nicht der einzige in Dahlem; vielmehr standen Dutzende kleinerer und größerer Villen in Flammen. Dann habe ich mich noch am Bergen der Bibliothek und der Apparate beteiligt. Das ganze Kaiser-Wilhelm-Institut für Physik half mit, auch von dem Institut für physikalische Chemie waren viele da, ich sah auch den Ministerialdirektor Mentzel Bücher tragen. Während oben militärische Feuerwehr löschte – meines Erachtens machte sie es verkehrt und suchte einen Teil des Dachs zu retten, an dem nichts mehr zu retten war, während das Feuer an anderen Stellen auf Teile übergriff, die man hätte halten können –, tropfte in den Keller, der einen großen Teil der Bibliothek barg, heißes Wasser herunter, da ein Rohr der Leitung geplatzt war. Das Wasser stand dort schon mehrere Zentimeter hoch, als ich zuletzt darin war, und es war ein eigenartiger Anblick, wie in einer Ecke des Kellers ein paar Mann von der Feuerpolizei saßen und ruhig, als wäre um sie herum alles in Ordnung, an andere Stellen telefonierten. Im Hof dieses Institutes dirigierte Heisenberg die geborgenen Bücher in eine Scheune – Hahn selbst war an diesem Tage noch in Hechingen, die Verlegung seines Instituts vorzubereiten. Gegen 2 oder 3 Uhr morgens flaute dann das Feuer erheblich ab, und ich ging nach Hause, hörte am Tage darauf, daß dann bald Berufsfeuerwehr sehr schnell Schluß mit dem Ganzen gemacht habe.[101]

Solche Szenen wiederholten sich in jeder größeren Stadt, brachten das Institutspersonal in Verwirrung, zerstörten Forschungsunterlagen und Geräte und forderten gelegentlich auch Todesopfer. Außerdem brach mit dem Vormarsch der alliierten Truppen das Verkehrs- und Nachrichtenwesen zusammen, und in vielen Gebieten funktionierte die Verwaltung nicht mehr. Im Frühjahr 1945 stand die wissenschaftliche Forschung in Deutschland praktisch vor dem Zusammenbruch.

Eines der wenigen Projekte, das bis April 1945 weiterlief, war das Atomenergieprogramm. Von den Nachrichtendiensten der Alliierten war eine Liste der mit dem Projekt befaßten Wissenschaftler zusammengestellt worden, so daß Hahn, Heisenberg, von Laue, von Weizsäcker und andere im Mai aufgegriffen und nach Frankreich geschickt wurden.[102] Schließlich wurden sie nach Farm Hall in England gebracht, wo sie bis Jahresende blieben.

In der Gefangenschaft hörten die deutschen Wissenschaftler zum erstenmal die Nachricht, daß die Alliierten nicht nur einen Reaktor gebaut hatten, der eine Kettenreaktion in Gang halten konnte, eine Stufe, die sie selbst beinahe erreicht hatten, sondern auch, daß die Alliierten ihnen um Jahre voraus waren und schon die ersten Atombomben produziert – und angewendet – hatten. Am 7. August, einen Tag, nachdem sie entdeckten, wie weit sie im Rückstand waren, schrieb von Laue einen langen Brief an seinen Sohn.

> Dieser Brief bezieht sich auf ein weltgeschichtliches Ereignis von unabsehbarer Tragweite. Bin ich auch weit von Hiroshima entfernt gewesen, als dort die Uranbombe platzte, so habe ich doch die Nachricht davon inmitten von Kollegen erlebt, die an dem Uranproblem seit Jahren gearbeitet haben und gleich mir alle unter ganz exceptionellen Umständen, nämlich »detained for His Majesty's pleasure«, leben ...
>
> Um 19.45 Uhr begann gestern, wie stets, unser Abendessen, an dem auch die beiden uns bewachenden englischen Offiziere, Major Rittner und Captain Brodie, regelmäßig teilnehmen ... Vorher schon hatte der Major dem Kollegen Hahn etwas von einer Rundfunkmeldung angedeutet, daß die Amerikaner eine Atombombe benutzt hätten. Bei Tisch ergänzte er diese Mitteilung, und es erhob sich natürlich sogleich eine lebhafte Diskussion. Wir wollten nicht recht daran glauben. Einige Stimmen meinten, wenn überhaupt etwas Wahres daran wäre, so bedeutete der Name »Atombombe« eben etwas anderes, als was wir darunter verstehen; mit Uranspaltung könne diese Sache jedenfalls nichts zu tun haben.

Dann aber hörten wir die englischen Rundfunknachrichten um 21 Uhr. Und da wurde nun ja klipp und klar gesagt, daß Engländer und Amerikaner in gemeinsamer, jahrelanger, mühseliger und überaus kostspieliger Entwicklungsarbeit die Uranspaltung zur Konstruktion einer Bombe ausgearbeitet hätten. Ich brauche auf die Meldung nicht näher einzugehen . . .
Die Wirkung dieser Meldung auf die hier versammelten deutschen Physiker war natürlich eine sehr tiefgehende. Zwar war ich – wenn ich mit mir einmal beginnen darf – verhältnismäßig unbeteiligt; habe ich doch bei der ganzen Uranspaltungsforschung immer nur die Rolle eines Beobachters gespielt, den die Beteiligten manchmal, aber keineswegs immer, auf dem laufenden hielten. Auch Otto Hahn, um dessen Stimmung sich Major Rittner ernstliche Sorgen machte, blieb ganz ruhig und sagte nur, er freue sich, an der Konstruktion einer solchen Mordwaffe unbeteiligt zu sein. Aber sehr erregt war Walter [sic] Gerlach, der sich als ehemaliger »Bevollmächtigter des Reichsmarschalls für Kernphysik« etwa wie ein geschlagener Feldherr vorkam und zudem durch ein paar unvorsichtige Bemerkungen eines der Jüngeren unter uns peinlich berührt war. Harteck, Hahn, ich und Heisenberg suchten ihn gestern abend und auch heute morgen zu beruhigen, was denn auch gelang. Aber die Stimmung blieb bei ihm und auch bei anderen unserer Runde doch nicht unbeeinflußt. Die Bombe beherrschte heute doch so ziemlich das Gespräch, und die Zeitungen wurden nur so »verschlungen«. Heisenberg stellte noch mehrfach fest, daß man sich aufgrund der hier vorliegenden Kenntnisse und der bisherigen Berichte kein genaues Bild von den Vorgängen in der Bombe machen könne. Die Berichte sind ja auch absichtlich so gehalten, daß dies nicht möglich ist.
Die Hauptfrage ist natürlich, warum wir in Deutschland nicht zu der Bombe gekommen sind. Darauf ist zu sagen: 1) Die deutschen Physiker hätten niemals solche Mittel bewilligt erhalten, wie sie England und USA zu diesem Zwecke zur Verfügung gestellt haben. Weder die Arbeitskräfte noch das Geld wäre in einem annähernd so großen Maße verfügbar gewesen. Darum schon hat kein Physiker ernstlich an die Beantragung solcher Mittel gedacht. Daß die an Stärke dauernd zunehmende Verbombung aller Städte ein

weiteres Hindernis gewesen wäre, geht ja auch aus Churchills Erklärung hervor, daß man die Herstellung der Atombombe der Luftgefahr wegen nicht nach England verlegt hat. 2) Die ganze Uran-Forschung war bei uns auf die Schaffung einer Uranmaschine als Energiequelle gerichtet, einmal weil niemand an die Möglichkeit einer Bombe in absehbarer Zeit glaubte, zweitens, weil im Grunde niemand von uns eine solche Waffe in die Hände Hitlers legen wollte.[103]

Die letzte Bemerkung brachte eine Gesinnung zum Ausdruck, die gewiß auf von Laue und Hahn zutraf, aber traf sie auch auf die anderen zu? Seit 1945 waren die Meinungen darüber geteilt. Goudsmit brachte im Jahre 1947 das Argument vor, daß die deutschen Wissenschaftler sehr wohl eine Bombe bauen wollten, aber aufgrund ihrer Arroganz, die sie gegen ihre Irrtümer blind machte, einfach gescheitert waren. Eine entgegengesetzte These bildete im Jahre 1954 die Grundlage für den Bestseller des Journalisten Robert Jungk: Die deutschen Atomwissenschaftler hätten sich vorsätzlich verschworen, um Hitler die Bombe vorzuenthalten. Im Jahre 1967 zog David Irving aus diesen beiden Standpunkten eine positive Bilanz. Er kam zu dem Schluß, daß die Deutschen ihre Kräfte ausschließlich dem Bau eines Atomreaktors widmeten, da sie dachten, daß eine Bombe das menschliche Fassungsvermögen überstieg. Sie konnten sich nie zu einer Entscheidung über die Inangriffnahme eines Kernwaffenprojekts durchringen.[104]

Wie von Laue geschrieben hatte, dachten die deutschen Wissenschaftler, daß sowohl die Mittel als auch die Arbeitskräfte kaum verfügbar gewesen wären, so daß sie nie beantragt wurden. Diese Tendenz, Probleme außerhalb ihres engeren Erfahrungsbereichs vorauszuahnen und sich von ihnen lähmen zu lassen, kennzeichnete die deutschen Wissenschaftler von der Entlassungspolitik bis zum Ende des Krieges. Die Entwicklung der Atombombe brachte ihnen, wie es kein anderes Ereignis der Nazizeit vermochte, zum Bewußtsein, daß sie sich durch den Rückzug in ihre Berufsgemeinschaft nicht mehr von der politischen Umwelt fernhalten konnten. Die Welt hatte sich für sie, wie für alle anderen, unwiderruflich verändert.

Und was war mit den Nazis? 1945 beging Rust Selbstmord;

Mentzel mußte sich später einem Entnazifizierungsverfahren stellen. Die Vertreter der arischen Physik – einschließlich Becker, Dingler, Führer, Glaser, Müller, Thüring, Tomaschek und Wesch – mußten ihre akademischen Stellungen aufgeben. Einige wurden auch vor Spruchkammern gebracht. Lenard setzte sich zunächst in ein Dorf in der Nähe von Heidelberg ab, stellte sich aber schließlich doch. Die Behörden wollten ihn vor eine Spruchkammer bringen, aber der Chemiker Karl Freudenberg, der amtierende Rektor der Universität, überzeugte sie, daß es unehrenhaft wäre, den betagten Physiker zu demütigen.[105] Er starb am 20. Mai 1947 in Messelhausen bei Bad Mergentheim.

Stark jedoch wurde nicht verschont, obwohl er schon vor dem Ausbruch des Krieges in den Ruhestand getreten war. In seinem Prozeß in Bayern sagten von Laue, Sommerfeld und Heisenberg gegen ihn aus. Am 20. Juli 1947 wurde er als Hauptschuldiger zu vier Jahren Zwangsarbeit verurteilt. In einem Berufungsverfahren konnte er eine Straferleichterung und einen Strafaufschub erreichen, aber er betrachtete die Angelegenheit als den letzten Racheakt seiner Gegner.[106] Er starb am 21. Juni 1957 auf seinem Landgut.

Als Angriffsziele der Partei in den dreißiger Jahren galten Sommerfeld, von Laue und Heisenberg als bewährte Gegner der Nationalsozialisten. Die alliierten Behörden suchten ihren Rat nicht nur gegen die Vertreter der arischen Physik, sondern auch zugunsten von Physikern, die im Nachkriegsdeutschland weiterarbeiten wollten. Ihre Billigung war daher für jene jüngeren Männer besonders wichtig, die, wie Finkelnburg, der Partei beigetreten waren, aber in der Physik an fachlichen Werten festgehalten hatten. Ältere Wissenschaftler, die unter den Nazis einflußreiche Ämter innegehabt hatten, wie z.B. Ramsauer, waren ebenfalls auf die Empfehlungen Sommerfelds und von Laues angewiesen.[107] Die deutschen Physiker waren alle bestrebt, ihre rein wissenschaftliche Tätigkeit in der Nazizeit zu dokumentieren, und, welche Ironie, sie begannen für eine der zentralen Thesen der arischen Physik einzutreten: Das Festhalten an fachlichen Werten bedeutete schon als solches Widerstand gegen den Nationalsozialismus. Es bleibt allerdings noch die wichtige Frage zu beantworten, wie weit diese These wirklich zutraf.

10. Schluß

Das vordringlichste Anliegen der Physiker während der Naziherrschaft war der Schutz ihrer Autonomie vor politischen Übergriffen. Die überwiegende Mehrheit der Wissenschaftler im Dritten Reich war weder gegen noch für die Nationalsozialisten. Sie waren lediglich an der Nichteinmischung in ihre fachlichen Angelegenheiten interessiert.

Die Bedrohung der Autonomie der Physiker kam in erster Linie aus zwei Richtungen. Die Nationalsozialisten in der Staatsverwaltung trachteten den Staat von unerwünschten Elementen zu befreien und die Kontrolle über die Hochschulangelegenheiten in den Händen der Wissenschaftsminister zu konzentrieren. Die Nationalsozialisten in den Parteigremien und die kleine Schar der unzufriedenen Anhänger Lenards und Starks wollten die Vorstellungen und die Ausrichtung der gesamten Disziplin umgestalten. Die Bemühungen der staatlichen Stellen hatten ziemlichen Erfolg. Der Wunsch der Ideologen, eine arische Physik zu schaffen, erlitt Schiffbruch.

Es stand zunächst überhaupt nicht fest, ob der NS-Staat im Jahre 1933 die Absicht hatte, Deutschlands Juden in die Emigration zu treiben. Das Beamtengesetz vom 7. April war ungenau abgefaßt und beinhaltete Einschränkungen wie etwa die zeitliche Begrenzung seiner Gültigkeit bis zum 30. September, ab welchem Zeitpunkt sich alles wieder normalisieren sollte. Das, verbunden mit der gestaffelten Ankündigung der Entlassungen und den erzwungenen Beurlaubungen, machte einen wirksamen Protest beinahe unmöglich. Wie am Beispiel der Göttinger physikalischen und mathematischen Institute nachgewiesen wurde, konnte man sich auf keinen klaren Aktionsschwerpunkt einigen. Die Wissenschaftler waren auch durch den äußeren Anschein der Legalität der NS-Maßnahmen ernstlich behindert. Dennoch fanden sich die Wissenschaftler im Gegensatz zu einer weitverbreiteten Meinung nicht widerstandslos mit ihrem Schicksal ab. Die Rücktritte von Einstein, Franck, Haber, Schrödinger und Stern waren überzeugende Versuche, sich der Sachlage zu stellen. Die Wirkungslosigkeit dieser Rücktritte lag in der Tatsache begründet, daß sie der Absicht der Nazis dienten, die Gegner aus dem Weg zu räumen.

Eine Alternative war der mit legalen Mitteln geführte Kampf des Ausharrens. Wie Courant jedoch erkennen mußte, war dies ein aussichtsloser Kampf. Als er begriff, daß seine Stellung unhaltbar wurde, war er gezwungen, einen Posten aus der sich verringernden Zahl der Stellen im Ausland anzunehmen. Die internationalen Verbindungen, über welche die deutschen Wissenschaftler (insbesondere die Physiker) durch Zeitschriften, Tagungen und den guten Ruf der deutschen Universitäten verfügten, ließ ihnen die Emigration als eine gangbarere Möglichkeit erscheinen als den Angehörigen vieler anderer Teile der deutschen Gesellschaft.

Die relative Einfachheit der Emigration stand jenen führenden Vertretern der deutschen Physik, die von den Verordnungen der Nazis nicht betroffen waren, nur allzu deutlich vor Augen. Planck, von Laue, Sommerfeld, Heisenberg und andere unterzeichneten Eingaben, standen jenen, die unter die Bestimmungen der Verordnungen fielen, mit Rat zur Seite und versuchten so gut sie konnten, ihre Gemeinschaft zusammenzuhalten. Es galt die Losung, daß jene, die konnten, bleiben sollten. Das Ziel dieser angesehenen Physiker war es, die Not jedes einzelnen auf ein Mindestmaß zu reduzieren, die Entlassungen und Rücktritte, wenn möglich, rückgängig zu machen und vor allem das internationale Ansehen der deutschen Wissenschaft zu bewahren. Die Nationalsozialisten oder zum mindesten ihre Exzesse wurden 1933 und Anfang 1934 als vorübergehende Erscheinungen betrachtet. Diese Männer glaubten, die schlimmsten Seiten des Nationalsozialismus würden vorübergehen, die Bedeutung der Wissenschaft für das Ansehen Deutschlands jedoch würde fortdauern.

Die Appelle der führenden Vertreter der Physik wurden bis zu einem gewissen Grad beachtet. Die Wissenschaftler, die sich dem Exodus des Geistes anschlossen, waren überwiegend Personen, die von den neuen Gesetzen betroffen waren. Einige wenige Nichtjuden, darunter Erwin Schrödinger und Martin Stobbe, folgten ihren Kollegen ins Exil. Die meisten blieben auf ihren Posten, und selbst mehrere jüdische Gelehrte, die nicht aufgeben mußten, wie Gustav Hertz und Lise Meitner, entschlossen sich zu bleiben, solange sie konnten.

Trotz größter Anstrengungen der führenden Vertreter der Physikergemeinschaft wurden ihrer Disziplin schwere Verluste zugefügt. Der Anteil von 25 Prozent Physikern, die 1932-33 akademische Positionen innehatten, überstieg den Prozentsatz für die Naturwissenschaften insgesamt bei weitem. Die Abnahme der Zahl möglicher Studenten ist nicht zu errechnen. Von noch größerer Bedeutung ist, daß viele Emigranten Spitzenpositionen ihres Faches aufgaben: 1934 fehlte einer von fünf Institutsdirektoren. Im Jahre 1935 war die Lage noch immer so ernst, daß man in Industriekreisen schon daran dachte, die Verluste durch die Schaffung eines Ausbildungsprogramms zur Erreichung des Dr. phil. in den Laboratorien der Industrie auszugleichen. Das war einer der eindrucksvollsten Hinweise auf die tatsächliche Auswirkung der Entlassungspolitik auf das deutsche Hochschulwesen. Obwohl diese Anregung fallengelassen wurde, hatte die Hochschulpolitik in den Jahren der Naziherrschaft unter einer stetigen Abwanderung begabter Forscher und einer gefährlich großen Zahl von offenen Stellen zu leiden.

Der durch die Entlassungen verursachte Schaden wurde durch die großen Fähigkeiten der Emigranten noch vergrößert. Er war viel größer, als es damals schien, da viele der begabtesten Emigranten junge Männer waren, deren Fähigkeiten noch nicht allgemein bekannt waren. Die Flüchtlinge ließen sich größtenteils in Westeuropa und Amerika nieder und erhöhten so den Preis der Entlassungspolitik für Hitlerdeutschland. Die Wissenschaftler, die Deutschland verlor, vergrößerten den Vorteil seiner Rivalen.

Obwohl die führenden Physiker den destruktiven Charakter des Nationalsozialismus anfangs vielleicht nicht erkannt hatten, begriffen sie sehr wohl den Schaden innerhalb ihrer eigenen Disziplin. In den Jahren nach 1933 arbeiteten sie mit jenen Nazis im Staatsapparat zusammen, die geneigt schienen, zumindest ein Minimum an fachlichen Erwägungen zu berücksichtigen. Die Wissenschaftler versuchten insbesondere, sich der Regierung zur Unterstützung ihrer eigenen Interessen zu bedienen, eine Einstellung, die sich während des Krieges noch verstärkte. Aber nie versuchten die führenden Persönlichkeiten in der Physik, sich den Normen des Nationalsozialismus zu unterwerfen. Zusätzlich zur offensichtlichen Einbuße vieler fähiger Forscher, dem Verlust mindestens eines ganzen akademischen Jahres, den persönlichen Härtefällen und einer langen, unergiebigen Periode von unbesetzten Schlüsselpositionen, war eine der unmittelbaren Folgen der Entlassungen die Entfremdung der führenden Vertreter der Physik vom Regime.

Es sollte an dieser Stelle eine weitere Folge der Vertreibungspolitik der Nationalsozialisten erwähnt werden – das erfolgreiche Atombombenprogramm der Alliierten. Das, woraus später das gigantische Manhattan Project werden sollte, wurde im August 1939 in einem Brief Einsteins an Präsident Franklin D. Roosevelt ins Leben gerufen. Einstein war von Leo Szilard und Eugene Wigner, die beide Stellungen in Berlin aufgegeben hatten, und von Edward Teller, der Göttingen 1933 verlassen hatte, davon überzeugt worden, daß er den Präsidenten auf das Potential der Atomenergie aufmerksam machen sollte.[1] Die Liste der am Bombenprojekt beteiligten Emigranten ist lang und schließt nicht nur Szilard, Teller und Wigner ein, sondern auch Hans Bethe, Felix Bloch, James Franck, Lothar Nordheim und Eugene Rabinowitch, um nur einige der in diesem Buch erwähnten Namen zu nennen. Enrico Fermi und Niels Bohr, die beide nach dem Wirksamwerden der Rassenpolitik Hitlers in andere Länder geflüchtet waren, spielten gleichfalls Schlüsselrollen. Andere Emigranten beteiligten sich am britischen Bombenprojekt, das einen wesentlichen Beitrag zu den amerikanischen Bestrebungen leistete.[2]

Die Emigranten gaben nicht nur den Anstoß zur Entwicklung der Bombe, sie waren sogar die treibende Kraft. Ihre große Befürchtung war, daß es möglich sei, eine solche Waffe zu bauen, und daß Hitler sich ihrer bemächtigen und sie anwenden könnte. Ihre Erfahrungen in Deutschland hatten sie zur Überzeugung gebracht, daß die deutsche Wissenschaft die beste der Welt sei, und daß, wenn es möglich war, eine Bombe zu bauen, sie von den Deutschen gebaut werden könnte und würde.

Wie sich jedoch herausstellte, erwiesen sich die Erwartungen der Physiker als falsch. Am Ende des Krieges hatten die Deutschen den vom amerikanischen Projekt Ende 1942 gesetzten Meilenstein noch nicht erreicht; sie hatten noch keinen Kernreaktor zustande gebracht, der eine von selbst ablaufende, aber kontrollierte Kettenreaktion erfordert. Sie waren daher noch nicht vor die Entscheidung gestellt worden, ob sie mit dem Bau der Bombe beginnen sollten oder nicht.

Langfristig gesehen, ist das deutsche Atomenergieprojekt durch die wirtschaftspolitischen Maßnahmen der Nationalsozialisten selbst vereitelt worden, die eine Einschränkung langfristiger Projekte vorsahen. Zudem war das Projekt wegen des starken Einflusses der Theoretiker zum Scheitern verurteilt, die nicht imstande waren, Projekte industrieller Größenordnung durchzuführen, und weil Deutschland die zur Ergänzung des Einflusses der Theoretiker nötigen Experimentalphysiker fehlten. Darüber hinaus hatten die Deutschen keineswegs das Gefühl, daß die Sache eilte. Sie fürchteten nicht das Gelingen eines amerikanischen und britischen Projekts. Sollte ihnen die Anwendung der Kernenergie nicht gelingen, so waren sie davon überzeugt, daß sie niemandem gelingen konnte. Auch glaubten sie selbst, daß die deutsche Wissenschaft die beste der Welt sei.

Offensichtlich war diese Vorstellung überholt, zumindest in der Physik. An dieser Stelle muß die Frage gestellt werden, ob der Nationalsozialismus die Ursache des Niedergangs der deutschen Physik war. Die Entlassung vieler hervorragender Forscher war zweifellos ein Hemmschuh für die Erhaltung qualitativ hochwertiger Arbeit in Deutschland, und sowohl die Maßnahmen der Regierung an den Universitäten als auch die Kampagne der Angehörigen der arischen Physik machten jenen, die geblieben waren, das Leben schwer. Aber die entscheidenden Gründe für den Niedergang waren innere Entwicklungen der Physik selbst, die den Rahmen dieses Buches sprengen würden. Von besonderer Bedeutung war der Aufstieg der amerikanischen Wissenschaft, insbesondere auf dem Gebiet der Kernphysik. Im Zusammenhang damit stand eine Tatsache, die Born schon 1931 angedeutet hatte, als er an von Kármán schrieb, daß er den Amerikanern nichts mehr »wirklich Neues« anzubieten habe.[3] Auch Gerlach wies auf die Entwicklung hin, als er an Goudsmit schrieb, daß es nach der Kreativitätsexplosion im Bereich der theoretischen Physik vor 1930 ganz natürlich sei, daß die Theorie an Bedeutung verlor, während das Experiment in den Vordergrund trat. Aber Gerlach versäumte es, hinzuzufügen, daß diese Entwicklung in erster Linie für Deutschland galt, wo Erfolge im Bereich der Theorie die experimentelle Arbeit in den Hintergrund drängten. Die Folge war, daß die deutsche Physik nur schlecht für den internationalen Konkurrenzkampf der dreißiger Jahre gerüstet war.

Die Auswirkungen waren Ramsauer und allen anderen klar, die sich während des Krieges bemühten, der politischen Einmischung in fachliche Angelegenheiten ein Ende zu setzen. Sie waren auch im Atomenergieprojekt spürbar. Der Nationalsozialismus war für das Phänomen nicht allein verantwortlich, aber die Politik der Nazis verschlimmerte und verdüsterte noch eine sich ohnehin schon verschlechternde Lage.

Das starke Gefühl internationaler Isolierung, das die meisten Wissenschaftler im Dritten Reich hatten, wurde von den Theoretikern besonders stark empfunden, vielleicht weil es die Befürchtung nährte, daß die deutsche Physik den Anschluß an die internationale Forschung verlieren würde. Sie begrüßten daher begeistert das Aufkommen der Kernspaltung, die, wenn auch eine experimentelle Entdeckung, eine Unmenge theoretischer Probleme aufwarf, die sie wieder ins Zentrum des Geschehens zurückführten. Die Theoretiker, namentlich die Gruppe um Heisenberg, konnten ihre Vormachtstellung in der Physik wiedererlangen und wurden zur ausschlaggebenden Kraft im erfolglosen Kernenergieprojekt.

Ironischerweise entsprach daher manches an Lenards und Starks Klagen darüber, daß sich der anmaßende Einfluß der Theoretiker zur Zeit der Weimarer Republik für die deutsche Physik nachteilig ausgewirkt hätte, der Wahrheit. Angesichts der Entlassungsstatistiken stand auch außer Zweifel, daß sie recht hatten, wenn sie von einem hohen jüdischen Anteil in ihrem Fachgebiet sprachen. Ihre Gegenmaßnahmen waren die Zerstörung des Einflusses Plancks, von Laues, Sommerfelds und Heisenbergs sowie eine Neubestimmung der Kriterien für die Berufung von Professoren auf der Grundlage weltanschaulicher Eignung. Da die Nationalsozialisten der Politik klaren Vorrang vor der fachlichen Kompetenz einräumten, hatte es den Anschein, als könnten die Vertreter der arischen Physik die Oberhand gewinnen.

Warum also scheiterte die arische Physik?

Die Antwort besteht aus zwei Teilen – die Erfolglosigkeit der Anhänger der arischen Physik, ihre Unterstützung durch Politiker und ihre Unfähigkeit, die Fachkollegenschaft für sich zu gewinnen. Beide Mißerfolge waren im Grunde auf die Grenzen zurückzuführen, die der arischen Physik durch die Persönlichkeiten von Lenard und Stark gesetzt wurden. Im wesentlichen war ihre Bewegung sowohl schlechte Politik als auch schlechte Physik.

Ein Grund für den möglichen Erfolg der arischen Physik hatte auch viel mit ihrem Scheitern zu tun. Er bestand in der Tatsache, daß die höchsten Naziführer an der Hochschulphysik uninteressiert waren. Ihr Mangel an Interesse für die Auswirkungen der Entlassungspolitik auf die Wissenschaft und ihre zögernde Haltung gegenüber einer Entscheidung über die ideologische Stimmigkeit im Bereiche der Physik waren zwei Seiten derselben Medaille. Diese Gleichgültigkeit bedeutete, daß sich die fachorientierten Physiker nicht an die höchsten Parteikreise um Unterstützung für ihren Kampf gegen Lenard und Stark wenden konnten, sie bedeutete aber gleichzeitig, daß die Vertreter der arischen Physik genötigt waren, ihre Ziele auf sich allein gestellt im Dschungel einander bekämpfender, zweitrangiger Nazibehörden und -interessen zu verfolgen. Unter diesen Umständen wurde die Neigung Starks, sich persönliche und politische Feinde zu schaffen, ein schweres politisches Handikap.

Während des Krieges hatten die Vertreter der arischen Physik unter der Belastung des Ideologenimages zu leiden, das Lenard und Stark in den dreißiger Jahren entworfen hatten. Was die deutschen Akademiker, wie z.B. Lehrer, Priester, Ingenieure und andere Techniker betrifft, so lockerte sich der ideologische Druck, als sich Hitlers Krieg vom Blitzkrieg zu einem länger währenden Kampf entwickelte. Die Nazis mußten sich immer mehr auf die Fachleute verlassen, die jene Details meistern konnten, die sich politischen Erlassen nicht fügen wollten.

So waren Lenard und Stark während des Krieges in ihrem Kampf gegen ihre fachlichen Rivalen im Nachteil. Wären sie bessere Politiker gewesen, so hätten sie die Realitäten des Dritten Reiches vielleicht früher erkennen und sich danach richten können, um die Unterstützung der höchsten Naziführer zu gewinnen. Hätte es Stark z.B. nicht abgelehnt, die SS-Ahnenerbe-Forschung zu unterstützen, so wäre es durchaus möglich gewesen, für seinen Angriff auf Heisenberg Himmlers Wohlwollen zu erringen. Angesichts der wachsenden Macht Himmlers hätte das Resultat genausogut eine arische Physik sein können, die politisch ebenso einflußreich gewesen wäre wie die Lysenko-Biologie in der Sowjetunion.

Aber Lenard und Stark verfügten nicht über solchen politischen Scharfsinn. Die Engstirnigkeit ihres politischen Blickwinkels war durch ihre völkische Betätigung in den zwanziger Jahren bestimmt. Als der weitere Kriegsverlauf den fachorientierten Physikern mächtige Hintermänner bescherte, hatten sich Lenard und Stark bereits für ihre Gönner entschieden. Ihre Wahl des Innenministers Wilhelm Frick (der dem Reichsführer SS Heinrich Himmler unterstand), des Chefideologen der Partei Alfred Rosenberg (der Goebbels und Himmler unterstand) sowie des Führerstellvertreters Rudolf Heß (durch dessen Abgang im Jahre 1941 die Unterstützung der arischen Physik unter die Obhut subalterner Beamter des Braunen Hauses geriet) zeigte eine fatale Tendenz, auf Verlierer in den auf höherer Ebene stattfindenden Machtkämpfen des Dritten Reiches zu setzen. Das war kein Zufall. Die Vorliebe für Frick, Rosenberg und Heß ging auf Lenards und Starks Umgang mit diesen Männern in den Anfangsjahren der Partei zurück. Ehe Hitler die Gefolgschaft der Massen mobilisierte, waren weltanschauliche Belange Hauptbestandteil der Bewegung gewesen. Nach der Machtergreifung im Jahre 1933 jedoch wurden die ideologischen Grundsätze des Nationalsozialismus durch die praktischen Anforderungen modifiziert oder zerstört. Was im Dritten Reich zählte, war Geschicklichkeit im Ränkespiel bürokratischer Intrigen sowie die Fähigkeit, das Vertrauen des Führers zu erringen. Die meisten Parteiführer der Anfangszeit, einschließlich Frick, Rosenberg und Heß, neigten eher dazu, stur an den Idealen einer Bewegung festzuhalten, als sich an die Realitäten der Machtausübung anzupassen. Daher scheiterten sie wie Lenard und Stark. Obwohl das Programm der arischen Physik erstmals 1935-36 veröffentlicht wurde, konnte es keinen deutlicheren Beweis dafür geben, daß die arische Physik ein Relikt aus der

Zeit der Weimarer Republik war, als die von ihren Verfechtern getroffene Wahl ihrer Gönner.

In einem entscheidenden Augenblick versuchten die Vertreter der arischen Physik das Verhaltensmuster zu durchbrechen. Die in den Jahren 1937-38 eingeleiteten Schritte, um Himmlers Unterstützung zu gewinnen, scheiterten jedoch, da sie sich eine schlechte Zielscheibe ausgesucht hatten. Werner Heisenberg konnte auf ziemlich viel Unterstützung bauen. Hätte man die Angriffe zuerst gegen eine unbedeutendere Persönlichkeit gerichtet und hätte sich die SS an die Seite der arischen Physik gestellt, wären die späteren Ereignisse vielleicht für sie günstig verlaufen. Durch die Blockierung von Heisenbergs Berufung und die dadurch erfolgte Stärkung der neutralen Haltung der SS, gewannen die Anhänger der nordischen Physik zwar die Schlacht, aber sie verloren den Krieg.

Die Verfechter der arischen Physik konnten nicht genug einflußreiche Persönlichkeiten davon überzeugen, daß die moderne theoretische Physik dem Nationalsozialismus feindlich gegenüberstehe und daß sich die Fachleute, die für sie eintraten, irgendwie undeutsch und folglich unloyal verhielten. Die Naziführer betrachteten die Wissenschaft vom ungefähr gleichen Standpunkt wie die fachorientierten Physiker: als losgelöst von politischen Angelegenheiten. Die NS-Beamtenschaft sah die Probleme der arischen Physik als eine interne Debatte unter Physikern, und sie fühlten sich nicht kompetent, die zur Erörterung stehenden fachlichen Fragen zu beurteilen. Das Unvermögen, diese Beamten davon zu überzeugen, daß ihr Kampf praktische Konsequenzen hätte, war einer der entscheidenden Mißerfolge der arischen Physik.

Während es der arischen Physik nicht gelang, in politischen Kreisen Interesse zu erwecken, da die ganze Diskussion als eine innerphysikalische Angelegenheit betrachtet wurde, konnten sich die Physiker nicht für sie erwärmen, weil die arische Physik für sie Politik war. Die Entlassungspolitik war von den Nationalsozialisten aus ideologischen und pragmatischen Gründen, die sich nicht unmittelbar auf die Physik bezogen, betrieben worden. In dieser Form wäre sie den führenden Vertretern der Physik vielleicht sogar willkommen gewesen, wäre sie mit tatkräftigen Bemühungen verbunden gewesen, die Stellung Deutschlands als eine der (oder vielleicht sogar *der*) führenden Nationen der internationalen Physik zu untermauern.

Statt dessen trat die arische Physik für die Ablehnung der am meisten bewunderten Beiträge Deutschlands zur Physik des zwanzigsten Jahrhunderts ein. Diese Tatsache hatte ihren Ursprung in den beruflichen Laufbahnen Lenards und Starks. Beide Männer waren ungewöhnlich freimütige Persönlichkeiten. Beide fühlten sich vor dem Krieg in Prioritätsstreitigkeiten von ihren Kollegen übergangen – »verraten« bringt vielleicht genauer die Qualität ihrer Empfindungen zum Ausdruck. Nach dem Ersten Weltkrieg entfremdeten sich die beiden Experimentalphysiker durch erfolglose Konflikte mit ihren führenden Vertretern noch mehr von den deutschen Physikern – Lenard hauptsächlich durch den Widerstand gegen Einsteins Relativitätstheorie und Stark durch die Ablehnung der neuen Quantentheorie und Meinungsverschiedenheiten in Organisationsfragen. Ihr Gefühl der Enttäuschung und des Ausgestoßenseins reichte lange zurück und spielte bei ihrem Abweichen vom anerkannten akademischen Verhalten eine entscheidende Rolle.

Da die von Lenard und Stark Mitte der dreißiger Jahre entwikkelte arische Physik ein Versuch war, ihre früheren schmerzlichen persönlichen Erfahrungen zu kompensieren, konnte sie den meisten Physikern nichts Wesentliches bieten. An Stelle der anerkannten führenden Repräsentanten der deutschen Physik konnten die Vertreter der arischen Physik bloß sich selbst als Beispiele des echten deutschen Forschers anbieten. Die Repräsentanten der nordischen Physik hatten als Ersatz für die Errungenschaften der Relativitätstheorie und der Quantenmechanik keine anerkannten wissenschaftlichen Alternativen. Der Koalitionscharakter ihrer Bewegung führte zu einer Reihe von Lehrsätzen, die einander gegenseitig aufhoben, so daß als ihr einziger eindeutiger Grundsatz die Einführung des Rassismus in die Physik übrigblieb.

Die in der arischen Physik zum Ausdruck kommenden Widersprüche und persönlichen Kränkungen waren für die meisten deutschen Physiker von geringem Interesse. Aber die unverhohlene Art, in welcher die Vertreter der arischen Physik für die Verletzung des Grundsatzes eintraten, daß bei akademischen Berufungen ausschließlich fachliche Erwägungen zählen sollten, war für die überwältigende Mehrheit der Physiker unannehmbar. Obwohl diese Regel auch früher oftmals auf sublime Weise verletzt worden war, waren die fachorientierten Physiker gegen ihre Abschaffung.

Zweifellos ging ein Teil ihres Widerstandes gegen das Eindringen politischer Kriterien in fachliche Angelegenheiten auf die Sorge um den Verlust ihrer persönlichen Privilegien zurück. Aber es stand viel mehr auf dem Spiel, da der Rückgriff auf eine auswärtige Autorität in wissenschaftlichen Fragen weitreichende Konsequenzen hat. Wenn die Normen für wissenschaftliche Leistung nicht von einer einmalig kompetenten Gruppe von Standesgenossen kontrolliert werden, die im wesentlichen ähnliche Werte teilen, gibt es keine Möglichkeit, die Behauptung zurückzuweisen, daß es nicht eine einzige, sondern viele Wahrheiten gebe.[4] Das war freilich eine der Behauptungen der arischen Physik (obwohl germanische Wahrheit vermutlich mehr galt als jüdische Wahrheit).

Ein solcher Anspruch bedeutete eine, wenn auch geringe, grundsätzliche Bedrohung des Grundprinzips der modernen Wissenschaft, der energisch entgegengetreten werden mußte. Daher konnten Heisenberg, Wien und Geiger bei ihrer Eingabe an das Wissenschaftsministerium Physiker mit sehr unterschiedlichen Anschauungen auf einen Nenner bringen. Die Unterstützung, die Ramsauer während des Krieges in der Deutschen Physikalischen Gesellschaft zuteil wurde, war ein weiterer Beweis für den ausgeprägten Wunsch der fachorientierten Physiker, ihre Disziplin vor politischer Einmischung zu schützen. Infolge des widerspruchsvollen Wesens des Dritten Reichs konnte jedoch niemand je sicher sein, wer oder was den wahren Nationalsozialismus repräsentierte. Daher bedeutete Ablehnung von Radikalen, wie Lenard, Stark und ihrer Gefolgsleute, nicht automatisch Widerstand gegen die Nationalsozialisten, eine Tatsache, auf die die fachorientierten Physiker konsequent verwiesen, wann immer sie die Unterstützung des Staates gegen ihre Konkurrenten in Anspruch nehmen wollten.

Wir kommen nun zu der am Ende des 9. Kapitels aufgeworfenen Frage: Inwieweit bedeutete das Festhalten an fachlichen Werten Widerstand gegen den Nationalsozialismus? Die Antwort lautet schlicht, daß von Opposition keine Rede sein konnte. Das Festhalten an fachlichen Werten hieß nichts anderes als die Verweigerung der *aktiven* Unterstützung, aber keine Verweigerung der Unterstützung an sich. Die Opposition im fachlichen Bereich bedeutete, Lenard und Stark nicht deshalb zu bekämpfen, weil sie Nazis waren, sondern weil sie die Effektivität und das Niveau der deutschen Wissenschaft bedrohten. Aber Opposition gegen die Nazitheorie im fachlichen Bereich war nicht gleichbedeutend mit politischer Opposition gegen das NS-Regime, wie Himmler deutlich erkannte, als er Heisenberg entlastete. Und in einer Atmosphäre, wie sie vom Dritten Reich geschaffen wurde, ist politischer Widerstand der einzige, der diesen Namen verdient.

Daher ist die Frage naheliegend, warum haben die Wissenschaftler keinen stärkeren Widerstand gegen die Nationalsozialisten entwickelt? Die Feststellung genügt nicht, daß ihr wissenschaftlicher Verhaltenskodex eine politische Betätigung ausschloß. Warum ließen sie sich solcherart einengen und gingen nicht die Risiken einer politischen Tätigkeit ein?

In einem nach dem Krieg an seinen Sohn gerichteten Brief mühte sich von Laue mit der Frage des Widerstandes der im Reich Verbliebenen ab. Er war insbesondere über die Haltung der Briten und noch stärker über die Amerikaner beunruhigt, die den Deutschen gegenüber behaupteten, daß sie ihrer Widerstandspflicht gegen Hitler offenbar nicht nachgekommen seien, weil sie noch am Leben waren. Von Laue meinte, daß eine solche Logik absurd sei. Offener Protest war gleichbedeutend mit Selbstmord, argumentierte er, und war deshalb sinnlos. Wenn es noch irgendeine Hoffnung für das deutsche Volk gab, dann würde sie von jenen kommen, deren Handeln pragmatisch den Ausspruch »lerne schweigen, ohne zu platzen« befolgte. Er gab zu, daß dies nicht leicht war und er manchmal zu unvorsichtig gewesen war. Aber es war für jene, die sich zum Bleiben entschlossen hatten, die moralisch richtige Handlungsweise.[5] Da das von einem Mann vorgebracht wurde, der auch nur den leisesten Anschein von Kompromißbereitschaft zurückgewiesen hatte, hatte das Argument einiges Gewicht.

Aber die Betonung der praktischen Erwägungen zerstreute die für den Widerstand gegen die Nazis erforderliche Energie und führte zu dem, was man als die »prudential acquiescence« (d.h. taktische Anpassung) der Wissenschaftler bezeichnen könnte.[6] Obwohl sie im großen und ganzen das Richtige trifft, wirft diese Bezeichnung insofern Probleme auf, als sie unterstellt, daß die Haltung von Männern wie Planck und Heisenberg kaum mehr als eine Ausrede für Untätigkeit war. Sie läßt durchblicken, daß sie Männer mit geringer oder ohne Überzeugung waren. Das war nicht der Fall. Die Wahrheit war nicht, daß die Wissenschaftler politische Feiglinge waren, sondern daß sie es nicht verstanden, politische Helden zu sein. Ihr Vorgehen stimmte restlos mit dem Normensystem überein, das wir als zu eng gefaßt erkannt haben. Widerstand hätte ihren Verhaltenskodex ebenso verletzt wie unverhüllte Betätigung im Dienste der Nazis.

Als Hitler 1933 an die Macht kam, waren die Wissenschaftler – zu einem beträchtlichen Teil vorsätzlich – politisch naiv. Sie betrachteten die Nazis zunächst als eine weitere Regierungsform, mit der sie sich abfinden mußten, während sie weiterhin dem Staate dienten. Die falsche Vorstellung, daß ein deutlicher Unterschied zwischen dem Dienst am Staate und dem Dienst an der Regierung bestand, war seit 1919 in großen Teilen der deutschen Gesellschaft verankert. Darunter fielen auch die Akademiker, und man könnte mit gutem Grund behaupten, daß die Intensität, mit der sich die Wissenschaftler in ihre Arbeit verkrochen, zu einem gewissen Grade schon zur Zeit der Weimarer Republik eine Form der »inneren Emigration« war. So war das Hauptproblem, mit dem Planck, von Laue, Sommerfeld und Heisenberg als die prominentesten Physiker konfrontiert waren, eine Auffassungssache.

Fast ebenso wichtig war die Tatsache, daß die Hochschulphysiker über kein politisches Druckmittel verfügten. Die Ingenieure, Chemiker und sogar die industriellen und technischen Physiker (wie z.B. Ludwig Prandtl) konnten auf die wirtschaftliche oder militärische Bedeutung ihrer Arbeit verweisen. Die Atomphysik galt im allgemeinen als ein Fachgebiet, das mehr mit Mystik oder mit Philosophie zu tun hatte als mit praktischen Dingen. Das ist eine wichtige Tatsache, die durch das Aufkommen der Atombombe und der Fernlenkwaffen vergessen wird. Sie läßt Hitlers angebliche Antwort an Planck: »Dann werden wir eben einige Zeit ohne Wissenschaft auskommen« verständlicher und vielleicht sogar glaubwürdig erscheinen.

In Anbetracht dieser Umstände hatten die Physiker nur eine Alternative: entweder auswandern oder bleiben. Für viele, besonders für junge Männer wie Finkelnburg, bedeutete sie Selbstgleichschaltung in Zusammenarbeit mit dem Staat oder der Partei. Für einige, insbesondere ältere und prominente Männer wie Planck und Ramsauer, war sie eine Form taktischer Anpassung. Für viele andere war sie die innere Emigration fern jeglicher politischer Betätigung. Für ganz wenige bedeutete diese Alternative eine Form des Widerstandes, wie sie durch Hahns und von Laues demonstrative Weigerung, Kompromisse zu schließen, und ihre hartnäckige Bereitschaft, zu tun, was in ihrer Macht stand, um der Verfolgung der Juden entgegenzuwirken, unter Beweis gestellt wurde.

Wenn der Pluralismus der NS-Behörden bis zu einem gewissen Grad Widerstand ermöglichte, so hatte sich das nicht bis zu den Physikern durchgesprochen. Die politische Naivität der Physiker verleitete sie oftmals zu einer Überschätzung der Gefahren und Schwierigkeiten (angefangen von der Gefahr einer Teilnahme an der Fritz-Haber-Gedächtnisfeier bis zu den Schwierigkeiten bei der Beschaffung von Material und Arbeitskräften für den Bau einer Atombombe). Obwohl fachliche Interessen in einem gewissen Ausmaß durch das Ausspielen des Staates gegen die Partei verfolgt werden konnten, war selbst eine Gruppe mit einem relativ festen Zusammenhalt wie jene der Physiker ohne einen koordinierten Plan gelähmt. Das Beste, was erreicht werden konnte, war zu vermeiden, daß die Deutsche Physikalische Gesellschaft gleichgeschaltet wurde, und aus der veränderten Situation Nutzen zu ziehen, als die Entdekkung der Kernspaltung und der Kriegsverlauf ihnen wichtige Unterstützung von Göring und Speer einbrachten.

Einer der Hauptgründe dafür, daß Hahn und von Laue solche Einzelfälle blieben, war, daß die meisten Wissenschaftler ihr Verhalten von voraussagbaren Folgen abhängig machten. Diese Haltung blieb natürlich nicht auf Naturwissenschaftler alleine oder Wissenschaftler überhaupt beschränkt. Aber wie das den Widerstand gegen Hitler beeinflußte, ist von dem Physiker Leo Szilard treffend beschrieben worden:

Ich bemerkte, daß die Deutschen immer einen utilitaristischen Standpunkt einnahmen. Sie fragten: »Angenommen, ich leiste Widerstand, was würde das bringen? Es würde nicht sehr viel bringen, und ich würde meinen Einfluß verlieren. Warum sollte ich dann Widerstand leisten?« Sie sehen also, daß der moralische Standpunkt völlig fehlte oder nur sehr schwach ausgeprägt war und daß sie immer die voraussagbare Konsequenz ihrer Handlungen abwägten. Und auf dieser Grundlage kam ich dann 1931 zu dem Schluß, daß Hitler nicht an die Macht kommen würde, weil die Kräfte der Nazirevolution so stark waren, sondern eher, weil es keinen wie immer gearteten Widerstand geben würde.[7]

Seine Beobachtung ist überaus zutreffend. Der Versuch, voraussagbare Konsequenzen zu ermitteln, ist ein Grundprinzip der naturwissenschaftlichen Forschung. In der Politik jedoch kann sich diese Einstellung lähmend auswirken, weil die Folgen einer Handlung dort unvorhersehbar sind. In solchen Fällen muß die alleinige Grundlage für Handeln die moralische und soziale Verantwortung sein. Das akzeptierte von Laue nach und nach, wie Einstein 1914 in einem Brief an Born ausführte:

Da dürfen wir uns nicht wundern, wenn die scientists keine Ausnahme bilden (in der großen Mehrzahl), und *wenn* sie anders sind, so ist es nicht auf die Verstandesfähigkeit, sondern auf das menschliche Format zurückzuführen, wie bei Laue. Bei ihm war es interessant zu beobachten, wie er sich schrittweise von der Tradition der Herde losgerissen hat unter der Wirkung eines starken Rechtsgefühls.[8]

Seine kompromißlose Zivilcourage ließ von Laue für Männer wie Ewald in Deutschland und Einstein und Born im Ausland zu einem wichtigen Symbol werden.

Trotz des Beispiels von Laues muß man allerdings schließen, daß der Hauptgrund, warum so wenige Wissenschaftler irgendein Zeichen von Widerstand erkennen ließen, darin begründet war, daß ihr Ideal der fachlichen Autonomie es ihnen nicht abverlangte. Sie konnten der Bedrohung ihrer Unabhängigkeit im fachlichen Bereich entgegentreten und in Anbetracht der vorhersehbaren negativen Folgen waren nur wenige bereit, den Übergang von der fachlichen zur politischen Opposition zu riskieren.

Hatten sie sich einmal entschlossen, in Deutschland zu bleiben, schreckten die meisten Wissenschaftler im Dritten Reich vor den ethischen Auswirkungen dieser Tatsache zurück. Sie waren bestrebt, die politische Tragweite ihrer Arbeit in Abrede zu stellen, ein Anliegen, für das sich die Mehrheit der Physiker gegen Lenard und Stark zusammenschloß. Die Bemühungen Ramsauers und anderer während des Krieges zur Wiedererlangung der Autonomie der Physiker war eine Flucht in den Professionalismus, um einer politischen Realität auszuweichen, die sie nicht mehr zur Gänze ignorieren konnten.

Eine wesentliche Auswirkung des Nationalsozialismus auf die deutschen Physiker bestand also darin, die Wissenschaftler im Dritten Reich zu nötigen, die politische Bedeutungslosigkeit ihrer Arbeit immer stärker herauszustreichen. Gleichzeitig betonten sie mit immer größerem Nachdruck, wie wichtig ihre Leistungen für den Krieg waren. Dieser Widerspruch wurde ihnen nicht durch die Naziführer ins Bewußtsein gerufen, sondern durch die Nachricht, daß die Atombombe gegen die Japaner eingesetzt worden war. Es wurde klar, daß Wissenschaftler nicht mehr behaupten konnten, daß die reine Wissenschaft von Technik und politischer Macht losgelöst sei.

Zusammenfassend muß gesagt werden, daß die Wissenschaftler im Dritten Reich unfähig waren, zu erkennen, daß es nicht die Stärke ihrer Verfechter war, welche die fachorientierte Physik vor politischer Vereinnahmung bewahrte, sondern die Schwäche und der Mangel an politischer Erfahrung bei ihren Gegnern. Diese Überlegung ist eine heilsame Mahnung, daß Wissenschaftler denselben Zwängen und Mißgeschicken unterworfen sind wie andere Menschen auch, wenngleich die Resultate ihrer Arbeit unsere Welt verändert haben.

Anmerkungen

1. Kapitel

1. American Institute of Physics, Center for History and Philosophy of Physics, Oral History Collection (künftig zitiert als AIP), Abschrift eines Interviews mit P.P. Ewald von Charles Weiner, 17. u. 24. Mai 1968, S. 54.

2. Hans Rosenberg, *Bureaucracy, Aristocracy and Autocracy: The Prussian Experience, 1660-1815* (Cambridge, Mass.: Harvard University Press, 1958), S. 182-88.

3. Fritz Ringer, *The Decline of the German Mandarins: The German Academic Community, 1890-1933* (Cambridge, Mass.: Harvard University Press, 1969), S. 86-90.

4. Rosenberg, *Bureaucracy, Aristocracy and Autocracy*, S. 183-84.

5. Ringer, *Decline of the German Mandarins*, S. 5.

6. Ibid., S. 23-24.

7. Joseph Ben-David, *The Scientist's Role in Society: A Comparative Study* (Englewood Cliffs, N.J.: Prentice Hall, 1971), S. 117-25.

8. Vgl. Frank Pfetsch, »Scientific Organisation and Science Policy in Imperial Germany, 1871-1914: The Foundation of the Imperial Institute of Physics and Technology«, *Minerva* 8 (Oktober 1970): 557-80.

9. Vgl. Max Planck, Hrsg., *25 Jahre Kaiser-Wilhelm-Gesellschaft zur Förderung der Wissenschaften* (Berlin: Springer, 1936).

10. Ringer, *Decline of the German Mandarins*, S. 102-103.

11. Ibid., S. 128-43.

12. Ibid., S. 213-19.

13. Vgl. Paul Forman, »The Environment and Practice of Atomic Physics in Weimar Germany: A Study in the History of Science« (Ph. D. Diss. University of California, Berkeley, 1967), S. 161-68.

14. Paul Forman, »Scientific Internationalism and the Weimar Physicists: The Ideology and Its Manipulation in Germany after World War I«, *Isis* 64 (Juni 1973): 169-71. Dazu siehe auch Brigitte Schröder-Gudehus, »Deutsche Wissenschaft und internationale Zusammenarbeit 1914-1928« (Phil. Diss., Univ. Genf, 1966) (Genf: Dumaret & Golay, 1966), S. 33–49.

15. Vgl. Siegfried Grundmann, »Der deutsche Imperialismus, Einstein und die Relativitätstheorie (1914-1933)«, in *Relativitätstheorie und Weltanschauung* (Berlin [Ost]: VEB Deutscher Verlag der Wissenschaften, 1967), S. 208-32. Zu Einsteins Reisen und die Reaktionen darauf siehe auch

Ronald Clark, *Albert Einstein. The Life and Times* (New York and Cleveland: World Publishing Co., 1971), S. 267-305.

16. Bernhard Breslauer, Hrsg., *Die Zurücksetzung der Juden an den Universitäten Deutschlands* (Berlin: 1914), zitiert nach Alexander Busch, *Die Geschichte des Privatdozenten*, Göttinger Abhandlungen zur Soziologie, Bd. 5 (Stuttgart: F. Enke, 1959), S. 160. Siehe auch David L. Preston, »Science, Society and the German Jews, 1870–1933« (Ph.D. Diss., University of Illinois, 1971), S. 113–24.

17. Vgl. Ringer, *Decline of the German Mandarins*, S. 220-21.

18. Der im Zitat erwähnte Mann war ein Kunstkritiker des 19. Jh., Julius Langbehn. Fritz Stern, *The Politics of Cultural Despair: A Study in the Rise of the German Ideology*, (Garden City, N.Y.: Doubleday, Anchor Books, 1965), S. 160. Zu anderen Gesichtspunkten des fortschrittsfeindlichen und antirationalistischen Denkens in der Weimarer Republik vgl. Kurt Sontheimer, *Antidemokratisches Denken in der Weimarer Republik: Die politischen Ideen des deutschen Nationalismus zwischen 1918 und 1933* (München: Nymphenburger Verlagshandlung, 1962).

19. Paul Forman, »Weimar Culture, Causality and Quantum Theory, 1918-1927: Adaptation by German Physicists and Mathematicians to a Hostile Intellectual Environment«, *Historical Studies in the Physical Sciences* 3 (1971): 7.

20. Constance Reid, *Hilbert* (New York: Springer, 1970), S. 182-83.

21. George W. Gray, *Education on an International Scale: A History of the International Education Board, 1923-38* (New York: Harcourt, Brace, 1941), S. 26, 29-30.

22. Hermann Weyl, »Emmy Noether«, in *Gesammelte Abhandlungen*, hrsg. v. K. Chandrasekharan (Berlin, New York: Springer, 1968), 3: 444; vgl. auch Augusta Dick, *Emmy Noether 1882-1935*, Beiheft 13 zu *Elemente der Mathematik* (Basel: Birkhäuser, 1970).

23. Friedrich Hund, »Höhepunkte der Göttinger Physik II«, *Physikalische Blätter* 25 (1969): 210.

24. Für einen ausgezeichneten Überblick über Francks Laufbahn vgl. Heinrich Kuhn, »James Franck«, *Biographical Memoirs of Fellows of the Royal Society* (künftig zitiert als *Biog.Mem. F.R.S.*) (London: Royal Society, 1965), 11: 53-74.

25. Ein popularisierter Ausdruck von Robert Jungk, *Heller als tausend Sonnen. Das Schicksal der Atomforscher* (Stuttgart: Scherz & Goverts, 1956; *Brighter than a Thousand Suns*, New York: Harcourt, Brace, 1958, S. 10–28).

26. Werner Heisenberg, *Der Teil und das Ganze: Gespräche im Umkreis der Atomphysik* (München: R. Piper, 1969), S. 90.

27. Alexander Deubner, »Die Physik an der Berliner Universität von 1910 bis 1960«, *Wissenschaftliche Zeitschrift der Humboldt-Universität zu Berlin* (1959-1960), Beiheft 14, S. 87.

28. Wilhelm Westphal, »Das physikalische Institut der TU Berlin«, *Physikalische Blätter* 11 (1955): 556.

29. Für einen Überblick über die kulturellen Leistungen und Einstellungen in der Weimarer Republik vgl. Peter Gay, *Weimar Culture: The Qutsider as Insider* (New York, Evanston: Harper & Row, 1968); siehe auch die Aufsatzsammlung »Germany 1919-1932: The Weimar Culture«, in *Social Research*, Bd. 39 (Sommer 1972).

30. Peter Debye, Wolfgang Pauli, Werner Heisenberg und Hans Bethe.

31. Max Born, »Sommerfeld als Begründer einer Schule«, *Die Naturwissenschaften* 16 (1928): 1036.

32. Unverhohlener Antisemitismus bei akademischen Berufungen in München veranlaßte einen jüdischen Nobelpreisträger für Chemie, Richard Willstätter, seine Professur im Jahre 1924 niederzulegen. Vgl. Willstätter, *Aus meinem Leben.* Von Arbeit, Muße und Freunden (Weinheim: Verlag Chemie, 1949; *From my Life*, New York, Amsterdam: W. A. Benjamin, 1965, S. 364–65).

33. Adolf Hitler, *Mein Kampf*, 352–354. Auflage (München: Zentralverlag der NSDAP, Frz. Eher Nachf., 1938), S. 469–70.

34. Ibid., S. 452.

35. Joachim C. Fest, *Das Gesicht des Dritten Reiches. Profile einer totalitären Herrschaft* (Frankfurt/M., 1969), S. 296.

36. Edouard Calic, Hrsg., *Ohne Maske: Hitler - Breiting Geheimgespräche* (Frankfurt/M.: Societäts-Verlag, 1968), S. 42.

37. Ibid., S. 113.

38. Ibid., S. 115. Hitler äußerte offenbar ähnliche Ansichten über die Manipulation von Fachleuten im Gespräch mit dem NS-Führer des Danziger Senats. Hermann Rauschning, *Gespräche mit Hitler* (New York: Europa Verlag 1940), S. 173.

39. Vgl. Karl Dietrich Bracher, Wolfgang Sauer und Gerhard Schulz, *Die nationalsozialistische Machtergreifung: Studien zur Errichtung des totalitären Herrschaftssystems in Deutschland 1933/34* (Köln: Westdeutscher Verlag, 1960) (künftig zitiert als *NS-Machtergreifung*); Bracher, *Die deutsche Diktatur. Entstehung, Struktur, Folgen des Nationalsozialismus* (Köln, Berlin: Kiepenheuer & Witsch, 1969)

40. Dazu vgl. z.B. Alan Bullock, *Hitler: A Study in Tyranny*, durchges. Aufl. (New York: Harper & Row, 1962), S. 257.

41. Walther Hofer, Hrsg., *Der Nationalsozialismus: Dokumente 1933-45* (Frankfurt/M.: Fischer Bücherei, 1957), S. 268.

42. Ibid., S. 28-31.

43. Lucy S. Davidowicz, *The War Against the Jews, 1933-1945* (New York: Holt, Rinehart and Winston, 1975), S. 56.

44. Bracher, Sauer, Schulz, *NS-Machtergreifung*, S. 496.

45. Eine besonders lebendige zeitgenössische Darstellung wurde vom Korrespondenten der Londoner *Times* gegeben: »Boycott of Jews«, *The Times*, London, 3. April 1933, S. 14.

46. Vgl. Clark, *Einstein*, S. 458-62.

47. Grundmann, »Der deutsche Imperialismus, Einstein und die Relativitätstheorie«, S. 249. Zur Einstein-Affäre vgl. auch eine ältere ostdeutsche Darstellung, Friedrich Herneck, *Albert Einstein: Ein Leben für Wahrheit, Menschlichkeit und Frieden* (Berlin [Ost]: Buchverlag der Morgen, 1963), S. 199-213.

48. In: Grundmann, »Der deutsche Imperialismus, Einstein und die Relativitätstheorie«, S. 249.

49. Ibid., S. 250.

50. Ibid.

51. In: Einstein, *Mein Weltbild* (Amsterdam: Querido, 1934), S. 120-21.

52. Axel Friedrichs, Hrsg., *Die nationalsozialistische Revolution 1933*, Bd. 1, *Dokumente der deutschen Politik*, hrsg. v. Paul Meier-Benneckenstein, 4. Aufl. (Berlin: Junker und Dünnhaupt, 1939), S. 167.

53. Walter Strauss, »Das Reichsministerium des Innern und die Judengesetzgebung, Aufzeichnungen von Dr. Bernhard Lösener«, *Vierteljahrshefte für Zeitgeschichte* 9 (1961): 266.

54. Für eine Erörterung der Ausarbeitung und Zielsetzung dieses entscheidenden Gesetzes vgl. Hans Mommsen, *Beamtentum im Dritten Reich*, No. 12 der Schriftenreihe der *Vierteljahrshefte für Zeitgeschichte* (Stuttgart: Deutsche Verlags-Anstalt, 1966), S. 39-61, 151-55. Das Gesetz als solches erschien im *Reichsgesetzblatt*, I, 175.

55. Vgl. den diesbezüglichen Briefwechsel zwischen von Hindenburg und Hitler in Joachim Remak, Hrsg., *The Nazi Years: A Documentary History* (Englewood Cliffs., N.J.: Prentice-Hall, 1969), S. 146-48.

56. *Reichsgesetzblatt*, I, 195.

57. *Reichsgesetzblatt*, I, 245.

58. Mit dem »Deutschen Beamtengesetz« vom 26. Januar 1937, *Reichsgesetzblatt*, I, 39. Vgl. Mommsen, *Beamtentum im Dritten Reich*, S. 91-123, 203-21.

59. Vgl. Raul Hilberg, *The Destruction of the European Jews* (Chicago:

Quadrangle, 1967), S. 45-53; Strauss, »Judengesetzgebung«, S. 272-77; Davidowicz, *War Against the Jews*, S. 66-69.

60. Hilberg, *The Destruction of the European Jews*, S. 48.

61. Trotz einiger Mängel bietet den wahrscheinlich besten Einblick in die Durchführung und die Auswirkungen der Entlassungspolitik Fritz Köhler, »Zur Vertreibung humanistischer Gelehrter 1933/34«, *Blätter für deutsche und internationale Politik* 11 (Juli 1966): 696-707. Vgl. dazu auch den brauchbaren Überblick von Helge Pross, »Die geistige Enthauptung Deutschlands: Verluste durch Emigration«, in: *Nationalsozialismus und die deutsche Universität*, hrsg. von Freie Universität Berlin (Berlin: Walther de Gruyter, 1966), S. 143-55. Das volle Ausmaß der Auswirkungen der Entlassungspolitik auf das akademische Leben in Deutschland veranschaulicht die Notgemeinschaft deutscher Wissenschaftler im Ausland, *List of Displaced Scholars* (London: Notgemeinschaft, 1936; Stockholm: Notgemeinschaft, 1972).

2. *Kapitel*

1. Kuhn, »James Franck«, *Biog.Mem. F.R.S.*, S. 57.

2. »Das neue Beamtengesetz, Schluß mit dem Parteibuch-Beamtentum«, *Göttinger Tageblatt*, 7. April 1933, S. 1.

3. Siehe Kap. 1.

4. Josef Wulf, *Literatur und Dichtung im Dritten Reich: Eine Dokumentation* (Gütersloh: S. Mohn, 1963), S. 41-42; vgl. auch Hans-Wolfgang Strätz, »Die studentische ›Aktion wider den undeutschen Geist‹ im Frühjahr 1933«, *Vierteljahrshefte für Zeitgeschichte* 16 (1968): 347-72.

5. Vgl. den Kommentar in der *Vossischen Zeitung*, »Das neue Studentenrecht«, in der Abendausgabe vom 13. April 1933, S. 4; Hans Peter Bleuel und Ernst Klinnert, *Der deutsche Student auf dem Weg ins Dritte Reich: Ideologien – Programme – Aktionen 1918-35* (Gütersloh: S. Mohn, 1967), S. 246-47; Wolfgang Zorn, »Student Politics in the Weimar Republic«, *Journal of Contemporary History* 5, 1 (1970): 128-43. Zum Verhältnis zwischen der Göttinger Kreisleitung der NSDAP, in der Studenten schon früh eine entscheidende Rolle spielten, und der übergeordneten Parteiorganisation vgl. Jeremy Noakes, *The Nazi Party in Lower Saxony, 1921-1933* (London: Oxford University Press, 1971).

6. Vgl. die berühmte Aufzählung im *Manchester Guardian Weekly*, »Nazi ›Purge‹ of the Universities«, 19. Mai 1933, S. 399.

7. Kuhn, »James Franck«, S. 63.

8. Frau Elisabeth Lisco und Frau Dagmar von Hippel (Francks Töchter) an den Autor, 19. Februar 1972.

9. Ibid. Ebenfalls anwesend war Kurt Hahn, Direktor der bekannten Internatsschule von Salem. Kuhn nahm an einigen Diskussionen teil, erinnert sich aber nicht, ob er an jenem Abend in Francks Wohnung war. Kuhn an Frau Lisco, 9. März 1972, auszugsweise in einem Brief Frau Liscos an den Autor vom 14. März 1972 zitiert.

10. Franck an den Preußischen Minister für Wissenschaft, Kunst und Volksbildung, Bernhard Rust, 17. April 1933, Kuratorium der Georg August Universität, Göttingen (künftig zitiert als KUG), Akte Franck, S. 94.

11. Frau Lisco an den Autor, 6. März 1972.

12. »Freiwilliger Amtsverzicht Prof. James Francks«, *Göttinger Zeitung*, 18. April 1933. Weder das Büro des Göttinger Kurators noch die Familie Franck sind im Besitz des Originaldokuments.

13. Ibid.

14. »Professor Franck legt sein Amt nieder«, *Vossische Zeitung*, Berlin, Abendausgabe vom 18. April 1933, S. 7; »Treatment of Jews in Germany, Nobel Prize Winners' Protest«, *The Times*, London, 19. April 1933, S. 11.

15. »Ein Nobelpreisträger legt sein Lehramt nieder«, *Berliner Tageblatt*, Morgenausgabe vom 19. April 1933, S. 3.

16. Hilsch, Tonbandinterview mit dem Autor in Göttingen am 5. Mai 1971.

17. Frau Lisco und Frau von Hippel an den Autor, 19. Februar 1972.

18. Haber an Franck, Februar 1931, in einem Brief an den Autor vom 22. März 1972 von Frau Lisco zitiert.

19. Die Kandidatenliste schloß auch Hans Geiger und Otto Stern mit ein. Von Frau Lisco aus Briefen an Franck in einem Schreiben an den Autor vom 22. März 1972 zitiert.

20. Aufgrund eines Vergleichs der Unterzeichner in »Der Rücktritt Professor Francks«, *Göttinger Tageblatt* vom 24. April 1933, S. 3, mit Wilhelm Ebel, *Catalogus Professorum Gottingensum, 1734-1962* (Göttingen: Vandenhoek & Ruprecht, 1962). Die Ausnahme bei den Physikern und Mathematikern war Werner Weber, ein Assistent des Mathematikers Edmund Landau. Weber stammte aus Oldenburg-Birkenfeld, einem Bezirk in der Nähe der französischen Grenze, der bei Wahlen vor 1933 einen starken nationalsozialistischen Stimmenanteil aufwies. Herbert Busemann, Tonbandinterview mit dem Autor in Santa Ynez, Kalifornien, 10. Mai 1972.

21. »Der Rücktritt Professor Francks«, *Göttinger Tageblatt*, 24. April 1933.

22. »6 Göttinger Professoren beurlaubt: Weitere werden folgen«, *Göttinger Tageblatt*, 26. April 1933, S. 3.

23. *Albert Einstein – Hedwig und Max Born, Briefwechsel 1916-1955* (München: Nymphenburger Verlagshandlung, 1969), S. 158-59 (künftig zitiert als *Einstein-Born Briefwechsel*).

24. Ibid., S. 19; die Freundschaft zwischen Einstein und Born war zum Teil auf den gemeinsamen Widerstand gegen die politischen Ziele der Deutschen während des Krieges gegründet. Born, *My Life and my Views* (New York: Charles Scribner's Sons, 1968), S. 29.

25 Lothar Nordheim, Tonbandinterview mit dem Autor in La Jolla, Kalifornien, 15. April 1972.

26. *Einstein-Born Briefwechsel*, S. 58.

27. Ibid., S. 60. Siehe unten Kapitel 5.

28. Born an von Kármán, 7. November 1922, California Institute of Technology Archives (künftig zitiert als CIT-Ar), von Kármán Papers, Box 4 – Born.

29. Vgl. Born an Einstein, 21. Oktober 1921, *Einstein-Born Briefwechsel*, S. 88.

30. Born, *My Life and my Views*, S. 37.

31. *Einstein-Born Briefwechsel*, S. 157.

32. Born an von Kármán, 27. März 1931, CIT-Ar, von Kármán Papers, Box 4 – Born. Siehe auch Born an Einstein, 22. Februar 1931, *Einstein-Born Briefwechsel*, S. 153.

33. *Einstein-Born Briefwechsel*, S. 155-56.

34. Hund, Tonbandinterview mit dem Autor in Göttingen am 26. Juli 1971.

35. Born an (Justus) Valentiner, 24. Mai 1933, KUG, Akte Born, S. 132.

36. Born an Einstein, 2. Juni 1933, *Einstein-Born Briefwechsel*, S. 162-63.

37. Ibid., S. 164.

38. Ibid., S. 161.

39. Einstein an Born, 30. Mai 1933, ibid., S. 159.

40. F(erdinand) Springer an Courant, 19. April 1933, aus den im Familienbesitz befindlichen Privatdokumenten von Richard Courant (künftig zitiert als Courant Papers).

41. Courant an H. Kneser, 28. April 1933, Courant Papers.

42. Neugebauer in einem mit Constance Reid, der Autorin des Buches über Hilbert, in Princeton, N.J., am 14. November 1971 aufgenommenen Tonbandinterview, in dessen Abschrift Frau Reid dem Autor liebenswürdigerweise Einblick gewährte. Bestätigt in einem Brief Neugebauers an den

Autor vom 5. Februar 1972. Siehe auch Constance Reid, *Courant in Göttingen and New York* (New York: Springer-Verlag, 1976), S. 142-52.

43. Busemann, Interview mit dem Autor am 10. Mai 1972.

44. Berlin Document Center (künftig zitiert als BDC), Research, Korrespondenz »Wi«, Richard Edler von Mises.

45. Courant an Kneser, 28. April 1933, Courant Papers.

46. Ibid.

47. Courant an Kneser, 29. April 1933, Courant Papers.

48. Courant an Flexner, 2. Mai 1933, Courant Papers.

49. Der Kurator an Courant, 5. Mai 1933, Courant Papers.

50. Kneser an Courant, 20. Mai 1933, Courant Papers.

51. Z.B. Carl Ludwig Siegel an den Minister für Wissenschaft, Kunst und Volksbildung, 24. Mai 1933, Courant Papers.

52. »An den Herrn Minister für Wissenschaft, Kunst und Volksbildung«, Mai 1933, Courant Papers. Es handelt sich um eine Kopie jener Fassung der Eingabe, die mehreren Personen zur Unterschrift vorgelegt wurde. Unter den Courant Papers oder den Akten des Büros des Göttinger Kurators befindet sich kein Exemplar der Eingabe in ihrer endgültigen Fassung (der Text wurde mit ziemlicher Sicherheit unverändert belassen).

53. Neugebauer an Friedrichs, 8. Juni 1933, Courant Papers. Nach diesem Brief lautete die endgültige Liste der Unterzeichner wie folgt: Artin, Betz, Bessel-Hagen, Blaschke, Caratheodory, Friedrichs, Hasse, Heisenberg, Herglotz, Hilbert, Hund, Koppenfels, Laue, Maier-Leibnitz, Mie, Neugebauer, Planck, Prandtl, Rellich, Schaffeld, Schauffler, Schrödinger, Seyfarth, Sommerfeld, Straubel, Trefftz, van der Waerden und Weyl. In *Heller als tausend Sonnen* nennt Jungk fälschlich 22 Unterzeichner.

54. Courant, »Reminiscences from Hilbert's Göttingen«, Kolloquium am Department of History of Science and Medicine, Yale University, am 13. Januar 1964, Abschrift einer Tonbandaufnahme, vervielfältigt, S. 19-20.

55. Prandtl an Valentiner, 1. Juni 1933; Valentiner an Prandtl, 3. Juni 1933, KUG, Akte Prandtl, S. 203-204.

56. »Bericht zu den Anträgen des Professor Prandtl, Göttingen, vom 6. Dezember 1934«, Deutsche Forschungsgemeinschaft (künftig zitiert als DFG), Bad Godesberg, Akte Prandtl. Ich bin Steffen Richter, vormals am Lehrstuhl für die Geschichte der Naturwissenschaften und Technik in Stuttgart, dafür zu Dank verpflichtet, mich auf diesen Bericht hingewiesen zu haben.

57. »Was ist Göttingen ohne Prandtl?«, *Göttinger Tageblatt*, 7. Juni 1933, S. 1.

58. (Johannes) Weniger, undatierte Beantwortung des Memorandums vom 11. Januar 1935, DFG, Akte Prandtl.

59. H. Kneser, K.O. Friedrichs und L. Prandtl an den Minister für Wissenschaft, Kunst und Volksbildung, 25. Juni 1933, KUG, Akte Courant, S. 111.

60. Courant an Valentiner, 18. Mai 1933, KUG, Akte Courant, S. 108.

61. Friedrichs an den Autor, 24. Januar 1972.

62. Radio Bremen, *Auszug des Geistes: Bericht über eine Sendereihe* (Bremen: Verlag B.D. Heye, 1962), S. 200.

63. Zur mit der Emigration verbundenen finanziellen Einschränkung vgl. Hilbert, *European Jews*, S. 90-97.

64. (Johann) Achelis an den Kurator, 17. Okt. 1933, KUG, Akte Courant, S. 124; Valentiner an Courant, 20. Okt. 1933, Courant Papers.

65. Courant vom Minister für Wissenschaft, Kunst und Volksbildung am 1. November 1933 bewilligt, Courant Papers.

66. Preußischer Minister für Wissenschaft, Kunst und Volksbildung an Born (über den Göttinger Kurator), 9. Oktober 1933, KUG, Akte Born, S. 151.

67. Lothar Nordheim an den Autor, 27. April 1972.

68. Frau Lisco und Frau von Hippel an den Autor, 19. Februar 1972.

69. Nordheim an den Autor, 16. Februar 1972. Edward Teller, der damals ebenfalls Göttingen verlassen mußte, erinnert sich ziemlich genau an das Seminar in Francks Wohnung: »Es blieb mir im Gedächtnis haften, daß eines der von uns erörterten Themen das Energieniveausystem des Ammoniakmoleküls (bei sehr kleinen Energien) war, das später eine so entscheidende Rolle bei der Erfindung des Masers spielen sollte.« Teller an den Autor, 18. Juli 1972.

70. Kroebel, »Zum Tode von James Franck«, S. 422.

71. Rabinowitch an den Autor, 8. Mai 1972.

72. Kuhn an Frau Lisco, 9. März 1972, in Frau Liscos Brief an den Autor vom 14. März 1972 zitiert.

73. Frau Lisco an den Autor, 6. März 1972; Helge Pross, »Die geistige Enthauptung Deutschlands: Verluste durch Emigration«, in *Nationalsozialismus und die deutsche Universität*, hrsg. von Freie Universität Berlin (Berlin: W. de Gruyter, 1966), S. 149. Vgl. auch Horst Widman, *Exil und Bildungshilfe: Die deutschsprachige akademische Emigration in die Türkei nach 1933* (Frankfurt/M.: Peter Lang, 1973).

74. Walter Heitler an den Autor, 1. Februar 1972.

75. Zu Rumer, siehe *Einstein-Born Briefwechsel*, S. 144; Nordheim, Interview mit dem Autor am 15. April 1972.

76. (Max) Reich an Nordheim, 28. April 1933, in Nordheims Privatbesitz.

77. Nordheim an den Autor, 29. Februar 1972.

78. Stuckart an Nordheim, 11. September 1933, und Valentiner an Nordheim, 20. September 1933, beides in Nordheims Privatbesitz; Nordheim an den Autor, 16. Februar 1972.

79. Teller an den Autor, 18. Juli 1972; *Einstein-Born Briefwechsel*, S. 161.

80. Teller an den Autor, 18. Juli 1972.

81. Heitler an den Autor, 22. Februar 1972.

82. Heckmann an den Autor, 7. April 1972.

83. Weyl an Paul Epstein, 21. Oktober 1936, CIT-Ar, Epstein Papers, Box 2 – Emergency Committee in Aid of Displaced German Scholars; in einem nicht datierten Brief (erhalten am 2. Juni 1972) Heckmanns an den Autor bestätigt.

84. Stobbe an H.A. Kramers, 2. Juni 1937 und 18. Oktober 1937 SHQP (10, 12); zum Tod von Stobbe, Brief an den Autor von Steven Siegel, Research Foundation for Jewish Immigration, New York, 25. Juli 1975.

85. Busemann, Interview mit dem Autor 10. Mai 1972.

86. Lewy an den Autor, 4. April 1972.

87. Busemann, Interview mit dem Autor am 10. Mai 1972.

88. Reid, *Hilbert*, S. 204.

89. Karl F. Herzfeld an »Sehr geehrter Herr Kollege!«, 21. Februar 1934, und Herzfeld an Samuel A. Goudsmit, 23. Mai und 5. November 1936, alle aus der Privatkorrespondenz von Samuel A. Goudsmit in seinem Privatbesitz (künftig zitiert als Goudsmit Papers-Korrespondenz).

90. Reid, *Hilbert*, S. 204.

91. Busemann, Interview mit dem Autor, 10. Mai 1972; Courant an von Kármán, 12. November 1933, CIT-Ar, von Kármán Papers, Box 7 – Courant.

92. Weniger an A. Gnade, 16. August 1934, Hoover Institution on War, Revolution and Peace in Stanford, Kalifornien, Nationalsozialistischer Deutscher Studentenbund, Box 2.

93. Gnade an Weniger, 8. September 1934, und Vahlen an die Notgemeinschaft der Deutschen Wissenschaft, 28. August 1934, ibid.

94. Weyl, »Emmy Noether«, S. 431-32.

95. Ibid., S. 434-35.

96. Ibid.

97. Reid, *Hilbert*, S. 205; Weyl an Courant, 11. Oktober 1933, Courant Papers.

98. Abraham Adolf Fraenkel, *Lebenskrise: Aus den Erinnerungen eines jüdischen Mathematikers* (Stuttgart: Deutsche Verlags-Anstalt, 1967), S. 165.

99. Busemann, Interview mit dem Autor am 10. Mai 1972.

100. Courant an von Kármán, 12. November 1933, CIT-Ar, von Kármán Papers, Box 7 – Courant; vgl. Emil J. Gumbel, »Arische Naturwissenschaft?« in *Freie Wissenschaft: Ein Sammelbuch der deutschen Emigration*, hrsg. von Emil J. Gumbel (Straßburg: Sebastian Brant, 1938), S. 255-56.

101. Reid, *Hilbert*, S. 205.

102. Courant an Valentiner, 6. Februar 1934, Courant Papers.

103. Courant an H. Hasse, 28. April 1934, Courant Papers.

104. Franz Neumann, »The Social Sciences«, in *The Cultural Migration: The European Scholars in America*, hrsg. von Franz Neumann et al. (Philadelphia: University of Pennsylvania Press, 1953), S. 17.

105. Courant an H. Hasse, 28. April 1934, Courant Papers.

106. Courant an den Preußischen Minister für Wissenschaft, Kunst und Volksbildung, 23. Juni 1934, KUG, Akte Courant, S. 147.

107. Vahlen an Courant, 10. Juli 1934, Courant Papers; Reichs- und Preußischer Minister für Wissenschaft, Erziehung und Volksbildung an den Kurator, 12. Dezember 1935, KUG, Akte Courant, S. 174; der Kurator an den Regierungspräsidenten in Hildesheim, 14. Dezember 1935, KUG, Akte Courant, S. 172.

108. (Otto) Wolff an Franck, 28. April 1933, und Valentiner an Franck, 15. Mai 1933, in den Akten der Familie Franck, jetzt im Department of Special Collections of the University of Chicago Library (künftig zitiert als Franck Papers) aufbewahrt.

109. Frau Lisco an den Autor, 14. März 1972.

110. Haber an Franck, 15. Mai 1933, Franck Papers, zitiert in einem Brief Frau Liscos an den Autor vom 22. März 1972. Siehe auch unten 3. Kapitel.

111. Franck an Valentiner, 22. Juli 1933, Franck Papers.

112. Frau Lisco und Frau von Hippel an den Autor, 19. Februar 1972.

113. Frau Lisco an den Autor, 6. März 1972.

114. Werner Kroebel, »Zum 70. Geburtstag von James Franck«, *Die Naturwissenschaften* 39 (1952): 386.

115. Werner Kroebel, »Zum Tode von James Franck«, *Die Naturwissenschaften* 51 (1964): 422.

116. (Wilhelm) Stuckart an Franck, 11. Dezember 1933 und 8. Februar 1934; und Bernhard Rust an Franck, 8. Februar 1934, alle in Franck Papers.

117. Bothe an den Dekan der mathematisch-naturwissenschaftlichen Fakultät, 29. September 1933; Bothe an den Rektor, 25. September 1934

und 8. November 1934, alle in dem Archiv der Universität Heidelberg (künftig zitiert als AUH), Akte Bothe.

118. Reichs- und Preußischer Minister für Wissenschaft, Erziehung und Volksbildung an Joos, 7. Mai 1935, KUG, Akte Joos.

119. Born an den Minister für Wissenschaft, Kunst und Volksbildung, 10. August 1933, KUG, Akte Born, S. 139.

120. Achelis an Born, 9. Oktober 1933, KUG, Akte Born, S. 151.

121. Wilhelm Westphal, »Das Physikalische Institut der TU Berlin«, *Physikalische Blätter* 11 (1955): 557. Becker meinte, daß er strafversetzt wurde. Er verließ Berlin nur sehr ungern und akzeptierte erst viel später die kleinere Stadt. Rudolf Hilsch, Interview mit dem Autor am 5. Mai 1971; Friedrich Hund, Interview mit dem Autor am 26. Juli 1971.

3. Kapitel

1. Philipp Franck, *Einstein: Sein Leben und seine Zeit* (München, Leipzig, Freiburg i. Br.: Paul List, 1949), S. 379. Zu Nernst, vgl. Kurt Mendelssohn, *The World of Walther Nernst: German Science in Triumph and Crisis* (Pittsburgh: University of Pittsburgh, 1973).

2. Siegfried Grundmann, »Der deutsche Imperialismus, Einstein und die Relativitätstheorie«, S. 251-52; und Herneck, *Einstein*, S. 204.

3. Grundmann, »Der deutsche Imperialismus, Einstein und die Relativitätstheorie«, S. 251-52.

4. Herneck, *Einstein*, S. 207.

5. Mit Auslassungen zitiert in Grundmann, »Der deutsche Imperialismus, Einstein und die Relativitätstheorie«, S. 252.

6. H. Frühauf, »Max Planck als beständiger Sekretär« in *Max Planck zum Gedenken*, hrsg. von der deutschen Akademie der Wissenschaften zu Berlin (Berlin [Ost]: Akademie Verlag, 1959), S. 10.

7. Einstein, *Mein Weltbild*, S. 125.

8. Vgl. Morris Goran, *The Story of Fritz Haber* (Norman: University of Oklahoma Press, 1967). S. 81-82.

9. Vgl. die Darstellung der Tätigkeit Habers während des Krieges durch seinen Mitarbeiter Willstätter, *Aus meinem Leben* (*From my Life*, S. 264-67, S. 272-73, S. 279-81).

10. Friedrich Glum, *Zwischen Wissenschaft, Wirtschaft und Politik* (Bonn: Bouvier, 1964), S. 440.

11. In: Otto Hahn, »Zur Erinnerung an die Haber Gedächtnisfeier vor 25 Jahren, am 29. Januar 1935, im Harnack-Haus in Berlin-Dahlem«, *Mit-*

teilungen der Max Planck-Gesellschaft zur Förderung der Wissenschaften (1960), S. 3-4. Hans Kopfermann, ein ehemaliger Doktorand bei James Franck in Göttingen und von 1924 bis 1932 (nichtjüdischer) Assistent an Habers Institut, war 1932-33 an Bohrs Institut in Kopenhagen. Nach einer zehntägigen Reise durch Göttingen, Berlin und Rostock Anfang Mai 1933 teilte er seine Eindrücke Bohr mit, der damals in Amerika war. Kopfermann machte insbesondere für den Verlust Habers und seiner Mitarbeiter Michael Polanyi und Herbert Freundlich die Panikstimmung in der Führung der KWG und Plancks verzögerte Rückkehr aus Sizilien verantwortlich. (Es war bekannt, daß sich Planck nur ungern in seinem Urlaub von geschäftlichen Angelegenheiten stören ließ.) H. Kopfermann an Bohr, 23. Mai 1933, Archive for History of Quantum Physics-Bohr Scientific Correspondence (22,2) (künftig zitiert als BSC). Glum behauptete, in der Haber-Affäre übergangen worden zu sein, da Haber direkt mit dem Ministerium verhandelte. Glum, *Zwischen Wissenschaft, Wirtschaft und Politik*, S. 433. Andererseits bemerkte von Laue später, daß er versucht hatte, Planck Habers wegen aus Italien zurückzuholen, aber gescheitert war, weil Glum Planck berichtet hatte, daß die KWG nicht in Gefahr sei. Das traf aber nur für die Zentralverwaltung zu. Max von Laue an seinen Sohn Theodore H. von Laue, 12. Oktober 1952, im Privatbesitz Theodore H. von Laues (künftig zitiert als von Laue Papers).

12. Siehe unten, 4. Kapitel.

13. Goran, *Fritz Haber*, S. 162.

14. Max Planck, »Mein Besuch bei Hitler«, *Physikalische Blätter* 3 (1947): 148. Die Audienz wurde offenbar Mitte oder Ende Mai gewährt, und bis Mitte Juni wußten die meisten Berliner Wissenschaftler davon. Ende Juli zirkulierte ein Bericht über die Begegnung unter jenen Personen, die in Amerika mit Flüchtlingsangelegenheiten befaßt waren. Charlotte Schoenberg an R.G.D. Richardson, 27. Juli 1933 (Kopie), Library of Congress, Papers of Oswald Veblen (künftig zitiert als Veblen Papers).

15. Karl A. Schleunes, *The Twisted Road to Auschwitz: Nazi Policy Towards German Jews, 1933-1939* (Urbana, Chicago, London: University of Illinois Press, 1970), S. 78.

16. Edward Y. Hartshorne, *The German Universities and National Socialism* (London: Allen & Unwin, 1937), S. 112.

17. Ibid., S. 93.

18. Ibid.; »Jewish Self-Help«, *The Times*, London, 18. April 1934, S. 18. Zum Vergleich siehe die Zahlen, die die Veränderungen innerhalb der Staatsbeamtenschaft veranschaulichen, in Bracher, Sauer und Schulz, *NS-Machtergreifung*, S. 507-508.

19. Hartshorne, *German Universities and National Socialism*, S. 94-95.

20. Diese Schätzungen sind grobe Näherungswerte. Angaben für den Personalstand von 1931, ausgenommen Assistenten, sind zu finden in Christian von Ferber, *Die Entwicklung des Lehrkörpers der deutschen Universitäten und Hochschulen 1864-1954*, Bd. 3, Untersuchungen zur Lage der deutschen Hochschullehrer (Göttingen: Vandenhoeck & Ruprecht, 1956), S. 211-16: Naturwissenschaften 1 765; Physik 322; Mathematik 239; Chemie 542; Medizin 1 897. Hartshornes Angaben beziehen sich allerdings auf die Jahre 1932-33 und berücksichtigten auch die Assistenten. Diese Aufschlüsselung beruht auf der Annahme, daß sich der Personalstand zwischen 1931 und 1932-33 nur geringfügig veränderte und auf der Richtigkeit der Annahme Hartshornes (S. 87-88), daß die Assistenten ungefähr ein Fünftel des akademischen Lehrkörpers umfaßten. Jeder von Ferbers Werten entspricht also ungefähr 80% des tatsächlichen Gesamtpersonalstandes (d.h. von Ferbers Zahl = .80 × Gesamtzahl). Sie müssen daher durch 0,8 geteilt und der Quotient durch Hartshornes Zahl dividiert werden, um den Anteil aller in jedem einzelnen Fachgebiet entlassenen Wissenschaftler berechnen zu können. Durch diese Methode ergeben sich folgende Werte, auf eine Dezimalstelle genau berechnet: Naturwissenschaften 18,4%; Physik 26,3%; Mathematik 20%; Chemie 12,7%; Medizin 18,2%. Hartshornes Quellen bedürfen einer Überprüfung, einer Erweiterung über das Jahr 1935 hinaus und einer detaillierteren Aufschlüsselung. Diese Aufgabe wird derzeit von den Mitarbeitern der Research Foundation for Jewish Immigration in New York geleistet. Vorarbeiten dazu wurden auch von Charles Weiner vom Massachusetts Institute of Technology und von David Sutherland von der Ohio University durchgeführt.

21. Sources for History of Quantum Physics im Archive for History of Quantum Physics (künftig zitiert als SHQP), Abschrift eines Interviews mit Gustav Hertz am 14. Mai 1963, S. 31, und am 15. Mai 1963, S. 6. Vgl. Wilhelm Westphal, »Das Physikalische Institut der TU Berlin«, *Physikalische Blätter* 11 (1955): 556-57; und Hans Ebert, »The Expulsion of the Jews from the Berlin-Charlottenburg Technische Hochschule«, *Yearbook of the Leo Baeck Institute* 19 (1974): 155-71.

22. Zu Konens Anschauungen über Politik und Wissenschaft, siehe Konen, »Staat und Wissenschaft« in *Volkstum und Kulturpolitik: Eine Sammlung von Aufsätzen*, hrsg. von Konen und J.P. Steffes (Köln: Gilde, 1932), S. 168-84.

23. Ein persönlicher Bericht Konens, laut Walter Weizel, der im Jahre 1936 auf den Bonner Lehrstuhl für theoretische Physik berufen worden war. Weizel an den Autor, 28. März 1972. Siehe auch Paul E. Kahle, *Bonn*

University in Pre-Nazi and Nazi Times, 1923-1939 (London: Selbstverlag, 1945), S. 7.

24. Walther Gerlach (der in dieser Angelegenheit zugunsten Konens eine Eingabe ausgearbeitet hatte) an den Autor, 7. März 1972. Zur Taktik der Nazis, ihre Gegner durch den Vorwurf der Korruption zu diskreditieren und einzuschüchtern, siehe z.B. Eva Lips, *Savage Symphony* (New York: Random House, 1938), S. 31-34.

25. K.F. Herzfeld an S.A. Goudsmit, 6. November 1935, Goudsmit Papers – Korrespondenz; und Konen an Sommerfeld, 17. Mai 1935, SHQP (31,13). Kahle *(Bonn University*, S. 7) berichtet, daß Konen nach seiner Entlassung in der Industrie beschäftigt war; er könnte sehr wohl bei einer oder mehreren Firmen als Fachberater tätig gewesen sein.

26. Er galt durch einen seiner Großväter als Vierteljude – der andere Großvater, ebenfalls jüdischer Abstammung, war als Kind »liegend getauft« worden. Ewald an den Autor, 14. März 1972 und 27. April 1973.

27. AIP, Abschrift eines Interviews mit Ewald von Charles Weiner, 17. und 24. Mai 1968, S. 28-29.

28. Ibid., S. 31-34, 46. Ewald war den Engländern persönlich sehr zugetan. Zu seiner Beziehung zu Sir William Bragg siehe ibid., S. 46.

29. Ibid., S. 47; Ewald an den Autor, 27. April 1973.

30. Brief Delbrücks an den Autor vom 31. März 1972.

31. Sowohl Loewi als auch Heß mußten die durch die Verleihung des Nobelpreises erworbene Summe aushändigen, um Österreich verlassen zu können. Siehe Ferdinand G. Smekal, *Österreichs Nobelpreisträger*, 2. Aufl. (Wien: Frick, 1969), S. 122-23, 132. Der Autor im *Current Biography Yearbook* (1963), S. 182, weist darauf hin, daß Heß entlassen wurde, »erstens weil er eine jüdische Frau hatte, und zweitens, weil er ein Vertreter der Naturwissenschaften in der unabhängigen Regierung des Kanzlers Kurt von Schuschnigg gewesen war. Ein ihnen freundlich gesinnter Gestapo-Offizier warnte die Familie Heß, daß sie in ein Konzentrationslager gebracht würden, wenn sie in Österreich blieben, und sie flüchteten vier Wochen vor ihrem Haftbefehl in die Schweiz.« Der Entdecker der kosmischen Strahlen nahm gegen Ende 1938 eine Stelle an der Fordham University in New York an.

Als ein erklärter Gegner des Nationalsozialismus im Jahre 1933 konnte Schrödinger vor seiner Ausreise aus Österreich im Jahre 1938 kaum mehr als sein Handgepäck mitnehmen. Schrödinger an den Herrn Dekan der Mathematisch-Naturwissenschaftlichen Fakultät der Universität Berlin, 24. Juni 1947, SHQP (37,2). Siehe auch Walter Heitler, »Erwin Schrödinger«, *Biog.Mem. F.R.S.* (1961), 7: 224. Schrödinger ging nach Dublin, wo er mit seinen berühmten Vorlesungen von 1943, die unter dem Titel *What is Life?* veröffentlicht wurden, seinen grundlegenden Beitrag zur Molekularbiologie leistete. Siehe Donald Fleming, »Emigré Physicists and the Biological Revolution«, in *The Intellectual Migration: Europe and America, 1930-1960*, hrsg. von Donald Fleming und Bernard Bailyn (Cambridge, Mass.: Harvard University Press, 1969), insbes. S. 172-77. Dieser Artikel beinhaltet auch viele Informationen über Delbrück, einer weiteren wichtigen Persönlichkeit im Bereich der Molekularbiologie.

32. Johannes Asen, *Gesamtverzeichnis des Lehrkörpers der Universität Berlin, 1810-1945* (Leipzig: O. Harrasowitz, 1955), S. 128, weist darauf hin, daß Meitners *Venia legendi* am 6. Sept. 1933 rückgängig gemacht wurde.

33. Unter den Freunden befanden sich Peter Debye, Dirk Coster, Adriaan Fokker und W.J. de Haas. Meitner blieben nur anderthalb Stunden, um zu packen und Berlin zu verlassen. Otto Frisch, »Lise Meitner«, *Biog.Mem. F.R.S.* (1970), 16: 410-11. Vgl. auch Coster an S.A. Goudsmit, 27. Juni 1938, Goudsmit Papers – Korrespondenz. Die Bemerkung Einsteins wird in Herneck, *Einstein*, S. 212, zitiert.

34. Charles Weiner, »A New Site for the Seminar: The Refugees and American Physics in the Thirties«, in *The Intellectual Migration*, hrsg. von Fleming und Bailyn, S. 190-91.

35. Hartshorne, *The German Universities and the Government* (Chicago: Privatausgabe der University of Chicago Libraries, 1938), S. 13-14.

36. Aufgrund des Artikels »Nazi Persecution of Liberals Rises«, *New York Times*, 5. März 1934, S. 10, nennt Hartshorne (*German Universities and National Socialism*, S. 100) fünf Nobelpreisträger, »die anscheinend entlassen wurden«: Meyerhof, Franck, Einstein, Haber und Hertz. Der Artikel war jedoch unrichtig, da Hertz erst 1935 sein Amt niederlegte, und Meyerhof erst 1938 von seinem physiologischen Institut in Heidelberg vertrieben wurde. Zu Meyerhof vgl. Dorothy Needham, »Prof. Otto Meyerhof, For. Mem. R.S.«, *Nature* 168 (24. November 1951): 859-96. Hartshorne ist in der Regel eine ziemlich verläßliche Quelle, und seine Übernahme des Artikels in der *New York Times* hat zu Verwirrungen und Irrtümern Anlaß gegeben.

37. Zum Thema des Vordringens der Juden in das deutsche Hochschulwesen vgl. Alexander Busch, *Die Geschichte des Privatdozenten* (Stuttgart: F. Enke 1959) S. 148-62. Zu ihrem Vordringen im Bereich der Naturwissenschaften vgl. David Preston, »Science, Society and the German Jews, 1870-1933« (Ph.D. diss., University of Illinois, 1971), S. 113-16, 185-96.

38. Willstätter etwa spielt des öfteren auf die Schwierigkeiten der jüdischen Chemiker an den deutschen Hochschulen an. Vgl. seine Bezugnahme

auf Adolf von Baeyers Rat, sich taufen zu lassen, die unverhältnismäßig große Zahl von Juden an den Kaiser-Wilhelm-Instituten in Berlin Dahlem und seinen Rücktritt von der Universität München als Protest gegen den Antisemitismus bei Berufungen. *Aus meinem Leben. (From my Life*, S. 83-84, S. 222 und S. 360-69).

39. Zwischen 1900 und 1910 etwa betrug der Gesamtanstieg der Stellen (ohne Assistenten) in der Chemie 41% (254-360) und in der Physik 49% (117-185). Die Steigerung an den Universitäten betrug in der Chemie nur 26% (175-221), in der Physik jedoch betrug sie 59% (67-107). Aus von Ferber, *Entwicklung des Lehrkörpers der deutschen Universitäten*, S. 197. Paul Forman, John L. Heilbron und Spencer Weart, *Physics circa 1900: Personnel, Funding and Productivity of the Academic Establishments*, Bd. 5 der *Historical Studies in the Physical Sciences*, hrsg. von Russel McCormach (Princeton, N.J.: Princeton University Press, 1975), S. 12-13, bringen andere Zahlen ausschließlich für den Bereich der Physik (auf der Grundlage *Minerva* und nicht von Ferbers Untersuchung).

40. Über die Einflußverhältnisse bei akademischen Berufungen im Bereich der Physik in den zwanziger Jahren siehe Forman, »Physics in Weimar«, S. 107.

41. Eine Behandlung des Problems auf der Grundlage der relativen Durchlässigkeit der Karrierebeschränkungen gegenüber Juden in den einzelnen Fächern an den Hochschulen ist fundierter als die Zuordnung eines spezifischen kulturellen Erbes der »Abstraktion« (und folglich einer Begabung für Mathematik und Physik). Die Behauptung, daß jüdische Wissenschaftler eine Vorliebe für abstraktes Denken hatten und daß die Abstraktion also irgendwie eine »jüdische« Eigenschaft war, wurde zu einer der wesentlichen Dogmen gewisser Naziwissenschaftler. Eine Untersuchung der Gründe für den hohen Anteil der Juden im Bereich der theoretischen Physik wurde von Preston, »Science, Society and the German Jews«, S. 196-209, durchgeführt.

42. Die Veränderung der Umgebung schien einige anzuregen. Vgl. Leo Szilard, »Reminiscences«, in *The Intellectual Migration*, hrsg. von Fleming und Bailyn, S. 95-141; vgl. auch Weiner, »New Site for the Seminar«, S. 220-27.

43. Clark, *Einstein*, S. 526. Otto Frisch zählte zu jenen, die Hamburg verlassen mußten.

44. Isidor I. Rabi, »Otto Stern. Co-discoverer of Space Quantization, Dies at 81«, *Physics Today* 22 (Oktober 1969): 105.

45. Siehe oben, 2. Kapitel.

46. Die Geschichte dieser Bemühungen schildert Norman Bentwich in

The Rescue and Achievement of Refugee Scholars: The Story of Displaced Scholars and Scientists, 1933-1952 (Den Haag: Martinus Nijhoff, 1953); Stephen Duggan und Bettry Drury, *The Rescue of Science and Learning: The Story of the Emergency Committee in Aid of Displaced Scholars* (New York: Macmillan, 1948); und Charles J. Wetzel, »The American Rescue of Refugee Scholars and Scientists from Europe, 1933-45« (Ph.D. diss., University of Wisconsin, 1964).

4. Kapitel.

1. Viel Aufmerksamkeit wurde in der neueren historischen Literatur den innerparteilichen und den Machtkämpfen zwischen Partei und Staat im Dritten Reich gewidmet. Am genauesten trifft die Problematik Peter Diehl-Thiele, *Partei und Staat im Dritten Reich: Untersuchungen zum Verhältnis von NSDAP und allgemeiner innerer Staatsverwaltung 1933-1945*, Münchener Studien zur Politik, Bd. 9, hrsg. von Gottfried-Karl Kindermann, Nikolaus Lobkowicz und Hans Maier (München: C.H. Beck, 1969). Die beste Analyse der Auswirkungen dieses Konfliktes auf das Hochschulwesen bietet Reece C. Kelly, »National Socialism and German University Teachers: The NSDAP's Efforts to Create a National Socialist Professoriate and Scholarship« (Ph.D. diss., University of Washington, 1973).

2. Hans Schemm, *Hans Schemm spricht: Seine Reden und sein Werk*, hrsg. von G. Kahl-Furthmann (Bayreuth: Gauleitung der Bayerischen Ostmark, 1936), S. 178.

3. Ernst Niekisch, *Das Reich der niederen Dämonen* (Hamburg: Rowohlt 1953), S. 197.

4. Jeremy Noakes, *The Nazi Party in Lower Saxony, 1921-33* (London: Oxford University Press 1971), S. 46-47, 97-99.

5. Zitiert aus Friedrichs, Hrsg., *Die Nationalsozialistische Revolution 1933*, S. 278-85.

6. Ibid., S. 284.

7. Ibid., S. 281.

8. Ibid.

9. Ibid., S. 283.

10. Ibid.

11. »Aufgabe der Wissenschaft ist Dienst am Volke«, *Völkischer Beobachter*, München, 24/25 Mai 1933, S. 1. Hervorhebungen und Einrückungen im Original.

12. Bracher, Sauer und Schulz, *NS-Machtergreifung*, S. 568-69.

13. Reichshabilitationsordnung vom 13. Dezember 1934, siehe Bracher, Sauer, Schulz, *NS-Machtergreifung*, S. 568-69; und Hartshorne, *German Universities and National Socialism*, S. 103-104. Charakterliche und politische Kriterien wurden auch an neuen Studenten angelegt, deren Zahl vom Ministerium des Inneren am 28. Dezember 1933 auf 15.000 (im Vergleich zu 20.000 im Jahr davor) beschränkt wurde. Für eine bündige Darstellung der den Zugang und die Inskription von Studenten betreffenden Maßnahmen, vgl. Hartshorne, ibid., S. 72-86, und Hartshorne, »Numerical Changes in the German Student Body«, *Nature* 142 (23. Juli 1938): 175-76. Nach dem 5. April 1937 konnten deutsche Juden in Deutschland kein Doktorat mehr erwerben, geschweige denn sich habilitieren oder lehren. Zu den Maßnahmen, die speziell die Juden betrafen, siehe Albrecht Götz von Olenhusen, »Die ›nichtarischen‹ Studenten an den deutschen Hochschulen: Zur nationalsozialistischen Rassenpolitik 1933-45«, *Vierteljahrshefte für Zeitgeschichte* 14 (1966): 175-206.

14. Bracher, Sauer, Schulz, *NS-Machtergreifung*, S. 569.

15. Wie von Hellmut Seier, »Der Rektor als Führer: Zur Hochschulpolitik des Reichserziehungsministeriums, 1934-45«, *Vierteljahrshefte für Zeitgeschichte* 12 (1964): 105-46, überzeugend dargelegt wurde. Unter seiner straffen Kontrolle gelang es dem Ministerium, die Universitätsfinanzen zu konsolidieren. Vgl. Klemens Pleyer, *Die Vermögens- und Personalverwaltung der deutschen Universitäten: Ein Beitrag zum Problemkreis Universität und Staat* (Marburg: N.G. Elwert Verlag, 1955), S. 146-68.

16. Vgl. Hans Maier, »Nationalsozialistische Hochschulpolitik«, in *Die Deutsche Universität im Dritten Reich: Eine Vortragsreihe der Universität München* (München: R. Piper, 1966) S. 87-88.

17. Hitlers persönliche Unterstützung ermöglichte es Rust, trotz späterer Angriffe im Amt zu verbleiben. Rosenberg schrieb am 1. Januar 1940 in sein Tagebuch: »Der Führer ist unglücklich, aber will ihn in Erinnerung an alte Tage nicht fallen lassen.« *Das politische Tagebuch Alfred Rosenbergs aus den Jahren 1934/35 und 1939/40*. Hrsg. von Hans-Günther Seraphim (Göttingen, Berlin, Frankfurt/M.: Musterschmidt, 1956), S. 95. Vgl. auch Helmut Heiber, *Walter Frank und sein Reichsinstitut für die Geschichte des neuen Deutschlands*, Bd. 13, Quellen und Darstellungen zur Zeitgeschichte (Stuttgart: Deutsche Verlags-Anstalt, 1966), S. 641-42; und Peter Hüttenberger, *Die Gauleiter: Studien zum Wandel des Machtgefüges in der NSDAP*, Nr. 19, Schriftenreihe der *Vierteljahrshefte für Zeitgeschichte* (Stuttgart: Deutsche Verlags-Anstalt, 1969), S. 15-20, 80.

18. Zu beachten ist, daß die dritte Person im Wettstreit um den Posten

ebenfalls ein Verwaltungsbeamter war, Dr. Rudolf Buttmann, Leiter der Abteilung für Kultur des Reichsministeriums des Inneren, der später die Bayerische Staatsbibliothek übernahm. Vgl. Heiber, *Walter Frank*, S. 162, 641.

19. Ibid., S. 641-42.

20. Ibid., S. 124. Zu den verwirrenden Loyalitätskonflikten im REM siehe ibid., S. 123-24, 641-53. Zu den Beziehungen zwischen dem Reich und den Länderministerien siehe Rolf Eilers, *Die nationalsozialistische Schulpolitik: Eine Studie zur Funktion der Erziehung im totalitären Staat*, Bd. 4, *Staat und Politik*, hrsg. v. Ernst Fraenkel et al. (Köln und Opladen: Westdeutscher Verlag, 1963), S. 54-65.

21. Heiber, *Walter Frank*, S. 643.

22. Ibid., S. 116, 645-46; Glum, *Zwischen Wissenschaft, Wirtschaft und Politik*, S. 449-51; und Samuel Goudsmit, *Alsos* (New York: Schuman, 1947), S. 142-45.

23. Heiber, *Walter Frank*, S. 643.

24. Wie etwa weiter unten in den Kapiteln 6 und 8 ausgeführt wird.

25. Heisenberg, *Der Teil und das Ganze*, S. 174.

26. Frank, *Einstein*, S. 381. Siehe auch Joseph Haberer, *Politics and the Community of Science* New York etc.: Van Nostrand Reinhold, 1969), S. 128-33.

27. Frühauf, »Max Planck als beständiger Sekretär«, S. 7. Obwohl Planck zweifellos ein Patriot war, war er kein politischer Chauvinist. Sein Nationalismus ging eher auf eine Haltung des selbstlosen Dienstes am Vaterland zurück, als auf den Wunsch, Deutschland als Eroberer anderer Völker zu sehen.

28. Ibid., S. 7-8. Siehe auch Armin Hermann, *Max Planck: In Selbstzeugnissen und Bilddokumenten* (Reinbek bei Hamburg: Rowohlt, 1973), S. 58.

29. Ansichten, die jenen Plancks ähnelten, wurden auch von einigen Wissenschaftlern in der Emigration vertreten. Der Mathematiker Busemann, der gemeinsam mit Franck und anderen nach Kopenhagen emigrierte, erinnert sich an Francks Einstellung zur Volksabstimmung im Saarland vom Januar 1935. Wäre er ein Saarländer, äußerte Franck Busemann gegenüber, würde er für eine Wiedervereinigung mit Deutschland stimmen und dann, seiner jüdischen Abstammung wegen, emigrieren. Diese Volksabstimmung sei eine langfristige Entscheidung, meinte er, während das Naziregime nur vorübergehenden Charakter hätte. Busemann, Interview mit dem Autor am 10. Mai 1972. Weitere Beispiele wären unschwer zu finden.

30. Diese grundsätzliche menschliche Frage wird von Haberer in seiner

Kritik an Plancks Amtsführung in der frühen Nazizeit zu oberflächlich behandelt. Haberer, *Politics and the Community of Science*, S. 128-33, S. 164-165.

31. Wie im Kopfermann-Bericht betont wird, Kopfermann an Bohr, 23. Mai 1933, BSC (22,2). Plancks zentrale Rolle in den Ereignissen wurde damals von einem weiteren Berlin-Besucher hervorgehoben. Der Mathematiker Harold Bohr hatte den Eindruck, daß Planck der einzige war, dessen Bemühungen zur Erleichterung der Situation erfolgreich hätten sein können. Bohr an R.G.D. Richardson, 30. Mai 1933 (Kopie), Veblen Papers.

32. »Tätigkeitsbericht der Kaiser-Wilhelm-Gesellschaft zur Förderung der Wissenschaften (April 1932 bis Ende März 1933)« (künftig zitiert als »Tätigkeitsbericht der KWG«), *Die Naturwissenschaften* 21 (26. Mai 1933): 417.

33. Glum, *Zwischen Wissenschaft, Wirtschaft und Politik*, S. 441-42. Die vollständige Liste ist im »Tätigkeitsbericht der KWG«, *Die Naturwissenschaften* 22 (1. Juni 1934): 339, zitiert.

34. Glum, *Zwischen Wissenschaft, Wirtschaft und Politik*, S. 486-91. Für eine öffentliche Darlegung der Ansichten Boschs zum Verhältnis von Wissenschaft und Staat siehe seinen Vortrag vor der Gesellschaft Deutscher Naturforscher und Ärzte, »93. Versammlung Deutscher Naturforscher und Ärzte zu Hannover am 16. bis 20. September 1934«, *Mitteilungen der Gesellschaft Deutscher Naturforscher und Ärzte* 10, Nr. 5/6/7 (Oktober 1934): 21-24.

35. Vgl. Peter Debye, »Das Kaiser-Wilhelm-Institut für Physik«, *Die Naturwissenschaften* 25 (23. April 1937): 257-60; und David Irving, *The Virus House: Germany's Atomic Research and Allied Countermeasures* (London: W. Kimber, 1967), S. 51.

36. »Tätigkeitsbericht der KWG«, *Die Naturwissenschaften* 25 (11. Juni 1937): 370.

37. »Tätigkeitsbericht der KWG«, *Die Naturwissenschaften* 24 (10. Januar 1936): 21.

38. »Tätigkeitsbericht der KWG«, *Die Naturwissenschaften* 25 (11. Juni 1937): 370-71.

39. Anfang Juli schlug Hahn einen Protest von dreißig prominenten deutschen Professoren gegen die Behandlung ihrer jüdischen Kollegen vor. Plancks Reaktion lautete folgendermaßen: »Wenn Sie heute 30 solcher Herren zusammenbringen, dann kommen morgen 150, die dagegen sprechen, weil sie die Stellen der anderen haben wollen.« Hahn, »Eine persönliche Erinnerung an Max Planck«, *Mitteilungen der Max Planck-Gesellschaft zur Förderung der Wissenschaften* 5 (1957): 224. Siehe auch Hahn, *Mein Leben*

(München: Bruckmann, 1968; *My Life* New York: Herder & Herder, 1970, S. 145).

40. Born, »Max Karl Ernst Ludwig Planck«, *Obituary Notices of the Royal Society* 6 (1948): 179-80. Bis Oktober versuchte Planck erfolglos, Schrödingers Ausscheiden von der Universität Berlin rückgängig zu machen bzw. es in eine Beurlaubung umzuwandeln. Heisenberg an Sommerfeld, 9. Oktober 1933, SHQP (83).

41. Heisenberg, *Der Teil und das Ganze*, S. 206-12. Diese Erinnerungen wurden vom historischen Standpunkt als sehr irreführend kritisiert. Die schärfste Kritik kam von Paul Forman, »*Physics and Beyond* by W. Heisenberg« [die englische Übersetzung], *Science* 172 (14. Mai 1971): 687-88. Wesentlich nachsichtiger ist Rudolf Peierls, »Atomic Germans«, *The New York Review of Books* 16 (1. Juli 1971): 23-24. Wie das fast immer bei Memoiren (und Interviews) zutrifft, ist die Kritik weitgehend gerechtfertigt, und bei ihrer Verwendung ist Vorsicht geboten.

42. Heisenberg, *Der Teil und das Ganze*, S. 209-10.

43. Während des Umsturzes von 1933 sprach und korrespondierte Heisenberg oft mit Planck und von Laue. Siehe Heisenberg an Bohr, 30. Juni 1933, BSC (20,2). Die Grundstimmung von Heisenbergs Darstellung entspricht im großen und ganzen jener eines zeitgenössischen Berichts über ein diesbezügliches Gespräch mit Planck. H. Bohr an R.G.D. Richardson, 30. Mai 1933 (Kopie), Veblen Papers.

44. In seiner Einstein-Biographie gelang es Philipp Frank recht gut, die damalige Stimmung zu rekonstruieren: »Max Planck gehörte zu den deutschen Professoren, die sich immer wieder sagten: ›Die neuen Herren verfolgen ein großes und edles Ziel. Wir Gelehrten, die nichts vom politischen Geschäft verstehen, dürfen ihnen keine Schwierigkeiten machen. Unsere Aufgabe ist, so viel als möglich dafür zu sorgen, daß dabei möglichst wenig Härten gegen einzelne Wissenschaftler geschehen und vor allem, daß das Niveau der Wissenschaft in Deutschland möglichst aufrechterhalten bleibt.‹« (Frank, *Einstein*, S. 381)

45. Heisenberg, *Der Teil und das Ganze*, S. 208-209. Die Betonung auf dem Wort »Katastrophe« durch Planck in der Darstellung Heisenbergs macht deutlich, daß Heisenberg bei der Abfassung seiner Erinnerungen nicht nur das akademische Desaster von 1933, sondern auch die endgültige Katastrophe des 2. Weltkrieges im Auge hatte. Desgleichen gibt Heisenbergs wiederholte Betonung der Notwendigkeit eines moralischen Kompromisses einen Hinweis darauf, wie er unter den Zugeständnissen litt, die er als den Preis für ein Verbleiben in Deutschland betrachtete. Ibid., S. 209-12.

46. Einige jüngere konservative Physiker glaubten, die Radikalität des Nationalsozialismus mäßigen zu können, indem sie mit ihm zusammenarbeiteten. Ein bekannter Fall war Pascual Jordan von der Universität Rostock. Jordan, der konservativer Abgeordneter des westdeutschen Parlaments wurde, wurde nach dem Krieg wegen seiner Tätigkeit angegriffen. Vgl. Gerhard Becherer, »Die Geschichte der Entwicklung des Physikalischen Instituts der Universität Rostock«, *Wissenschaftliche Zeitschrift der Universität Rostock, Math.-Naturwiss. Reihe* 16 (1967): 831. Kopfermann berichtete Bohr im Mai 1933, daß einige jüngere Physiker versuchen wollten, die nationalsozialistischen Bewegungen zu entradikalisieren, indem sie sich ihr anschlossen; er war gerade aus Rostock zurückgekehrt und dachte dabei vermutlich an Jordan. Kopfermann an Bohr, 23. Mai 1933, BSC (22,2). Jordans Rechtfertigung nach dem Krieg Bohr gegenüber bestätigt diese Vermutung. Jordan an Bohr, Mai 1945, BSC (21,3).

47. Kopfermann an Bohr, 23. Mai 1933, BSC (22,1); desgleichen R. Ladenburg an Bohr (bezugnehmend auf einen Brief von Laues), 24. Mai 1933, BSC (17,3).

48. Max von Laue, »Ansprache der Eröffnung der Physikertagung in Würzburg am 18. September 1933«, *Physikalische Zeitschrift* 34 (15. Dezember 1933): 889-90. Der Beifall wurde von Stark in seinem Brief vom 28. August 1934 an von Laue, Deutsches Museum (in München), Sondersammlung 164/6-164., bedauert.

49. Von Laue, »Fritz Haber«, *Die Naturwissenschaften* 22, (16. Februar 1934): 97; »Sitzung der Physikalischen Gesellschaft zu Berlin am 9. Februar 1934«, *Verhandlungen der Deutschen Physikalischen Gesellschaft* 15 (31. März 1934): 7-9.

50. Von Laue, »Mein physikalischer Werdegang: Eine Selbstdarstellung«, in *Gesammelte Schriften und Vorträge* (Braunschweig: Friedrich Vieweg, 1961), 3: XXVII – XXVIII.

51. Ibid., S. XXVI; Theodore H. von Laue (Sohn des Physikers) an den Autor, 4. Februar 1972, und Tonbandinterview mit dem Autor in Riverside, Kalifornien, 23. Februar 1972.

52. Zum Beispiel von Laue an S.A. Goudsmit über P.P. Ewald, 16. Mai 1936, Goudsmit Papers – Korrespondenz. Auf einer seiner Reisen arrangierte von Laue auch für Ewalds Tochter Rose, verehelichte Bethe, eine Amerikareise. Ewald an den Autor, 23. März 1972.

53. Von Laue, »Arnold Berliner«, *Die Naturwissenschaften* 33, (15. November 1946): 258.

54. P.P. Ewald, »Max von Laue«, *Biog.Mem. F.R.S.* 6 (1960): 147.

55. P.P. Ewald, »Vor 50 Jahren«, *Beiträge zur Physik und Chemie des*

20. *Jahrhunderts,* hrsg. von O.R. Frisch et al. (Braunschweig: Friedrich Vieweg, 1959), S. 146. Siehe auch Interview mit Ewald, AIP, S. 54.

56. Von Laue, »Mein physikalischer Werdegang«, S. XXX.

57. Clark, *Einstein,* S. 526.

58. Hier handelt es sich um die Darstellung aus der Sicht seines Sohnes. Theodore H. von Laue, Interview mit dem Autor, 23. Februar 1972. Dazu, wie ein bekannter konservativer Gelehrter in Hitlerdeutschland gleichzeitig seine Unabhängigkeit wahren und unbehelligt bleiben konnte, siehe Gerhard Ritter, »Der deutsche Professor im ›Dritten Reich‹«, *Die Gegenwart* 1 (24. Dezember 1945): 23-26.

59. Ewald, »Max von Laue, 1879-1960«, *Acta Crystallographica* 13 (Juli 1960): 515.

60. Ewald an den Autor, 23. März 1972.

61. Max Bodenstein, »Gedächtnisrede auf Fritz Haber«, *Sitzungsberichte der Preußischen Akademie der Wissenschaften: Öffentliche Sitzung zur Feier des Leibnizischen Jahrestages am 28. Juni 1934* (Berlin: Verlag Akademie der Wissenschaften, 1934), S. CXX-CXXIX.

62. Bundesarchiv Koblenz (künftig zitiert als BA), R 43 II/1227a, S. 87. Ebenfalls zitiert in Hahn, »Zur Erinnerung an die Haber-Gedächtnisfeier vor 25 Jahren«, S. 8.

63. Vorhanden ist nur Rusts Brief, Hahn, »Zur Erinnerung an die Haber-Gedächtnisfeier vor 25 Jahren«, S. 8-9.

64. Ibid. Inzwischen verboten verschiedene Organisationen, insbesondere jene, die vom Autobahn-Erbauer Fritz Todt beherrscht wurden, ihren Mitgliedern, an der Gedächtnisfeier teilzunehmen. Siehe ibid., S. 10-11.

65. Ibid., S. 12-13. Hahn hatte seine außerordentliche Professur an der Universität im Jahre 1934 aufgegeben; daher war er von Rusts Erlässen nicht betroffen. Die Dienstposten an seinem Institut wurden nicht vom Staat finanziert.

66. Hahn, *Vom Radiothor zur Uranspaltung, Eine wissenschaftliche Selbstbiographie* (Braunschweig: Friedrich Vieweg, 1962), S. 94.

67. Haberer, *Politics and the Community of Science,* S. 141.

68. Gerlach an die Philosophische Fakultät, II. Sektion, 24. April 1934, im Privatbesitz von Walther Gerlach (künftig zitiert als Gerlach Papers).

69. Gerlach an das Dekanat der Philosophischen Fakultät der Universität, II. Sektion, 22. Juni 1934, Gerlach Papers.

70. Max Wien, »Die Physik an den deutschen Hochschulen«, undatiertes Manuskript mit einem unterschriebenen Begleitbrief an »Sehr geehrter Herr Kollege!« vom 19. November 1934, Gerlach Papers.

71. Gerlach an Dr. (Ernst) Hochheim, 7. Januar 1935; und Pohl an Gerlach, 11. Januar 1935, beide in Gerlach Papers.

72. Pohl an Gerlach, 11. Januar 1935, Gerlach Papers.

73. Bericht von Carl Bosch, Berlin, 30. Januar 1935, Gerlach Papers.

74. Ibid., S. 9. Politische Kriterien für die Habilitation waren im vorangegangenen Monat eingeführt worden.

75. Hund, »Göttingen, Kopenhagen, Leipzig im Rückblick«, in *Werner Heisenberg und die Physik unserer Zeit*, hrsg. von Fritz Bopp (Braunschweig: Friedrich Vieweg, 1961), S. 7.

76. Heisenberg an Bohr, 5. Juli 1936, BSC (20,2).

77. Zusammengestellt aus den zweijährlich erscheinenden Berichten der Gesellschaft in den *Mitteilungen der Gesellschaft Deutscher Naturforscher und Ärzte* (Juli 1931), S. 8; (Februar 1933), S. 8; (August 1935), S. 9; (April 1937), S. 14; (Februar 1939), S. 13.

78. Landé an Epstein, 23. März 1933, CIT-Ar, Epstein Papers, Box 4 – Landé.

79. Gerlach (der damals bei der Gesellschaft angestellt war) an Goudsmit, 10. Februar 1936; Goudsmit an Gerlach, 24. Juni 1936; und das Zitat aus Goudsmit an Walter Schottky (der Kassier), 17. Dezember 1937, alle in Goudsmit Papers – Korrespondenz.

80. Von Laue an von Kármán, 15. Juni 1935, CIT-Ar, von Kármán Papers Box 22 – Laue.

81. Zur Gleichschaltung der Ingenieure und Techniker unter den Nazis siehe Karl-Heinz Ludwig, *Technik und Ingenieure im Dritten Reich* (Düsseldorf: Droste, 1974), S. 109-41. Die Weigerung der Gesellschaft, sich dem Druck zu beugen und von Laue aus ihrem Vorstand zu entfernen, verursachte den Rücktritt zumindest eines NS-Physikers – Johannes Stark. Stark an den Vorstand der Deutschen Physikalischen Gesellschaft, 26. Mai 1934, und Zenneck an Stark, 21. Juni 1934, Zenneck Nachlaß, Deutsches Museum, München.

82. Nach dem Pogrom vom 9./10. November teilte die Gesellschaft ihren Mitgliedern am 9. Dezember 1938 folgendes mit: »Unter den zwingenden obwaltenden Umständen kann die Mitgliedschaft von reichsdeutschen Juden im Sinne der Nürnberger Gesetze in der Dt. Physikalischen Gesellschaft nicht mehr aufrecht erhalten werden.« Der NS-Dozentenbund bemerkte dazu sarkastisch: »Man scheint offensichtlich in der Dt. Physikalischen Gesellschaft noch sehr weit zurück zu sein und noch sehr an den lieben Juden zu hängen. Es ist in der Tat bemerkenswert, daß nur ›unter den zwingenden obwaltenden Umständen‹ eine Mitgliedschaft von Juden nicht mehr weiter aufrecht erhalten werden kann.« Informationsdienst der Reichsdo-

zentenführung, Serie 2, Bd. 2 (Februar 1939), S. 27, in BA, Zsg 3/3629. Ich bin Reece Kelly vom Fort Lewis College, Durango, Colorado, für seine Information zu Dank verpflichtet.

83. Berliner an Sommerfeld, 31. Oktober 1933. SHQP (29,8); und noch deutlicher Berliner an Sommerfeld, 8. Dezember 1933, Deutsches Museum, München, Sommerfeld Nachlaß (künftig zitiert als Sommerfeld Nachlaß).

84. Aber Berliner gelobte, daß er niemals einen Niveauverlust der von ihm gegründeten Zeitschrift hinnehmen würde, bloß um ihren Fortbestand zu sichern. Berliner an Sommerfeld, 15. April 1935, SHQP (29,8). Sechs Monate später mußte er wegen seiner jüdischen Abstammung als Herausgeber zurücktreten. Er schickte dem Mathematiker Paul Epstein eine Postkarte mit Namensaufdruck, die die lakonische handgeschriebene Mitteilung enthielt: »Dr. Arnold Berliner mußte am 13./8. die Nw, sein Lebenswerk, verlassen, weil er für den Verleger untragbar geworden war.« Berliner an Epstein, 23. August 1935, CIT-Ar, Epstein Papers, Box 1 – Berliner.

85. Otto Blumenthal, Hrsg. der *Mathemathischen Annalen*, schrieb an von Kármán, daß er, obwohl er von Kármáns Wünsche respektieren und den Verleger darüber informieren würde, daß von Kármán nicht mehr die *Annalen* beziehen wollte, inkonsequenterweise von Kármán darum bitten mußte, Abonnenten und Mitarbeiter für die Zeitschrift zu werben. Sie litt an einem Mangel an Beiträgen, und Blumenthal war besorgt, daß das Niveau der *Annalen* darunter leiden würde. Blumenthal an von Kármán, 3. April 1934, CIT-Ar, von Kármán Papers, Box 3 – Blumenthal.

86. »Entschließung des Vorstandes in Sachen ›Preise der Deutschen Zeitschriften und Bücher‹«, *Mitteilungen der Gesellschaft Deutscher Naturforscher und Ärzte* 11, Nr. 1/2 (März 1935): 4. Es wurde auch darauf hingewiesen, daß »einer der Hauptgründe für den Boykott deutscher Zeitschriften (zumindest in England) darin begründet war, daß kein fixer Jahrespreis genannt wurde. Jedes Heft hatte seinen fixen Preis, aber die Anzahl der Hefte pro Jahr war nicht festgelegt. Das erschwerte es den Bibliothekaren, ihre Mittel einzuteilen. Außerdem waren sie teuer.« Ewald an den Autor, 23. April 1973.

87. Vgl. die kurze, aber informative Darstellung der Wissenschaften im Hitlerdeutschland der Vorkriegszeit von Morris Goran, »Swastika Science«, *The Nation* 148 (3. Juni 1939): 641-43.

88. Vgl. Emil J. Gumbel, »Arische Naturwissenschaft?« in *Freie Wissenschaft: Ein Sammelbuch der deutschen Emigration* (Straßburg: Sebastian Brant, 1938), S. 253.

89. Ewald erinnerte sich, daß an wissenschaftlichen Tagungen ausschließlich Angehörige von Delegationen teilnehmen konnten, deren Führer vom

REM bestimmt und bereit waren, Hitlers Anweisungen Folge zu leisten. Auf seinem Rückweg von Ann Arbor nach Deutschland im Jahre 1936 nahm er an der Dreihundertjahrfeier der Harvard Universität teil. Er hatte jedoch dazu keine Erlaubnis und bemühte sich daher, in Cambridge seine Identität zu verheimlichen. Interview mit Ewald, AIP, S. 34.

90. »Proscription of *Nature* in Germany«, *Nature* 141 (22. Januar 1938): 151.

91. Heisenberg an Bohr, 14. Juni 1938, BSC (20,2).

92. Gerlach-Bericht vom 18. Mai 1939, DFG, Akte Gerlach, zitiert aus Steffen Richter, *Forschungsförderung in Deutschland 1920-1936: Dargestellt am Beispiel der Notgemeinschaft der Deutschen Wissenschaft und ihrem Wirken für das Fach Physik*, Technikgeschichte in Einzeldarstellungen, Nr. 23 (Düsseldorf: Verein Deutscher Ingenieure, 1972), S. 58.

93. Heisenberg, *Der Teil und das Ganze*, S. 226.

5. Kapitel

1. Philipp Lenard, »Erinnerungen eines Naturforschers«, unveröffentlichte Autobiographie, abgeschlossen im September 1943, S. 147, Lehrbuch für die Geschichte der Naturwissenschaften und Technik, Stuttgart.

2. Ibid., S. 2-3.

3. Ibid., S. 60.

4. Ibid., S. 32.

5. Ibid., S. 3-4.

6. Ibid., S. 53-55.

7. Ibid., S. 64. Siehe auch Leo Königsberger, *Mein Leben*, (Heidelberg: Winter, 1919), S. 207.

8. Vgl. Lenard, »Erinnerungen«, S. 52-57, 62-71.

9. Ibid., S. 70-71.

10. Ibid., S. 57-59, 61.

11. Ibid., S. 47-48, 56. Vgl. Johannes Stark, »Zur Geschichte der Entdekkung der Röntgenstrahlen«, *Physikalische Zeitschrift* 36 (15. April 1935): 280-83. Lenard nannte die Röntgenstrahlen »Hochfrequenzstrahlen«, Lenard, »Erinnerungen«, S. 74. Vgl. auch die Ausführungen eines der fähigsten Assistenten Lenards: Carl Ramsauer, *Physik – Technik – Pädagogik: Erfahrungen und Erinnerungen* (Karlsruhe: Braun, 1949), S. 115.

12. Lenard, »Erinnerungen«, S. 91-93.

13. Lord Rayleigh, *The Life of Sir J.J. Thomson* (1942; Nachdruck, London: Dawsons of Pall Mall, 1969), S. 76-114.

14. Lenard, »Erinnerungen«, S. 105. Zu Lenards wissenschaftlicher Tätigkeit in Kiel vgl. Charlotte Schmidt-Schönbeck, *300 Jahre Physik und Astronomie an der Kieler Universität* (Kiel: F. Hirt, 1965), S. 112-16. Einige kurze Passagen aus Lenards Autobiographie werden auf diesen Seiten zitiert.

15. Nobel Foundation, Hrsg., *Nobel Lectures: Physics, 1901-1921* (Amsterdam, London, New York: Elsevir, 1964), S. 122.

16. Lenard, »Erinnerungen«, S. 39, 87, 92. Siehe auch Lenard, *Über Kathodenstrahlen: Nobelvortrag – gehalten in öffentlicher Sitzung der Königl. Schwedischen Akademie der Wissenschaften zu Stockholm*, 2. Auflage (Berlin und Leipzig: Walter de Gruyter, 1920); und Ludwig Wesch, »Lenards Werk – Vorbild zukünftiger Forschung«, *Zeitschrift für die gesamte Naturwissenschaft* 8 (Mai/Juni 1942): 104-106.

17. Lenard, »Erinnerungen«, S. 114.

18. Ibid., S. 6.

19. Eine historische Analyse von Lenards Frühwerk wird gegenwärtig von Bruce R. Wheaton ausgearbeitet und wird in den *Historical Studies in the Physical Sciences* erscheinen.

20. Karl Freudenberg, Tonbandinterview mit dem Autor in Heidelberg am 16. Juli 1971.

21. Ramsauer, *Physik – Technik – Pädagogik*, S. 108.

22. Robert Pohl, Tonbandinterview mit dem Autor in Göttingen am 7. Mai 1971.

23. Freudenberg, Interview mit dem Autor am 16. Juli 1971.

24. George P. Thomson, *J.J. Thomson and the Cavendish Laboratory in His Day* (Garden City, N.Y. Doubleday, 1965), S. 169-70.

25. Ramsauer, *Physik – Technik – Pädagogik*, S. 110-11.

26. Ibid., S. 114.

27. Lenard, »Erinnerungen«, S. 82-83, 95.

28. Ibid., S. 11.

29. Klaus Schwabe, *Wissenschaft und Kriegsmoral: Die deutschen Hochschullehrer und die politischen Grundfragen des Ersten Weltkrieges* (Göttingen, Zürich, Frankfurt/M.: Musterschmidt, 1969), S. 26.

30. Ibid., S. 28; vgl. auch Ringer, *Decline of the German Mandarins.*

31. Lenard, *England und Deutschland zur Zeit des großen Krieges* (Heidelberg: Winter, 1914), S. 5. Diese Broschüre wurde mit geringen Änderungen (hauptsächlich bei der Zeichensetzung und den Hervorhebungen) unter dem Titel *Ideelle Kontinentalsperre* (München: Frz. Eher Nachf., 1940) wieder herausgegeben.

32. Lenard, *England und Deutschland*, S. 9, 12.

33. Ibid., S. 15.

34. Vgl. Text in G.F. Nicolai, *Die Biologie des Krieges*, (Zürich; Füssli, 1919), S. 7-9.

35. SHQP, Abschrift eines Interviews mit Franck, 10. Juli 1962, S. 2.

36. Ramsauer, *Physik – Technik – Pädagogik*, S. 117.

37. Lenard, »Erinnerungen«, S. 7.

38. Ibid., S. 156. Einige Auszüge (mit geringfügigen Auslassungen) aus diesem Teil der Autobiographie wurden in Schmidt-Schönbeck, *300 Jahre Physik*, S. 117-18, veröffentlicht.

39. Ibid., S. 158-59.

40. Clark, *Einstein*, S. 228-39.

41. Ibid., S. 180-82. Text des Manifestes abgedruckt in Otto Nathan und Heinz Norden, Hrsg., *Einstein on Peace* (New York: Simon & Schuster, 1960), S. 4-6. Das Wesen von Einsteins Internationalismus kam vielleicht am deutlichsten in einer Bemerkung gegenüber einem österreichischen Kollegen, Paul Ehrenfest, in Leiden (23. August 1915) zum Ausdruck: »Ist nicht die kleine Gruppe von Gelehrten und Intellektuellen das einzige ›Vaterland‹, das für unsereins Gültigkeit hat? Warum sollten *ihre* Überzeugungen allein davon bestimmt sein, wo sie zufällig leben?« Zitiert in Martin J. Klein, *Paul Ehrenfest*, Bd. 1, *The Making of a Theoretical Physicist* (Amsterdam, London: North Holland Publishing Co., 1970), S. 301.

42. Nathan und Norden, *Einstein on Peace*, S. 9, 16, 24-26.

43. Einstein an Born, 9. September 1920, *Einstein-Born Briefwechsel*, S. 59.

44. Clark, *Einstein*, S. 256; Frank, *Einstein*, S. 270; von Laue schrieb am 25.8.1920 an Sommerfeld, daß Weyland sich selbst als Kriegsgewinnler bezeichnet hatte, *Einstein-Sommerfeld-Briefwechsel*, hrsg. von Armin Hermann (Basel, Stuttgart: Schwabe, 1968), S. 65.

45. Von Laue an Sommerfeld, 25. August 1920, *Einstein-Sommerfeld-Briefwechsel*, S. 65. Der Artikel wird zitiert in Clark, *Einstein*, S. 259.

46. Albert Einstein, »Meine Antwort auf die anti-relativitätstheoretische GmbH«, *Berliner Tageblatt*, 27. August 1920, S. 1.

47. Clark, *Einstein*, S. 256.

48. Philipp Lenard, *Über Äther und Materie: Vortrag gehalten in der Gesamtsitzung der Heidelberger Akademie der Wissenschaften am 4. Juni 1910* (Heidelberg: Winter, 1911). Eine neuere und ausgewogene Darstellung der Ätheranschauung findet sich in Kenneth F. Schaffner, *19th-Century Aether Theories*, Selected Readings in Physics, hrsg. von D. Ter Haar (Oxford etc.: Pergamon Press, 1972).

49. Vgl. Philipp Lenard, *Über Relativitätsprinzip, Äther und Gravitation*

(Leipzig: S. Hirzel, 1918). Lenard war keineswegs der einzige, der die Äthertheorie verteidigte. Vgl. Loyd S. Svenson, *The Ethereal Aether: A History of the Michelson-Morley – Miller Ether-Drift Experiments, 1880-1930* (Austin: University of Texas Press, 1972), S. 185-87, 190-212; desgleichen Stanley Goldberg »In Defense of Ether: The British Response to Einstein's Special Theory of Relativity, 1905-1911«, *Historical Studies in the Physical Sciences* 2 (1970): 88-125.

50. Lenard, *Über Kathodenstrahlen*, S. 99.

51. Lenard an Sommerfeld, 2. September 1920, Sommerfeld Nachlaß.

52. Sommerfeld an Einstein, 3. September 1920, und Einsteins Antwort vom 6. September 1920, *Einstein-Sommerfeld Briefwechsel*, S. 68-69.

53. Sommerfeld an Einstein, 11. September 1920, ibid., S. 71.

54. Lenard an Sommerfeld, 14. September 1920, Sommerfeld Nachlaß.

55. Felix Ehrenhaft, »My Experiences with Einstein«, unveröffentlichtes Manuskript, S. 3, zitiert von Clark, *Einstein*, S. 263.

56. Clark, *Einstein*, S. 263; Frank, *Einstein*, S. 275.

57. Der folgende Bericht stammt aus dem veröffentlichten Protokoll in »Vorträge und Diskussionen von der 86. Naturforscherversammlung in Nauheim vom 19.-25. September 1920«, *Physikalische Zeitschrift* 21 (1/15 Dezember 1920): 666-68.

58. Aufgrund eines offensichtlichen Druckfehlers scheint Einstein hier die gleiche Frage sowohl zu stellen als auch zu beantworten, ibid., S. 667.

59. Siehe 9. Kapitel.

60. Ehrenhaft, »My Experiences with Einstein«, zitiert von Clark, *Einstein*, S. 264.

61. Borns Kommentar und Einstein an Born, undatiert, *Einstein-Born Briefwechsel*, S. 60, 67.

62. Sommerfeld an Frau Einstein, 7. Oktober 1920, *Einstein-Sommerfeld Briefwechsel*, S. 72.

63. Frank, *Einstein*, S. 276.

64. Philipp Lenard, *Über Relativitätsprinzip, Äther und Gravitation: Mit einem Zusatz betreffend die Nauheimer Diskussion*, 3. Auflage (Leipzig: S. Hirzel, 1921), S. 39.

65. Die Rede wurde von Leonhard Grebe gehalten, »Über die Gravitationsverschiebung der Fraunhoferschen Linien«, *Physikalische Zeitschrift* 21 (1/15 Dezember 1920): 662-66.

66. Lenard, *Über Relativitätsprinzip, Äther und Gravitation*, 3. Auflage, S. 43-44.

67. Philipp Lenard, *Über Äther und Uräther: Mit einem Mahnwort an deutsche Naturforscher*, 2. Auflage (Leipzig: S. Hirzel, 1922), S. 5.

68. Ibid., S. 6-7.

69. Ibid., S. 9.

70. Ibid., S. 10.

71. Vgl. Clark, *Einstein*, S. 294-95. Frank, *Einstein*, S. 308-309; Rudolf Stern, »Fritz Haber: Personal Recollections«, Yearbook of the Leo Baeck Institute 8 (1963): 82.

72. Frank, *Einstein*, S. 309.

73. Ibid.

74. Swenson, *The Ethereal Aether*, S. 203.

75. Nobel Foundation, *Nobel Lectures*, Physics, S. 477. Das offizielle Dokument lautete: ». . . unabhängig vom Wert, der der Relativitäts- und Gravitationstheorie nach einer eventuellen Bestätigung zuerkannt werden mag, wird der Preis an . . .« Gerald Holton, »Einstein, Michelson and the ›Crucial Experiment‹«, *Isis* 60 (Sommer 1969): 148. Jeremy Bernstein hat schlüssig ins Treffen geführt, daß einer der wesentlichen Gründe für die Wortwahl der Nobelpreisverleihung – und für die gemischte Aufnahme aller Arbeiten von Einstein – darin bestand, daß man ihn schwer in das normale Spektrum wissenschaftlicher Errungenschaften einordnen konnte. Bernstein, *Einstein*, Modern Masters Series, hrsg. von Frank Kermode (New York: Viking, 1973), S. 187-90.

76. Lenard, »Wissenschaft, Volk und Rasse«, *Volk und Rasse* 9 (Mai 1934): 132.

77. Lenard, »Erinnerungen«, S. 136, zitiert in Schmidt-Schönbeck, *300 Jahre Physik*, S. 119.

78. Lenard, »Erinnerungen«, S. 9, 130.

79. Ibid., S. 84-85.

80. Die folgende Darstellung stützt sich auf Ernst Brüche und Hugo Marx, »Der Fall Philipp Lenard – Mensch und ›Politiker‹«, *Physikalische Blätter* 23 (1967): 262-67. Zu diesem Vorfall gibt es im Archiv der Universität Heidelberg eine Reihe von Unterlagen, auf die sich Marx anscheinend bei der Abfassung seines früheren Artikels, »Der Fall Lenard«, in der *Rhein-Neckar Zeitung* vom 20. November 1964 bezog. Marx war am Tag des Vorfalls Staatsanwalt gewesen und hatte den Großteil der Ereignisse selbst miterlebt.

81. Lenard, »Erinnerungen«, S. 159.

82. Zum Beispiel: »Als am Tage der Bestattung des erschossenen Juden Rathenau alle staatlichen Betriebe Deutschlands feiern sollten, hat er instinktiv von dieser Verordnung keine Kenntnis genommen und sich der Gefahr der Vergewaltigung durch eine marxistische Bande unter jüdischer Führung ausgesetzt, und wenig hätte gefehlt, so wäre er damals in den Nek-

kar geworfen worden.« (Johannes Stark, »Philipp Lenard als deutscher Naturforscher«, in *Naturforschung im Aufbruch*, Hrsg. August Becker (München: J. F. Lehmanns, 1936), S. 13.

83. Brüche und Marx, »Der Fall Philipp Lenard«, S. 265.

84. Lenard, »Erinnerungen«, S. 161.

85. Ibid., S. 162.

86. Offener Brief von August Becker und Ferdinand Schmidt, 11. Juni 1923, Deutsches Museum, Sondersammlung, Nachlaß Lenard, N 9/1. Lenard zufolge hatten 1.100 Personen unterschrieben, »Erinnerungen«, S. 162.

87. Vgl. Lenards Dankschreiben für die ungeteilte Unterstützung von Seiten des Instituts, Lenard an W. Nernst, 2. Juli 1923, Deutsches Museum, Nachlaß Lenard, N 9/1.

88. Lenard, »Erinnerungen«, S. 163. Vgl. »Demokratische Universitätsjustiz«, *Völkischer Beobachter*, 22. August 1923.

89. Lenard und Stark, »Hitlergeist und Wissenschaft«, *Großdeutsche Zeitung*, 8. Mai 1924, S. 1. Der Artikel wurde mit einigen wenigen unwesentlichen Fehlern nachgedruckt in Stark, »Philipp Lenard als deutscher Naturforscher«, in *Naturforschung im Aufbruch: Reden und Vorträge zur Einweihungsfeier des Philipp Lenard Instituts der Universität Heidelberg am 13. und 14. Dezember 1935*, Hrsg. August Becker (München: J.F. Lehmanns, 1936), S. 14-15; und Stark, derselbe Titel, in *Nationalsozialistische Monatshefte* (Februar 1936), S. 106-12.

90. Alfred Rosenberg, *Der Mythus des 20. Jahrhunderts: Eine Wertung der seelisch-geistigen Gestaltenkämpfe unserer Zeit*, 95-98. Auflage (München: Hoheneichen, 1936). Siehe auch Robert Cecil, *The Myth of the Master Race: Alfred Rosenberg and Nazi Ideology* (New York: Dodd Mead & Co., 1972), S. 82-104.

91. Lenard, »Erinnerungen«, S. 8. Der Physiker unterstützte auch den »christlichen« Antisemitismus von Theodor Fritsch (Herausgeber von *Der Hammer*), und – eine Zeitlang – den germanischen »christlichen« Glauben von Artur Dintner, der sich dann der berüchtigten Bewegung der Deutschen Christen anschloß. Zu diesen rassistischen Gruppen siehe George L. Mosse, *The Crisis of German Ideology: Intellectual Origins of the Third Reich*, Universal Library (New York: Grosset & Dunlap, 1964), insbes. S. 112-13, 141-44, 306-307.

92. Lenard, »Erinnerungen«, S. 137.

93. Siehe Wolfgang Horn, *Führerideologie und Parteiorganisation in der NSDAP (1919-1933)* (Düsseldorf: Droste, 1972), S. 153-208.

94. Lenard, »Erinnerungen«, S. 157-58; BDC-NSDAP Zentralkartei, Philipp Lenard.

95. Lenard, »Erinnerungen«, S. 165.

96. Ibid., S. 166.

97. Karl Wien an seine Familie, 26. Mai 1925, Wiens Familien-»Chronik, 1914-1928«, zitiert nach Forman, »Financial Support and Political Alignment of Physicists in Weimar Germany«, *Minerva* 12 (Januar 1974): 60.

98. Lenard, »Erinnerungen«, S. 157. Zum Kampfbund siehe Reinhard Bollmus, *Das Amt Rosenberg und seine Gegner: Zum Machtkampf im nationalsozialistischen Herrschaftssystem*, Studien zur Zeitgeschichte, veröffentlicht vom Institut für Zeitgeschichte, München (Stuttgart: Deutsche Verlags-Anstalt, 1970), S. 27-39.

99. Lenard, »Erinnerungen«, S. 138. Siehe unten, 8. und 9. Kapitel.

100. Wesch, »Lenards Werk«, S. 106.

101. SHQP, Interview mit James Franck, 10. Juli 1962, S. 13; Ernst Brüche, Tonbandinterview mit dem Autor in Mosbach/Baden am 2. Juli 1971.

102. Lenard, »Erinnerungen«, S. 138.

103. Vgl. August Becker, »Philipp Lenard und seine Schule«, *Zeitschrift für die gesamte Naturwissenschaft* 8 (Mai/Juni 1942): 144. Dieser Artikel (s. 143-52) nennt eine komplette Liste aller von und unter Lenard und seinen Assistenten zwischen 1887 und 1942 durchgeführten Arbeiten. Zu Lenards Einstellung Wien gegenüber siehe seine Glückwünsche anläßlich Wiens 60. Geburtstag am 13. Januar 1924, von denen ein Teil in Forman, »The Environment and Practice of Atomic Physics in Weimar Germany«, S. 180, zitiert ist. Zur Einstellung zur modernen Physik, die beiden Männern gemeinsam war, siehe Forman, »Financial Support in Weimar Germany«, S. 57-61.

104. Becker, »Philipp Lenard und seine Schule«, S. 144; Lenard, »Erinnerungen«, S. 134.

105. Lenard, »Wilhelm Wien«, *Völkischer Beobachter*, 12. September 1928, S. 2.

106. Zu Günther, siehe Mosse, *The Crisis of German Ideology*, S. 302-304; und Mosse, Hrsg., *Nazi Culture: Intellectual, Cultural and Social Life in the Third Reich* (New York: Grosset & Dunlap, 1966, S. 58-59, 61-65; dt. *Der Nationalsozialistische Alltag*, Königstein/Ts., Athenäum Verlag, 1978).

107. Lenard, »Erinnerungen«, S. 140-41.

108. Siehe 7. Kapitel.

109. Freudenberg, Interview mit dem Autor vom 16. Juli 1971.

110. Ibid.

111. Lenard an das Ministerium des Kultus und Unterrichts in Karlsruhe,

1. April 1927, Kopie, Archiv der Universität Heidelberg (künftig zitiert als AUH) – Akte Lenard. Lenards Kandidaten waren in absteigender Reihenfolge: Johannes Stark, Clemens Schaefer (an der Univ. Breslau, ein konservativer Politiker und Physiker), Ernst Gehrcke (an der PTR in Berlin, ein lautstarker Einstein-Kritiker), Carl Ramsauer und August Becker. W. Wien, F. Himstedt und J. Zenneck hatten sich Lenard bei der Unterstützung von Starks Kandidatur angeschlossen. Lenard an das Ministerium des Kultus und Unterrichts in Karlsruhe, 16. April 1927, Kopie, Zenneck Nachlaß, Deutsches Museum, München.

112. Freudenberg, Interview mit dem Autor, 16. Juli 1971; Geiger an Rutherford, 28. August 1931, Cambridge University Library, Rutherford Collection.

113. Minister des Kultus und Unterrichts an Lenard, 23. September 1931, AUH - Akte Lenard.

114. Minister des Kultus und Unterrichts an Bothe, 14. Juli 1932, AUH – Akte Bothe.

115. Freudenberg an den Rektor, 12. Februar 1946, AUH – Akte Lenard; Freudenberg, Interview mit dem Autor vom 16. Juli 1971.

116. Becker an den Rektor, 20. März 1934, und Minister des Kultus und Unterrichts an den Rektor, 15. Juni 1935, beide in AUH – Akte Becker.

117. Lenard an Adolf Hitler, 21. März 1933, BA, R 43II/936, Bd. 1, S. 23-26.

118. Ibid., S. 25.

119. Staatssekretär in der Reichskanzlei an Lenard, 8. April 1933, BA, R 43 II/936, Bd. 1, S. 27-29.

120. Lenard, »Ein großer Tag für die Naturforschung«, *Völkischer Beobachter,* 13. Mai 1933, zweites Beiblatt.

121. Ibid.; Frank, *Einstein,* S. 376, bringt eine kursorische Zusammenfassung dieses Absatzes des Artikels.

122. Lenard, »Ein großer Tag für die Naturforschung«.

123. In Johannes Heinsohn, *Einstein Dämmerung: Kritische Betrachtungen zur Relativitätstheorie* (Leipzig: Otto Hillman, 1933), S. 6.

124. Vgl. Peter H. Merkls Analyse von 581 gewöhnlichen Nazis, Political Violence under the Swastika (Princeton, N.J.: Princeton University Press, 1975).

6. Kapitel

1. Nobel Foundation, *Nobel Lectures, Physics*, S. 436.

2. Ibid., S. 430.

3. Armin Hermann, »Albert Einstein und Johannes Stark: Briefwechsel und Verhältnis der beiden Nobelpreisträger«, *Sudhoffs Archiv* 50 (September 1966): 267-85.

4. Vgl. Stark, »Elementarquantum der Energie, Modell der negativen und der positiven Elektrizität«, *Physikalische Zeitschrift* 8 (1. Dezember 1907): 881-84; und Stark, »Zur experimentellen Entscheidung zwischen Ätherwellen- und Lichtquantenhypothese«, *Physikalische Zeitschrift* 10 (22. November 1909): 902-13. Vgl. Max Jammer, *Conceptual Development of Quantum Mechanics* (New York: McGraw-Hill, 1966), S. 37.

5. H.A. Lorentz, »Alte und neue Fragen der Physik«, *Physikalische Zeitschrift* 11 (15. Dezember 1910): 1249-50.

6. Hermann, »Einstein und Stark«, S. 277.

7. Hermann, »Die frühe Diskussion zwischen Stark und Sommerfeld über die Quantenhypothese«, *Centaurus* 12 (1967): 40-42.

8. Hermann, »Einstein und Stark«, S. 277-78.

9. Nobel Foundation, *Nobel Lectures, Physics*, S. 436.

10. SHQP, Interview mit Franck am 10. Juli 1962, S. 12.

11. Ursprünglicher Artikel von Einstein: »Thermodynamische Begründung des photochemischen Äquivalentgesetzes«, *Annalen der Physik* 37 (26. März 1912): 832-38; und »Nachtrag zu meiner Arbeit: ›Thermodynamische Begründung des photochemischen Äquivalentgesetzes‹«, *Annalen der Physik* 38 (12. Juli 1912): 881-84. Starks Antwort: »Über die Anwendung des Planckschen Elementargesetzes auf photochemische Prozesse: Bemerkung zu einer Mitteilung des Hrn. Einstein«, *Annalen der Physik* 38 (23. Mai 1912): 468-69.

12. Einstein: »Antwort auf eine Bemerkung von J. Stark: ›Über eine Anwendung des Planckschen Elementargesetzes‹«, *Annalen der Physik* 38 (12. Juli 1912): 888. Stark: »Antwort an Hrn. A. Einstein«, *Annalen der Physik* 39 (24. September 1912): 496.

13. Zum Beispiel mit Paschen und Lunkenheimer, siehe Hermann, »Einstein und Stark«, S. 279; und mit Sommerfeld, siehe Hermann, »Diskussion zwischen Stark und Sommerfeld«, S. 45-53, sowie Stark und Wilhelm Müller, *Jüdische und deutsche Physik, Vorträge zur Eröffnung des Kolloquiums für theoretische Physik an der Universität München* (Leipzig: Helingsche Verlagsanstalt, 1941), S. 53-54.

14. Stark an (Max) Iklé, 22. Februar 1915, Lehrstuhl für die Geschichte der Naturwissenschaften und Technik, Stuttgart, Akte Stark, Stuttgart.

15. Hermann, »Diskussion zwischen Stark und Sommerfeld«, S. 53.

16. Vgl. Jammer, *Conceptual Development of Quantum Mechanics*, S. 106-09.

17. Nobel Foundation, *Nobel Lectures, Physics*, S. 434-35. Stark, »Zur Kritik der Bohrschen Theorie der Lichtemission«, *Jahrbuch der Radioaktivität und Elektronik* 17 (23. Dezember 1920): 172.

19. Vgl. Jammer, *Conceptual Development of Quantum Mechanics*, S. 266, 297-80.

20. Stark, »Zur physikalischen Kritik von Schrödingers Theorie der Lichtemission«, *Annalen der Physik* 1 (7. Mai 1929): 1009-40.

21. Das Ausbleiben einer Antwort auf seine Kritik wurde von Stark in einer nach dem Zweiten Weltkrieg verfaßten Broschüre anders interpretiert: »Die physikalische Unmöglichkeit dieser Theorie in der von Sommerfeld vertretenen Interpretation habe ich in einer ausführlichen Abhandlung (Anm. d. Phys.) dargelegt. Auf meine sachliche Kritik konnte Sommerfeld keine sachliche Antwort geben.« Stark, *Zur Auseinandersetzung zwischen der pragmatischen und der dogmatischen Physik* (Eppenstatt bei Traunstein, Oberbayern: Selbstverlag, 1949), S. 4-5.

22. Diese Gruppe umfaßte selbstverständlich Lenard sowie viele Mitarbeiter der Physikalisch-Technischen Reichsanstalt (wie z.B. Ernst Gehrcke), Mitglieder von Clemens Schaefers physikalischem Institut in Breslau und andere. Schaefer hob in seinem Schreiben an Stark besonders hervor, daß sein gesamtes Institut über Starks »Abschlachtung« Sommerfelds sehr erfreut war. Schaefer an Stark, 20. Oktober 1930, Staatsbibliothek Preußischer Kulturbesitz (künftig zitiert als StBPK), Nachlaß Stark, zitiert in Paul Forman, »Financial Support and Political Alignment of Physicists in Weimar«, S. 60.

23. Vgl. Becker, *Gedanken zur Hochschulreform* (Leipzig: Quelle & Meyer, 1919). Das wechselvolle Schicksal dieses Reformplans wird in Forman, »Physics in Weimar«, S. 60-63, erörtert.

24. Stark, *Die Organisation der akademischen Kreise* (Greifswald: Selbstverlag, 1919), S. 6-7. Ein Exemplar befindet sich in Akte Stark, Stuttgart.

25. Stark, *Das alte und das neue Berufungsverfahren* (Greifswald: Selbstverlag, 1919), S. 14-22. Ebenfalls in Akte Stark, Stuttgart.

26. Vgl. »Zur Gründung der Deutschen Gesellschaft für technische Physik«, *Zeitschrift für technische Physik* 1 (1920): 4-6; Forman, »Physics in Weimar«, S. 143-44.

27. Forman, »The Helmholtz-Gesellschaft: Support of Academical Re-

search by German Industry after the First World War« (unveröffentlichtes Manuskript, von Forman mir großzügigerweise zur Verfügung gestellt), S. 246. Der Brief Wiens an Stark vom 28. Januar 1920 zu finden in StBPK, Nachlaß Stark.

28. Sommerfeld an Lenard, 7. Mai 1920; Lenard an Sommerfeld, 2. September 1920; und Stark an Sommerfeld, 10. Juni 1920, alle in Sommerfeld Nachlaß.

29. Stark an Sommerfeld, 10. Juni 1920, Sommerfeld Nachlaß.

30. Stark an Sommerfeld, 23. Juli 1920, ibid. Andere, die Stimmen erhielten, waren M. Born, A. Bestelmeyer und W. König (je 13); W. Hallwachs, F. Himstedt und R.W. Pohl (je 12); und F. Krüger (10). Bestelmeyer an Stark, 9. Juli 1920 (StBPK, Nachlaß Stark), zitiert von Forman, »Helmholtz Gesellschaft«, S. 246, 255. Die Radikalität des von Stark vorgeschlagenen Konzepts einer Berufsorganisation wird durch die Tatsache erhellt, daß sich Born nicht nur einem solchen von Konservativen dominierten Vorhaben anschloß, sondern auch einige Stimmen erhielt.

31. Stark an Sommerfeld, 23. Juli 1920, Sommerfeld Nachlaß.

32. Zu Wiens Ansichten über die Relativitätstheorie siehe Wien, *Die Relativitätstheorie vom Standpunkt der Physik und Erkenntnislehre* (Leipzig: J.A. Barth, 1921).

33. »Geschäftssitzung der Deutschen Physikalischen Gesellschaft in Bad Nauheim am 21. September 1920«, *Verhandlungen der Deutschen Physikalischen Gesellschaft* 1 (31. Dezember 1920): 84-86.

34. Born an Felix Klein, 21. November 1920 (Universitätsbibliothek Göttingen, Handschriftenabteilung, Nachlaß Klein), zitiert in Steffen Richter, *Forschungsförderung in Deutschland, 1920-1936: Dargestellt am Beispiel der Notgemeinschaft der Deutschen Wissenschaft und ihrem Wirken für das Fach Physik*, Nr. 23, Technikgeschichte in Einzeldarstellungen (Düsseldorf: Verein Deutscher Ingenieure, 1972), S. 14.

35. Forman, »Helmholtz-Gesellschaft«, S. 36-39, 46-49.

36. Kurt Zierold, *Forschungsförderung in drei Epochen, Deutsche Forschungsgemeinschaft – Geschichte, Arbeitsweise, Kommentar* (Wiesbaden: Franz Steiner, 1968), S. 8-13.

37. Forman, »Helmholtz-Gesellschaft«, S. 39-40, 119-21.

38. Wie sich herausstellte, verlor die Helmholtz-Gesellschaft zur Förderung der deutschen Physik immer mehr an Bedeutung. In den späten dreißiger Jahren nahm sie einen kurzen Aufschwung, als die Physiker in der Organisation die Kontrolle über die Verteilung der Mittel wieder zurückgewannen, die sie Anfang der zwanziger Jahre an die angewandten Wissenschaftler abtreten mußten. Ibid., S. 118-66, 190-200.

39. Stark, *Die gegenwärtige Krisis in der deutschen Physik* (Leipzig: J.A. Barth, 1922), S. 28. Paradoxerweise wurde dieses Interesse an der Technik höchstwahrscheinlich durch einen Vorschlag Sommerfelds angeregt. Siehe Sommerfeld an Stark, undatiert (Februar 1909), Hermann, »Diskussion zwischen Stark und Sommerfeld«, S. 42-43.

40. Forman, »Helmholtz-Gesellschaft«, S. 248-49.

41. Vgl. z.B. Stark, *Die physikalisch-technische Untersuchung keramischer Kaoline* (Leipzig: J.A. Barth, 1922).

42. Stark, *Die gegenwärtige Krisis*, S. 28.

43. Sommerfeld an das Rektorat der Universität München, 26. Juli 1937, Archiv der Universität München (künftig zitiert als AUM), Akte Sommerfeld, E II-N, 121-22.

44. Stark, *Zur Auseinandersetzung zwischen der pragmatischen und dogmatischen Physik*, S. 7-8.

45. Stark, *Die gegenwärtige Krisis*, S. 28.

46. Walther Gerlach, Tonbandinterview mit dem Autor in München am 8. Juli 1971.

47. Ludwig Glaser, »Lebenslauf«, Privatakte des Mechanikers Karl Selmayr in A. Sommerfelds Institut für Theoretische Physik in München (künftig zitiert als Akte Selmayr). Der Tag der Habilitation Glasers war der 27. Juni 1921.

48. Der genaue Zeitpunkt und die Umstände der Abreise Starks von Würzburg sind unklar. Es ist möglich, daß er seinen Rücktritt im Herbst 1921 eingereicht hat, aber daß er erst im Frühjahr 1922 wirksam wurde. Im *Führerlexikon 1934/35*, dessen Eintragungen auf Wunsch der darin verzeichneten Personen erfolgten, findet man unter Starks Namen: »... 1920/22 o. Prof. an der U. Würzburg, Frühjahr 1922 freiwilliger Rücktritt vom Lehramt ...« In der Nazizeit wurde behauptet, daß Stark wegen seines Engagements gegen Einstein entlassen wurde. Das erscheint unwahrscheinlich, da er erst im Sommer 1922 gegen Einstein auftrat. Georg Rost von Würzburg erklärte 1940 in einem Brief an Sommerfeld, daß Starks und Glasers Akten im Jahre 1937 vom Gaudozentenführer von Bayern überprüft wurden, um Starks Behauptung zu bestätigen, und daß klar nachgewiesen werden konnte, daß die Opposition gegen Einstein bei der Entlassung Starks aus dem Bayerischen Staatsdienst keine Rolle gespielt hatte. Rost an Sommerfeld, 4.-6. Juni 1940, Sommerfeld Nachlaß. Die heute im Würzburger Archiv vorhandenen Dokumente werfen kein Licht auf die Angelegenheit, der Würzburger Archivar (Prof. P. Baumgart) an den Autor, 20. September 1973.

49. Stark an das Reichministerium des Innern, 6. Juni 1922, Deutsches

Museum, Sondersammlung 1942/5. Nernst erbat von seinen Kollegen Empfehlungsbriefe, z.B. Planck an Nernst, 23. Juni 1922, ibid., 1942/6. Wien wies jedoch darauf hin, daß er über die Art, in der die Berufung zustande kam, nicht erfreut war, obwohl er persönlich mit Nernst keinen Streit hatte. Sein Brief ließ durchblicken, daß er einen weniger theoretisch ausgerichteten Wissenschaftler als Präsidenten der PTR vorgezogen hätte. Wien an Nernst, 28. Juni 1922, ibid., 1942/5.

50. Stark, *Die gegenwärtige Krisis*, S. 20-23.

51. Ibid., S. 27.

52. Ibid., S. 31.

53. Sommerfeld an Stark, 18. Februar 1929, Sommerfeld Nachlaß.

54. Dekanat der philosophischen Fakultät der Universität München an den Akademischen Senat der Universität München, 15. November 1928, Kopie, Sommerfeld Nachlaß.

55. Die Akten der Berliner Fakultät befinden sich in der DDR, aber ein kurzer Auszug aus diesem Bericht erschien in Werner Haberditzl, »Der Widerstand deutscher Naturwissenschaftler gegen die ›deutsche Physik‹ und andere faschistische Zerrbilder der Wissenschaft«, in *Naturwissenschaft, Tradition, Fortschritt*, Beiheft zur Zeitschrift NTM (Berlin [Ost]: VEB Deutscher Verlag der Wissenschaften, 1963), S. 321.

56. Lenard an das Ministerium des Kultus und Unterrichts in Karlsruhe, 1. April 1927, Kopie, AUH – Akte Lenard. Siehe oben, 5. Kap.

57. Stark an Sommerfeld, 7. Dezember 1927, Sommerfeld Nachlaß.

58. Stark an Ludwig Glaser, 6. März 1928, Sommerfeld Nachlaß.

59. Stark, *Adolf Hitler und die deutsche Forschung* (Berlin: Pass & Garleb, 1934), S. 8.

60. Lenard, »Johannes Stark zum 70. Geburtstag«, *Völkischer Beobachter*, München, 15. April 1944, S. 4. Zur gemeinsamen Erklärung des Bekenntnisses zu Hitler siehe oben, 5. Kap.

61. Stark, *Adolf Hitler*, S. 8.

62. BDC-NSDAP Zentralkartei, Johannes Stark.

63. Stark war ein rühriger Redner und politischer Agitator in der näheren Umgebung seines Gutes im oberbayerischen Raum. Stark an das Zentralamt des Obersten Gerichtes der NSDAP, 1. Juli 1936, BDC-Oberstes Partei-Gericht, Johannes Stark, S. 14-17, insb. S. 14-15.

64. Vgl. Stark, *Adolf Hitlers Ziele und Persönlichkeit* (München: Deutscher Volksverlag, 1930); *Nationalsozialismus und katholische Kirche* (München: Zentralverlag der NSDAP, Frz. Eher Nachf., 1931); *Zentrumspolitik und Jesuitenpolitik* (München: Zentralverlag der NSDAP, Frz. Eher Nachf., 1932); *Nationalsozialismus und Lehrerbildung* (München: Zentral-

verlag der NSDAP, Frz. Eher Nachf., 1931); *Nationale Erziehung* (München: Zentralverlag der NSDAP, Frz. Eher Nachf., 1932); *Der Kapitalexport und seine Rückwirkung auf das kapitalausführende Land: An Hand der englischen Entwicklung untersucht* (Leipzig: Deutsche wissenschaftliche Buchhandlung, 1932). Trotz des letzten hier angeführten Titels befürwortete Stark nie die Anglophobie, von der Lenard heimgesucht wurde. Im Jahre 1931 z.B. nominierte er Rutherford für den Physik-Nobelpreis. Stark an das Nobelkomitee für Physik, 18. Januar 1931, Cambridge University Library, Rutherford Collection.

65. »Bemerkung zu ›J. Stark: Zu den Kämpfen in der Physik während der Hitler-Zeit‹«, *Physikalische Blätter* 3 (1947): 272. Die Antwort Niels Bohrs auf eine Stark betreffende Rückfrage war vermutlich typisch für die Antworten der zu Rate gezogenen Wissenschaftler: eine Beurteilung Starks sei schwierig, da seine Arbeiten eine Richtung verfolgten, die von der künftigen Entwicklung der Physik völlig verschieden sei; dennoch bleibt zu hoffen, daß, sollte Stark Präsident werden, die theoretische Arbeit an der PTR auch weiterhin fortgesetzt würde. Bohr an Paschen, 18. April 1933, BSC (24,2).

66. Stark, »Organisation der physikalischen Forschung«, *Zeitschrift für technische Physik* 14 (1933): 433-35. Der Verein Deutscher Ingenieure (VDI) wünschte dringend eine Expansion der PTR, um die nach der Machtergreifung der Nazis erwartete großzügigere Mittelvergabe auszunutzen. C. Matschoss an Zenneck, 30. Januar 1933, und Frick an den Reichskommissar für Arbeitsbeschaffung, Kopie, 7. Februar 1933, beide im Zenneck Nachlaß, Deutsches Museum, München. Zum VDI unter der damaligen Führung Gottfried Feders siehe Karl-Heinz Ludwig, *Technik und Ingenieure im Dritten Reich* (Düsseldorf: Droste, 1974), S. 73-90, 96-118.

67. Otto Scherzer, »Physik im totalitären Staat«, in *Deutsches Geistesleben und Nationalsozialismus: Eine Vortragsreihe der Universität Tübingen*, hrsg. v. Andreas Flitner (Tübingen: Rainer Wunderlich, 1965), S. 52-53; Ernst Brüche, Tonbandinterview mit dem Autor in Mosbach/Baden, 2. Juli 1971; von Laue, »Bemerkungen zu ›J. Stark‹«, S. 272.

68. Siehe oben, 4. Kap.

69. Von Laue, »Bemerkungen zu ›J. Stark‹«, S. 272.

70. Ibid., S. 272-73. Vgl. H. Frühauf, »Max Planck als beständiger Sekretär«, S. 10. (Zwei Tage nach diesem Vortrag wurde von Laue als Gutachter der PTR entlassen, von Laue, »Bemerkungen zu ›J. Stark‹«, S. 272.)

71. Stark, »International Status and Obligations of Science«, *Nature* 133 (24. Februar 1934): 290.

72. Stark, »The Attitude of the German Government Toward Science«, *Nature* 133 (21. April 1934): 614. Stark schrieb sogar an Rutherford über den Artikel in *Nature*, wobei er darauf hinwies, daß er für die Mehrheit der deutschen Wissenschaftler spreche. Die Deutschen hätten Verständnis dafür, daß die englischen Wissenschaftler Juden, die sich aus Deutschland »zurückgezogen« hatten, Gastfreundschaft gewährten, erklärte er, fänden es aber unverständlich, daß eine wissenschaftliche Zeitschrift zu den inneren Angelegenheiten eines anderen Landes Stellung bezog. Stark an Rutherford, 28. Februar 1934, Cambridge University Library, Rutherford Collection. Stark machte auch langatmige und wesentlich rassistischere Ausführungen über wissenschaftlichen Internationalismus und Freiheit der Forschung in einer für den Hausgebrauch bestimmten Broschüre: *Nationalsozialismus und Wissenschaft* (München: Zentralverlag der NSDAP, Frz. Eher Nachf., 1934). Siehe unten, 7. Kap.

73. Von Laue an A.V. Hill, 6. Juni 1934, Deutsches Museum, Sondersammlung, 1964/6-163. Sogar von Laue war vorsichtig genug, diesen gegen Stark gerichteten Brief nicht über die Post zu verschicken. Ein holländischer Kollege, der von seinem Inhalt absichtlich keine Kenntnis nahm, brachte den Brief für ihn aus Deutschland heraus. Adriaan Fokker an Hill, 8. Juni 1934, Deutsches Museum, Sondersammlung, 164/6-163.

74. Stark an Hitler, Bundesarchiv Koblenz, Rep. 43 II/1227a, S. 61, 63, 65.

75. Am 29. Juni 1934 soll Stark in einem Vortrag folgendes gesagt haben: »Nachdem aber nunmehr ein Reichsministerium für Wissenschaft, Erziehung und Volksbildung geschaffen ist, kann unter Führung des Reichsministers Rust die Organisation der Wissenschaft und Forschung planmäßig und rasch durchgeführt werden. Sowie Ende letzter Woche die Überführung der kulturpolitischen Abteilung aus dem Reichsinnenministerium in das Reichswissenschaftsministerium auch verwaltungstechnisch zum Abschluß gekommen war, hat Herr Reichsminister Rust sofort die Richtlinien für die Organisation der Forschung in seinem Ministerium festgelegt, und zwar wird neben einer Hochschulabteilung eine besondere Abteilung für Forschung und Technik im neuen Ministerium organisiert werden.« »Reichsregierung und wissenschaftliche Forschung: Eine neue technisch-physikalische Reichsanstalt in München«, *Bayerische Staatszeitung*, 29. Juni 1934, S. 5. Zur Organisation des REM siehe oben, 4. Kap.

76. Schmidt-Ott, *Erlebtes und Erstrebtes, 1860-1950* (Wiesbaden: Franz Steiner, 1952), S. 293; Zierold, *Forschungsförderung in drei Epochen*, S. 154, 157.

77. Helmut Heiber, *Walter Frank und sein Reichsinstitut für die*

Geschichte des neuen Deutschland, Bd. 13, Quellen und Darstellungen zur Zeitgeschichte (Stuttgart: Deutsche Verlags-Anstalt, 1966), S. 796. Stark plante anscheinend, sein neues Amt zur Förderung der Errichtung einer zweiten PTR in München zu nutzen, »Reichsregierung«, *Bayerische Staatszeitung*, 29. Juni 1934, S. 5.

78. Zitiert in Zierold, *Forschungsförderung in drei Epochen*, S. 173.

79. Ibid., S. 176-77. Die Antwort der Bayerischen Akademie: »So hervorragend die Leistungen des Präsidenten Prof. Dr. Johannes Stark auf seinem Spezialgebiet sind, so ist er doch selbst auf dem Gebiete der Physik verhältnismäßig einseitig. Wir können deshalb nicht erwarten, daß er den Überblick besitzt, der für den Präsidenten der Notgemeinschaft bei deren außerordentlich vielseitigen Aufgaben unerläßlich ist und den sein Vorgänger in so ungemein hohem Maße besessen hat.« Ibid. Von Laue hatte einen Monat vorher an Schmidt-Ott geschrieben, daß er und die Mehrheit der deutschen Physiker seinen Abgang von der Notgemeinschaft bedauerten. Von Laue fuhr fort: »Unter den jetzigen Umständen noch dazu wird der Wechsel im Präsidium, fürchte ich, den Auftakt bilden zu schweren Zeiten für die deutsche Wissenschaft, und die Physik wird wohl den ersten und schwersten Stoß zu erleiden haben.« Von Laue an Schmidt-Ott, 27. Juni 1934, in Armin Hermann, »50 Jahre Forschungsförderung der DFG«, *Physik in unserer Zeit* 2 (Januar 1971): 20.

80. Stark an Nernst, undatiert, Deutsches Museum, Sondersammlung, 1946/7; Stark an Heisenberg, 14. August 1934, im Privatbesitz von Werner Heisenberg (künftig zitiert als Akte Heisenberg).

81. Nernst an Stark, 13. August 1934, und Stark an Nernst, 21. August 1934, Deutsches Museum, Sondersammlung, 1946/7; Stark an von Laue, Kopie, 21. August 1934, Deutsches Museum, Sondersammlung, 1964/6-164; Stark an Heisenberg, 21. August 1934, Akte Heisenberg. Von Laue schrieb an Richard von Mises, einen berühmten Berliner Mathematiker, der emigrieren mußte, daß er, Planck und Nernst sich geweigert hatten, Starks Bitte um Unterzeichnung der öffentlichen Erklärung nachzukommen. Er fügte hinzu, daß es bei den Physikern in dieser Hinsicht besser stünde als bei den Mathematikern, »denn die Drohung Robusti [d.h. Stark], er werde bald ›zuschlagen‹, nehmen wir nicht zu ernst. Er hat doch auch in der Partei und unter den Ministern Gegner, wäre überhaupt längst erledigt, hätte er nicht an Hitler persönlichen Rückhalt. Nun ist es wenigstens gut, daß er sich jetzt als Präsident der Notgemeinschaft *sämtliche* Gelehrten auf den Hals zieht. Dafür, daß er es tut, lassen wir ihn selber sorgen.« Von Laue an von Mises, 7. September 1934, Harvard University Archives, von Mises Papers, Box 2. Von Laues Einschätzung der politischen Schwächen Starks war rich-

tig, aber seine Beurteilung Starks, mehr als ein Ärgernis denn als eine Bedrohung, sollte sich ändern, nachdem Lenard und Stark Ende 1935 ihre Kampagne der arischen Physik zu lancieren begannen.

82. Siehe 4. Kap. Aufgrund eines Erlasses Hitlers vom 24. Januar 1934 bezeichnete sich Rosenberg selbst als der Beauftragte des Führers für die Überwachung der gesamten geistigen und weltanschaulichen Schulung und Erziehung der NSDAP. Dieser Titel wurde auf seinen Mitarbeiterstab übertragen; wegen der Schwerfälligkeit dieses Namens lautete die gewöhnliche Bezeichnung einfach Amt Rosenberg.

83. Stark, »Zu den Kämpfen in der Physik während der Hitler-Zeit«, *Physikalische Blätter* 3 (1947): 271; Heiber, *Walter Frank*, S. 809.

84. Heiber, *Walter Frank*, S. 644. Siehe auch weiter oben, 4. Kap.

85. Stark, *Adolf Hitler und die deutsche Forschung*, S. 13-23, insbes. S. 20-22.

86. Der Vortrag zitiert in Stark, ibid., S. 7-11. Vgl. auch Zierold, *Forschungsförderung in drei Epochen*, S. 184.

87. Stark, »Zu den Kämpfen in der Physik«, S. 271.

88. Der Vorschlag wird zitiert in Zierold, *Forschungsförderung in drei Epochen*, S. 194-97.

89. Stark an Lammers, 21. Februar 1935, zitiert in ibid., S. 198-99.

90. Lenard an Hitler, 23. Februar 1935: »Der alte Getreue warnt Sie vor Rusts Forschungsakademie und bittet dringend um Vertagung der Entscheidung. Brief folgt.« BA, Rep. 43 II/1227a, S. 165. Dies und ein Teil der Einwände von Heß in Zierold, *Forschungsförderung in drei Epochen*, S. 199.

91. Starks Vorschlag in Zierold, *Forschungsförderung in drei Epochen*, S. 200-205; siehe auch Heiber, *Walter Frank*, S. 811.

92. Heiber, *Walter Frank*, S. 813 (siehe BA, Rep. 43 II/1227a, S. 97-99, 103). Zur Unterstützung Rosenbergs aus Mitteln der Forschungsgemeinschaft siehe Reinhard Bollmus, *Das Amt Rosenberg und seine Gegner, Zum Machtkampf im nationalsozialistischen Herrschaftssystem*, Studien zur Zeitgeschichte (Stuttgart: Deutsche Verlags-Anstalt, 1970), S. 70-71; und Zierold, *Forschungsförderung in drei Epochen*, S. 188.

93. Die Forschungsgemeinschaft erhielt 4,4 Millionen Mark anstatt der für das Jahr 1935 beantragten 19,2 Millionen. Im Jahre 1936 erhielt sie nur 2 Millionen. Zierold, *Forschungsförderung in drei Epochen*, S. 180. Die Hälfte der für die Jahre 1935 und 1936 bewilligten Mittel wurde vom REM verwaltet, Heiber, *Walter Frank*, S. 813.

94. Heiber, *Walter Frank*, S. 587, 779-80.

95. Zu Franks Artikel, »Die graue Eminenz der Notgemeinschaft, auf

dem Wege zum 30. Januar der Wissenschaft«, *Westfälische Landeszeitung*, 19. Juni 1936, siehe Heiber, *Walter Frank*, S. 822-27.

96. Ibid., S. 806-807, 838-42; Bollmus, *Amt Rosenberg*, S. 96.

97. »Unterredung mit Präsident Professor Stark von der Deutschen Forschungsgemeinschaft, 22.9.36-12.30«, Aktennotiz von Karl T. Weigel vom 22. September 1936; Strobel an Reischle, 23. September 1936, beide in BDC-Research, Ahnenerbe: Karl T. Weigel; und Reischle an Himmler, 24. September 1936, BDC-Research, Ahnenerbe: Johannes Stark.

98. Etwa hundert Seiten von diese Affäre betreffenden Akten befinden sich im BDC-Oberstes Partei-Gericht, Johannes Stark. Vgl. Heiber, *Walter Frank*, S. 843-44.

99. Schneider an Hess, 16. November 1937, BDC-Oberstes Partei-Gericht, Stark, S. 95.

100. Heiber, *Walter Frank*, S. 845-46.

101. Zierold, *Forschungsförderung in drei Epochen*, S. 212.

102. Siehe Merkl, *Political Violence under the Swastika*, S. 311-82, 446-497.

7. Kapitel

1. Lenard, *Große Naturforscher, Eine Geschichte der Naturforschung in Lebensbeschreibungen*, 2. Aufl. (München: J.F. Lehmanns, 1930), S. 7. Hinweise beziehen sich, falls nicht ausdrücklich anders angegeben, auf diese vermehrte Auflage.

2. Siehe oben, 5. Kap.

3. In einem in München am 7. November 1934 gehaltenen Vortrag, Rosenberg, *Gestaltung der Idee, Blut und Ehre*, Bd. 2, *Reden und Aufsätze von 1933-1935*, hrsg. v. Thilo von Trotha (München: Zentralverlag der NSDAP, Frz. Eher, Nachf., 1936), S. 200-201.

4. Lenard, *Große Naturforscher*, S. 17-18.

5. Siehe oben, 5. Kap. Zu Chamberlains Erklärung der jüdisch-katholischen Unterdrückung der deutschen Wissenschaft siehe Chamberlain, *Die Grundlagen des neunzehnten Jahrhunderts*, 2. Aufl. (München: F. Bruckmann, 1900), S. 762-63.

6. Vgl. Lenards einleitende Bemerkungen zu den Abbildungen, *Große Naturforscher*, S. 9. Dieselbe Rechtfertigung für die Illustrationen wurde auch in Lenard, »Gedanken zu deutscher Naturwissenschaft«, *Volk im Werden* 4 (1936): 383-85 gegeben.

7. Vgl. *Große Naturforscher*, 2. Aufl., S. 315-16, in der 6. Aufl. (1943), S. 330.

8. *Große Naturforscher*, 2. Aufl., S. 318. Einen Überblick über Hasenöhrls Arbeiten auf dem Gebiet der Relativitätstheorie bietet Lewis Pyenson, »The Göttingen Reception of Einstein's General Theory of Relativity« (Ph. D. diss., John Hopkins University, 1973), S. 112-17. Der Versuch, den Namen und die Ideen Einsteins von den Resultaten seiner Theorien völlig loszulösen, war nicht erst beim Lenard der *Großen Naturforscher* zu finden. Diese Vorgangsweise hatte sich schon bei der Nauheimer Tagung von 1920 bei Verteidigern der Relativitätstheorie angekündigt (siehe oben, 5. Kap.). Im Jahre 1921 erwähnte Lenard erstmals den Namen Hasenöhrl in einem Vorwort zu einer hundert Jahre alten Abhandlung von Johann Georg von Soldner, die sich mit der Lichtablenkung in einem Gravitationsfeld befaßte. Er behauptete, die Abhandlung zeige, daß man diese Ablenkung erklären könne, ohne auf die Relativitätstheorie bzw. neue Raum- oder Zeitvorstellungen zurückgreifen zu müssen, wie das Beispiel Hasenöhrls beweise. J. Soldner, »Über die Ablenkung seines Lichtstrahls von seiner geradlinigen Bewegung durch die Attraktion eines Weltkörpers, an welchem er nahe vorbeigeht«, *Annalen der Physik* 65 (1921): 593-604. Lenards Einleitung (20. Juli 1921) findet sich auf den Seiten 593-600.

9. Z.B. Leon Poliakov und Josef Wulf, Hrsg., *Das Dritte Reich und seine Denker: Dokumente* (Berlin-Grunewald: Arani Verlag, 1959), S. 294, 297 (durch einen Druckfehler in diesem Buch wird Punkt IV unrichtig angeführt; er stammt aus *Deutsche Physik*, Bd. 1, S. IX). Auch George L. Mosse, *Nazi Culture* (New York: Grosset & Dunlap, 1966), S. 201-205; Remak, *The Nazi Years*, S. 59-60.

10. Lenard, *Deutsche Physik*, Bd. 1, *Einleitung und Mechanik* (München: J.F. Lehmanns, 1936), S. IX. (Bde. 1-3 wurden 1936, Bd. 4 1937 veröffentlicht.)

11. Lenard, »Vergangenheit und Zukunft deutscher Forschung«, in *Naturforschung im Aufbruch: Reden und Vorträge zur Einweihungsfeier des Philipp Lenard Instituts der Universität Heidelberg am 13. und 14. Dez. 1935*, hrsg. v. August Becker, (München: J.F. Lehmanns, 1936), S. 25.

12. Lenard, *Deutsche Physik*, 1: 4.

13. Stark, *Nationalsozialismus und Wissenschaft* (München: Zentralverlag der NSDAP, Frz. Eher, Nachf., 1934), S. 17-18. Vgl. oben, 6. Kap.

14. Stark und Müller, *Jüdische und deutsche Physik*, S. 21-56.

15. »Rede des Herrn Ministers des Kultus und Unterrichts Dr. Wacker«, in Becker, *Naturforschung im Aufbruch*, S. 7.

16. Die Redner waren in der Reihenfolge ihres Auftretens: August Becker

(Lenards Schüler und Direktor des Instituts), Wacker, Stark, F. Kreuzer (Studentenführer), Lenard. Am zweiten Tag: Becker, Lothar Tirala (Professor der Medizin in München), Wolfgang Schulz (Professor der Philosophie in Heidelberg), Ernst Krieck (Professor der Philosophie in Heidelberg, der über das Bildungsideal der Nazis sprach), J. Stein (Direktor einer Heidelberger Universitätsklinik), A. Seybold (Direktor des botanischen Instituts in Heidelberg), Hans Rukop (Direktor von Telefunken in Berlin, der einen Vortrag über die Fortschritte in der Fernsehtechnik hielt), Rudolf Tomaschek (ein Lenard-Schüler, damals Professor der Physik an der TH Dresden), Alfons Bühl (ein Lenard-Schüler, Professor der Physik an der TH Karlsruhe).

17. Vgl. Daniel Gasman, *The Scientific Origins of National Socialism: Social Darwinism in Ernst Haeckel and the German Monist League*, History of Science Library, hrsg. v. Michael A. Hoskin (London: MacDonald, 1971; New York: American Elsevier, 1971), bes. S. 161-63. Dieses Buch ist besonders brauchbar, da einige Anschauungen Lenards ziemlich genau jenen der Monisten entsprachen.

18. Lenard, *Deutsche Physik*, 1: 12. Auch Hitler glaubte, daß große Entdeckungen das Werk großer Männer waren (die er als »Personen« im Gegensatz zu Individuen bezeichnete). Hitler, *Mein Kampf*, S. 495-96.

19. Lenard, *Große Naturforscher*, S. 92-93. Bezüglich Newtons Anschauungen über Materie und Geist siehe Frank E. Manuel, *A Portrait of Isaac Newton* (Cambridge, Mass.: Harvard University Press, 1968).

20. Lenard, *Über Äther und Uräther: Mit einem Mahnwort an deutsche Naturforscher*, 2. Aufl. (Leipzig: S. Hirzel, 1922).

21. Zu einer ausführlichen Untersuchung über den Äther siehe Edmund T. Whittaker, *A History of the Theories of Aether and Electricity*, 2 Bde. (New York: Philosophical Library, 1951-54). Einen neueren Überblick bietet Schaffner, *Nineteenth-Century Aether Theories.*

22. Lenard, *Deutsche Physik*, 3. Bd., *Optik, Elektrostatik und Anfänge der Elektrodynamik*, S. 7. Da die Darstellung in der *Deutschen Physik* Lenards letztes Wort zu diesem Thema war, wird sie hier erörtert. Zur Textstelle jedoch vgl. *Über Äther und Uräther*, bes. S. 23-24.

23. Lenard, *Deutsche Physik*, 4. Bd., *Magnetismus, Elektrodynamik und Anfänge von Weiterem*, S. 266.

24. Vgl. Swenson, *The Ethereal Aether.*

25. Tomaschek, »Die Entwicklung der Äthervorstellung«, in Becker, *Naturforschung im Aufbruch*, S. 73. Tomaschek zitierte aus folgender Textstelle: ». . . auch unter uns regt sich hin und wieder eine Reaktion gegen das allzu einseitige Vorwalten rein mechanischer Naturdeutung; doch lasse

man sich nicht durch vorübergehende Strömungen irreführen; wir werden mit Notwendigkeit immer wieder auf Mechanismus zurückkommen, und so lange der Germane vorherrscht, wird er diese seine Auffassung auch den Nichtgermanen aufzwingen. Ich rede nicht von Theorien. ... Dies gilt – für uns – so uneingeschränkt, daß ich mich gar nicht entschließen kann, das Mechanische als eine Theorie und daher als zur ›Wissenschaft‹ gehörig zu betrachten, sondern es vielmehr als eine Entdeckung, als eine feststehende Tatsache auffassen zu müssen, glaube.« Chamberlain, *Die Grundlagen des neunzehnten Jahrhunderts*, S. 775-76.

26. Tomaschek, »Die Entwicklung der Äthervorstellung«, S. 73.

27. Lenard, *Deutsche Physik*, 1: 12.

28. Clark, *Einstein*, S. 338-47, untersucht Einsteins Einstellung zur Quantenmechanik, aber er ist am besten, wenn er nicht-fachliche Fragen behandelt. Bessere Untersuchungen sind in Martin J. Klein, »Einstein and the Wave-Particle Duality«, *The American Natural Philosopher* 3 (1964): 1-49; und Bernstein, *Einstein*, S. 191-206, 215-21. Zur sowjetischen Reaktion auf Heisenbergs Theorien siehe David Joravsky, *Soviet Marxism and Natural Science, 1917-1932* (New York: Columbia University Press, 1961), S. 293. Für eine neuere marxistische Untersuchung über Materialismus und moderne Physik siehe Herbert Hörz, *Physik und Weltanschauung: Standpunkte der marxistischen Philosophie zur Entwicklung der Physik* (Leipzig, etc.: Urania Verlag, 1968). Ebenfalls brauchbar ist Loren R. Graham, *Science and Philosophy in the Soviet Union* (New York: Knopf, 1972), S. 69-110.

29. Vgl. Stark, *Die Axialität der Lichtemission und Atomstruktur* (Berlin: A. Seydel, 1927); *Atomstruktur und Atombindung* (Berlin: A. Seydel, 1928); *Fortschritte und Probleme der Atomforschung* (Leipzig: J.A. Barth, 1931); *Erfahrungen und Theorien über Licht und Elektron* (Traunstein, Oberbayern: Stifel, o.J. [ca. 1950]). Zu einer mit politischen Ausführungen vermischten Darlegung über das Axialatom siehe Stark, »Experimentelle Fortschritte der Atomforschung«, *Zeitschrift für die gesamte Naturwissenschaft* 4 (November 1938): 289-313.

30. »Wichtiger ist uns auf wissenschaftlichem Gebiet die Darstellung der Heisenbergschen ›Ungenauigkeitstheorie‹, als die der pseudowissenschaftlichen, weil oberflächlichen, sogenannten Relativitätstheorie des Kommunisten Einstein.« (Wilfrid Bade, *Kulturpolitische Aufgabe der deutschen Presse* [Berlin: Junker und Dünnhaupt, 1933], S. 30.)

31. Pascual Jordan, *Die Physik des 20. Jahrhunderts: Einführung in den Gedankeninhalt der modernen Physik* (Braunschweig: Friedrich Vieweg, 1936).

32. Zum Standpunkt der Theorie der sich erneuernden Evolution siehe die Ausführungen des amerikanischen Zoologen Herbert S. Jennings, *The Biological Basis of Human Nature* (New York: Norton, 1930), bes. S. 371-72. Für eine Kritik dieses Standpunkts siehe William McDougall, *Modern Materialism and Emergent Evolution*, 2. Aufl. (London: Methuen, 1934), S. 109-39. Für einen neueren und umfassenderen Überblick über den kritischen Naturalismus siehe Harry Girvetz et al., *Science, Folklore and Philosophy* (New York und London: Harper & Row, 1966), S. 346-65.

33. Gerald Holton, »Einstein, Michelson and the ›Crucial‹ Experiment«, *Isis* 60 (Sommer 1969): 147.

34. Lenard, *Deutsche Physik*, 1: XIII.

35. Die Studentin war Ilse Rosenthal-Schneider. Gerald Holton, »Mach, Einstein, and the Search for Reality«, *Daedalus* 97 (Frühjahr 1968): 653. Ein weiteres Beispiel betrifft Max Born. Die negativen Ergebnisse des Michelson-Morley-Versuchs wurden allgemein als die Grundlage für Einsteins Entwicklung der Relativitätstheorie betrachtet, wenngleich diese Ansicht inzwischen widerlegt wurde (vgl. Holton, »Einstein, Michelson and the ›Crucial‹ Experiment«). Daher bedeutete die Ankündigung eines positiven Resultats durch Dayton Miller, den Präsidenten der Amerikanischen Physikalischen Gesellschaft, eine ernste Bedrohung der Theorie (vgl. Swenson, *The Ethereal Aether*, S. 190-212). Als Born jedoch von der amerikanischen Arbeit erfuhr, spottete er bloß: »Der Michelson-Versuch gehört zu den Dingen, die ›praktisch‹ a priori sind; ich glaube kein Wort von dem Gerücht.« Born an Einstein, 6. August 1922, *Einstein-Born Briefwechsel*, S. 106. Das Überlegenheitsgefühl der theoretischen Physiker in den zwanziger Jahren und seine gesellschaftlichen Konsequenzen werden von Forman, »Physics in Weimar«, S. 132-37, erörtert.

36. Lenard, *Deutsche Physik*, 1: 5-7.

37. Ibid., 1: XII; Lenard, *Große Naturforscher*, S. 91. Es ist interessant, daß Goethes Abneigung gegen Newton einer der Gründe war, warum Goethe von den Anhängern der nordischen Physik nur selten erwähnt wurde, obwohl er ihnen in vielem anderen entsprach. Vgl. z.B. A. Seybold, »Die Gemeinschaftsarbeit physikalischer und biologischer Forschung – eine Aufgabe der deutschen Wissenschaft!« in Becker, *Naturforschung im Aufbruch*, S. 55-60. Für eine neuere Untersuchung über die Rolle der Abstraktion und der Erfahrung in Goethes naturwissenschaftlichem Denken siehe »Das Naturbild Goethes und die technisch-naturwissenschaftliche Welt«, Werner Heisenberg, *Schritte über Grenzen: Gesammelte Reden und Aufsätze*, (München: R. Piper, 1971), S. 243-62.

38. Lenard, *Deutsche Physik*, 1: IX.

39. Vgl. z.B. Hitler, *Mein Kampf*, S. 317-33.

40. Lothar Tirala, »Nordische Rasse und Naturwissenschaft«, in Becker, *Naturforschung im Aufbruch*, S. 31; und Tomaschek, »Die Entwicklung der Äthervorstellung«, S. 73. Vgl. Lenard, *Deutsche Physik*, 1: IX.

41. Chamberlain, *Die Grundlagen des neunzehnten Jahrhunderts*, S. 786. Zitiert in Tomaschek, »Die Entwicklung der Äthervorstellung«, S. 73.

42. Tirala, »Nordische Rasse und Naturwissenschaft«, S. 32.

43. Ibid., S. 30.

44. Lenard, *Deutsche Physik*, 1: IX-X.

45. Ibid., S. 7.

46. Bühl, »Die Physik an den deutschen Hochschulen«, in Becker, *Naturforschung im Aufbruch*, S. 79.

47. Wolfgang Schulz, »Deutsche Physik und nordisches Ermessen«, in Becker, *Naturforschung im Aufbruch*, S. 46-48.

48. Stark, *Nationalsozialismus und Wissenschaft*, S. 11.

49. Ibid., und Lenard, *Deutsche Physik*, 1: X.

50. Stark, *Nationalsozialismus und Wissenschaft*, S. 11.

51. Lenard, *Deutsche Physik*, 1: X-XII.

52. Siehe oben, 5. Kap.

53. Siehe oben, 6. Kap.

54. Stark, *Nationalsozialismus und Wissenschaft*, S. 12-13.

55. Stark, »The Pragmatic and the Dogmatic Spirit in Physics«, *Nature* 141 (30. April 1938): 770-72; Stark, »Physikalische Wirklichkeit und dogmatische Atomtheorien«, *Physikalische Zeitschrift* 39 (1. März 1938): 189-92; am prägnantesten wird das Thema in Stark und Müller, *Jüdische und deutsche Physik*, S. 22-25, behandelt. Auch Tomaschek betonte die Idee des Dogmas in der jüdischen Physik, »Die Entwicklung der Äthervorstellung«, S. 72-74.

56. Vgl. Hitler, *Mein Kampf*, S. 120, 124, 129, 200, 371.

57. Rauschning, *Gespräche mit Hitler*, S. 210-11.

58. Bühl, »Die Physik an den deutschen Hochschulen«, S. 80.

59. In diesem speziellen Zusammenhang von Lenard, *Deutsche Physik*, 1: 3,11 erwähnt.

60. Stark, »Philipp Lenard als deutscher Naturforscher«, in Becker, *Naturforschung im Aufbruch*, S. 13. »Rot« bedeutete die Farbe der sozialdemokratischen Partei; »schwarz« jene der Zentrumspartei.

61. Bühl, »Die Physik an den deutschen Hochschulen«, S. 80; und Lenard, *Deutsche Physik*, 1: IX. Lenard verwies auch auf eine Physik der Araber und der Japaner. Mit keinem Wort erwähnte er die slawischen Wissenschaftler.

62. Lenard, *Deutsche Physik*, 1: IX.

63. Z.B. Stark, *Nationalsozialismus und Wissenschaft*, S. 10.

64. Siehe unten, 9. Kap.

65. Zu Romantik und Nationalsozialismus vgl. Peter Viereck, *Meta-politics: The Roots of the Nazi Mind*, überarb. Aufl. (New York: Capricorn Books, 1965), S. 16-47. Auch Viereck widmet Rosenberg, dessen Anschauungen viele Elemente der Romantik enthielten, viel Raum. Dazu siehe auch die Einleitung in Robert Pois, Hrsg., *Race and Race History and Other Essays by Alfred Rosenberg* (New York, etc.: Harper & Row, 1970), S. 17-20; und Cecil, *The Myth of the Master Race.*

66. Vgl. Joseph Ben-David, *The Scientist's Role in Society*, S. 111-14. Vgl. Stern, *The Politics of Cultural Despair*; Ringer, *Decline of the German Mandarins*, S. 83-90; siehe oben, 1. Kap.

67. Lenard, »Erinnerungen eines Naturforschers«, S. 159.

68. Lenard, *Deutsche Physik*, 1: 13.

69. Lenard, *Über Äther und Uräther*, S. 10.

70. Lenard, »Ein großer Tag für die Naturforschung«, *Völkischer Beobachter*, 13. Mai 1933, zweites Beiblatt. Vgl. oben, 5. Kap.

71. Stark, *Nationalsozialismus und Wissenschaft*, S. 15-16.

72. Rosenberg, *Der Mythus des 20. Jahrhunderts*, S. 142-43; Rosenberg, *Gestaltung der Idee*, S. 322-23; Hitler, *Mein Kampf*, S. 314-16.

73. Rosenberg, *Weltanschauung und Wissenschaft*, Heft 6 der Nationalsozialistischen Wissenschaft, Schriftenreihe der NS-Monatshefte (München: Frz. Eher, 1937), S. 6.

74. Hitler, *Mein Kampf*, S. 314.

75. Stark, *Nationalsozialismus und Wissenschaft*, S. 16-17.

76. Stark, »Philipp Lenard als deutscher Naturforscher«, S. 11-12.

77. Hans Rukop, »Physikalische Probleme in der Wissenschaft und in der Industrie«, in Becker, *Naturforschung im Aufbruch*, S. 69.

78. Stark, *Adolf Hitler und die deutsche Forschung*, S. 22.

79. Siehe oben, 6. Kap.

80. August Becker, *Naturerkenntnis und Wehrkraft: Experimentalvortrag gehalten im großen Hörsaal des Philipp-Lenard-Instituts am 2. Juni 1940*, Heft 4 der Kriegsvorträge der Universität Heidelberg (Heidelberg: Winter, 1940), S. 15.

81. Vgl. Goldberg, »In Defense of Ether«, S. 88-125.

82. David Schoenbaum, *Hitler's Social Revolution: Class and Status in Germany, 1933-1945* (Garden City, N.Y.: Doubleday, Anchor Books, 1967), S. 288.

8. Kapitel

1. Siehe oben, 7. Kap.

2. Lenard, »Vergangenheit und Zukunft deutscher Forschung«, S. 24-25.

3. Lenard an Rosenberg, 9. Januar 1936, in Poliakov und Wulf, Hrsg., *Das Dritte Reich und seine Denker*, S. 295-96.

4. Tatsächlich trat Becker erst 1940 der Partei bei, Vogt im Jahre 1931, Bühl im Mai 1933 und Tomaschek 1937, BDC-NSDAP Zentralkartei. Bekker war der älteste der Gruppe (geb. 1879), hatte sich 1905 bei Lenard in Kiel habilitiert, ging 1907 mit seinem Mentor nach Heidelberg, wurde dort 1914 außerordentlicher Professor der theoretischen Physik, war von 1931-32 und 1934-35 geschäftsführender Institutsdirektor und wurde 1935 ordentlicher Professor der Experimentalphysik und Direktor des Physikalischen (Philipp-Lenard-) Instituts. Nach seiner Entlassung während des Entnazifizierungsverfahrens von 1945-46 reichte er im Jahre 1946 um seine Pensionierung ein, mit der Behauptung, er wäre nie ein überzeugter Nazi gewesen. Er glaube an den Primat des Experiments, teile aber nicht Lenards rassistische Anschauungen in der Physik. Sein Irrtum, schrieb er, bestand darin, daß er während seines ganzen Lebens zu schwach gewesen war, sich vom Einfluß Lenards zu befreien. Er sei der Partei nur unter Druck beigetreten. Gesuch August Beckers vom 10. März 1946, AUH, Akte Becker. Nach den Eindrücken anderer zu urteilen, entsprach dieses Selbstlob ungefähr den Tatsachen. Siehe SHQP, Interview mit James Franck am 10. Juli 1962, S. 13; Karl Freudenberg, Interview mit dem Autor am 16. Juli 1971.

5. Willi Menzel, »Deutsche Physik und jüdische Physik«, *Völkischer Beobachter*, Berlin, 29. Januar 1936, S. 5.

6. Heisenberg, Tonbandinterview mit dem Autor in München am 13. Juli 1971.

7. Heisenbergs »Begriffssystem« ist ein ausgezeichneter Ausdruck für eine der Bedeutungen des Begriffes »Paradigma«, wie er ursprünglich von Thomas Kuhn verwendet wurde. Kuhn führte später für diese Bedeutung den Terminus »Disziplinarmatrix« ein, um eine Reihe von Anschauungen zu bezeichnen, die von den Mitgliedern einer bestimmten fachwissenschaftlichen Gemeinschaft geteilt werden. Thomas Kuhn, *The Structure of Scientific Revolutions*, 2. Aufl. (Chicago und London: University of Chicago Press, 1970), S. 182-87.

8. Heisenberg, »Zum Artikel ›Deutsche und jüdische Physik‹«, *Völkischer Beobachter*, Berlin, 28. Februar 1936, S. 6.

9. Stark, »Stellungnahme von Prof. Dr. J. Stark«, *Völkischer Beobachter*, Berlin, 28. Februar 1936, S. 6.

10. Z.B. zwei Artikel von Christian J. Hansen, »Kant und die deutsche Naturwissenschaft«, *Völkischer Beobachter*, Berlin, 11. März 1936, S. 5; und »Intellektualistische Wissenschaft«, *Völkischer Beobachter*, Berlin, 14. März 1936, S. 5.

11. Stark, »Philipp Lenard als deutscher Naturforscher«, *Nationalsozialistische Monatshefte*, Heft 71 (Februar 1936): 109.

12. Lenard, »Vergangenheit und Zukunft deutscher Forschung«, S. 25.

13. Vgl. Hans Buchheim, »Die SS – Das Herrschaftsinstrument«, in: Hans Buchheim et al., *Anatomie des SS-Staates* (Olten und Freiburg i. Br.: Walter Verlag, 1965), S. 118-132.

14. F. Kreuzer (Führer der Heidelberger Studentenschaft), »Lehrer und Student«, in Becker, *Naturforschung im Aufbruch*, S. 17.

15. Siehe Fritz Kubach, »Studenten in Front!«, *Deutsche Mathematik* 1 (1936): 5–8. Andere Mathematiker, die mit der arischen Mathematik in Verbindung standen, waren Erhard Tornier (Berlin), Oswald Teichmüller (Göttingen), Max Steck (München) und Werner Weber (Berlin). Vgl. »Deutsche Mathematik«, *Nature* 137 (11. April 1936): 596-97. Eine genaue Studie zur Untersuchung der arischen Mathematik wird derzeit von Sanford Segal an der Universität von Rochester durchgeführt.

16. Bruno Thüring, »Deutscher Geist in der exakten Naturwissenschaft«, *Deutsche Mathematik* 1 (1936): 10-11.

17. Reichsfachgruppe Naturwissenschaft des Nationalsozialistischen Deutschen Studentenbundes (NSDStB). Siehe Thüring, »Kepler-Newton-Einstein – ein Vergleich«, *Deutsche Mathematik* 1 (1936): 706-11; Bekker, »Das Philipp Lenard-Institut«, *Deutsche Mathematik* 1 (1936): 703-704; Bühl, »Naturwissenschaft und Weltanschauung«, *Deutsche Mathematik* 2 (1937): 3-5.

18. Fritz Frey, et al., *Philipp Lenard, der deutsche Naturforscher: Sein Kampf um nordische Forschung*, veröffentlicht im Auftrag des Reichsstudentenführers (München: J.F. Lehmanns, 1937), S. 3, 5. Zu Kubachs Loblied auf die arische Physik siehe z.B. seine Besprechung von *Deutsche Physik* in *Deutsche Mathematik* 1 (1936): 52.

19. Ludwig Wesch, »Philipp Lenard – Vorbild und Verpflichtung«, *Zeitschrift für die gesamte Naturwissenschaft* 3 (Mai/Juni 1937): 42-44. Siehe auch in dieser Nummer Thüring, »Physik und Astronomie in jüdischen Händen«, S. 55-70.

20. *Der Parteitag der Ehre vom 8. bis 14. September 1936, Offizieller Bericht über den Verlauf des Reichsparteitages m. sämtlichen Kongreßreden* (München: F. Eher, 1936), S. 52.

21. Rust an Hitler, 3. Februar 1936, BA, R 43/1227, S. 15-16.

22. Staatssekretär und Chef der Reichskanzlei Heinrich Lammers an Rust, 8. Februar 1936, BA R 43 II/ 1227, S. 17.

23. Bernhard Rust und Ernst Krieck, *Das nationalsozialistische Deutschland und die Wissenschaft* (Hamburg: Hanseatische Verlagsanstalt, 1936), S. 22. Hervorhebung durch Rust.

24. Einer der bedachtesten war Robert Wieman, »Die Rechte der Physik«, *Berliner Tageblatt*, 1. März 1936, 4. Abschnitt, S. 17. Am wenigsten zurückhaltend war wahrscheinlich Max von Laue, »Experimentelle und theoretische Physik«, *Ostdeutsche Tagespost* (in Beuthen), 29. März 1936 und 31. März 1936, abgedruckt in von Laue, *Gesammelte Schriften und Vorträge*, Bd. 3 (Braunschweig: Friedr. Vieweg & Sohn, 1961), S. 78-81. Bemerkenswert auch der Artikel »Weltanschauliche Naturwissenschaft?« in der *Frankfurter Zeitung*, 6. Mai 1936, S. 2.

25. Vgl. »Streit zwischen experimenteller und theoretischer Physik«, *Hochland* 33 (1936): 282-85; Otto D. Tolischus, »Nazis Would Junk Theoretic Physics«, *New York Times*, 9. März 1936, S. 19. Eine Zeitung, die sich besonders genau mit dieser Thematik befaßte, war die *Jüdische Rundschau* aus Berlin. Siehe z.B. »Philosophie und Physik«, 31. Januar 1936, S. 6; »Deutsche und jüdische Physik«, 3. März 1936, S. 3; »Rasse und Denken«, 13. März 1936, S. 4; »Nordisches und jüdisches Denken«, 17. März 1936, S. 4.

26. Vgl. den Artikel des Experimentalphysikers Walther Gerlach, »Theorie und Experiment in der exakten Wissenschaft«, *Die Naturwissenschaften* 24 (13. November 1936): 721-41. Vgl. auch die Arbeiten eines politisch zwar konservativen, in seinem Beruf aber modernen Physikers, Jordan, *Die Physik des 20. Jahrhunderts*; und »Gibt es eine ›Krise‹ der modernen physikalischen Forschung?«, *Die Tatwelt* 12 (1936): 59-68.

27. Siehe den behutsam formulierten Artikel »Parole: Wissenschaft« in der *Frankfurter Zeitung* vom 10. November 1936, S. 3.

28. Das Interview fand wahrscheinlich Ende Februar 1936 statt, d.h. zu einer Zeit, als Heisenberg seinen Artikel für den *Völkischen Beobachter* vorbereitete. Heisenberg an Sommerfeld, 14. Februar 1936, Sommerfeld Nachlaß.

29. Siehe oben, Kap. 4.

30. Heisenberg an Himmler, 7. November 1937, im Privatbesitz von Werner Heisenberg (künftig zitiert als Akte Heisenberg).

31. (Werner) Z(schintzsch) an den Minister, 2. Oktober 1936, BA R 21 (Rep. 76)/203, S. 29; eine andere Kopie befindet sich im BDC-Research, Korr. »Wi«, Werner Heisenberg.

32. Die folgende Diskussion folgt »An den Herrn Reichsminister für

Erziehung, Wissenschaft und Volksbildung«, undatiert, im Privatbesitz von Friedrich Hund (künftig zitiert als Akte Hund).

33. Das wurde von Hans Mommsen erörtert, *Beamtentum im Dritten Reich* (Stuttgart: Deutsche Verlags-Anstalt, 1966), bes. S. 62-126. Vgl. auch Edward N. Peterson, *The Limits of Hitler's Power* (Princeton, N.J.: Princeton University Press, 1969).

34. Zu den Unterschieden in der Orientierung zwischen der Partei und den mit Hochschulfragen befaßten Staatsbeamten siehe Kelly, »National Socialism and German University Teachers«, bes. S. 241-67.

35. Ibid., S. 222-23. Ein Überblick über die Organisationen in diesem Bereich befindet sich auf S. 144-61.

36. Am 24. Juli 1935; siehe NSDAP Parteikanzlei, *Verfügungen/Anordnungen/Bekanntgaben*, Bd. 1 (München: Zentralverlag der NSDAP, Frz. Eher, Nachf., 1943), S. 671. Ab dem 26. Juni 1936 konnten auch Nichtparteimitglieder dem Dozentenbund beitreten. Zu Schemms Lehrerbund siehe Rolf Eilers, *Die nationalsozialistische Schulpolitik, Staat und Politik*, Bd. 4, hrsg. von Ernst Fraenkel et al. (Köln und Opladen: Westdeutscher Verlag, 1963), S. 128-34.

37. Kelly, »National Socialism and German University Teachers«, S. 224-26.

38. Aus dem Entwurf eines unveröffentlichten Artikels, der wahrscheinlich Anfang 1942 geschrieben wurde, übersetzt und zitiert in ibid., S. 243-244.

39. Ibid., S. 244.

40. O. Schmauss an den Rektor der Universität München, 24. März 1935, Archiv der Universität München (künftig zitiert als AUM), Akte Sommerfeld, E II-N, S. 86.

41. Sommerfeld an Heisenberg, 17. Juni 1927, und Heisenberg an Sommerfeld, 21. Juni 1927, Sommerfeld Nachlaß.

42. »Zur Wiederbesetzung des Lehrstuhls für theoretische Physik«, o.J. (13. Juli 1935), Akte Gerlach.

43. »An das Dekanat der Philosophischen Fakultät«, 4. November 1935, Akte Gerlach. Debye wurde von der Kandidatenliste gestrichen, als er sich um die Leitung des Kaiser-Wilhelm-Instituts für Physik in Berlin bewarb. Kurz darauf erhielt er den Nobelpreis für Chemie (1936). Becker wurde vom Ministerium abgelehnt, weil er schon für Göttingen vorgesehen war, wohin er gegen seinen Willen 1937 versetzt wurde. Westphal, »Das Physikalische Institut der TU Berlin«, S. 557; Rudolf Hilsch, Interview mit dem Autor vom 5. Mai 1971.

44. »Personalnachweisung«, BDC-Research, REM-Akte Wilhelm Füh-

rer. Die Feindseligkeit der NS-Studenten gegen Sommerfeld reichte mindestens bis 1927 zurück, als es Sommerfeld abgelehnt hatte, die Planck-Nachfolge in Berlin anzutreten. Als Dankbarkeit für seinen Verbleib in München wurde er für die Würde des Rektors der Universität vorgeschlagen. Die Nazis inszenierten eine erfolgreiche Kampagne gegen seine Ernennung, anscheinend, weil sie davon überzeugt waren, daß er Jude war. »Zur bevorstehenden Wahl des Rektor Magnificus an der Universität in München«, *Münchener Beobachter*, 8. Juli 1927; ferner »Nicht Sommerfeld, sondern – Schüpfer«, *Berliner Tageblatt*, 22. Juli 1927.

45. Wilhelm Führer an das Rektorat der Universität München, 14. August 1934, Kopie; Kopien des Dreiervorschlags der Fakultät, 26. Juli 1934; Gerlach an Heinrich Vogt, 22. Juni 1934, und Vogt an Gerlach, undatiert; ferner handschriftliche Niederschrift einer Unterhaltung zwischen Gerlach und Führer am 28. Juli 1934, aus der Führers Präferenz für politisch-ideologische Kriterien auf Kosten von fachlichen Erwägungen klar ersichtlich wird. Alle in Akte Gerlach.

46. Vahlens Einsetzung als Präsident entsprach nicht den Statuten der Akademie und löste den Rücktritt von Planck und den anderen drei ständigen Sekretären aus. Vgl. Hermann, *Max Planck*, S. 97.

47. Siehe oben, Kapitel 6.

48. Zur Bildung und Arbeitsweise des Rats siehe Zierold, *Forschungsförderung in drei Epochen*, S. 215-24.

49. *Ein Ehrentag der deutschen Wissenschaft: Die Eröffnung des Reichsforschungsrats am 25. Mai 1937* ([Berlin]: Pressestelle des Reichsministeriums für Wissenschaft, Erziehung und Volksbildung [1937]), S. 26.

50. Heisenberg an Bohr, 18. März 1937, BSC (20,2).

51. Heisenberg, »Der Kampf um die sogenannte ›Deutsche Physik‹«, Akte Heisenberg.

52. Vgl. Rudolf Weigel, Hrsg., *Philipp Lenard, der Vorkämpfer der deutschen Physik*, Nr. 17 der Karlsruher Akademischen Reden (Karlsruhe: C.F. Müller, 1937). Vgl. auch Ludwig Wesch, »Philipp Lenard – Vorbild und Verpflichtung«, S. 42-45.

53. BDC-NSDAP Zentralkartei, Ludwig Wesch.

54. Alwin Ramme, *Der Sicherheitsdienst der SS: Zu seiner Funktion im faschistischen Machtapparat und im Besatzungsregime des sogenannten Generalgouvernements Polen*, Militärhistorische Studien der Deutschen Akademie der Wissenschaften zu Berlin, Bd. 12 (Berlin [Ost]: Deutscher Militärverlag, 1970), S. 84.

55. Siehe Buchheim, »The SS-Instrument of Domination«, S. 166-72.

56. Ramme, *Der Sicherheitsdienst der SS*, S. 84, 79.

57. Freudenberg, an den Rektor, 25. Mai 1945, AUH, Akte Ludwig Wesch. Interview mit dem Autor am 16. Juli 1971. Der führende Physiker bei dem amerikanischen wissenschaftlichen Nachrichtenkommando Alsos Samuel Goudsmit beschrieb Wesch als »den größten Nazi in Heidelberg«, *Alsos* (New York: Schumann, 1947), S. 84. Zu Weschs offenem Eintreten für die arische Physik siehe z.B. »Lenards Werk – Vorbild zukünftiger Forschung«, *Zeitschrift für die gesamte Naturwissenschaft* 8 (Mai/Juni 1942): 100-14.

58. Das Folgende gründet auf Stark et al., »›Weiße Juden‹ in der Wissenschaft«, *Das schwarze Korps*, Berlin, 15. Juli 1937, S. 6.

59. Heisenberg wurde davon informiert, daß D'Alquen hinter dem Artikel stand, Heisenberg, Interview mit dem Autor, 13. Juli 1971.

60. Kurt R. Grossmann, *Ossietzky: Ein deutscher Patriot* (München: Kindler Verlag, 1963), S. 359-428.

61. Zur vereitelten Erklärung von 1934 siehe oben, Kap. 6.

62. Heisenberg, Interview mit dem Autor, 13. Juli 1971.

63. Ibid.

64. Heisenberg an Himmler, 21. Juli 1937, Akte Heisenberg.

65. Heisenberg an Wacker, 28. Juli 1937, ibid.

66. Himmler an Heisenberg, 4. November 1937, ibid.

67. Heisenberg an Himmler, 7. November 1937, ibid.

68. Hund an den Herrn Reichsminister für Wissenschaft, Erziehung und Volksbildung, 20. Juli 1937, Akte Hund.

69. Sommerfeld an das Rektorat der Universität München, 26. Juli 1937, AUM, Akte Sommerfeld. Zu seiner Berufung nach München, siehe oben, Kap. 6.

70. Heisenberg, »Der Kampf um die sogenannte ›Deutsche Physik‹«, Akte Heisenberg; Ernst von Weizsäcker an Sommerfeld, 30. September 1937, Sommerfeld Nachlaß.

71. Auszüge aus diesem Briefwechsel sind zitiert in Haberditzl, »Der Widerstand deutscher Naturwissenschaftler gegen die ›Deutsche Physik‹«, S. 323.

72. O. Westphal an Scheel, 2. Dezember 1937, Akte Heisenberg.

73. Heisenberg an Sommerfeld, 16. Januar 1938, Akte Stark, Stuttgart. Während des Winters 1938 wurde Heisenberg zweimal von einem Ausschuß von Himmler-Mitarbeitern verhört. Das erste Verhör fand in Leipzig statt, das zweite im Gestapo-Hauptquartier in Berlin. Beide Male wurde er respektvoll behandelt; bei der ersten Sitzung konnte er sogar die Einwände eines jungen Experimentalphysikers unter seinen Fragestellern beantworten. Heisenberg, Interview mit dem Autor, 13. Juli 1971. Vielleicht war er

aus diesem Grund der Meinung, daß der SS-Bericht zu seinen Gunsten ausfallen würde.

74. Heisenberg an Sommerfeld, 12. Februar 1938, Akte Stark, Stuttgart.

75. Heisenberg an Sommerfeld, 14. April 1938, ibid. Zu Heisenbergs Gründen, nicht emigrieren zu wollen – sein Unwille, seine jüngeren Kollegen und Schüler und sein Heimatland zu verlassen, seine Hoffnung, daß etwas zur Verhinderung der drohenden Katastrophe unternommen werden konnte – siehe seinen rückblickenden Bericht über eine »Konversation« mit Enrico Fermi im Sommer 1939, *Der Teil und das Ganze*, S. 231-34.

76. Prandtl an Himmler, 12. Juli 1938, Akte Heisenberg.

77. Himmler an Heydrich, 21. Juli 1938, BDC-Research, Ahnenerbe, Werner Heisenberg; auch in Goudsmit, *Alsos*, S. 116.

78. Zur Welteislehre und ähnlichen nordischen Mythen siehe Louis Pauwels und Jacques Bergier, *The Morning of the Magicians*, übers. v. Rollo Myers (New York: Avon, 1968), S. 214-98, insbes. 224-32. Zum Verhältnis zwischen Science-Fiction und dem Nationalsozialismus siehe Manfred Nagel, Science-fiction in Deutschland, Untersuchungen des Ludwig-Uhland-Instituts, Bd. 30 (Tübingen: Tübinger Vereinigung für Volkskunde, 1972): 176-92.

79. Himmler an Heisenberg, 21. Juli 1938, Goudsmit Papers – Alsos; auch zitiert in Goudsmit, *Alsos*, S. 119.

80. Wacker an das Bayerische Staatsministerium für Unterricht und Kultus, 16. November 1937, und Wacker an Sommerfeld, 16. November 1937, beide in AUM, Akte Sommerfeld, E II-N, S. 127.

81. Sommerfeld an Einstein, 30. Dezember 1937, *Einstein-Sommerfeld Briefwechsel*, S. 118. Das Wortspiel mit Starks Namen wurde von Einstein zum ersten Mal in der Weimarer Zeit verwendet, ibid., S. 119. Max von Laue nannte Stark »Giovanni Robusto«.

82. Christian Gerthsen an Gerlach, 17. November 1938, Akte Gerlach.

83. Heinrich Ott an Gerlach, 8. November 1937, Akte Gerlach. Siehe Karl Uller, *Das Grundgesetz der Wellenfortpflanzung aus bewegter Quelle in bewegtem Mittel: Der Michelson-Versuch und die Raumzeitlehre von Einstein* (Berlin: M. Oldenbourg, 1935).

84. Gerlach an Peter Debye, 8. Juli 1938, Akte Gerlach.

85. Vgl. Kelly, »National Socialism and German University Teachers«, S. 361-70.

86. Gerthsen an Gerlach, 17. November 1938, Akte Gerlach.

87. Z.B. Sommerfeld an den Rektor der Universität München, 1. September 1939, SHQP (32,8).

88. Entwurf eines Schreibens von Sommerfeld und Gerlach an das Deka-

nat der Naturwissenschaftlichen Fakultät der Universität München, 8. November 1939, SHQP (32,8).

89. Heisenberg, Interview mit dem Autor am 13. Juli 1971.

90. Himmler an Heisenberg, 7. Juni 1939, Goudsmit Papers – Alsos.

91. Sommerfeld, »Autobiographische Skizze«, in *Gesammelte Schriften*, hrsg. von Fritz Sauter, Bd. 4 (Braunschweig: Friedr. Vieweg & Sohn, 1968), S. 679.

92. Entwurf eines Schreibens des Fakultätsausschusses (Sommerfeld, Gerlach, Carathéodory, Wieland) an das Rektorat der Universität München, 1. September 1940, Sommerfeld Nachlaß.

93. Müller, *Judentum und Wissenschaft* (Leipzig: Theodor Fritsch, 1936), S. 48-55.

94. Gerlach an Friedrich von Faber, 15. Oktober 1940, Akte Gerlach.

95. Von Faber an Gerlach, 6. November 1940, Akte Gerlach.

9. *Kapitel*

1. Goudsmit an Gerlach, 24. Juni 1936, Goudsmit Papers – Korrespondenz.

2. Gerlach an Goudsmit, 7. November 1936, ibid.

3. Sommerfeld an Einstein, 30. Dezember 1937, *Einstein-Sommerfeld Briefwechsel*, S. 118.

4. Gerlach, Interview mit dem Autor, 8. Juli 1971; Otto Scherzer, Tonbandinterview mit dem Autor in Darmstadt am 14. Juli 1971.

5. Heisenberg, Interview mit dem Autor am 13. Juli 1971.

6. Friedrich Hund, Interview mit dem Autor am 26. Juli 1971; Otto Heckmann, Brief an den Autor vom 7. April 1972. Für eine Liste von angebotenen Vorlesungsreihen während dieser ganzen Periode siehe die halbjährlich in der *Physikalischen Zeitschrift* erschienene Zusammenstellung.

7. Heckmann an den Autor, 7. April 1972.

8. Sommerfeld an Einstein, 27. August 1934 und 16. Januar 1937, *Einstein-Sommerfeld Briefwechsel*, S. 113-17.

9. Von Laue an Einstein, 27. Februar 1939, Archiv des Albert Einstein Estate in Princeton. Siehe Walter Sullivan, »The Einstein Papers: A Man of Many Parts«, *The New York Times*, 29. März 1972, S. 1; ferner Craig Zwerling, Diss., Harvard University, 1966), S. 43-44. Von Laue wies darauf hin, daß der Artikel bald in *Die Naturwissenschaften* erscheinen sollte und daß er dies nicht verhindern könne. Ein solcher Artikel konnte bei genauem Studium von *Die Naturwissenschaften*, *Physics Abstracts*, *Chemistry*

Abstracts sowie der umfassenden *Bibliographie der deutschen Zeitschriftenliteratur* jedoch nicht gefunden werden.

10. Frank, *Einstein*, S. 384-85. Die Vertreter der arischen Physik durchforschten Sommerfelds Erbe nach »nichtarischen« Vorfahren, Thüring an den Herrn Rektor der Universität München, 28. März 1939, AUM, Akte Sommerfeld, E II-N, S. 165-66. Es wurden keine gefunden. Staatsministerium für Unterricht und Kultus an den Herrn Leiter der Dozentenschaft, 18. April 1939, ibid., S. 169.

11. Edward Y. Hartshorne, »Numerical Changes in the German Student Body«, *Nature* 142 (23. Juli 1938): 175; und Hartshorne, *The German Universities and the Government*, S. 15.

12. Als ein Beispiel für die von Schmidt vertretenen Auffassungen der arischen Physik, siehe Schmidt, Besprechung von *Deutsche Physik* von Philipp Lenard, *Deutsche Mathematik* 2 (April 1937): 161-63.

13. »Bericht im Anschluß an die Aussprache vom 15. Juni 1938«, keine Unterschrift, Akte Heisenberg.

14. Siehe oben, 8. Kap.

15. Westphal, »Das Physikalische Institut der TU Berlin«, S. 557.

16. Zwerling, »Influence of the Nazis on Physics«, S. 58. Dies stützt sich auf ein Interview mit Rollwagen von Zwerling.

17. Zu Welker, der ans Flugforschungsinstitut in Oberpfaffenhofen ging, siehe ibid., S. 58-59. Zu Hermann, P.P. Ewald an den Autor, 27. Februar 1972.

18. Richard Grüneberger, *A Social History of the Third Reich* (London: Weidenfeld & Nicolson, 1971), S. 310.

19. Sommerfeld an Prof. A. Albert, 6. Dezember 1946, Sommerfeld Nachlaß.

20. »Bericht über die 14. Deutsche Physiker- und Mathematikertagung in Baden-Baden, vom 11.-16. September 1938«, *Zeitschrift für technische Physik* 19 (1938): 614. Die Broschüre wurde gemeinsam von Herbert Stuart und Wilhelm Orthmann von der Leitung des Gauvereins Berlin der Deutschen Physikalischen Gesellschaft gestaltet und in Zusammenarbeit mit der Deutschen Arbeitsfront unter dem Heß-Rivalen in der internen Parteiverwaltung, Robert Ley, herausgegeben. Vgl. Ramsauer, *Der Physiker* (Berlin: Akademisches Auskunftsamt in Verbindung mit dem Amt für Berufserziehung u. Betriebsführung in der Deutschen Arbeitsfront, 1938).

21. Institut für Zeitgeschichte (künftig zitiert als IfZ), Mikrofilm MA-141/3. Rosenbergs Memorandum vom 7. Dezember 1937. Vgl. »Nazis Lift Anathema on Einstein's Theory«, *New York Times*, 12. Dezember 1937, S. 5.

22. Heisenberg, Interview mit dem Autor, 13. Juli 1971.

23. Finkelnburg, »Lebenslauf«, 19. November 1941, in Privatdokumenten von Wolfgang Finkelnburg im Privatbesitz seiner Witwe (künftig zitiert als Akte Finkelnburg).

24. Finkelnburg, »Darlegung« (Frühjahr 1946), Akte Finkelnburg. Ferner Hans Rau (Professor für Experimentalphysik an der TH Darmstadt), »Über die politische Betätigung von Professor Dr. Wolfgang Finkelnburg«, 5. April 1946, ibid.

25. Rau, »Über die politische Betätigung von Professor Dr. Wolfgang Finkelnburg«.

26. Finkelnburg, »Darlegung«, Akte Finkelnburg.

27. Finkelnburg, »Der Kampf gegen die Partei-Physik«, o.J., S. 2, Manuskript im Privatbesitz von Ernst Brüche in Mosbach/Baden.

28. Ibid.

29. Otto Scherzer, »Physik im totalitären Staat«, in *Deutsches Geistesleben und National Sozialismus*, hrsg. von Andreas Flitner (Tübingen: Rainer Wunderlich, 1965), S. 56-57. Vgl. Ernst Brüche, »›Deutsche Physik‹ und die deutschen Physiker«, *Physikalische Blätter* 2 (1946): 235.

30. Heckmann an den Autor, 7. April 1972.

31. Scherzer, »Physik im totalitären Staat«, S. 57; Scherzer, Interview mit dem Autor, 14. Juli 1971.

32. Scherzer, »Physik im totalitären Staat«, S. 57.

33. Heckmann an den Autor, 7. April 1972; Scherzer an den Autor, 7. November 1973.

34. Rundschreiben mit den fünf Punkten, o.J., Akte Gerlach. Eine gekürzte Übersetzung befindet sich in Goudsmit, *Alsos*, S. 152.

35. Heckmann an den Autor, 7. April 1972.

36. Finkelnburg, »Der Kampf gegen die Partei-Physik«, S. 3.

37. Führer hatte seit dem 5. Sept. 1936 eine Stelle im bayerischen Ministerium (Hans Schemms ehemaliger Amtsbezirk) inne. BDC-Research, Ahnenerbe, Wilhelm Führer.

38. Zu diesem Konflikt aus der Sicht Rosenbergs siehe Herbert Rothfeder, »A Study of Alfred Rosenberg's Organization for National Socialist Ideology« (Ph. D. diss., University of Michigan, 1963), S. 267-77; aus der Sicht des Dozentenbundes siehe Kelly, »National Socialism and German University Teachers«, S. 411-43.

39. (Friedrich) Harms an Sommerfeld, 12. und 13. Februar 1940, und Georg Rost an Sommerfeld, 4.-6. Juni 1940, alle im Sommerfeld Nachlaß.

40. BDC-NSDAP Zentralkartei, Ludwig Glaser.

41. Siehe z.B. Ludwig Glaser, »Juden in der Physik: Jüdische Physik«,

Zeitschrift für die gesamte Naturwissenschaft 5 (Oktober/November 1939): 272-75; Glaser, »Die Sommerfeldsche Feinstrukturkonstante als prinzipielle Frage der Physik«, *Zeitschrift für die gesamte Naturwissenschaft* 5 (Dezember 1939): 289-331.

42. Siehe z.B. Hugo Dingler, *Physik und Hypothese: Versuch einer induktiven Wissenschaftslehre nebst einer kritischen Analyse der Fundamente der Relativitätstheorie* (Berlin und Leipzig: Walter de Gruyter, 1921); *Relativitätstheorie und Ökonomieprinzip* (Leipzig: S. Hirzel, 1922); *Der Zusammenbruch der Wissenschaft und der Primat der Philosophie* (München: Ernst Reinhardt, 1926). Für eine vollständige Aufzählung von Dinglers Arbeiten und eine Darlegung seines Versuchs der Schaffung einer axiomatischen Grundlage für die Naturwissenschaften siehe Wilhelm Krampf, Hrsg., *Hugo Dingler: Gedenkbuch zum 75. Geburtstag* (München: Eidos-Verlag, 1956).

43. Dingler, *Die Kultur der Juden: Eine Versöhnung zwischen Religion und Wissenschaft* (Leipzig: Der neue Geist Verlag, 1919); »Albert Einstein: Zu seinem 50. Geburtstag am 14. März«, *Münchener Neueste Nachrichten*, 14. März 1929, S. 1.

44. Insbes. in *Die Methode der Physik* (München: Ernst Reinhardt, 1938). Zu seiner Zwangspensionierung siehe Krampf, *Hugo Dingler*, S. 5, 13.

45. Vgl. z.B. Dingler, »Die Physik des 20. Jahrhunderts: Eine prinzipielle Auseinandersetzung (Zu einem Buch von P. Jordan)«, *Zeitschrift für die gesamte Naturwissenschaft* 3 (Dezember 1937): 321-25; »Zur Entstehung der sog. modernen theoretischen Physik«, *Zeitschrift für die gesamte Naturwissenschaft* 4 (Dezember 1938/Januar 1939): 329-41.

46. Sommerfeld an Gerlach, 24. August 1940, Akte Gerlach; Entwurf des Schreibens von Sommerfeld, (Heinrich) Wieland, (Constantin) Carathéodory an das Rektorat der Universität München, 1. September 1940, Sommerfeld Nachlaß.

47. Gerlach an das Staatsministerium für Unterricht und Kultus, München, 18. September 1940, Akte Gerlach.

48. »Die Erscheinungen der elementaren Strahlungen«, *Völkischer Beobachter*, München, 23. Oktober 1940. Diese Gespräche wurden als Stark und Müller, *Jüdische und deutsche Physik*, veröffentlicht.

49. Glaser an K. Clusius, 6. November 1940, und W. Meissner an Gerlach, 3. Dezember 1940, Akte Gerlach.

50. Kopie von Müller an den Dekan der Fakultät für allgemeine Wissenschaften, Prof. Dr. Boas, 28. April 1942, Akte Gerlach.

51. Gerlach an Menzel (*sic*) im REM, 24. Juni 1942, Akte Gerlach.

52. Zu Heckmann siehe oben, 8. Kap., vgl. auch Finkelnburg, »Der

Kampf gegen die Partei-Physik«, S. 4. In einem Brief an den Autor vom 7. April 1972 bemerkte Heckmann, daß es ihm, aufgrund von persönlichen Intrigen, die gegen ihn im Namen politischer Angelegenheiten geführt wurden, unmöglich wurde, zwischen 1933 und 1941 von Göttingen auf eine neue Stelle überzuwechseln.

53. Finkelnburg an Joos, 4. Juli 1941; Finkelnburg Memorandum vom 6. Juli 1941; Georg Niemeier (Dekan der Straßburger Fakultät) an Finkelnburg, 14. Juli 1941; und der Gauleiter von Hessen-Nassau, (Jakob) Sprenger, an Rust, 18. Juli 1941; alle in Akte Finkelnburg.

54. (Friedrich) Drescher-Kaden an Finkelnburg, 21. Juli 1941, Akte Finkelnburg.

55. Von Weizsäcker an Finkelnburg, 24. Juli 1941, ibid.

56. Major Prof. Dr. Doetsch im Technischen Büro des RLM an Finkelnburg, 12. Februar 1942, ibid.

57. Finkelnburg an den Gaudozentenbundsführer Dr. Guthmann, 24. September 1942, ibid.

58. Zu diesem Thema siehe Clarence Lasby, *Project Paperclip: German Scientists and the Cold War* (New York: Atheneum, 1971).

59. Finkelnburg an Gerlach, 21. Januar 1941, und Gerlach an Finkelnburg, 27. Januar 1941, Akte Gerlach.

60. Karl Selmayr an Finkelnburg, 6. Oktober 1941; Finkelnburg an Selmayr, 12. Oktober 1941; Selmayr an Finkelnburg, 22. Oktober 1941; etc., alle in den Privatunterlagen von Sommerfelds Institutsmechaniker Karl Selmayr.

61. (Heinrich) Härtle an (Hugo) Rössner (in Wien, IfZ, Mikrofilm MA 129/6, Nr. 52115-116.

62. Zenneck an Gerlach, 27. Februar 1942, Akte Gerlach; Ramsauer, »Zur Geschichte der Deutschen Physikalischen Gesellschaft in der Hitlerzeit«, *Physikalische Blätter* 3 (1947): 111.

63. Ramsauer, »Zur Geschichte der Deutschen Physikalischen Gesellschaft in der Hitlerzeit«, S. 111.

64. Ibid., S. 112.

65. Gerlach an Finkelnburg, 3. Juni 1941, Akte Gerlach.

66. Vgl. Ramsauer, »Eingabe an Rust«, *Physikalische Blätter* 3 (1947): 43-46, aus der verständlicherweise die damals notwendigen Loyalitätsbekenntnisse für die Regierung ausgelassen wurden. Eine Kopie der Originalfassung befindet sich in AUH und bildet die Grundlage des Folgenden.

67. Diese Beilage wurde in der veröffentlichten Fassung nur kurz zusammengefaßt.

68. Eine vernichtende Besprechung der Ungereimtheiten von *Jüdische*

und deutsche Physik wurde von Walter Weizel in der *Zeitschrift für technische Physik* 23 (1942): 25, veröffentlicht. Weizel bestand darauf, daß die Theorien der modernen Physik echte Produkte der deutschen Wissenschaft seien.

69. Abgedruckt in Ramsauer, »Eingabe an Rust«, S. 45-46.

70. Ibid., S. 46.

71. Ramsauer, »Zur Geschichte der Deutschen Physikalischen Gesellschaft in der Hitlerzeit«, S. 113.

72. Prandtl an Gerlach, 22. Juni 1942, Akte Gerlach.

73. Ramsauer, *Über Leistung und Organisation der angelsächsischen Physik: Mit Ausblicken für die deutsche Physik* (Berlin: Schriften der Deutschen Akademie der Luftfahrtforschung, 1943), beschränkte Auflage, wovon sich eine Kopie in Goudsmit Papers-Alsos befindet.

74. Ibid., S. 21. Während des Krieges waren Ingenieure mit demselben Problem konfrontiert, die politischen und weltanschaulichen Einflüsse in ihrem Beruf abwehren zu müssen. Siehe Ludwig, *Technik und Ingenieure im Dritten Reich*, S. 382-93.

75. Joseph Goebbels, *Tagebücher aus den Jahren 1942-43*, hrsg. v. Louis L. Lochner (Zürich: Atlantis Verlag, 1948), Eintragungen vom 15. Mai 1943 und 22. Mai 1943. S. 346-48 und S. 354-58.

76. »Programm der Deutschen Physikalischen Gesellschaft für den Ausbau der Physik in Großdeutschland«, *Verhandlungen der DPG* 25 (1. September 1944): 1-6.

77. Ernst Brüche, *25 Jahre Physik Verlag in Mosbach* (Mosbach/Baden: Physik Verlag, 1972), S. 3-4; Speer an den Autor, 23. März 1972.

78. Eintragungen in Rosenbergs Tagebuch vom 27. Januar und vom 7. Februar 1940. Vgl. Rothfeder, »A Study of Alfred Rosenberg's Organization«, S. 121.

79. Der bekannteste und dramatischste Bericht ist Jungk, *Heller als tausend Sonnen*; eine brauchbare Darlegung ist Goudsmit, *Alsos*; die umfassendste und ausgewogenste Darstellung ist Irving, *The Virus House*.

80. Irving, *The Virus House*, S. 274.

81. Ibid., S. 270.

82. Vgl. Alan S. Milward, *The German Economy at War* (London: University of London Athlone Press, 1965).

83. Vgl. Irving, *The Virus House*, insbes. S. 137-40, 180-81; ferner Albert Speer, *Erinnerungen* (Frankfurt/M. und Berlin: Verlag Ullstein GmbH, 1969), S. 239-43. Es löste einige Verblüffung aus, daß eine Fraktion der Physiker (unter der Leitung von Manfred von Ardenne) beträchtliche Unterstützung für ihr Kernenergie-Forschungsprogramm vom Reichs-

postminister Wilhelm Ohnesorge erhielt. Da in Deutschland die Post auch für die telegrafische und telefonische Kommunikation verantwortlich ist, sollte es eigentlich nicht verwundern, daß für die Physik Forschungsmittel zur Verfügung gestellt wurden, auch wenn die Kernforschung etwas weit hergeholt war. Was aber vielleicht überraschender sein mag, ist, daß Ohnesorge seit der Zeit, als er Lenards Physikvorlesungen in Kiel besuchte, mit dem Physiker in Verbindung stand. Der Reichsminister hielt die Hauptrede anläßlich der Feier zu Lenards 80. Geburtstag im Jahre 1942. Lenard, »Erinnerungen«, S. 202.

84. Irving, *The Virus House*, S. 180-81, 209.

85. Goebbels, *Tagebücher aus den Jahren 1942-43*, Eintragung vom 15. Mai 1943. S. 346-48.

86. Ludwig, *Technik im Dritten Reich*, S. 243-47; Irving, *The Virus House*, S. 161-62, 231.

87. Major E.W.B. Gill, »German Academic Scientists and the War«, Field Information Agency, Technical (F.I.A.T.), 28. August 1945, S. 5-7, IfZ, Dokumentation für *The Virus House* von David Irving, Nr. 311232-254, hier 311237-239.

88. Ramsauer, »The Failure of the German War Effort in Physics Research and Development«, 19. August 1945, in Goudsmit Papers-Alsos.

89. Gill, »German Academic Scientists and the War«, S. 10.

90. Max von Laue an Theodore H. von Laue, 27. November 1946, von Laue Papers. Tatsächlich hatte Heisenberg Glück, daß die Kernenergieforschung in Deutschland nur dem Namen nach »kriegsentscheidend« war. Als Heisenberg im Dezember 1944 in Zürich eine Rede hielt, schickten die Alliierten einen OSS-Agenten hin, um ihm zuzuhören. Angeblich soll der Agent darauf vorbereitet gewesen sein, Heisenberg zu ermorden, hätte der Physiker angedeutet, daß die Deutschen nahe daran waren, eine Atombombe zu entwickeln. Louis Kaufman et al., *Moe Berg: Athlete, Scholar, Spy* (Boston und Toronto: Little, Brown & Co., 1975), S. 195-98.

91. Irving, *The Virus House*, S. 138-39.

92. Memorandum als Beilage zum Schreiben Schultzes an Lammers (Reichskanzlei), 19. März 1941, Bundesarchiv (künftig zitiert als BA) R 43 II/941, S. 38-39.

93. Bei von Weizsäckers Ruf nach Straßburg überwog die Neutralität des Dozentenbundes und des Amtes Rosenberg in Fragen der Physik das Bestreben der Parteileitung, die Berufung eines politisch so unliebsamen Heisenberg-Schülers zu verhindern. Kelly, »National Socialism and German University Teachers«, S. 386-90.

94. Partei-Kanzlei (Bechtold) an (Wolfgang) Erxleben, 8. Juli 1942, und

Zitat von Erxleben an Bechtold, 9. September 1942, IfZ, MA 116/5 Heisenberg.

95. Erxleben an (Gustav) Borger, 10. Juli 1942, und Borger an die Partei-Kanzlei, 9. September 1942, IfZ, MA 116/5, Heisenberg.

96. Interview mit dem Autor, 13. Juli 1971.

97. Protokoll der Seefeld-Konferenz vom 1.-3. November 1942, geschrieben von Rudolf Fleischmann am 6. November 1942; und von Weizsäcker an Sauter, 21. Juni 1943, mit »Vorläufiger Bericht über das Physiker-Lager in Seefeld (Tirol) im November 1942«, alle in Goudsmit Papers-Alsos.

98. Heisenberg, »Die Bewertung der ›modernen theoretischen Physik‹«, *Zeitschrift für die gesamte Naturwissenschaft* 9 (Oktober/Dezember 1943): 201-12; Dingler, »Über den Kern einer fruchtbaren Diskussion über die ›moderne theoretische Physik‹«, *Zeitschrift für die gesamte Naturwissenschaft* 9 (Oktober/Dezember 1943): 212-21.

99. Lenard an den Herrn Reichsminister für Wissenschaft, Erziehung und Volksbildung, 8. Juni 1942, BA R 21 (Rep. 76)/833, Bd. 3.

100. Ernst Brüche, Hrsg., *Physiker Anekdoten: Gesammelt und mitgeteilt von Kollegen* (Mosbach/Baden: Physik Verlag, 1952), S. 45; Brüche, Tonbandinterview mit dem Autor in Mosbach/Baden, 2. Juli 1971.

101. Max von Laue an Theodore H. von Laue, 26. Mai 1945, von Laue Papers.

102. Die Liste wurde von der Verbindungsstelle des Manhattan Project in London mit Hilfe von Moe Berg zusammengestellt, demselben Agenten, der angeblich bereit gewesen wäre, Heisenberg in Zürich zu ermorden. Kaufmann, *Moe Berg*, S. 171-72.

103. Max von Laue an Theodore H. von Laue, 7. August 1945, von Laue Papers. Vgl. einen ähnlichen Bericht von einem der jüngeren Teilnehmer, Erich Bagge, Kurt Diebner und Kenneth Jay, *Von der Uranspaltung bis Calder Hall* (Hamburg: Rowohlt, 1957), S. 56-58.

104. Goudsmit, *Alsos*, S. XI; Jungk, *Heller als tausend Sonnen* (*Brighter than a Thousand Suns*, S. 91-92); Irving, *The Virus House*, S. 268.

105. Freudenberg, Interview mit dem Autor, 16. Juli 1971.

106. Die Einzelheiten des Prozesses von Starks Standpunkt aus sind Stark, *Zur Auseinandersetzung zwischen der pragmatischen und der dogmatischen Physik*, entnommen.

107. Ramsauer an Sommerfeld, 8. März 1946, Sommerfeld Nachlaß.

10. Kapitel

1. Der Brief wird verbunden mit Hintergrundinformation zitiert in Nathan und Norden, Hrsg., *Einstein on Peace*, S. 286-97.

2. Zum Manhattan Project siehe Richard Hewlett und Oscar Anderson, *A History of the United States Atomic Energy Commission* (University Park, Pa.: University of Pennsylvania Press, 1962), Bd. 1, *The New World, 1939/1946*.

3. Siehe 2. Kap. In einem anderen Brief an von Kármán aus dem Jahre 1931 erklärte Born, daß ein moderner Physiker alle paar Jahre mit den Amerikanern in Kontakt sein muß, weil die wichtigsten Experimente in den USA durchgeführt würden und weil auch die Theoretiker äußerst bemerkenswerte Leistungen vollbrachten. Born an von Kármán, 4. Juni 1931, CIT-Ar, von Kármán Papers, Box 4 - Born.

4. Kuhn, *The Structure of Scientific Revolution*, S. 268.

5. Max von Laue an Theodore H. von Laue, 12. November 1946, von Laue Papers.

6. Haberer, *Politics and the Community of Science*, S. 163-81.

7. Leo Szilard, »Reminiscences«, in *The International Migration*, hrsg. von Fleming und Bailyn, S. 95-96.

8. Einstein an Born, 7. September 1944, *Einstein-Born Briefwechsel*, S. 202-203.

Ausgewählte Bibliographie

I. Unveröffentlichte Quellen

A. ARCHIVMATERIAL

(Hier wurden nur jene Akten und Sammlungen aufgenommen, die für den Text am relevantesten sind)

American Institute of Physics, Center for History and Philosophy of Physics, New York (AIP):
Niederschrift des Interviews mit Felix Bloch, 15. August 1968.
Niederschrift des Interviews mit P. P. Ewald, 17. und 24. Mai 1968.

Archiv der Ruprecht-Karl-Universität, Heidelberg (AUH):
Personalakten August Becker, Walther Bothe, Philipp Lenard, Ludwig Wesch.

Archiv der Ludwig-Maximilian-Universität, München, (AUM):
Personalakte Arnold Sommerfeld, E II-N.

Archive for History of Quantum Physics, Berkeley (AHQP):
Niels Bohr Scientific Correspondence (BSC), 1930–34.
Paul Ehrenfest Scientific Correspondence (EHR).
Sources for History of Quantum Physics (SHQP), Briefwechsel und transkribierte Interviews.

Berlin Document Center, Berlin-Zehlendorf (BDC):
NSDAP Zentralkartei.
Oberstes Partei-Gericht (OPG).
Partei Kanzlei.
SS Führer.

Bundesarchiv, Koblenz (BA):
R 3 Ministerbüro Speer.
R 21 Reichsministerium für Wissenschaft, Erziehung und Volksbildung, 1934–45.
R 43 II Reichskanzlei, 1935–45.

California Institute of Technology Archives, Pasadena (CIT-AR):
Delbrück Papers.
Epstein Papers.
Von Kármán Papers.

Cambridge University Library, Cambridge, England:
der Genehmigung von Mrs. Courant).

Wolfgang Finkelnburg (durch Frau Finkelnburg, Erlangen).
James Franck (durch Mrs. Elizabeth Lisco und Mrs. Dagmar von Hippel, Brookline, Mass. Die Franck-Familiendokumente liegen jetzt im Dept. of Special Collections of the University of Chicago Library auf).
Walther Gerlach, München.
Samuel A. Goudsmit, Brookhaven National Laboratory, Long Island. Alsos Papers (Goudsmit Papers-Alsos). Privatkorrespondenz (Goudsmit Papers-Corr).
Werner Heisenberg, München.
Friedrich Hund, Göttingen.
Max von Laue (durch Theodore H. von Laue, Worcester, Mass.).
Lothar Nordheim, La Jolla, Kalifornien.
Karl Selmayr (durch Mr. Craig Zwerling, New York).

C. VOM AUTOR DURCHGEFÜHRTE TONBANDINTERVIEWS

Ernst Brüche, Mosbach/Baden, 2. Juli 1971.
Herbert Busemann, Santa Ynez, Kalifornien, 10. Mai 1972.
Karl Freudenberg, Heidelberg, 16. Juli 1971.
Walther Gerlach, München, 8. Juli 1971.
Werner Heisenberg, München, 13. Juli 1971.
Rudolf Hilsch, Göttingen, 5. Mai 1971.
Friedrich Hund, Göttingen, 26. Juli 1971.
Theodore H. von Laue, Riverside, Kalifornien, 23. Februar 1972.
Lothar Nordheim, La Jolla, Kalifornien, 15. April 1972.
Robert W. Pohl, Göttingen, 7. Mai 1971.
Otto Scherzer, Darmstadt, 14. Juli 1971.

D. DISSERTATIONEN UND MANUSKRIPTE

Courant, Richard. »Reminiscences from Hilbert's Göttingen.« Referat am Department of History of Science and Medicine, Yale University, 13. Jänner 1964. Vervielfältigte Tonband-Niederschrift.
Finkelnburg, Wolfgang. »Der Kampf gegen die Partei-Physik.« Manuskript.
Forman, Paul. »The Environment and Practice of Atomic Physics in Weimar Germany: A Study in the History of Science.« Ph. D. Dissertation, University of California, Berkeley, 1967.

Ernest Rutherford Collection, Briefwechsel zwischen Ernest Rutherford und Johannes Stark.

Deutsche Forschungsgemeinschaft, Bad Godesberg:
Akte Pr 2/07 Ludwig Prantl.

Deutsches Museum, Handschriften-Sammlung der Bibliothek, München:
Nachlaß Philipp Lenard.
Nachlaß Arnold Sommerfeld.
Nachlaß Jonathan Zenneck.
Sondersammlungen 1942/5, 1942/6 und 1946/7 Walther Nernst.
Sondersammlungen 1961–17 bis 1961–22 Friedrich Pockels.
Sondersammlung 1964/6 Max von Laue.

Harvard University Library, Cambridge, Mass.:
Von Mises Papers.

Hoover Institution on War, Revolution and Peace, Stanford:
Nationalsozialistischer Deutscher Studentenbund, Forschungsstipendien, Gutachterschreiben.

Institut für Zeitgeschichte, München (IfZ):
Aufzeichnungen des Amtes Rosenberg in der Mikrofilm-Sammlung MA 116 (die sich auch im Yivo Institute for Jewish Research in New York befindet) und MA 141 (National Archives Microcopy No. T–81).
Forschungsmaterial, gesammelt von David Irving für *The Virus House*.

Kuratorium der Georg August Universität, Göttingen (KUG):
Personalakten Max Born, Richard Courant, James Franck, Georg Joos, Ludwig Prandtl.

Lehrstuhl für die Geschichte der Naturwissenschaften und Technik, Stuttgart:
Philipp Lenard, »Erinnerungen eines Naturforschers«, unveröffentlichte im September 1943 beendete Autobiographie.
Akte Stark, eine Sammlung von Dokumenten über Johannes Stark aus dem Sommerfeld Nachlaß.

Library of Congress, Washington, D. C.:
Oswald Veblen Papers.

B. DOKUMENTE IM PRIVATBESITZ

(Wenn in den Fußnoten nicht anders angegeben, ist der Autor im Besitz einer Kopie eines jeden aus den folgenden Quellen zitierten Dokuments.)

Richard Courant (erhalten von Mrs. Constance Reid, San Francisco, mit

______. »The Helmholtz-Gesellschaft: Support of Academic Physical Research by German Industry after the First World War.« Manuskript.

Gill, E. W. B. »German Academic Scientists and the War,« Manuskript ausgearbeitet für die Field Information Agency, Technical (F.I.A.T.) of the Allied Control Commission for Germany, 2. August 1945.

Kelly, Reece C. »National Socialism and German University Teachers: NSDAP's Efforts to Create a National Socialist Professorate and Scholarship.« Ph. D. Dissertation, University of Washington, 1973.

Preston, David L. »Science, Society and the German Jews: 1870–1933.« Ph. D. Dissertation, University of Illinois, 1971.

Pyenson, Lewis. »The Göttingen Reception of Einstein's General Theory of Relativity.« Ph. D. Dissertation, John Hopkins University, 1973.

Rothfeder, Herbert. »A Study of Alfred Rosenberg's Organization for National Socialist Ideology.« Ph. D. Dissertation, University of Michigan, 1963.

Schröder-Gudehus, Brigitte. *Deutsche Wissenschaft und internationale Zusammenarbeit 1914–1928.* Ph. D. Dissertation, Universität Genf, 1966. Genf: Dumaret & Golay, 1966.

Wetzel, Charles J. »The American Rescue of Refugee Scholars and Scientists from Europe, 1933–45.« Ph. D. Dissertation, University of Wisconsin, 1964.

Zwerling, Craig. »The Influence of the Nazis on Physics in the German Universities.« Dissertation, Harvard University, 1966.

II. Bücher und Broschüren

(Werke, die in den Fußnoten bereits zitiert wurden, wurden nur aufgenommen, wenn sie für diese Studie von allgemeiner Bedeutung sind.)

Allen, William Sheridan. *The Nazi Seizure of Power. The Experience of a Single German Town,* 1930–1935. Chicago: Quadrangle, 1965.

Becker, August, Hrsg. *Naturforschung im Aufbruch. Reden und Vorträge zur Einweihungsfeier des Philipp-Lenard-Instituts der Universität Heidelberg am 13. und 14. Dezember 1935.* Munich: J. F. Lehmanns, 1936.

Ben-David, Joseph. *The Scientist's Role in Society. A Comparative Study.* Foundations of Modern Sociology Series, hrsg. von Alex Inkeles. Englewood Cliffs, N. J.: Prentice Hall, 1971.

Berlin, Freie Universität. *Nationalsozialismus und die deutsche Universität.* Berlin: W. de Gruyter, 1966.

Bernstein, Jeremy. *Einstein.* Modern Masters Series, hrsg. von Frank Kermode. New York: Viking Press, 1973.

Bollmus, Reinhard. *Das Amt Rosenberg und seine Gegner. Zum Machtkampf im nationalsozialistischen Herrschaftssystem.* Studien zur Zeitgeschichte, hrsg. vom Institut für Zeitgeschichte. Stuttgart: Deutsche Verlags-Anstalt, 1970.

Born, Max. *My Life and My Views.* New York: Charles Scribner's Sons, 1968. (dt. *Mein Leben. Die Erinnerungen des Nobelpreisträgers.* München: Nymphenburger Verlagshandlung, 1975)

———. Hrsg. *Albert Einstein – Hedwig und Max Born. Briefwechsel 1916–1955.* München: Nymphenburger, 1969.

Bracher, Karl Dietrich. *Die dt. Diktatur. Entstehung, Struktur, Folgen des Nationalsozialismus.* Köln: Kiepenheuer & Witsch, 6. Aufl. 1980.

Bracher, Karl Dietrich; Sauer, Wolfgang; Schulz, Gerhard. *Die nationalsozialistische Machtergreifung. Studien zur Errichtung des totalitären Herrschaftssystems in Deutschland 1933/34.* Köln: Westdeutscher Verlag, 1960.

Bullock, Alan. *Hitler. A Study in Tyranny.* Neuausgabe New York und Evanston Harper & Row, 1962. (dt. *Hitler. Eine Studie über Tyrannei.* Kronberg/Ts.: Athenäum, 1977).

Busch, Alexander. *Die Geschichte des Privatdozenten.* Göttinger Abhandlungen zur Soziologie, Bd. 5, hrsg. von H. Plessner. Stuttgart: F. Enke, 1959.

Calic, Edouard, Hrsg. *Ohne Maske. Hitler-Breiting Geheimgespräche 1931.* Frankfurt am Main: Societäts-Verlag, 1968.

Cecil, Robert. *The Myth of the Master Race. Alfred Rosenberg and Nazi Ideology.* New York: Dodd Mead & Co. 1972.

Chamberlain, Houston Stewart. *Die Grundlagen des neunzehnten Jahrhunderts.* 2. Ausgabe München: F. Bruckmann, 1900.

Clark, Ronald W. *Einstein. The Life and Times.* New York und Cleveland: World Publishing Co., 1971. (dt. *Albert Einstein. Eine Biographie.* Esslingen: Bechtle, 1974).

Dawidowicz, Lucy S. *The War against the Jews 1933–1945.* New York: Holt, Rinehart und Winston, 1975. (dt. *Der Krieg gegen die Juden 1933–1945.* München: Kindler, 1979).

Diehl-Thiehle, Peter. *Partei und Staat im Dritten Reich. Untersuchungen zum Verhältnis von NSDAP und allgemeiner innerer Staatsverwaltung 1933–1945.* Münchener Studien zur Politik, Bd. 9, hrsg. von Gottfried Karl Kindermann, Nikolaus Lobkowicz und Hans Maier. München: C. H. Beck, 1969.

Eilers, Rolf. *Die nationalsozialistische Schulpolitik. Eine Studie zur Funktion der Erziehung im totalitären Staat. Staat und Politik*, Bd. 4, hrsg. von Ernst Fraenkel et. al. Köln und Opladen: Westdeutscher Verlag, 1963.

Einstein, Albert. *Mein Weltbild*. Amsterdam: Querido Verlag, 1934.

Fest, Joachim. *Das Gesicht des Dritten Reiches. Profile einer totalitären Herrschaft*. München: Pieper 1963.

Hitler. Eine Biographie. Frankfurt/M./Berlin/Wien: Propyläen, 1973.

Fleming, Donald und Bailyn, Bernard, Hrsg. *The Intellectual Migration. Europe and America 1930–1960*. Cambridge, Mass.: Harvard University Press, 1969.

Fraenkel, Abraham Adolf. *Lebenskrise. Aus den Erinnerungen eines jüdischen Mathematikers*. Stuttgart: Deutsche Verlags-Anstalt, 1967.

Frank, Philipp. *Einstein. Sein Leben und seine Zeit*. München, Leipzig, Freiburg i. Br.: Paul List, 1949.

Gasman, Daniel. *The Scientific Origina of National Socialism. Social Darwinism in Ernst Haeckel and the German Monist League*. History of Science Library, hrsg. von Michael A. Hoskin. London: MacDonald, 1971.

Gay, Peter. *Weimar Culture. The Outsider as Insider*. New York und Evanston: Harper & Row, 1968. (dt. *Die Republik der Außenseiter. Geist und Kultur in der Weimarer Zeit. 1918–1933*. Mit einer Einleitung von Karl Dietrich Bracher. Frankfurt/M., 1970).

Glum, Friedrich. *Zwischen Wissenschaft, Wirtschaft und Politik*. Bonn: Bouvier, 1964.

Goebbels, Joseph. Goebbels Tagebücher aus den Jahren 1942–43. Herausgegeben von Louis P. Lochner. Zürich: Atlantis, 1948.

Goran, Morris. *The Story of Fritz Haber*. Norman, Okla.: University of Oklahoma Press, 1967.

Goudsmit, Samuel A. *Alsos*. New York: Schuman, 1947.

Gumbel, Emil J., Hrsg. *Freie Naturwissenschaft. Ein Sammelbuch der deutschen Emigration*. Straßburg: Sebastian Brant Verlag, 1938.

Haberer, Joseph. *Politics and The Community of Science*. New York, etc.: Van Nostrand Reinhold, 1969.

Hahn, Otto. Mein Leben. München: Bruckmann, 1968.

Hartshorne, Edward Y. *The German Universities and National Socialism*. London: Allen & Unwin, 1937.

_____. *The German Universities and the Government*. Philadelphia: Eigenverlag, 1938.

Heiber, Helmut. *Walter Frank und sein Reichsinstitut für die Geschichte des neuen Deutschlands*. Quellen und Darstellungen zur Zeitgeschichte, Bd. 13, Stuttgart: Deutsche Verlags-Anstalt, 1966.

Heisenberg, Werner. *Der Teil und das Ganze. Gespräche im Umkreis der Atomphysik*. München: R. Piper, 1969.

Hermann, Armin. *Max Planck in Selbstzeugnissen und Bilddokumenten*. Reinbeck bei Hamburg: Rowohlt, 1973.

———. Hrsg. *Albert Einstein/Arnold Sommerfeld*, Briefwechsel: 60 Briefe aus dem goldenen Zeitalter der deutschen Physik. Basel und Stuttgart: Schwabe, 1968.

Nerneck, Friedrich. *Albert Einstein. Ein Leben für Wahrheit, Menschlichkeit und Frieden*. Berlin (Ost): Buchverlag der Morgen, 1963.

Hilberg, Paul. *The Destruction of the European Jews*. Chicago: Quadrangle, 1967.

Hitler, Adolf. *Mein Kampf*, 352–354. Ausgabe. München: Zentralverlag der NSDAP, Frz. Eher, Nachf., 1938.

Hofer, Walther, Hrsg. *Der Nationalsozialismus. Dokumente 1933/1945*. Frankfurt/Main: Fischer-Bücherei, 1957.

Hoffman, Banesh. *Albert Einstein: Creator and Rebel*. In Zusammenarbeit mit Helen Dukas. New York: Viking Press, 1972.

Irving, David. *The Virus House: Germany's Atomic Research and Allied Countermeasures*. London: W. Kimber, 1967.

Jammer, Max. *The Conceptual Development of Quantum Mechanics*. New York: McGraw-Hill, 1966.

Jordan, Pascual. *Die Physik des 20. Jahrhunderts. Einführung in den Gedankeninhalt der modernen Physik*. Braunschweig: Friedrich Vieweg, 1936.

Jungk, Robert. *Heller als tausend Sonnen*. Das Schicksal der Atomforscher. Stuttgart; Scherz & Goverts, 1956.

Kahle, Paul E. *Bonn University in Pre-Nazi and Nazi-Times (1932–1939)*. London: Eigenverlag, 1945.

Kaufman, Louis, u.a. *Moe Berg: Athlete, Scholar*, Spy. Boston and Toronto: Little, Brown, 1975.

Kuhn, Thomas S. *The Structure of Scientific Revolutions*. Chicago und London: University of Chicago Press, 1962.

Laue, Max von. *Gesammelte Schriften und Vorträge*. Bd. 3. Braunschweig: Friedrich Vieweg & Sohn, 1961.

Lenard, Philipp. *Deutsche Physik*. 4 Bde. München: J. F. Lenmanns, 1936–37.

———. *England und Deutschland zur Zeit des großen Krieges*. Heidelberg: Carl Winter, 1914.

———. *Große Naturforscher. Eine Geschichte der Naturforschung in Lebensbeschreibungen.* 2. Ausgabe, München: J. F. Lehmanns, 1930.
———. *Über Äther und Uräther. Mit einem Mahnwort an deutsche Naturforscher.* 2. erweiterte Ausgabe. Leipzig: S. Hirzel, 1922.
———. *Über Relativitätsprinzip, Äther, Gravitation. Mit einem Zusatz betreffend die Nauheimer Diskussion.* 3. Ausgabe, Leipzig: S. Hirzel, 1921.
Ludwig, Karl-Heinz. *Technik und Ingenieure im Dritten Reich.* Düsseldorf: Droste Verlag, 1974.
Merkl, Peter. *Political Violence under the Swastika.* Princeton, N.J.: Princeton University Press, 1975.
Mommsen, Hans. *Beamtentum im Dritten Reich. Nr. 12 der Schriftenreihe der Vierteljahrshefte für Zeitgeschichte.* Stuttgart: Deutsche Verlagsanstalt, 1966.
Mosse, George L. *The Crisis of German Ideology. Intellectual Origins of the Third Reich.* The Universal Library. New York: Grosset & Dunlap, 1964. (dt. *Ein Volk, ein Reich, ein Führer. Die völkischen Ursprünge des Nationalsozialismus.* Königstein/Ts.; Athenäum, 1979).
———. Hrsg. *Nazi Culture. Intellectual, Cultural and Social Life in the Third Reich.* Übersetzt von Salvator Attanasio und anderen. New York: Grosset & Dunlap, 1966.
München, Universität. *Die deutsche Universität im Dritten Reich. Eine Vortragsreihe der Universität München.* München: R. Piper, 1966.
Nathan, Otto und Norden, Heinz, Hrsg. *Einstein on Peace.* New York: Simon and Schuster, 1960.
Nationalsozialistischer Lehrerbund Deutschland/Sachsen. *Bekenntnis der Professoren an den deutschen Universitäten und Hochschulen zu Adolf Hitler und dem nationalsozialistischen Staat.* Dresden: W. Limpert, 1933.
Nipperdey, Thomas, und Schmugge, Ludwig. *50 Jahre Forschungsförderung in Deutschland. Ein Abriß der Geschichte der Deutschen Forschungsgemeinschaft 1920–1970.* Bad Godesberg: im Eigenverlag der Deutschen Forschungsgemeinschaft, 1970.
Noakes, Jeremy. *The Nazi Party in Lower Saxony, 1921–1933.* London: Oxford University Press, 1971.
Nobel Foundation, Hrsg. *Nobel Lectures. Physics, 1901–1921.* Amsterdam, London, New York: Elsevier, 1964.
Notgemeinschaft deutscher Wissenschaftler im Ausland. *List of Displaced Scholars.* London: Eigenverlag, 1936.

Peterson, Edward N. *The Limits of Hitler's Power*. Princeton, N.J.: Princeton University Press, 1969.

Planck, Max, Hrsg. *25 Jahre Kaiser-Wilhelm-Gesellschaft zur Förderung der Wissenschaften*. Berlin: J. Springer, 1936.

Poliakov, Leon und Wulf, Josef, Hrsg. *Das Dritte Reich und seine Denker: Dokumente*. Berlin-Grunewald: Arani, 1959.

———. *Das Dritte Reich und die Juden. Dokumente und Aufsätze*. Berlin-Grunewald: Arani, 1961.

Ramsauer, Carl. *Physik–Technik–Pädagogik. Erfahrungen und Erinnerungen*. Karlsruhe: Braun, 1949.

———. *Über Leistung und Organisation der angelsächsischen Physik. Mit Ausblicken auf die deutsche Physik*. Schriften der deutschen Akademie der Luftfahrtforschung. Berlin: Deutsche Akademie der Luftfahrtforschung, 1943.

Rauschning, H. *Gespräche mit Hitler*. New York: Europa Verlag, 1940

Reid, Constance. *Hilbert*. New York: Springer, 1970.

Relativitätstheorie und Weltanschauung. Zur philosophischen und wissenschaftlichen Wirkung Albert Einsteins. Berlin [Ost]: VEB Deutscher Verlag der Wissenschaften, 1967.

Remak, Joachim, Hrsg. *The Nazi Years. A Documentary History*. Englewood Cliffs, N.J.: Prentice-Hall, 1969.

Richter, Steffen. *Forschungsförderung in Deutschland 1920–1936. Dargestellt am Beispiel der Notgemeinschaft der Deutschen Wissenschaft und ihrem Wirken für das Fach Physik*. Nr. 23 Technikgeschichte in Einzeldarstellungen. Düsseldorf: Verein Deutscher Ingenieure, 1972.

Ringer, Fritz. *The Decline of the German Mandarins. The German Academic Community, 1890–1933*. Cambridge, Mass.: Harvard University Press, 1969.

Rosenberg, Alfred. *Der Mythus des 20. Jahrhunderts. Eine Wertung der seelisch-geistigen Gestaltenkämpfe unserer Zeit. 95.–98. Auflage*. München: Hoheneichen, 1936.

Schaffner, Kenneth F. *Nineteenth-Century Aether Theories*. Selected Readings in Physics, Hrsg. von D. Ter Haar. Oxford, New York, etc.: Pergamon Press, 1972.

Schemm, Hans. *Hans Schemm spricht. Seine Reden und sein Werk*. Edited by G. Kahl-Furthmann. Bayreuth. Gauleitung der Bayerischen Ostmark, 1936.

Schleunes, Karl A. *The Twisted Road to Auschwitz. Nazi Policy toward Germans Jews, 1933–1939*. Urbana, Chicago, London: University of Illinois Press, 1970.

Schmidt-Schönbeck, Charlotte. *300 Jahre Physik und Astronomie an der Kieler Universität.* Kiel: F. Hirt, 1965.

Schoenbaum, David. *Hitler's Revolution. Class and Status in Nazi Germany, 1933–1945.* Garden City, N.Y.: Doubleday, Anchor Books, 1967. (dt. *Die braune Revolution. Eine Sozialgeschichte des Dritten Reiches.* Neuausgabe mit einem Nachwort von Hans Mommsen. Köln: Kiepenheuer & Witsch, 1980).

Speer, Albert. Erinnerungen. Berlin: Propyläen, 1969.

Stark, Johannes, *Adolf Hitler und die deutsche Forschung.* Berlin: Pass & Garleb, 1934.

_____. *Adolf Hitlers Ziele und Persönlichkeit.* München: Deutscher Volksverlag, 1930.

_____. *Das alte und das neue Berufungsverfahren.* Greifswald: Erpenverlag, 1919.

_____. *Die gegenwärtige Krisis in der deutschen Physik.* Leipzig: J.A. Barth, 1922.

_____. *Nationalsozialismus und Wissenschaft.* Munich: Frz. Eher, Nachf., 1934.

_____. *Die Organisation der akademischen Kreise.* Greifswald: Eigenverlag, 1919.

_____. *Zur Abwehr ungerechtfertigter Angriffe.* Eppenstatt bei Traunstein, Oberbayern: Eigenverlag, 1947.

_____. *Zur Auseinandersetzung zwischen der pragmatischen und der dogmatischen Physik.* Eppenstatt bei Traunstein, Oberbayern: Eigenverlag, 1949.

_____. und Müller, Wilhelm. *Jüdische und deutsche Physik.* Leipzig: Helingsche Verlagsanstalt, 1941.

Stern, Fritz. *The Politics of Cultural Despair. A Study in the Rise of the Germanic Ideology.* Garden City, New York: Doubleday, Anchor Books, 1965. (dt. *Kulturpessimismus als politische Gefahr. Eine Analyse nationaler Ideologie in Deutschland.* Bern, Stuttgart, Wien: Scherz, 1963).

Swenson, Loyd S. *The Ethereal Aether. A History of the Michelson-Morley-Miller Aether-Drift Experiments, 1880–1930.* Austin: University of Texas Press, 1972.

Tübingen, Universität. *Deutsches Geistesleben und Nationalsozialismus.* Tübingen: Rainer Wunderlich, 1965.

Von Ferber, Christian. *Die Entwicklung des Lehrkörpers der deutschen Universitäten und Hochschulen, 1864–1954.* Band 3 von Untersuchungen zur Lage der deutschen Hochschullehrer. Göttingen: Vandenhoeck & Ruprecht, 1956.

Weinreich, Max. *Hitler's Professoren. The Part of Scholarship in Germany's Crimes against the Jewish People.* New York: Yiddish Scientific Institute, 1946.

Whittaker, Edmund T. *A History of the Theories of Aether and Electricity.* 2 Bde. New York: Philosophical Library, 1951–54.

Willstätter, Richard. *Aus meinem Leben. Von Arbeit, Muße und Freuden.* Weinheim: Verlag Chemie, 1949

Wulf, Josef, *Literatur und Dichtung im Dritten Reich. Eine Dokumentation.* Gütersloh: S. Mohn, 1963.

Zierold, Kurt. *Forschungsförderung in drei Epochen. Deutsche Forschungsgemeinschaft. Geschichte, Arbeitsweise, Kommentar.* Wiesbaden: Franz Steiner, 1968.

III. Zeitschriften und Artikel

Born, Max. »Arnold Johannes Wilhelm Sommerfeld.« *Obituary Notices of the Royal Society* 8 (1952): 275–96.

———. »Max K. E. L. Planck.« *Obituary Notices of the Royal Society* 6 (1948): 161–88.

———. »Sommerfeld als Begründer einer Schule.« *Die Naturwissenschaften* 16 (7. Dezember 1928): 1035–36.

»Boycott of Jews.« *The Times,* London, 3. April 1933, p. 14.

Brüche, Ernst. »›Deutsche Physik‹ und die deutschen Physiker.« *Physikalische Blätter,* 2 (1946): 232–36.

Brüche, Ernst, und Marx, Hugo. »Der Fall Philipp Lenard – Mensch und ›Politiker‹.« *Physikalische Blätter,* 23 (1967), 262–67.

Bühl, Alfons. »Naturwissenschaft und Weltanschauung.« *Deutsche Mathematik* 2 (April 1937): 3–5.

Deubner, Alexander. »Die Physik an der Berliner Universität von 1910 bis 1960.« In *Wissenschaftliche Zeitschrift der Humboldt Universität zu Berlin* (1959–60), Beiheft 14, pp. 85–89.

Deutsche Mathematik. Bde. 1–7, 1936–44.

Dingler, Hugo. »Über den Kern einer fruchtbaren Diskussion über die ›moderne theoretische Physik‹.« *Zeitschrift für die gesamte Naturwissenschaft* 9 (Oktober/Dezember 1943): 212–21.

———. »Zur Entstehung der sogenannten modernen theoretischen Physik.« *Zeitschrift für die gesamte Naturwissenschaft* 4 (Dezember 1938/Januar 1939): 329–41.

Ewald, P. P. »Max von Laue«. *Biographical Memoirs of Fellows of the Royal Society* 6 (1960): 135–56.

_____. »Max von Laue, 1879–1960.« *Acta Crystallographia* 13 (Juli 1960): 513–15.

Forman, Paul. »The Financial Support and Political Alignment of Physicists in Weimar Germany.« *Minerva*, 12 (Januar 1974): 39–66.

_____. »Scientific Internationalism and the Weimar Physicists. The Ideology and Its Manipulation in Germany after the First World War.« *Isis* 64 (Juni 1973): 151–80.

_____. »Weimar Culture, Causality, and the Quantum Theory, 1918 bis 1927. Adaptation by German Physicists and Mathematicians to a Hostile Intellectual Environment.« *Historical Studies in the Physical Sciences* 3 (1971): 1–115.

Goldberg, Stanley. »In Defence of Ether. The British Response to Einstein's Special Theory of Relativity 1905–11.« *Historical Studies in the Physical Sciences* 2 (1970): 88–125.

Goran, Morris. »Swastika Science.« *The Nation*, 148 (3. Juni 39), 641–43.

Haberditzl, Werner, »Der Widerstand deutscher Naturwissenschaftler gegen die ›Deutsche Physik‹ und andere faschistische Zerrbilder der Wissenschaft.« In *Naturwissenschaft, Tradition, Fortschritt.* Beiheft zur Zeitschrift NTM, pp. 320–26. Berlin [Ost]: VEB Deutscher Verlag der Wissenschaften, 1963.

Hahn, Otto. »Eine persönliche Erinnerung an Max Planck.« *Mitteilungen der Max Planck-Gesellschaft zur Förderung der Wissenschaften* (1957), 243–46.

_____. »Zur Erinnerung an die Haber-Gedächtnisfeier vor 25 Jahren, am 29. Januar 1935, im Harnack-Haus in Berlin-Dahlem.« *Mitteilungen der Max Planck-Gesellschaft zur Förderung der Wissenschaften* (1960), 3–13.

Hartshorne, Edward Y. »Numerical Changes in the German Student Body.« *Nature* 142 (23. Juli 1938): 175–76.

Heisenberg, Werner. »Die Bewertung der ›modernen theoretischen Physik.‹« *Zeitschrift für die gesamte Naturwissenschaft* 9 (Oktober/Dezember 1943): 201–12.

_____. »Zum Artikel ›Deutsche und Jüdische Physik‹.« *Völkischer Beobachter*, Berlin, 28. Februar 1936, p. 6.

Hermann, Armin. »Albert Einstein und Johannes Stark. Briefwechsel und Verhältnis der beiden Nobelpreisträger.« *Sudhoffs Archiv* 50 (1966): 267–85.

———. »Die frühe Diskussion zwischen Stark und Sommerfeld über die Quantenhypothese.« *Centaurus* 12 (1967): 38–59.
Herneck, Friedrich. »Der ›Fall Einstein‹ und die Ehre der deutschen Nation.« *Wissenschaftliche Zeitschrift der Humboldt Universität zu Berlin: Geschichtlich-Sprachwissenschaftliche Reihe* 12 (1963): 329–33.
Holton, Gerald. »Einstein, Michelson and the ›Crucial‹ Experiment.« *Isis* 60 (Sommer 1969): 133–97.
———. »Mach, Einstein, and the Search for Reality.« *Daedalus* 97 Frühjahr 1968): 636–73.
Hund, Friedrich. »Höhepunkte der Göttinger Physik I.« *Physikalische Blätter* 25 (1969): 145–53.
———. »Höhepunkte der Göttinger Physik II.« *Physikalische Blätter* 25 (1969): 210–15.
Köhler, Fritz. »Zur Vertreibung humanistischer Gelehrter 1933/34.« Blätter für deutsche und internationale Politik 11 (Juli 1966): 696 bis 707.
Kubach, Fritz. »Geheimrat Lenards 75. Geburtstag.« *Zeitschrift für die gesamte Naturwissenschaft* 3 (August 1937): 164–65.
———. »Review of *Deutsche Physik*, vol. I, by Philipp Lenard.« *Deutsche Mathematik* 1 (April 1936): 256–58.
———. »Studenten, in Front!« *Deutsche Mathematik* 1 (Januar 1936): 5–8.
Kuhn, Heinrich G, »James Franck«. *Biographical Memoirs of Fellows of the Royal Society* 11 (1965): 53–74.
Laue, Max von. »Ansprache bei Eröffnung der Physikertagung in Würzburg am 18. September 1933.« *Physikalische Zeitschrift* 34 (15. Dezember 1933): 899–90.
———. »Arnold Berliner.« *Die Naturwissenschaften* 33 (15. November 1946); 257–58.
———. »Bemerkungen zu ›J. Stark. Zu den Kämpfen in der Physik während der Hitler-Zeit‹.« *Physikalische Blätter* 3 (1947): 272–73.
———. »Fritz Haber.« *Die Naturwissenschaften* 22 (16. Februar 1934): 97.
———. »Die Kriegstätigkeit der deutschen Physiker.« *Physikalische Blätter* 3 (1947): 424–25.
Lenard, Philipp. »Ein großer Tag für die Naturforschung.« *Völkischer Beobachter*, 13. Mai 1933, zweites Beiblatt.
———. »Gedanken zu deutscher Naturwissenschaft.« *Volk im Werden* 4 (1936): 381–83.
———. »Johannes Stark zum 70. Geburtstag.« *Völkischer Beobachter, München, 15. April 1944, p. 4.*

______. »Wilhelm Wien.« *Völkischer Beobachter*, München, 12. September 1928, p. 2.

Lenard, Philipp, und Stark, Johannes. »Hitlergeist und Wissenschaft.« *Großdeutsche Zeitung*, 8. Mai 1924, p. 1.

Mentzel, Rudolf. »Deutsche Forschung im Kriege.« *Physikalische Blätter* 1 (August 1944): 103–106.

Menzel, Willi, »Deutsche Physik und jüdische Physik.« *Völkischer Beobachter*, 29. Januar 1936, p. 5.

Mitteilungen der Gesellschaft Deutscher Naturforscher und Ärzte, 1931–39.

Müller, »Jüdischer Geist in der Physik.« *Zeitschrift für die gesamte Naturwissenschaft* 5 (August 1939): 162–75.

______. »Die Lage der theoretischen Physik an den Universitäten.« *Zeitschrift für die gesamte Naturwissenschaft* 6 (November/Dezember 1940): 281–98.

Die Naturwissenschaften. Jahresberichte der Kaiser-Wilhelm-Gesellschaft zur Förderung der Wissenschaften, 1929–40.

»Nazi ›Purge‹ of the Universities: A Long List of Dismissals.« *The Manchester Guardian Weekly*, 19. Mai 1933, P. 399.

Nolte, Ernst. »Zur Typologie des Verhaltens der Hochschullehrer im Dritten Reich.« In *Aus Politik und Geschichte*. Beilage zu *Das Parlament* 46 (17. November 1965): 3–14.

»Parole: Wissenschaft.« *Frankfurter Zeitung*, 10. November 1936, p. 3.

Peierls, Rudolf. »Atomic Germans. Besprechung von W. Heisenberg. *Physics and Beyond. The New York Review of Books* 16. (1. Juli 1971): 23–24.

Pinl, Max, und Furtmüller, Lux. »Mathematicians under Hitler.« *Yearbook of the Leo Baeck Institute* 18 (1973): 129–82.

Planck, Max. »Mein Besuch bei Hitler.« *Physikalische Blätter* 3 (1947): 143.

Ramsauer, Carl. »Eingabe an Rust.« *Physikalische Blätter* 3 (1947): 43 bis 46.

______. »Zur Geschichte der Deutschen Physikalischen Gesellschaft in der Hitlerzeit.« *Physikalische Blätter* 3 (1947): 110–14.

Seier, Hellmut. »Der Rektor als Führer: Zur Hochschulpolitik des Reichserziehungsministeriums 1934–1945.« *Vierteljahrshefte für Zeitgeschichte* 12 (1964): 105–46.

Sitzungsberichte der Preußischen Akademie der Wissenschaften, 1932 bis 38.

Stark, Johannes. »The Attitude of the German Government towards Science.« *Nature* 133 (21 April 1934): 614.

———. »Experimentelle Fortschritte der Atomforschung.« *Zeitschrift für die gesamte Naturwissenschaft* 4 (November 1938): 289–313.
———. »International Status and Obligations of Science.« *Nature* 133 (24. February 1934): 290.
———. »Organisation der physikalischen Forschung.« *Zeitschrift für technische Physik* 14 (1933): 433–35.
———. »Philipp Lenard als deutscher Naturforscher.« *Nationalsozialistische Monatshefte*, Heft 71 (Februar 1936): 106–12.
———. »Physikalische Wirklichkeit und dogmatische Atomtheorien.« *Physikalische Zeitschrift* 39 (1. März 1938): 189–92.
———. »Stellungnahme von Prof. Dr. J. Stark.« *Völkischer Beobachter*, Berlin, 28. Februar 1936, p. 6.
———. »Zu den Kämpfen in der Physik während der Hitler-Zeit.« *Physikalische Blätter* 3 (1947): 271–72.
———. »Zur Kritik der Bohrschen Theorie der Lichtemission.« *Jahrbuch der Radioaktivität und Elektronik* 17 (23. Dezember 1920): 161–73.
Stark, Johannes, et al. »›Weiße Juden‹ in der Wissenschaft,« *Das Schwarze Korps*, 15. Juli 1937, p. 6.
Strätz, Hans-Wolfgang. »Die studentische ›Aktion wider den undeutschen Geist‹ im Frühjahr 1933.« *Vierteljahrshefte für Zeitgeschichte* 6 (1968): 347–72.
Thüring, Bruno. »Albert Einsteins Umsturzversuch in der Physik und seine inneren Möglichkeiten und Ursachen.« *Forschungen zur Judenfrage* 4 (1940): 134–62.
———. »Physik und Astronomie in jüdischen Händen.« *Zeitschrift für die gesamte Naturwissenschaft* 3 (Mai/Juni 1937): 55–70.
Tolischus, Otto D. »Nazis Would Junk Theoretic Physics.« *The New York Times*, 9. März 1936, p. 19.
Verhandlungen der Deutschen Physikalischen Gesellschaft. Berichte über die Herbstsitzung der Physikertagung, die 1921–29 zweimal jährlich und 1939–40 einmal jährlich abgehalten wurde (keine Tagung im Jahre 1939).
———. Mitgliederliste, die jährlich zu Beginn des Jahres veröffentlicht wurde, 1920–36. Nach 1937 getrennt unter dem Titel *Mitgliederliste der Deutschen Physikalischen Gesellschaft* veröffentlicht.
»Vorträge und Diskussionen von der 86. Naturforscherversammlung in Nauheim vom 19.–25. September 1920.« *Physikalische Zeitschrift* 21 (1./15. Dezember 1920): 649–99.
Wesch, Ludwig. »Lenards Werk – Vorbild zukünftiger Forschung.« *Zeitschrift für die gesamte Naturwissenschaft* 8 Mai/Juni 1942): 101–14.

______. »Philipp Lenard – Vorbild und Verpflichtung.« *Zeitschrift für die gesamte Naturwissenschaft* 3 (Mai/Juni 1937): 42–45.
Westphal, Wilhelm H. »Das Physikalische Institut der TU Berlin.« *Physikalische Blätter* 11 (1955): 554–58.
Weyl, Hermann. »Emmy Noether.« In *Gesammelte Abhandlungen*, edited by K. Chandrasekharan, Berlin, New York: Springer, 3 (1968): 425–44.
Zeitschrift für die gesamte Naturwissenschaft. Bd. 1–10, 1935/36–44.
Zeit für technische Physik. Jahresberichte der Deutschen Gesellschaft für technische Physik, 1920, 1930–40.

Register

Bildnachweis

Solvay-Konferenz – American Institute of Physics, Niels Bohr Library, New York

Max Planck – Aus der Bildsammlung Deutscher Physiker, Physik-Archiv, Professor Dr.-Ing. E. Brüche, Mosbach/Baden

Albert Einstein – Deutsches Museum, München

Fritz Haber – Aus der Bildsammlung Deutscher Physiker, Physik-Archiv, Professor Dr.-Ing. E. Brüche, Mosbach/Baden

Lise Meitner u. Otto Hahn – Vieweg Verlag, Wiesbaden

Max von Laue – Deutsches Museum, München

Max Born, James Franck und Robert Pohl – Mrs. Elisabeth Lisco, Brookline

Ankunft in Stockholm – The Nobel Foundation, Stockholm

Nobelpreisverleihung – The Nobel Foundation, Stockholm

Johannes Stark – American Institute of Physics, Niels Bohr Library, New York

Verleihung des Ehrendoktortitels an Philipp Lenard, 1942 – Heidelberger Universitätsarchiv

Glückwünsche auf o.g. Verleihung, Heidelberger Universitätsarchiv

Arnold Sommerfeld – Deutsches Museum, München

Walther Gerlach – Aus der Bildsammlung Deutscher Physiker, Physik-Archiv, Professor Dr.-Ing. E. Brüche, Mosbach/Baden

Carl Ramsauer – Aus der Bildsammlung Deutscher Physiker, Physik-Archiv, Professor Dr.-Ing. E. Brüche, Mosbach/Baden

Bitte beachten Sie
die folgenden Seiten:

Isaac Asimov

Drehmomente

Verblüffendes aus der modernen Forschung

Ullstein Buch 34047

Ullstein Sachbuch

Dem modernen Menschen vermittelt dieses Buch ein tieferes Verständnis für die Zusammenhänge der Natur. Amüsant und einleuchtend erläutert ein bekannter Biochemiker viele nur scheinbar selbstverständliche Phänomene. Was macht zum Beispiel das Wasser zu einem so einzigartigen Stoff und zur Grundlage des Lebens? Warum ist Euklids Geometrie nur ein Teil der Wahrheit? Wovon geht die größte Bedrohung für die Menschheit aus? Und was läßt sich dagegen tun? Verblüffend, manchmal schockierend, sind die Antworten, die Isaac Asimov gibt.

Klaus Mehnert

Kampf um Maos Erbe

Geschichten machen Geschichte

Ullstein Buch 3501

ein Ullstein Buch

»Atmosphärisch dichte Eindrücke vom Leben einiger Spitzenpolitiker... auch im abstraktesten Teil höchst anschaulich... immer mittendrin im Geschehen... fröhliche Wissenschaft im besten Sinne... Mehnert, der die Lust am Fabulieren mit monatelanger Knochenarbeit zu verbinden wußte.« *(Die Welt)*